KB268152

제5개정판

공공도서관 서비스 경영론

Service Management for Public Libraries

이종권 편저

문현 출판

오늘의 사회를 '지능 정보'사회라고 부른다. '지능 정보'라는 말이 처음 등장했을 때는 낯선 단어였지만 정보사회의 현실 변화, 특히 AI를 체험하면서 고개를 끄덕이게 됐다. 대학의 수업 방식도 많이 달라졌다. 오래전에 '판서 시대'는 가고 'PPT 시대'가 왔다. 대면 수업과 사이버 수업이 공존하게 됐다. 게다가 평생교육 바람을 타고 '교육 시장'은 인터넷으로 급격히 이동하고 있다.

이 책은 출발부터 경영학계의 '서비스 경영'을 공공도서관에 도입하여 도서관의 서비스 인식을 개선할 목적으로 기획한 것이다. 그래서 책 제목을 "공공도서관 서비스 경영론"으로 유지해왔다. 개정 5판 역시 그러한 기조에는 변함이 없다. 하지만 사회의 변화를 반영할 필요는 언제나 있고, 또 간혹 기존 판의 오류를 지적해 주신 분들도 있어 이번엔 "공공도서관 서비스 경영론"이라는 책 제목은 유지하면서도 내용은 대폭 개편하였다. 새롭게 보강한 부분은 제10장 공공도서관 서비스 패러다임 변화, 제11장 공공도서관 생태계의 변화와 전략, 제12장 공공도서관의 거버넌스와 마케팅 등이다. 다른 장들도 제목은 같지만, 오류를 수정하고 변화된 내용을 충분히 반영하려고 노력했다.

이 책은 학점은행제 사이버 강좌를 위해 개조식으로 정리한 것이다. 오프라인 수업에서는 수업을 준비할 때 강사가 교재를 별도로 편집하지 않고 이미 출판된 책을 선택하여 교재로 삼고 경험과 사례를 보태 강의를 진행해 왔다. 하지만 사이버 강의에서는 강사가 교안을 작성하여 강의 영상을 준비하고 인터넷에 탑재해야 한다.

 사실 교실 수업과 사이버 수업은 둘 다 장단점이 있다. 교실 수업은 면대 면 수업이라 좀 여유가 있고 인간적이다. 하지만 수업 내용이 체계적으로 정리되지 않는 면이 있다. 반면 사이버 수업은 대화의 기회가 없어 인간관계는 별로 없으나 해당 과목의 내용을 잘 정리할 수 있다. 이러한 온·오프라인 수업의 장단점은 학습자들이 취사선택할 것이다. 이 책은 온라인 수업용으로 편집했으나 교실 수업에서도 사용하면 "공공도서관 서비스 경영"에 대하여 체계적으로 정리할 수 있을 것으로 기대한다.

2026. 1월

이종권 배

최근 몇 년 동안 '4차산업혁명'이라는 용어가 오히려 진부하게 느껴질 정도로 세계사회는 빠르게 변화하고 있다. 정치, 경제, 사회, 문화예술 등 사회 모든 부면에 관계망 서비스가 보편화돼 이제 스마트폰 앱으로 모든 정보 문제를 해결하는 시대가 되었다. 비대면 사회가 보편화된 것이다.

게다가 2020년 2월부터는 코로나19 바이러스의 세계적 대유행으로 비대면 사회를 더욱 가중시켰다. 이에 따라 기존의 인간관계 질서가 혼선을 빚고 있다. 도서관도 대면 서비스를 크게 줄이지 않을 수 없었고, 거의 모든 프로그램을 비대면(untact) 방식으로 전환하지 않을 수 없었다.

하지만 문명과 더불어 적응, 발전해온 도서관은 앞으로도 새로운 변화에 적절히 대응해 나갈 것이다. 이번 개정 4판에서는 기존의 공공도서관 서비스 경영의 골격을 유지하면서 2018년 3 개정판 출간 이후 변경된 도서관 정책 및 국가 기준 그리고 개정 법령을 반영하였다. 코로나19 이후의 공공도서관 서비스 변화에 대해서는 보다 심층적인 미래학적 검토와 정보기술 접목이 필요하다고 본다. 이 문제는 앞으로 사서들이 함께 고민하고 개척해나가야 할 영속적 과제이다.

2020년 12월
지은이들

정보사회에 진입한 이후 우리나라 공공도서관도 장족의 발전을 거듭하고 있다. 도서관정보정책위원회의 도서관발전 정책수립 및 지원에 힘입어 정부와 지방차치단체의 도서관에 대한 인식이 크게 달라지고 있다. 공공도서관의 확충을 선거공약으로 내세우는 정치인도 늘어나고 있다. 그 결과 2000년에 400곳에 불과했던 전국 공공도서관수가 2016년 12월 말 현재 1,010곳으로 늘어났다. 또 2000년에는 미미했던 작은 도서관도 2016년 12월 말 현재 5,914곳이 운영되고 있는 것으로 집계되었다(2017 한국도서관연감. 42 - 43쪽).

하지만 도서관 수의 증가가 곧 도서관 서비스의 향상으로 이어지는 것은 아니다. 공공도서관 서비스의 정상화를 위해서는 도서관에도 서비스경영의 개념을 적극 도입하여 도서관 현장에서 이를 철저히 적용하고 실천하지 않으면 안 된다. 이 책은 공공도서관 경영의 정상화 내지 서비스 개선을 위해서 경영자와 사서들이 갖추어야 할 경영의 요체와 노하우들을 제시하고 이를 현장에서 실천하도록 하는 데 목적을 두고 있다. 다시 말하면 이 책은 대학의 『공공도서관 경영론』교과목 교재를 넘어서 실제로 공공도서관을 경영하는 사서들에게 경영의 실무 지침서가 되도록 하는 데 목적을 두고 있다. 그래서 『IFLA 공공도서관 가이드라인』과 『2013 한국도서관기준』을 기반으로 도서관 현장에서 구현해야 할 이론적 · 실무적 문제들을 서비스 경영이라는 큰 틀에서 설명하려고 노력하였다. 특히 이번 개정 3판에서는 2판 이후 변화된 법적, 행정적, 기술적 환경을 반영하면서 도서관의 역사적 본질과 가치 그리고 사서의 위상 제고 및 고객에 대한 실제적 서비스 개선 문제를 아울러 다루고 있다.

인간관계는 기본적으로 소통과 서비스의 관계라 할 수 있다. 이러한 소통과 서비스는 어느 조직에서든 필수적 요소이다. 그래서 도서관도 서비스 경영이 필수적이다. 그간 우리 공공도서관들에 대한 고객 서비스 평가는 도서관에 따라 다르겠지만 평균적으로는 썩 우수한 그룹에 속하지는 않았던 것 같다. 앞으로는 도서관이 경영과 서비스개선을 효율적, 효과적으로 실행함으로써 21세기 교육문화와 문명발전의 산실이 되어야 하겠다.

2018년 5월
지은이들

공공도서관이 빠르게 진화하고 있다. 이 책의 초판을 낼 당시의 도서관통계에 따르면 2009년 말 우리나라 공공도서관 수는 703곳이었다. 대통령 소속의 도서관정보정책위원회는 2008년 8월 도서관발전종합 5개년 계획(2009~2013)을 발표하면서 2013년 말까지 전국 공공도서관 수를 900여 곳으로 늘리겠다는 야심찬 목표를 수립 추진하여 왔다. 그 결과 2012년 말 우리나라 공공도서관 수는 공식적 통계로는 828곳으로 집계되어 있다. 그러나 아직 통계에 잡히지 않은 2013년도에 설립된 도서관이 상당수가 있다는 점을 감안한다면 아마도 전국의 공공도서관 수는 850여개 관을 넘을 것으로 추정된다.

2013년 12월 3일 출범한 제4기 도서관정보정책위원회는 2014년 1월 14일 제2차 도서관발전종합계획을 발표하면서 이 계획이 종료되는 2018년 말까지 전국공공도서관 수를 1,100곳으로 확충하고 인구 1인당 공공도서관 장서수를 2013년 1.53권에서 2018년에는 2.5권으로 늘리겠다는 계획 목표를 발표하였다. 물론 공공도서관의 질적 수준이 도서관 수와 장서 수에만 달려있는 것은 아니다. 그러나 우선 수적으로 매우 열악한 우리 공공도서관의 상황을 탈피하기 위해서는 도서관 수와 장서수를 확장해 나가는 것이 급선무라 할 수 있다.

그러나 역시 간과해서는 안 될 것은 전문 사서 인력과 질 높은 도서관 서비스 프로그램을 확대 시행해 나가는 일이다. 선진국에 비교하여 공공도서관의 수적인 열세를 어느 정도 극복한다고 하더라도 공공도서관의 본질은 대 국민 도서관 정보서비스 제공과 평생교육에 더 중요한 방점이 있기 때문에 공허한 건물과 박제된 정보자료, 그리고 사서 없는 껍데기 도서관은 오히려 도서관의 본질을 왜곡할 수 있고, 도서관에 대한 국민적 불신을 초래할 수 있다. 공공도서관 발전의 과도기를 겪고 있는 우리로서는 항상 이점을 경계하면서 도서관 경영의 질적 수준 향상을 위하여 심각하게 고민하지 않으면 안 될 것이다.

이 개정판은 초판의 오류를 대폭 수정·가감함과 아울러 지난 3년 간 도서관 관련법령 및 도서관 기준의 변화 등 새롭게 개정된 여러 가지 법적 제도적 변화를 반영하여 보다 체계적으로 공공도서관 서비스 경영의 이상과 현실을 설명하려고 노력하였다. 특히 제4장 공공도서관의 법적·정책적 기반과 제5장 공공도서관 입지와 공간 관리 부분은 전면적으로 교체하였다. 이 책은 『IFLA공공도서관가이드라인』 및 2013년 판 『한국도서관기준』의 공공도서관기준을 기본 바탕으로 하여 공공도서관 서비스의 현실적 문제를 아울러 다루고 있다. 공공도서관을 사랑하는 모든 분들의 건투를 빈다.

2014년 1월
지은이들

2000년대 이후 우리나라에도 공공도서관에 관한 관심이 높아지고 있다. 2000년도에 400곳이던 전국의 공공도서관이 2009년 말 현재 703곳으로 늘어났고, 2013년까지는 900여 곳으로 증가할 전망이다. 이는 공공도서관이 지방자치단체들과 시민들로부터 점차 평생교육기관으로서 인식되고 있고, 2007년에 대통령직속으로 '도서관정보정책위원회'가 발족되면서 정부의 정책적 지원이 이루어지고 있는데 기인하는 것이라 하겠다.

사실 공공도서관은 다른 종류의 도서관에 비하여 시민의 가까이에서 시민들에게 자유로운 교육의 장을 제공하는 교육문화의 SOC(social overhead capital)라 할 수 있다. 국민 누구나 경제적 부담이나 차별 없이 언제 어디서나 정보와 자료를 접하고 자기계발을 할 수 있는 기초적 여건을 마련하는 것은 문명사회, 특히 민주사회에서는 필수요건이기 때문이다. 역사적으로도 계몽주의시대 이후 19세기 들어 영국과 미국을 비롯한 서구 선진국들은 일찍이 크고 작은 공공도서관을 설립하고 시민들에게 정보서비스를 제공함으로서 선진 문명사회의 초석을 다져왔다. 이렇게 공공도서관은 민주사회의 필수적 사회교육문화기관임에도 불구하고 우리나라에서는 21세기에 와서야 겨우 국민적 관심과 정책지원이 태동되고 있어 매우 뒤쳐진 감이 없지 않다. 그러나 이제부터라도 전국적으로 크고 작은 공공도서관을 신설·확충하고 지속적·체계적으로 경영하여 모든 국민들에게 정보 서비스를 제때에 제대로 제공할 수 있다면 머지않아 우리도 교육·문화면에서 선진국의 대열에 들어설 수 있을 것이다.

공공도서관은 정말 제대로 '경영'되어야 한다. 계획, 실행, 평가, 피드백의 경영 사이클이 착실히 이루어져야만 살아 있는 도서관의 역할을 다할 수 있기 때문이다. 권위주의적 공무원이 '운영'하는 단순한 행정기관으로서의 도서관이 아니라 사회 속에 융합되어 사회적 역할을 다하는 신속하고 친절한 시민의 도서관으로 거듭 태어나야 한다. 책과 자료를 수집·관리하고, 대출·반납하는 소극적인 도서관의 차원을 넘어서서 책과 정보자료를 시민들에게 적극적으로 연결하여주는 활기찬 프로그램, 사서와 각계각층의 시민, 시민과 시민, 학생과 학생들이 책과 자료를 가지고 서로 자유롭게 소통할 수 있는 살아있는 도서관을 만들어야 한다. 민주사회의 공공도서관은 본질적으로 시민의, 시민을 위한, 시민에 의한 정보서비스기관이다. 도서관에 책과 관리자만 있고, 실속 있는 프로그램과 서비스가 없다면 한낱 책 창고에 불과하며, 그곳의 관리자들 역시 책을 지키는 경비원에 불과한 것이다.

이 책에는 21세기 새 시대의 공공도서관을 경영하는 데 필요한 제반 정보들을 담으려고 노력했다. 공공도서관의 역사적 배경, 공공도서관의 사명과 역할 등 본질적인 문제를 살펴보고, 시민들에게 만족을 주는 공공도서관을 경영하려면 무엇을 어떻게 해야 할 것인가에 관해 가장 기본적인 문제에서부터 접근하였다. 이 책은 『IFLA 공공도서관가이드라인』과 『한국도서관기준』을 기초로 하여 우리나라의 전통적 도서관의 '운영' 차원을 넘어서 세계적 수준에서의 도서관 '경영'을 다루고자 하였다. 또한 서비스라는 점을 부각하여 서비스 경영의 본질과 방법론도 아울러 다루었다. 이 책은 대학의 문헌정보학과에서 전공 교재로 활용할 것을 염두에 두고 집필한 것이다. 그러나 공공도서관에 관심 있는 학생과 현장 사서 등 모든 분이 활용할 수 있도록 쉽고 평이하게 서술하였다.

2011년 2월
지은이들

제1장

공공도서관성립의 역사적 배경

1.1. 서양의 공공도서관 발달 약사

1.2. 동양의 공공도서관 발달 약사

제1장
공공도서관성립의 역사적 배경

1.1. 서양의 공공도서관 발달 약사

강의 목표

1. 서양 도서관 발달의 약사를 설명할 수 있다.
2. 근대 공공도서관 발달 배경을 설명할 수 있다.

강의 세부 내용

1. 문명의 발생과 도서관의 발생 조건
2. 고대부터 근대 공공도서관 발생까지 전반적인 도서관 발달사 개관

용어

- 도서관 : 도서 및 정보자료를 수집, 정리, 보존하여 독자에게 독서, 조사 연구, 평생교육 등 교육과 문화 활동을 지원할 목적으로 조직 운영하는 기관
- 공공도서관 : 도서관은 봉사 대상에 따라 공공, 대학, 학교, 전문, 특수도 서관으로 나눈다. 이 가운데 공공도서관은 모든 계층 일반 시민을 봉사 대상으로 공공예산으로 운영하는 도서관이다.

사전학습(퀴즈)

- 도서관의 역사는 문명의 역사와 같다. (   )

— 도서관의 역사는 문명 발생과 동시에 시작되었다. 문명은 문자언어를 전제로 하며 문자언어 발생 이후 인간의 기록이 시작되었고, 그 기록을 보존 활용한 곳이 도서관이기 때문이다.

1. 문명의 발생과 도서관 발생

(1) 세계 4대 문명

- 메소포타미아 문명, 이집트 문명, 인도 문명, 황허문명

(2) 메소포타미아 문명

- 현재 이라크 티그리스강과 유프라테스강 사이에서 기원전 약 3000~4000년경 발생한 문명
- 수메르인들(Summerians)이 정착하여 농사를 짓고 살았던 지역
- 홍수를 다스리는 일이 가장 큰 국가적 사업
- 길가메시(Gilgamesh) : 세계 최초의 기록으로 우르크의 왕 길가메시의 치적에 대한 서사시
- 수메르인들이 사용한 문자는 사물의 형상을 본뜬 상형문자로 기원전 3000년부터 기원전 2000년에 이르는 동안 표음문자인 설형문자(楔形文字)로 발전하고, 페니키아 알파벳으로, 다시 그리스 알파벳으로 발전
- 수메르인들은 그림문자로 세계 최초인 '우르남무(Urnammu) 법전'을 남김. 우르남무의 법전(法典, Code of Ur-Nammu)은 기원전 2100년에서 기원전 2050년 사이의 존재했던 것으로 함무라비 법전보다 약 300년 앞선 현존하는 가장 오래된 점토판 법전

(3) 도서관의 발생

- 도서관은 문명의 발생과 더불어 탄생한 문명의 산물
- 도서관의 성립조건
  - 문자 : 말[口語]만 있고 문자[文語]가 없으면 기록 불가능

- 미디어 : 미디어는 문헌(文獻) 제작의 물리적 소재
- 건물(공간) : 기록 미디어를 보존 활용할 수 있는 공간
- 사서 : 미디어를 이용자와 연결하는 중재자. 사서 없는 도서관은 '책 창고'일 뿐
- 이용자 : 자료를 활용하는 이용자는 도서관의 존재 이유
※ 도서관은 위의 다섯 가지 조건이 갖추어졌을 때 비로소 성립

(4) 이용자의 중요성

- 도서관의 성립조건 중 공공도서관과 관련하여 특히 중요한 부분은 이용자
- 이용자는 어떤 사회기관이든 그 기관의 궁극적 존재 이유이기에 이용자를 전제하지 않는 도서관은 아무런 용도가 없음.

2. 서양 공공도서관의 발달 약사

(1) 에블라(Ebla) 도서관

- 현재 시리아 북서부 고대 에블라 왕국의 궁전에서 1974~1976년 사이 이탈리아 고고학자들이 발견한 기원전 3,000년 경으로 추정되는 세계에서 가장 오래된 도서관 유적
- 점토판에 기록된 문서 2만여 점 이상 발견, 문서의 내용은 식품 목록, 공식 전령, 공무 기록 등 에블라 왕국의 경제와 문화생활 전반에 관한 다양한 내용
- 보관 형태 : 점토판들을 붙박이 선반에 가지런히 배열

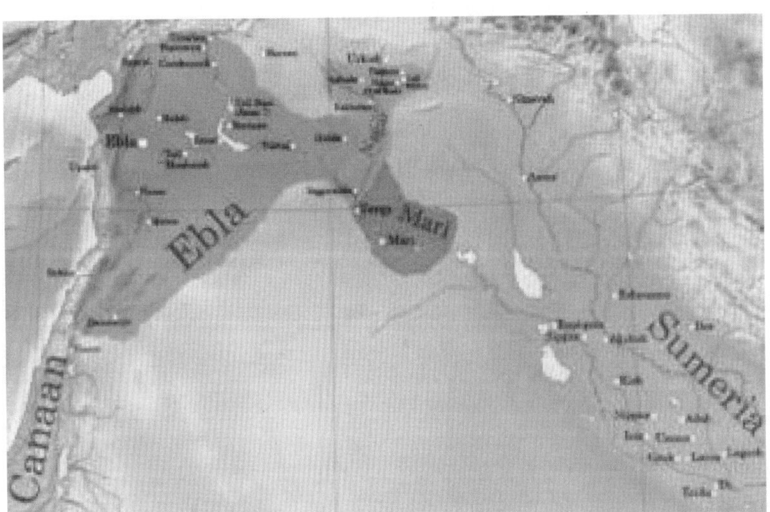

에블라 유적(위키백과)

(2) 아슈르바니팔 도서관

- 19세기 중반 영국 고고학자들이 니네베 유적지에서 발굴, 기원전 7세기경 (BC 668년) 아시리아 제국의 수도 니네베(현재 이라크 모술)에 아슈르바니팔

왕이 세운 세계 최초의 체계적 도서관

- 점토판 3만여 점으로 구성되어 있으며, 고대 근동의 역사와 문화를 이해하는 데 매우 중요한 자료 제공
- 아슈르바니팔은 신하들을 바빌로니아 등지로 보내 고대 문헌들을 찾아 복사해 오노록 시시, 낭대에 알려진 거의 모든 지식을 망라하려는 시도
- 소장 자료는 대부분 쐐기 문자가 새겨진 점토판으로 오늘날까지 상당 부분 보존
- 종교, 역사, 문학, 의료, 천문학 관측 기록, 수학 관련 문헌, 주술, 찬가, 기도문과 왕실 편지, 조약, 세금 기록, 법률 문서 등 다양한 기록도 보존
- 발굴된 점토판들은 대부분 현재 영국박물관에 소장
- 아슈르바니팔 왕의 지침에 따라 당시의 공공에 공개되었던 '점토판 공공도서관'
- 인용 자료

  In the seventh century BC, Ashurbanipal's large collection of clay tablets was expressly prepared for the instruction of his subjects and placed in the midst of his palace for public use. Edward Edwards described it as a 'public library in clay'. (James Thompson. 1977. 『A history of Principles of Librarianship』. p.209.)

아슈르바니팔 왕(나무위키)

(3) 고대 그리스 도서관

- 고대 그리스에도 그 시대의 시민을 위한 도서관이 있었음 : 플라톤의 '아카데 미아', 아리스토텔레스의 '리케이온'에서 대학 교육 활발
- 인용 자료
  "Throughout Greece, by the end of the third century BC, libraries were to be found in every major city, and research in them could be carried on by any citizen." (기원전 3세기 말까지 그리스 전역에 걸쳐 모든 주요 도시에 도서관이 설치되어 있었으며, 시민이면 누구나 그곳에서 연구를 수행할 수 있었다. (James Thompson. 1977. 『A history of Principles of Librarianship』. p.209.)
- 그리스문화 전파의 전성기 헬레니즘 시대에 설립된 알렉산드리아도서관은 세계적 공공도서관
- 알렉산드로스는 아리스토텔레스로부터 교육받은 후 왕위를 계승, 부왕의 유지를 받들어 동방 정벌에 나서 중앙아시아와 이집트에 이르는 헬레니즘 제국을 건설
- 이집트의 북쪽 알렉산드리아에서는 그의 후계자들이 웅대한 도서관을 설립하고 문헌과 학자들을 모아서 헬레니즘 문화를 전파

2002년 재건된 알렉산드리아도서관 외부(외벽에 한글도 보인다)

(3) 고대 로마의 도서관

- 고대 로마에서는 공화정이 발전하고 대중을 위한 공공도서관들이 로마의 여러 곳에 분산 배치
- 일반인이 이용할 수 있는 거대 장서를 보유한 공공도서관으로는 아폴로사원 도서관, 옥타비안 도서관, 아트리움 리버태티스 등 웅장한 도서관이 있었음.
- 인용 자료

"Augustus (63BC~14AD), who built two public libraries, one in connection with the temple of Apollo on the Palatine Hill, and the Octavian Library on the Campus Martius. And the foundation of the public library by Gaius Asinius Pollo (76BC~4AD), in the Atrium Libertatis on the Aventine Hill, was made memorable by the phrase Pliny used of it, ingenia hominum rem publicam - making men's talents and mental powers a public possession." (James Thompson. 1977. 『A history of Principles of Librarianship』. p.209.)

로마에서는 아우구스투스황제 때 두 개의 공공도서관을 지었는데 하나는 팔라틴 언덕의 아폴로사원 도서관이며, 또 다른 하나는 캠퍼스 마티우스의 옥타비안 도서관이었다. 그 후 가이우스 아시니우스 폴로(기원전 76년 - 기원후 4년)는 아벤틴 언덕의 아트리움 리버태티스에 공공도서관을 설립하였는데 이는 매우 기념비적인 것이어서 프린니는 그 도서관을 "공공이 소유하는 인간의 재능과 정신적 권력"이라는 문구로 표현하였다.

(4) 중세 수도원 도서관

- 중세의 성직자들은 당시 유일한 지식 계급이었고 교육은 수도원을 통해서 이루어졌으며, 수도원은 교회이자 학교이고 도서관이었음.
- 당시의 교육은 주로 신학 중심의 교육, 성직자 양성의 교육이었기 때문에 그리스의 인문주의적 학풍은 문헌 속에 숨어 침묵할 수밖에 없었음.
- 특이한 것은 성 베네딕트파 수도원의 수도사들은 책에 관심을 가지고 그리스 고전의 필사와 전승에 노력.
- 수도원마다 설치되었던 크고 작은 도서관들은 당시 사회의 지식인들인 성직자와 교인들이 이용하는 공공도서관이었음.

성 베네딕트(St. Benedictus, 480~547 추정, 향년 67세), 몬테카시노 수도원(위키피디아)

(5) 중세 대학의 형성과 도서관

- 중세 최초로 손꼽히는 대학은 이탈리아의 볼로냐대학(1088년, 법학 중심 대학
- 1231년에 항구도시 살레르노에 의학 중심의 살레르노대학 설립
- 프랑스에서는 파리에서 신학 중심의 성당학교가 1180년에 루이 7세의 인가를 받아 파리대학으로 성립, 파리대학의 별칭은 소르본대학
  - 1257년 신학자 소르본이 학생들을 위하여 설치한 기숙사를 중심으로 발전한 데서 연유
  - 이 대학은 또 소르본이 기증한 장서를 중심으로 도서관을 운영
- 영국에서는 옥스퍼드대학이 최초
  - 옥스퍼드대학은 12세기에 헨리 2세가 옥스퍼드시에 산재해 있던 학교들을 종합, 설립
  - 파리대학을 벤치마킹하여 기숙사를 설치, 대학으로서의 면모를 갖춤, 특히 1602년 부속도서관인 보들리언 도서관을 설립
  - 대학에서 학생들의 서적 수요는 필사와 임대를 영업으로 하는 사업자들에 의해 조달되었으며 도서관은 뜻있는 인사들의 기증 도서를 중심으로 설립
- 중세 대학의 발생은 신학 중심으로 제한되어 있던 교육의 전통을 전 학문 분야로 확대, 수도원이 필사·전승한 문헌으로부터 철학, 법학, 문학, 의학 등 인문주의적 학문 연구풍토가 대학을 중심으로 조성되면서 15세기 르네상스와 종교개혁의 싹을 틔움
- 도서관은 대학의 중심에서 연구자와 학생들에게 풍부한 자료들을 제공함으로써 대학 교육의 필수 요소가 되었으며, 시민에게 개방하여 자료를 활용할 수 있게 하였다는 점에서 근대 공공도서관 성립 배경으로서 그 의미를 찾을 수 있음.
- 인용 자료

Elmer D Johnson, another notable historian of libraries, has written however that it was the libraries of the mediaeval universities which effectively gave impetus to the idea that libraries should not only preserve the heritage of the past but also open it up to general use. (James Thompson. 1977. 『A history of Principles of Librarianship』. p.210.)

유명한 도서관 역사가인 엘마 디 존슨은 도서관이 과거 유산의 보존뿐 아니라 일반인의 이용을 위해 개방되어야 한다는 사상에 힘을 실어준 것은 중세의 대학도서관이었다고 기술하였다.

(6) 르네상스 도서관

- 르네상스 이후 새로운 공공도서관 태동
- 르네상스는 먼저 이탈리아의 플로렌스(Florence)를 중심으로 전개
- 주도적인 문헌적 후원은 부호 메디치(Medici)가문으로 코시모 드 메디치(Cosimo de Medici, 1434~1464)는 인문주의 학자와 필사자를 적극적으로 후원하고 그리스 라틴의 고전문헌을 수집
- 메디치는 산 마르코(San Marco)와 플로렌스(Florence)에 사립 공공도서관 건립 : 코시모 로렌초의 재정 지원, 미켈로초 설계, 니콜리 개인 장서를 기반으로 1444년 개관한 르네상스 시대 최초 공공도서관

산 마르코 도서관(위키피디아)

(7) 구텐베르크 인쇄 혁명과 서적의 대중화

- 서양 인쇄술의 효시 : 1450년 구텐베르크의 인쇄술로 그 이전에는 오직 필사
  의 방법을 유지
- 그러나 서양의 인쇄술이 출발은 늦었어도 기술 면에서 획기적인 것
- 초기간본(incunabula) : 구텐베르크 인쇄 최초의 간행본부터 1500년까지 간행
  된 인쇄본
- 최초의 인쇄는 면죄부, 그 후 36행 성서, 42행 성서를 인쇄

구텐베르크 42행 성서(이미지 출처 : 구텐베르크 박물관)

- 독일에서 시작된 인쇄술은 이탈리아, 프랑스, 네덜란드 등으로 퍼져나갔으며
  주제 영역도 처음에는 신학 도서 중심에서 점차 여러 종류의 주제로 확대
- 결과적으로 구텐베르크의 인쇄술은 르네상스의 밑거름이 되었고 활판 인쇄
  술은 대중 매체로서의 신문이 탄생하는 데에 이바지
- 인쇄 출판의 역사상 구텐베르크 이후 실질적으로 출판 산업을 발전시킨 사람
  은 이탈리아의 알두스 마누티우스(Aldus Manutius, 1449 / 1452~1515). 그는 로
  마에서 대학을 졸업한 후 가정교사로 일하다가 30대 후반에 이탈리아 북동부

베니스에 가서 Andrea Torresano라는 부호를 만나 그의 도움으로 출판사 Aldine Press를 공동 설립하고 많은 서적을 인쇄 제작하여 출판 사업에 성공. 그는 베스트셀러라는 말뿐만 아니라 문장부호인 세미콜론, 아포스트로피, 악센트 등 출판용어를 만들어 냈고. 책의 품질을 높이는 데 노력했다. (자료: 마틴 로리 저, 심정훈 역. 2020. 『알두스 마누티우스 - 세계를 편집한 최초의 출판인』. 길)

- 구텐베르크 인쇄술이 도서관에 미친 영향 : 문헌의 대량생산 및 대중화를 통하여 중세 보존 위주의 도서관에서 이용 위주의 도서관으로 도서관의 본질을 변화시킴.
- 구텐베르크 인쇄술이 인류문명에 미친 영향 : 지식정보의 대중화로 15세기 이후의 문명발전은 서양이 월등히 앞서 서양문명이 세계를 이끌게 됨.

(8) 이슬람 제국의 도서관

- 이슬람은 강력한 군사력과 이슬람교를 바탕으로 정복지의 고유한 학문을 수용, 전파
- 상업으로 부를 축적한 귀족과 군인들은 자신들의 과시를 위해 장서를 수집
- 이에 따라 이슬람 국가에는 사립도서관이 성행, 중세 최고의 사립도서관 문화를 형성, 교육과 학문을 추구하는 직업을 명예로운 직업으로 인식
- 꾸란을 필사하여 다른 사람들이 이용할 수 있도록 권장
- 이슬람사원 모스크(mosque)는 예배의 장소이자 학습기관 역할
  - 아랍어 교육 및 신도의 교육장. 연구기관이면서 도서관의 역할
- 이슬람 세력권인 이집트, 스페인 등에는 장서가 60만 권에 이르는 도서관이 있었고, 특히 스페인에는 70여 개의 크고 작은 공공도서관이 있었음.

(9) 계몽주의 시대

- 계몽주의(enlightenment) : 이성, 학문을 밝힌 시기

- 책과 정보의 확산, 도서박람회 개최 : 도서박람회는 1564년 독일의 프랑크푸르트에서 시작, 라이프치히 등 각국의 도시로 확산
- 프랑크푸르트 도서전시회의 전통은 오늘날까지 이어지고 있음.
- 신문, 잡지와 학술지 출현, 백과사전 편찬, 학술문화의 창달
  - 1665년 최초의 학술 잡지 Le Journal des Savants 출현(프랑스)
  - 백과사전은 이 시대 대표적 사상가인 디드로기 1747부터 1772년 사이 볼테르, 몽테스키외, 루소 등과 함께 28권의 방대한 백과사전 편찬, 당시의 모든 지식을 집대성, 이 백과사전은 곧 하나의 도서관이나 다름없는 것.

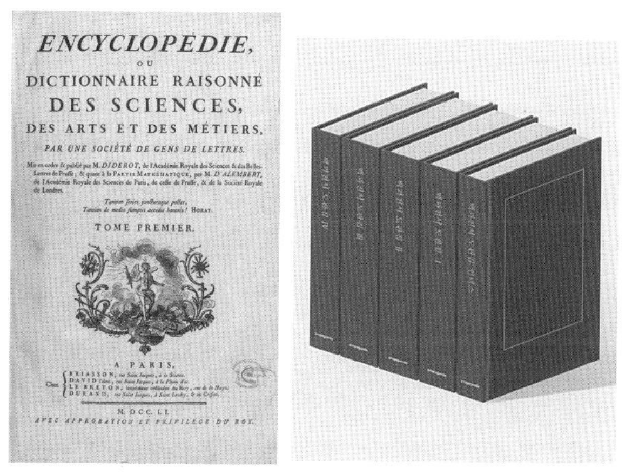

백과전서 표지(위키백과), 국내 발간 백과사전 도판(알라딘)

- 1789년에 일어난 프랑스의 시민혁명은 책과 도서관의 민주화를 촉진
  - 프랑스혁명은 전국의 귀족과 도서관이 소장한 책들을 국가의 소유로 선언
  - 프랑스 왕립도서관을 프랑스국립도서관(BN ; Bibliothque Nationale de Paris)으로 변경

(10) 근대 공공도서관 사상

- 계몽주의 이후 학술과 지식이 발전, 대중화

- 서적의 수요 급증 : 회원제도서관, 교구도서관, 유료대출도서관 운용
- 회원제도서관은 도서관 조합으로 발전, 공공도서관의 전신이 됨
  - 필라델피아도서관조합(The Library Company of Philadelphia) : 1731년 벤저민 프랭클린(Benjamin Franklin, 1706~1790)이 설립한 미국 최초의 회원제 대출 도서관
  - 찰스턴도서관조합(Charleston Library Society) : 1748년 사우스캐롤라이나 주 찰스턴에 있던 회원제도서관으로 미국에서 두 번째로 오래된 대출 도서관
  - 뉴욕도서관조합(New York Society Library)은 1754년 여섯 명의 청년 뉴욕 시민들에 의해 설립

(11) 영미 공공도서관법 제정

- 영국에서는 도서관의 선각자 에드워드 에드워즈와 하원의원이었던 에와트의 노력으로 1850년에 공공도서관법이 제정되었고, 이에 따라 1852년 영국 맨체스터시에 최초의 공립 공공도서관이 설립되었다. 이 도서관은 현재 맨체스터시 중앙도서관(Manchester Central Library)으로 개편, 운영되고 있다.
- 미국에서는 1848년에 보스턴시에서 공공도서관법이 입법되었고, 1854년에 미국 최초로 보스턴 공공도서관이 문을 열었다. 보스턴 공공도서관은 법적인 근거에 의하여 설립된, 시민의 세금으로 운영되는 미국 최초의 공공도서관이며 이를 기점으로 공공도서관 사상이 세계적으로 전파되게 되었다.

참고문헌

- Stuart A. P. Murray. 2012. 『The LIBRARY-An illustrated History』. Skyhorse Publishin. pp.4-10,

- James W. P. Campbell. 2013. 『The Library A world history』. The University of Chicago Press. pp.37-39)
- James Thompson. 1977. 『A history of Principles of Librarianship』.
- 마틴 로리 저, 심정훈 역. 2020.『알두스 마누티우스-세계를 편집한 최초의 출판인』. 길

학습평가			
1	문제		다음 중 고대 도서관의 성립조건이 아닌 것은?
	문항	①	문자
		②	미디어
		③	사서
		④	왕
	정답		④
	해설		왕은 최고 지배자로서 도서관 설립을 좌우했지만, 도서관의 성립조건이라고는 볼 수 없다.
2	문제		세계 최초의 기록으로 알려진 자료는?
	문항	①	길가메시
		②	우르남무법전
		③	하무라비법전
		④	구약성서
	정답		①
	해설		길가메시는 메소포타미아 왕 길가메시의 치적에 대한 기록이다.
3	문제		알렉산드리아도서관에 대한 설명 중 맞는 것은?
	문항	①	알렉산드리아 대왕이 직접 세웠나.
		②	알렉산드리아도서관에는 학자 사서들이 근무했다.
		③	서양 헤브라이즘 문화의 산실이었다.
		④	알렉산드리아도서관은 현재도 고대 건물 잔해가 남아 있다.
	정답		②
	해설		알렉산드리아도서관에는 당시의 유명한 학자들이 근무하였다.

1.2. 동양의 공공도서관 발달 약사

강의 목표

1. 중국의 도서관 발달 약사를 설명할 수 있다.
2. 우리나라의 도서관 발달 약사를 설명할 수 있다.

강의 세부 내용

1. 황허문명, 중국의 학문과 고전, 그리고 도서관의 약사를 개관
2. 고대부터 근현대까지 우리나라의 학문과 고전, 도서관의 약사 개관

용어

- 동양 : 동양은 서양과 대비되는 개념이지만 여기서는 중국, 한국, 일본 등 동양 3국을 지칭함
- 황허문명 : 기원전 2000년경에 중국 황허강 유역에서 발생한 고대 문명. 이집트, 메소포타미아, 인더스 문명과 더불어 세계 4대 문명의 하나. 한자를 기반으로 성립 전파된 문명

사전학습(퀴즈)

- 고대의 중국, 한국, 일본에는 도서관이 존재하지 않았다. (   )

─동양에서도 고대로부터 기록이 있었으므로 어떤 형태로는 도서관이 존재했다.

1. 중국 공공도서관의 발달 약사

(1) 황허문명의 동아시아 전파

- 황허문명 : 기원전 2000년경에 중국 황허강 유역에서 발생한 고대 문명
- 이집트, 메소포타미아, 인더스 문명과 더불어 세계 4대 문명의 하나.

- 한자를 기반으로 성립 전파된 문명으로 아시아에서 일어난 문명

(2) 중국의 문자 발달

- 현재까지 진해지는 가장 오래된 한사는 商(殷) 나라 때 청동기에 새겨진 종정문(鐘鼎文)과 갑골편(甲骨片) 문자
- 갑골(甲骨)이 문자로서 확인된 것은 1899년으로 연구 결과 甲骨文은 기원전 14세기부터 12세기에 성행, 따라서 한자(漢字)의 나이는 약 3400년 정도
- AD 100년 중국의 한나라 때 허신(許愼)이 지었다는 『설문해자(設文解字)』의 서문과 반고(班固)의 『한서(漢書)』에 의하면 황제의 사관(史官 : 역사를 기록하는 관리)이었던 창힐(蒼頡)이 한자(漢字)를 창제하였다고 함.
- 그러나 이 기록은 한자의 기원에 관한 하나의 전설적인 이야기일 뿐 고증된 역사적 사실은 아님.

창힐(아주문물학회. 2003. 『그림으로
보는 역사 인물 사전』)

- 한자는 발전과정에 따라 갑골문, 금문, 대전, 소전, 예서, 해서 등으로 변화

(3) 주(周)나라의 도서관

- 주(周)나라는 하(夏)나라 은(殷)나라에 이어 기원전 1,150년~기원전 249년까지 존속
- 주나라의 무왕은 하와 은의 제도를 기초로 하여 정치, 경제, 문화의 제도적 기틀을 마련
- 정치적으로는 요순임금을 본받고 경제적으로는 홍수의 통제와 농업경제의 기반을, 문화적으로는 문자 기록의 기반을 다짐.
- 기록을 보존 관리했던 국립 장서 수장실(守藏室)이 있었고, 이를 관리하는 관직으로 주하수장사(柱下守藏史)를 둠. 이는 왕실의 자료를 관리하는 도서관장으로서 도덕경으로 유명한 노자(老子)는 주나라의 수장실을 관리
- 노자는 중국 최초의 사서이자 도서관장으로 공자가 일찍이 노자에게 예(禮)를 물은 것도 노자가 당시 주나라 왕실의 장서를 관리하는 사관이었기 때문

(4) 춘추전국시대 제자백가(諸子百家)의 출현

- 주나라의 몰락 이후에는 제후국들이 분립하여 다투는 춘추전국시대
- 이 시기에 제자백가를 중심으로 정치철학이 발달, 천문, 역법, 수리, 토목, 건축, 공예 발전.
- 공자는 부자(父子)와 형제(兄弟)를 축으로 하는 가족 도덕을 기본으로 하고 사회적 규율로 예(禮)를 중시, 덕치주의, 군신(君臣) 간 의(義)를 강조, 인(仁)의 사상을 확립하여 유교의 기본원리로 삼음
- 제자백가 : 묵가(墨家), 유가(儒家), 법가(法家), 도가(道家) 등

(5) 진(秦, BC221~BC207)

- 진시황(秦始皇)은 춘추전국시대의 혼란을 수습하고 BC 221년 중국을 통일, 중앙집권적 봉건 제국을 건설하고 문물을 정비
- 신하를 시켜 여러 모양으로 쓰이던 한자체를 소전체(小篆體)로 통일
- 분서갱유(焚書坑儒) :
  - BC 221년 천하를 통일한 진시황은 법가(法家)인 이사(李斯)를 발탁하여 철저하게 법가사상에 기반을 둔 각종 통일정책을 시행
  - 이러한 법가 일색의 정치에 대해 유가를 비롯한 다른 학파들은 이에 반대하고 공공연하게 자기 학파의 학설을 주장
  - 기원전 213년 진시황은 협서율(挾書律)을 발표, 민간의 책 소장, 휴대, 독서를 금지. 책을 관에 제출하도록 하고, 이를 위반하는 자, 유교 경전을 읽고 의논하는 자, 정치를 비난하는 자 등은 모두 극형
  - 진시황은 진(秦)의 기록, 박사관(博士官)의 장서, 의약, 복서(卜筮), 농업 서적 이외의 책은 모두 몰수하여 소각하게 함
  - '갱유'란 진시황이 방사(方士 : 신선의 술법을 닦는 사람)들의 신선 사상에 열중한 채 모든 수단을 동원하여 불로불사(不老不死)의 영약을 구하다 그들에게 속은 것을 알고, 분서를 시행한 다음 해에 방사뿐만 아니라 유학자들도 잡아들여, 금령(禁令)을 범하고 요언(妖言)을 퍼뜨렸다는 이유로 460여 명을 생매장한 사건

(6) 한(漢, BC202~220)

- 진나라의 뒤를 이은 통일 왕조로, 고조 유방이 건국, 전한(서한)과 후한(동한)으로 구분
- 약 400년 이상 지속, 중국의 역사상 가장 강대했던 시기 중의 하나로 오늘날 중국의 약 92%를 차지하는 한족(漢族)은 이 왕조의 이름에서 유래, 문자를

漢字, 중국어를 漢語라고 함
- 한나라 성제(成帝)는 적극적인 서적 수집정책 추진 : 대 학자 유향(劉向)에게 훼손된 서적들을 바로잡아 정리하도록 했으며, 유향이 이를 완성하지 못하고 죽자 그의 아들 유흠(劉歆)이 계승하여 '칠략(七略)'이라는 최초의 종합 도서 목록을 완성, 중국의 서적 분류와 정리의 모델이 됨.
- 도서관 역할을 했던 기관 : 석거각(石渠閣), 천록각(天祿閣), 난치각(蘭治閣), 기린각(麒麟閣), 비부(秘府) 등

(7) 위진남북조시대(魏晉南北朝時代, 220~589)

- 후한 멸망 후 다시 혼란한 시기
  - 삼국시대 (220~280): 위(魏), 촉(蜀), 오(吳) 삼국으로 분열된 시기
  - 삼국지(三國志) : 진(晉)나라 진수(陳壽)가 쓴 삼국의 정사(正史)
  - 삼국지연의(三國志演義) : 명나라 나관중(羅貫中)이 쓴 역사소설
  - 남북조 시대(420~589) : 남조(송, 제, 양, 진 등)와 북조(북위, 동위, 서위, 북제, 북주 등)가 대립하던 시대
- 주요 특징
  - 문벌 귀족 사회 : 귀족들이 전통문화를 발전시켜 독자적인 육조 문화를 형성, 시인 도연명(陶淵明), 명필가 왕희지(王羲之) 등이 이 시기에 활동

(8) 수(隨, 581~618)

- 양견(楊堅, 隨文帝)이 한나라 약화 후 약 300년간 혼란했던 위진남북조(魏晉南北朝, 220~589)를 평정, 581년 중국을 재통일
- 수문제(隨文帝)는 중앙과 지방의 행정 기구를 개편하고, 공무원 감축을 통해 국가 권력을 강화

- 교육 및 도서관
  - 관문전(觀文殿) : 서적을 수집하고 편찬하던 핵심 기관, 교육 연구와 관련된 서적들을 수집 관리, 학술 문화에서 중요한 역할
  - 수서경적지(隋書經籍志) : 수나라의 정사(正史)인 〈隋書〉에 포함된 서목(書目)으로 經, 史, 子, 集 분류
  - 과거제도 시작 : 지역별로 할거하던 귀족 세력에 대한 견제를 위해 과거제도 실시
- 도서관 기능을 했던 기관 : 수문전(修文殿), 관문전(觀文殿), 가칙전(嘉則殿)

(9) 당(唐, 618~907)

- 수나라 말 이연(고조)이 수나라를 치고 장안을 수도로 새로운 통일 왕조 개국
- 태종 이세민의 정관지치(貞觀之治) : 태종(627년~649년)의 통치 기간에 이룩된 중국 역사상 가장 번영했던 시기 : 『정관정요(貞觀政要)』라는 책으로 전함
  - 『정관정요(貞觀政要)』는 당 태종이 신하들과 정치에 대해 논의한 기록을 모아 편찬한 책으로 당나라 시대의 역사가 오긍(吳兢)이 편찬, '정관'은 태종의 연호이고 '정요'는 정치의 요체를 의미
- 교육과 도서관
  - 교육은 과거제와 연계, 관료 양성을 목표로 국자감과 태학 등 관립 학교 교육
  - 초기에는 국가 도서관은 굉문관(宏文館) : 황궁 안에 있던 학문 및 교육기관, 문학적 재능을 가진 관료 양성
  - 집현서원(集賢書院) : 책을 필사, 분류, 정리, 열람하는 도서관, 분류는 전통적인 경사자집(經史子集)을 따름

(10) 송(宋, 960~1279)

- 북송(960~1127) : 960년 조광윤이 송 왕조 개국
  - 중앙 집권 체제를 강화, 문치주의를 실시, 농업, 상업, 기술 등 비약적으로 발전, 인쇄술, 화약, 나침반 등의 발명, 보급
  - 북쪽의 거란족 요나라, 여진족의 금나라가 압박
- 남송(1127~1279) : 금나라의 침입으로 수도를 남쪽으로 옮기고, 강화된 해군을 바탕으로 해상 방어 강화, 문화적 전성기로 문학, 예술, 철학이 크게 발달, 주희의 신유학인 주자학이 이 시대에 등장
- 교육과 도서관
  - 국립대학인 국자감(國子監), 지방 교육기관인 서원(書院) 운영, 교육과 연구를 위한 자료를 수집 보존
  - 숭문원(崇文院) : 국가의 역사 자료 보존소로 숭문총목(崇文總目)이라는 장서 목록을 편찬하고 서적을 체계적으로 관리, 경사자집(經史子集)으로 분류, 6개의 건물에 분리 보존
  - 비서성(秘書省), 어사대(御史臺), 태청루(太淸樓) 등에서도 도서와 문집을 보존 활용
  - 자치통감강목(資治通鑑綱目) : 송대(宋代)의 역사책(史書), 사마광(司馬光)의 〈자치통감〉을 토대로 그 이전의 기사(記事)를 보충해서 중요한 사항을 강(綱)으로 삼고 부수적인 세부 항목을 목(目)으로 삼아 만든 편년체 역사책

(11) 원(元, 1271~1368)

- 원은 1206년 몽골족 칭기즈칸이 세운 몽골제국으로 출발, 그의 손자 쿠빌라이칸(원 세조)은 1271년에 국호를 대원(大元)이라고 정하고 세력을 더욱 확대
- 쿠빌라이칸은 남송을 멸망시키고 대륙을 통일하며 동아시아와 중앙아시아 전체를 지배하는 대제국을 건설

- 원나라 문화의 특징
  - 몽골족의 유목 문화와 중국 한족 문화의 융합과 동서 교류를 통한 국제적 문화의 발전
  - 실크로드와 해상 교통로를 통해 동서양의 문화와 사상 교류 확대
- 도서관으로는 전성기인 쿠빌라이 때 비서감(秘書監)을 두고 전적(典籍)을 수집하고 이의 보존과 이용을 관장
- 마르코 폴로의 〈동방견문록〉
  - 마르코 폴로가 서아시아, 중앙아시아, 중국, 인도, 대초원지대 등을 여행하며 보고 들은 내용을 기록
  - 13세기 몽골제국과 그 주변 세계에 대한 기록으로 유럽에 동양문명을 소개한 최초의 기록

(12) 명(明, 1368~1644)

- 1368년 주원장(朱元璋, 홍무제)이 원나라를 물리치고 세운 한족 국가
- 원나라 말기, 농민 반란을 이끌었던 주원장이 난징을 점령하고 개국
- 태조 주원장은 수도를 난징으로 정했으나, 후대 영락제 때인 1421년 베이징으로 옮김
- 영락제 때 대규모 원정을 통해 영토를 넓혀 명나라의 영향력을 크게 확장
- 도서관
  - 성조는 문연각(文淵閣)이라는 황실 도서관을 설치하고 원나라 궁궐 비서감의 도서를 수도인 남경(南京)으로 옮기고, 흩어진 서적들을 모아 보존 : 문연각의 소장 목록은 양사기(楊士奇) 등이 편찬한 '문연각 서목'을 통해서 알려짐
  - 1402년 영락제(永樂帝)가 즉위한 이후 문연각 장서들을 활용하여『영락대전(永樂大典)』을 편찬, 보존
  - 1421년(영락 19) 도읍을 북경으로 옮기며 문연각도 이전
  - 『영락대전(永樂大典)』은 유교 경전을 포함, 문학, 역사, 철학, 예술, 과학

분야의 방대한 지식을 모아 편찬한 중국 최대의 백과사전이자 유서(類書)
로 현재 많은 부분 소실되어 일부만 남음.

(13) 청(淸, 1636~1912)

- 만주족의 누르하치(努爾哈赤)가 여진을 통합하여 후금을 세우고, 후금은
  1636년 국호를 청으로 변경, 누르하치의 아들 홍타이지가 청나라 제국을 수
  립
- 중국의 역사는 북방의 몽골족, 만주족과 남방의 한족 간 세력다툼의 역사
- 전성기인 강희제와 건륭제 때 영토와 인구가 대폭 증가
- 서구 세력의 침략과 제국주의 팽창으로 19세기에 세력 약화, 특히 청일전쟁
  에서 패배
- 1911년 신해혁명으로 1912년 종식(신해혁명은 중국의 2천 년 이상 된 황제
  지배 체제를 무너뜨리고 중화민국을 수립한 혁명으로 쑨원의 주도로 황제
  지배를 끝내고 공화국을 수립했다는 점에서 공화 혁명이라고도 함)
- 교육과 도서관
  - 민심 수습과 국가의 정통성 유지를 위하여 주자학을 숭상, 고전에 대한 실
    증적 비판적 학문인 고증학이 발전, 학자로서는 대진(戴震, 1724~1777), 단
    옥재(段玉裁, 1735~1815), 전대흔(錢大昕, 1728~1804) 등
  - 사고전서(四庫全書), 고금도서집성(古今圖書集成) 등 학문 연구를 위한 안
    내 서적 편찬
  - 도서관으로는 소인전(昭仁殿), 홍덕전(弘德殿), 사고전서관(四庫全書館) 등
    왕실 중심 도서관과 교육기관인 서원(書院)의 교육 문고가 있었음.
  - 사고전서(四庫全書) : 수(隋), 당(唐) 이래 황실의 도서관이었던 집현서원
    (集賢書院)에서 황실의 장서를 經史子集의 4부(四部)로 분류 정리하였기 때
    문에 사고전서라 칭함
  - 고금도서집성(古今圖書集成) : 18세기 청대(淸代)의 백과사전(類書), 정식
    명칭은 흠정고금도서집성(欽定古今図書集成)

- 고금도서집성은 널리 예로부터 전해 내려오는 전적에서 같은 분류와 관계
  있는 기사를 발췌해서 모은 것이며, 출전이 명기되어 있어 어떤 사항에 관
  한 관계자료의 소재 파악이 용이

(14) 중화민국(자유중국, 1912~)

- 서세동점으로 인해 근대 동아시아는 근대화 과정에서 서양의 식민지였거나
  아니면 크고 작은 침략을 받음
- 타의에 의한 서양 문물의 유입과 이의 수용과정에서 정치적 마찰과 사회적
  혼란 불가피
- 중화민국은 1912년 손문(쑨원)의 삼민주의(三民主義)를 바탕으로 공화제 국
  민정부 수립
  - 삼민주의 : 민족주의(民族主義), 민권주의(民權主義), 민생주의(民生主義)
- 중국 본토 시기(1912년~1949년) : 1912년 1월 1일 쑨원이 초대 임시 대총통으
  로 취임하며 아시아 최초의 공화국인 중화민국 건국, 건국 연도인 1912년을
  기점으로 '民國(민국)'이라는 연호를 사용
- 국공내전 : 1927년 이후 중국 공산당이 중화민국 국민정부를 상대로 벌인 내
  란(중국국민당과 중국 공산당 사이에 중국의 패권을 두고 일어난 내전), 결
  과 국민당이 패배하여 본토에는 마오쩌둥이 이끄는 중국 공산당이 중화인민
  공화국을 수립, 장제스가 이끄는 중국국민당은 난징에 있던 중화민국정부를
  타이베이로 이전
- 도서관
  - 중화민국 건국 초기에 도서관은 1909년 청나라 말에 설립된 경사도서관
    (京師圖書館)을 계승, 1914년 베이징에 분관으로 경사통속도서관(京師通俗
    圖書館)을 설치, 중국 최초의 아동 열람실을 운영
  - 타이완 이전 후 타이완 국립중앙도서관(臺灣國立中央圖書館), 현재 국가도
    서관(國家圖書館)이 됨 : 1986년 9월 타이베이 중산남로(中山南路)에 신관
    을 준공, 귀중본 고서적들은 모두 14만 4,667권으로 송판(宋版), 금원본(金

元本), 명간본(明刊本), 명가고본(名家稿本), 역대수초본(歷代手抄本), 명청
내부여도(明淸內部與圖), 돈황사경(敦煌寫經) 등이 포함되어 있음.

(15) 중화인민공화국(1949~)

- 건국 초기의 도서관
  - 1949년 중국의 거대 본토는 사회주의 통치, 소련의 마르크스 레닌의 공산
    주의 사상을 들여온 모택동이 지배
  - 소련의 '철의장막'에 비교되는 '죽의 장막'을 치고 자유 진영과 대립
  - 그들은 선인들의 전통적인 유교 사상을 버리고 공산주의 혁명을 전개
  - 도서관은 공산당 주도하에 사회주의 사상 전파 및 인민의 정보 접근성 향
    상을 위한 정책 추진
  - 공공도서관 시스템 확충과 함께 아동도서관 등 전문화된 도서관들이 교육
    과 문화 활동을 지원
- 문화혁명과 도서관
  - 문화혁명은 1966년부터 1976년까지 중화인민공화국에서 일어난 '무산(프
    롤레타리아)계급문화대혁명(無産階級文化大革命)'
  - 이는 1966년 5월 16일 중국 공산당의 중앙위원회 주석이었던 마오쩌둥의
    제창으로 전개한 공산주의 혁명으로 소련의 잘못된 수정주의가 중국에서
    재연되는 것을 방지하고, 이상적인 사회주의 국가를 건설하기 위한 것
  - 1969년 마오쩌둥은 공식적으로 문화혁명의 종식을 선언했지만 사실상
    1976년 마오쩌둥의 사망으로 종식
  - 정치적 탄압으로 도서관 활동이 크게 위축되었고, 많은 문화재가 파괴되었
    으며, 지식인들이 희생되면서 기존의 장서 수집 및 보존 기능이 사실상 중
    단
  - 자료의 이념적 편향 : 혁명의 이념과 맞지 않는 서적들은 폐기되고, 혁명
    사상과 관련된 자료들만 남아 장서 구성 편향
  - 도서관의 역할 상실 : 도서관은 이러한 파괴의 중심에 있어 수집, 보존, 열

람이라는 본연의 기능에서 벗어나 정치적 이념을 강요하고 기존의 지식
체계를 파괴하는 도구로 전락
- 개혁개방 이후의 도서관
  - 국립도서관으로서 중국국가도서관(中国国家图书馆, National Library of China, NLC)으로 운영 : 규모는 아시아 최대, 세계 5위, 방대한 장서(2003년 말 기준 2,400만 점 이상) 소장
  - 지역 공공도서관의 발달
  - 개혁개방 이후 중국 전역에 많은 공공도서관 설립, 현대화
  - 상하이도서관(上海图书馆)을 비롯한 각 성시의 대표적인 공공도서관들은 지역 문화 진흥과 시민들의 정보 접근성 향상에 중요한 역할
- 대학도서관
  - 베이징대학교(Peiching University, 北京大學校)도서관 : 베이징대학교 도서관의 역사는 1898년 경사대학당(북경대학교의 전신)의 장서루(藏書樓)에서 시작되어, 1912년 베이징대학교 도서관으로 정식 개관, 현재 아시아에서 최대, 세계 5번째로 큰 규모
  - 칭화대학교(淸華大學校) 도서관 : 1911년 설립된 중국 베이징에 있는 국립 칭화학당을 1928년 칭화대학교로 개명하고 국립대학교로 승격, 베이징대학교와 함께 중국 최고의 명문 종합대학교로 도서관은 대학의 교육과 연구를 지원하며 정보자료의 수집, 정리, 보존 및 서비스 제공의 역할을 담당

2. 우리나라 공공도서관의 발달 약사

(1) 단군신화와 고조선

- 단군신화에 의하면 우리나라의 긴국은 중국의 고대 전설 시대인 요순시대와 같은 시기

- 고대로부터 중국과의 인접 지역에서 중국과 교류하며 그들과 문화를 공유하였을 것으로 판단
- 단군신화에 관한 기록은 고려의 승 일연이 쓴 『삼국유사』 "紀異 卷 第一" 편에만 존재
- 고조선에 도서관이 있었는지는 기록이 전해지지 않아 알 수 없는 일이나 전한(前漢) 무제(武帝)가 한사군(漢四郡)을 설치하고(BC. 108년) 고조선지역을 통치하였다고 본다면 이때쯤 한자(漢字)와 서적이 한반도에 전래되었을 것으로 추정
- 한사군의 기록물 봉니(封泥, A Lute)
  - 고대 낙랑군에서 공문서를 봉함하기 위하여 묶은 노끈의 이음매에 붙이는 인장을 눌러 찍은 점토 덩이 발굴
  - 봉니(封泥)는 죽간(竹簡), 목간(木簡) 등의 간책(簡册)으로 된 공문서를 봉인하기 위하여 이를 묶은 노끈의 이음매에 점토 덩이를 붙이고 인장을 눌러 찍은 것
  - 봉니는 원래 고대 오리엔트 지역에서 기원한 것으로 메소포타미아 북부의 유적에서 인장을 눌러 찍은 점토 덩이로, 인장과 함께 중국으로 전래

(2) 고구려(高句麗, BC 37~AD 667)

- 중국 문물제도의 한반도 유입은 고구려 때 본격적으로 진행
- 소수림왕 2년(372)에 중국의 제도를 본떠 최고의 교육기관인 태학(太學) 설립, 귀족 자제에게 경학(經學), 문학, 무예를 교육
- 장수왕의 평양 천도 이후에는 지방의 여러 곳에 경당(扃堂)이라는 사립 교육기관을 설치, 평민의 자제들에게도 무술과 한학을 가르침, 경당은 일반 서민층 자제를 교육한 사립 교육기관으로, 신라의 화랑도와 비슷한 청소년 조직에서 유래, 경전 학습과 궁술 연습을 주로 가르침. 태학이 귀족 자제를 대상으로 한 국립 교육기관인 것과 달리, 경당은 평민층의 문무 교육을 담당하여 국방력 강화에 기여

- 교육기관의 운영은 필연적으로 서적의 생산과 유통이 활발했다는 증거, 경당 은 역사의 기록에 나타나는 우리나라 최초의 도서관의 명칭으로도 추정
  (자료 : 백린. 1981. 『한국도서관사 연구』. 서울 : 한국도서관협회. pp.13-16)
- 소수림왕 2년(372) 전진(前秦)의 승 순도가 한문으로 된 불경과 불상을 가져 와 고구려에 불교를 전파, 불교문화 융성 계기 마련. 374년에는 한국 최초의 사찰인 초문사(肖門寺)와 이불란사(伊弗蘭寺) 창건

(3) 백제(百濟, BC 18~AD 660)

- 기원전 18년, 고구려 시조 주몽의 아들 온조왕이 한강 유역에 나라를 세워 660년 신라 · 당나라 연합군에 의해 멸망할 때까지 약 678년간 존속
- 한강 유역의 작은 나라에서 출발, 세력을 확장하여 고이왕 때 중앙집권 체제 를 구축, 근초고왕 시기에 전성기를 맞음.
- 고구려 장수왕의 공격으로 웅진(공주)으로 수도를 옮겼다가 웅진, 사비(부여) 시기를 거치며 독창적인 문화를 꽃피움
- 최초의 문헌은 근초고왕 29년(374년) 고흥이 지은 백제서기(百濟書記), 그러 나 그 이전부터 중국의 문자와 서적이 들어와 유통되었다는 사실이 고이왕 51년(284년)에 사신 아직기가 일본에 서적을 전했으며, 285년에는 왕인 박사 가 천자문과 논어를 일본에 전했다는 기록을 통하여 확인
  - 천자문은 한문(漢文)을 처음 배우는 사람을 위해 교과서로 쓰이던 책. 1구 4자로 250구, 모두 합해 1,000자로 된 고시(古詩) (안미경. 2004. 『千字文 刊印 本 硏究』. 이회문화사. p.19)
- 침류왕 원년(384년)에 중국의 승려 마라난타(摩羅難陀)가 불교를 전함.

(4) 신라(新羅, BC.57~AD.935)

- 기원전 57년 경주 지역의 여섯 마을 부족장들이 박혁거세를 왕으로 추대하며

사로국(신라)을 건국

- 지증왕 때 국호를 '신라'로 정하고 '왕' 호칭을 사용했으며, 법흥왕 때 병부를 설치하고 율령을 반포하며 국가 체계를 확립
- 7세기 중엽, 신라의 화랑 김춘추가 당나라와 나당 동맹을 맺고 백제와 고구려 협공 전략을 구축, 무열왕 때 백제를, 문무왕 때 고구려를 멸망시키고 당나라 군대를 몰아내어 삼국 통일 완성
- 불교를 공인하여 국가의 사상적 기반을 구축 황룡사, 불국사, 석굴암 등 불교 문화 융성
- 남북국 시대 : 7세기 중엽 삼국 통일 이후 발해가 건국되면서 한반도에는 신라와 발해가 공존하는 남북국 시대 개막
- 화랑도 : 청소년 집단에서 기원하여 인재 양성과 사회 통합에 기여
- 신문왕 2년(682년)에 교육기관인 국학을 세워 경서를 가르치고, 원성왕 4년(788년)에는 독서삼품과(讀書三品科)라는 일종의 과거제도로 인재를 등용
- 신라의 인쇄술 :『무구정광대다라니경無垢淨光大陀羅尼經』
  - 1966년 10월 13일 경상북도 경주시 불국사 석가탑을 보수하다가 발견
  - 8세기에 인쇄했던 목판본으로 석가탑 제2층 탑신부에 봉안되어 있던 금동제 사리외함(舍利外函)에서 다른 여러 사리장엄구(舍利莊嚴具)와 함께 발견.
  - 석가탑은 751년에 건립했으므로 이 목판본은 적어도 751년 이전의 인쇄물
  - 현존하는 목판 인쇄물로는 세계에서 가장 오래된 것으로 너비 약 8cm, 전체 길이 약 620cm의 두루마리 형식, 54cm가량의 종이 12장을 이어 붙여 만든 것

(5) 고려(高麗, 918~1392)

- 왕건(王建)이 신라 말에 나라를 세워 후삼국을 통일하고 성종 때 중앙집권적인 국가 기반을 확립, 문종 때 귀족정치의 최전성기를 이룸
- 고려는 불교를 국교로 삼았으므로 불학(佛學)이 융성하고, 經世治學의 학문으로 한학(漢學)이 발전, 이러한 학문의 발전은 서적에 대한 수요를 증가시켜

일찍이 목판 인쇄술 발전

- 도서관의 기능을 하던 기관
  - 비서성(秘書省) : 군주와 관련된 문서, 서적, 축문 등을 관리하고 도서관으로서 학자들에게 책을 빌려주며, 과거시험 등 면학에 필요한 서적을 제공하는 등 서적 관리 및 궁중 업무를 담당
  - 수서원(修書院) : 서경(西京, 평양)에 설치한 도시관으로 국가의 중요한 문헌들을 수집, 보관, 분류하여 학자들의 학술 연구 활동을 지원하며 후대에 전승
  - 문덕전(文德殿) : 문덕전은 주로 왕이 신하들과 군사 및 정치 관련 업무를 논의하고 문집을 보관하는 집회 장소로 문치 정치를 상징하는 공간. 도서 보관 및 열람 등 도서관 역할 수행
  - 장령전(長齡殿) : 주로 중국 사신을 접대하고, 국왕의 명을 받아 문서를 보관하고 열람하며, 국가의 중요한 서적을 수집하고 편찬하는 왕실도서관의 역할 수행
  - 청연각(淸燕閣) : 예종 때 유학의 진흥 및 경연(經筵)을 위해 설치한 궁중 도서관. 경(經) 중심의 도서를 소장하고 학사들이 모여 경서를 강론
  - 보문각(寶文閣) 왕립도서관으로 국가의 중요 서적을 보존하고 관리, 학사들의 강론과 전적 교감을 통한 학술 진흥, 왕명을 받아 서적 편찬을 감독하는 등 문화 및 학술 기관으로서 역할
  - 천장각(天章閣) : 송나라 황제가 보낸 조서(詔書)와 어필(御筆), 서화(書畫) 등을 보관하던 장서각(藏書閣), 고려 예종 12년(1117년)에 궁중에 설치, 역대 왕들의 유물과 함께 왕실 도서의 보관 및 관리를 담당
  - 임천각(臨川閣) : 회경전(會慶殿, 개경 송악산 남쪽 궁궐 만월대의 전각) 서쪽에 책을 보관하는 서고이자 도서관
- 교육기관 : 인종 때 국자감(國子監)의 한 분과(分科)로 태학을 설치, 정원은 300명으로, 문무관 5품 이상의 자손과 3품관의 증손에게 입학 자격 부여
  - 박사(博士), 조교(助敎) 등 교관을 두고 〈역경(易經)〉, 〈시경(詩經)〉, 〈서경(書經)〉,〈 춘추(春秋)〉, 〈효경(孝經)〉, 〈논어(論語)〉 등을 가르쳤으며 수업 연한은 8년 반, 교육에 필요한 서적은 부속 서적포(書籍舖)에서 인쇄, 보급

- 사찰(寺刹)은 불교 서적의 인쇄출판기능과 함께 도서관의 역할을 수행, 청주의 홍덕사(興德寺)에서는 1377년 세계 최초의 금속활자를 만들어 불서인 〈直旨心體要節〉을 인쇄
- 고려 때 우리나라의 고대사를 처음 편찬 : 김부식의 〈삼국사기〉와 일연의 〈삼국유사〉

(6) 근세조선(近世朝鮮, 1392~1910)

- 역성혁명과 조선 건국
  - 고려 말 이성계와 최영은 요동 정벌 문제로 격렬하게 대립, 고려는 최영의 주도로 명나라를 징벌하기 위해 요동 정벌을 추진했으니 이성계는 현실적인 한계를 들어 강력 반대
  - 우왕의 지시로 요동 정벌에 나섰으나 이성계가 지휘하는 군대는 압록강까지 나아갔다가 위화도에서 군사를 되돌려 우왕의 명령을 거역, 그 후 이성계 일파는 우왕, 창왕, 공양왕까지 폐위하고 역성혁명(易姓革命)에 성공
  - 이성계(李成桂, 1335~1408, 향년 73세, 재위 1392~1398)는 국호를 조선으로 정하고 도읍을 한양으로 천도하여 경복궁(景福宮)을 짓고, 정도전에게 "조선경국전"을 편찬하게 함.
- 왕조의 안정
  - 조선의 기틀은 제3대 태종(본명 이방원(李芳遠), 1367~1422, 향년 55세, 재위 1400~1418) 때 확립, 자신에 반대하는 개국공신 정도전을 제거, 왕자의 난에서 승리하며 정권 탈취
  - 숭유억불 정책을 펴 불교를 억제하고 유교를 사회질서 유지의 근간으로 삼음
  - 태종은 1403년 주자소(鑄字所)를 설치하여 동활자를 주조하고 서적을 인쇄하는 등 적극적인 문화 정책을 추진
  - 세종(본명은 이도(李祹), 1397~1450, 향년 53세, 재위 1418~1450) 때에는 조선의 학문과 문화가 크게 번창, 1420년 왕실의 연구소이자 도서관인 집

현전 설치, 학자들에게 연구에 몰입하게 하고 이를 위해 서적을 수집 제공
- 경국대전(經國大典) : 세조 때 편찬을 시작하여 1485년(성종 16년)에 최종
  완성 및 반포, 400년 동안 조선 왕조의 기틀이 된 기본 법전으로 6권 4책,
  6조의 직능에 맞추어 이, 호, 예, 병, 형, 공의 6전으로 구성
- 조선왕조실록의 편찬과 보존
  - 사관이 매일매일 자성한 기록인 사초(史草), 지방 관청의 업무 기록인 시정
    기(時政記), 〈승정원일기〉 등 다양한 자료 수집 정리
  - 실록의 보존 : 고려의 전통을 이어받아 일찍부터 중앙에 춘추관(春秋館)을
    두고 충청북도 충주(忠州)에 충주 사고를 설치, 운영
  - 세종 21년(1439년)에는 경상북도 성주(星州)와 전라북도 전주(全州)에 추가
    로 사고(史庫)를 설치하여 四大 사고에 실록을 분산 보존
  - 임진왜란 때 전주 사고를 제외한 3곳의 史庫가 소실되어 전주 사고의 실록
    을 바탕으로 3질을 인쇄하고, 전주 사고 원본 1질 및 교정본 1질과 함께
    총 5질의 실록을 확보, 전주 사고에 있던 원본은 강화도의 마니산(摩尼山)
    에, 교정본은 강원도의 오대산(五臺山)에, 새로 인쇄한 3질의 실록은 중앙
    의 춘추관, 경상북도 봉화의 태백산(太白山), 평안북도 영변의 묘향산(妙香
    山)에 각각 분산 봉안함으로써 五大 사고 체제를 확립(참고문헌 : 이성무.
    2006. "UNESCO 세계기록문화유산 조선왕조실록(朝鮮王朝實錄)".『우리의 고전을 읽
    는다. 4 역사 정치』. 서울 : 휴머니스트. pp.57-70)
  - 조선왕조실록은 1960년대 후반부터 남한과 북한에서 각각 번역, 국사편찬
    위원회는 실록 전질을 홈페이지(www.history.go.kr 조선왕조실록)에 등재
- 주자소(鑄字所) 설치, 훈민정음 반포 및 서적 인쇄 보급
  - 고려시대 서적원의 제도를 본떠, 1403년(태종 3년) 왕명으로 설치, 조선 초
    기 유학 진흥과 서적 편찬 사업을 지원하기 위해 활자 주조 및 인쇄
  - 훈민정음(訓民正音) 창제 : 세종은 중국의 음운 관련 서적을 연구하여 반대
    파들의 반대를 물리치고 1443년에 훈민정음을 창제 : 반포 전에 정인지,
    신숙주 등 젊은 학자들에게『훈민정음해례본』을 편찬토록 한 후 1446년에
    반포
  - 주자소에서 한글활자를 만들어『용비어천가』(1447),『석보상절』(1447),『월

인천강지곡』(1449)을 간행하여 훈민정음 글 표현의 시범을 보임

- 집현전(集賢殿)
  - 세종 2년(1420)에 궁궐 안에 집현전을 설치, 학자 양성과 연구에 전념
  - 학문 연구기관으로서 도서의 수집, 보존, 연구, 국왕의 자문 등을 수행
- 성균관(成均館)과 존경각(尊經閣)
  - 성균관은 고려시대의 국자감을 이은 국가 최고의 교육기관(성균관대학교
    사 편찬위원회. 1978.『성균관대학교사』. p.19)
  - 성균관이 서울에 건립된 연유는 조선의 개국과 한양 천도에 따른 것
  - 존경각은 조선조의 최고 교육기관인 성균관에 부속된 도서관으로 성종 5
    년(1474) 좌의정 한명회가 건의하여 성사
- 서원(書院)
  - 서원의 기원 : 송나라 때 주자가 설립한 백록동서원(白鹿洞書院)
  - 우리나라에서는 1543년(중종 38) 풍기군수 주세붕(周世鵬)이 고려 말 학자
    안향(安珦)을 배향하고 유생을 가르치기 위하여 경상도 순흥에 백운동서원
    (白雲洞書院)을 창건
  - 그 후 전국 각지에 서원이라는 교육기관을 두고 경학을 가르쳤으며 교육
    에 필요한 장서를 관리
- 규장각(奎章閣), 외규장각
  - 정조 즉위년인 1776년에 창설된 조선 후기의 왕실도서관
  - 정조는 규장각에서 학자들을 모아 경사(經史)를 토론하고, 문예 진흥을 도
    모, 서책을 보존 활용할 뿐만 아니라 많은 책을 저술, 편찬하고 경전과 역
    사서를 인쇄, 반포
  - 규장각은 어제와 어필을 보관하는 기구에서 중국과 조선의 도서를 소장하
    고 소수의 정예 관리들이 소속되어 국가의 주요 정책을 마련하는 도구로
    발전
  - 초계문신제도는 1781년(정조 5년)에 시행한 공무원 재교육 프로그램으로
    이 제도는 인재를 양성하고 개혁정치를 실현하려는 정조의 의도에서 시작
    (이태진. 1994.『왕조의 유산-외규장각 도서를 찾아서』. 서울 : 지식산업
    사. 110-147) (국립중앙박물관.『145년 만의 귀환, 외규장각 의궤』. 20쪽)

창덕궁 내 규장각과 서울대 규장각(사진 : 필자 촬영)

(7) 근현대의 도서관

- 일제강점기 도서관의 왜곡과 해방 후의 혼란 및 엄대섭의 도서관 운동

- 통치기관의 조선총독부 도서관을 중심으로 일제의 정책과 일본 문화의 보급 등 식민지 지배를 확고히 할 목적
- 일제강점기 일본은 조선의 귀중한 문화재 자료들을 수탈하여 일본으로 반출
- 일제는 우리 민족의 문화와 역사를 말살하려는 시도를 지속, 도서관의 운영과 자료 보존에도 영향

- 한국인 주도 도서관 설립 운영의 한계
  - 종로도서관은 조선인 이범승이 설립을 주도, 일제강점기 민족의 의식 함양과 사회교육 사업에 이바지한 인물로 평가받았으나 경성도서관 건립 과정에서 일본의 후원을 받고 일제 식민 정책에 이용되었다는 비판적 시각 존재, 그러나 그의 도서관 설립이 조선 민중의 계몽을 위한 순수한 목적에서 출발했다는 점 고려해야
  - 일제강점기 조선인 최초로 사서로 근무한 사람은 이긍종(李肯鍾) : 그는 경성도서관 종로 분관(종로도서관)에서 근무, 근대 도서관이 도입되는 시기에 자격증 없이 사서로 일했던 인물로 종로 분관의 첫 분관장 역임

- 해방 후의 혼란
  - 해방 후 3년(1945~1948)간 미군정 통치, 1948년 8월 15일 대한민국 정부 수립 후 정치, 경제, 사회적 혼란 지속, 1950년 6월 25일 한국전쟁 발발, 남한은 민간인 약 99만 명(사망, 부상, 실종 포함)의 인명 피해, 국군 전사자는 13만 7,899명, 1천만 명의 이산가족과 수많은 전쟁고아 발생
  - 남북한의 사회 기반 시설과 산업 시설 대부분 파괴, 한반도 전역의 주택, 학교, 공공시설 등 국민 생활 터전 파괴, 국토 황폐화
  - 전후 복구 과정에서 미국을 비롯한 해외 원조에 의존
  - 전후 정권 혼란, 군부 독재, 개발 독재, 민주화 운동, 노동운동 등 정치 사회적 혼란 야기

- 도서관 운동
  - 우리나라에서는 한국전쟁 후 엄대섭 선생이 1950~60년대에 시작한 농어촌 독서 운동이 효시로, 오늘날의 작은 도서관 운동의 모태
  - 마을문고 운동의 선구자 엄대섭(1921~2009, 향년 88세)은 평생을 도서관

운동과 마을문고 보급에 헌신하며 '마을문고의 아버지'로 불린 사회운동가
    - 2003년에 '책읽는사회만들기국민운동'과 MBC '느낌표' 프로그램이 협력하
    여 시작된 프로젝트로, 어린이 전문 도서관 건립 운동 전개, 기적의 도서
    관 프로젝트에 영향을 받아 전국 각지에서 민간에 의한 어린이도서관 설
    립 붐이 일어났고, 현재는 '작은도서관' 운동으로 이어짐
- 21세기 우리 도서관의 현주소:
    - 경제발전 및 국민 의식이 향상된 1990년대 이후 우리 도서관도 현대화 진
    행
    - 입법, 행정, 사법을 대표하는 국가 도서관, 그리고 공공도서관, 대학도서관
    들이 발전, 초·중·고등학교 도서관들도 서서히 변화를 모색
    - 우리나라 도서관 현황 : 실시간으로 변하므로 국가도서관통계시스템(https
    ://www.libsta.go.kr/) 참조

참고문헌

- 백린. 1981. 『한국도서관사 연구』. 서울 : 한국도서관협회. pp.13-16
- 안미경. 2004. 『千字文 刊印本 硏究』. 이회문화사. p.19
- 이성무. 2006. "UNESCO 세계기록문화유산 조선왕조실록(朝鮮王朝實錄)". 『우리의 고전을 읽는다. 4 역사 정치』. 서울 : 휴머니스트. pp.57-70
- 이태진. 1994. 『왕조의 유산-외규장각 도서를 찾아서』. 서울 : 지식산업사. 110-147
- 국립중앙박물관. 2011. 『145년 만의 귀환, 외규장각 의궤』. p.20
- 이종묵 외 2인. 2009. 『규장각과 책의 문화사』. 서울대학교 규장각한국학연구원
- 성균관대학교사 편찬위원회. 1978. 『성균관대학교사』. p.19
- 이용남. 2013. 『이런 사람 있었네, 도서관 운동가 엄대섭 평전』. 한국도서관협회
- 정선애. 2024. 『도서관 운동가 엄대섭 글모음 1951~1989』. 도연문고

<table>
<tr><td colspan="3" align="center">학습평가</td></tr>
<tr><td rowspan="7">1</td><td colspan="2">문제</td><td align="center">다음 중 최초로 동양 문자가 형성된 나라는?</td></tr>
<tr><td rowspan="4">문항</td><td>①</td><td align="center">은나라</td></tr>
<tr><td>②</td><td align="center">주나라</td></tr>
<tr><td>③</td><td align="center">한나라</td></tr>
<tr><td>④</td><td align="center">진나라</td></tr>
<tr><td colspan="2">정답</td><td align="center">①</td></tr>
<tr><td colspan="2">해설</td><td align="center">중국 최초의 문자는 갑골문으로 은나라 때 성립</td></tr>
<tr><td rowspan="7">2</td><td colspan="2">문제</td><td align="center">동양 최초의 사서이자 도서관장으로 알려진 인물은?</td></tr>
<tr><td rowspan="4">문항</td><td>①</td><td align="center">공자</td></tr>
<tr><td>②</td><td align="center">창힐</td></tr>
<tr><td>③</td><td align="center">노자</td></tr>
<tr><td>④</td><td align="center">사마천</td></tr>
<tr><td colspan="2">정답</td><td align="center">③</td></tr>
<tr><td colspan="2">해설</td><td align="center">노자는 주나라의 기록을 관리하는 '주하사'라는 관직에 있었다.</td></tr>
<tr><td rowspan="7">3</td><td colspan="2">문제</td><td align="center">우리나라 역사상 가장 최초의 도서관 명칭은?</td></tr>
<tr><td rowspan="4">문항</td><td>①</td><td align="center">서적포</td></tr>
<tr><td>②</td><td align="center">국자감</td></tr>
<tr><td>③</td><td align="center">집현전</td></tr>
<tr><td>④</td><td align="center">경당</td></tr>
<tr><td colspan="2">정답</td><td align="center">④</td></tr>
<tr><td colspan="2">해설</td><td align="center">고구려의 경당은 학교이자 도서관으로 우리나라 최초의 도서관 명칭이다.</td></tr>
</table>

제2장

공공도서관의 사회적 사명과 목적

2.1. 사회변동과 공공도서관의 변화

2.2. 공공도서관의 사명, 목적, 역할, 기능

제2장
공공도서관의 사회적 사명과 목적

2.1. 사회변동과 공공도서관의 변화

강의 목표

   1. 사회변동과 도서관의 관계를 설명할 수 있다.
   2. 공공도서관과 시민의 관계를 설명할 수 있다.

강의 세부 내용

   1. 도서관과 사회와의 관계
   2. 사회변동과 도서관의 변화

용어

- 사회변동 : 사회의 구조나 질서 또는 구성 요소가 내부적, 외부적인 사정에 따라 부분적이거나 전체적으로 변하는 현상
- 공공기관 : 국가의 감독 아래 일반 사회의 시민과 관계있는 일들을 처리하는 주체로 정부산하 기관, 정부의 투자, 출자, 재정 지원 등으로 설립, 운영하며 공공정책 집행, 공공서비스 제공을 목적으로 한다.

사전학습(퀴즈)

- 공공도서관은 공공기관이므로 사립 공공도서관은 존재하지 않는다.
  (   )

  —공공도서관에는 사립도서관도 있다. 사립 공공도서관은 개인이나 단체가 공공을 위해 자기 비용으로 운영하는 도서관이다.

1. 도서관과 사회와의 관계

(1) 사회 속의 도서관

- 역사를 통해서 볼 때 도서관은 언제나 그가 속한 사회와 운명을 같이해 왔다.
- 도서관은 그 단독으로는 존재할 이유가 없다. 사회가 필요로 하는 기능과 역할이 있어야만 도서관은 그 존재 가치를 가지게 된다.
- 도서관은 지식 정보 커뮤니케이션의 종합기관으로서 통시적(역사적), 그리고 동시적 커뮤니케이션을 효율적으로 소통할 수 있게 하는 중요한 사회적 도구이다.

- 인용 자료 :

영국의 대학도서관 사서이자 도서관 역사가인 James Thompson은 1977년 그의 저서 『A history of the Principles of Librarianship』에서 세계 도서관의 역사를 통찰하여 17개 항에 이르는 도서관의 역사 원리를 도출하였다.

The first principle of librarianship is : Libraries are created by society.

제1 원리 : 도서관은 사회가 창조한다.

도서관을 그 기원으로부터 오늘에 이르기까지 역사적으로 조사해보면 도서관은 언제나 그가 속한 사회와 운명을 같이해 왔다는 것이 명백하게 드러난다. 니네베의 도서관은 아슈르바니팔의 지배와 밀접하게 연관되어 있다. 아슈르바니팔과 3명의 전임자들(사르곤, 쎈하리브, 에싸르핫돈)은 페르시아만에서 지중해에 이르는 서아시아의 아시리아 왕국을 지배하였다. 아슈르바니팔은 니네베를 왕도로 정하여 행정의 중심지, 문명의 심장부로 삼았다. 그리고 니네베에 도서관을 세웠다. 이 도서관은 당시 사회의 모든 지식을 저장하는 곳일 뿐 아니라 지식을 보급하는 수단이기도 하였다.

이와 유사하게 대 알렉산드리아도서관은 알렉산드리아의 지배적인 열망을 충족하기 위하여 설립되었다. 즉 헬레니즘의 지식과 문화전파에 초점을 맞춘 것이다. 알렉산드리아는 서기전 331년에 알렉산더대왕이 세운 도시로서 그는 특히 그가 정복하는 곳마다 그리스의 언어와 문화를 전파하려 하였다. 그의 이러한 의도는 그의 부하인 포톨레미 소터에 의해 결실을 맺었다. 포톨레미 소터는 마침내 이집트를 정복하여(서기전 323~285) 서기전 300~290년 사이에 유명한 알렉산드리아도서관을 세웠다. 소터는 3세기 동안이나 지속된 대제국을 세웠으며, 700년 동안 지상의 불가사의로 여겨진 대도시 알렉산드리아를 건설하고, 900년 동안 지식의 횃불이 된 도서관을 건립했다.

고대 로마의 도서관들은 로마의 문명을 집약하였다. 중세의 도서관들은 당시의 지배 세력인 교회의 창조물이다. 19세기 이후에는 민주주의와 대중교육의 확대로 공공도서관이 출현하였다. 민주사회의 도서관은 더 이상 엘리트만을 위한 보존 장소가 아니며, 대중교육이 필요로 하는 지적 영양분을 공급하는 곳으로 변화되었다.

역사적으로 도서관과 사회와의 관계는 도서관 건물의 변천에서도 찾아볼 수 있다. 초기에는 도서관들이 궁전이나 사원의 구내, 수도원이나 성당의 구내에 위치하였다. 그 뒤 국가적인 프라이드와 열정을 반영하여 웅장하고 기념비적인 도서관 건물이 출현하였다. 민주주의의 발전에 따라 도서관의 건물은 시민의 궁전으로 디자인되었다.

The second principle of librarianship, a corollary of the first, is : Libraries are conserved by society.

제2 원리 : 도서관은 사회가 보존한다.

두 번째 원리는 첫 번째의 원칙의 필연적인 결과로서 : 도서관은 사회에 의해서 보존된다는 것이다. 자료는 자료 자체의 소멸 가능성, 이용자의 부주의, 일반적 무관심, 고의적인 손상, 공기 환경조건, 좀 벌레 및 해충으로 악화되고 소멸된다. 그러나 사서의 도서관 관리자로서의 노력에도 불구하고 책과 도서관에 가장 해를 끼치는 것은 외부적인 재난이나 사고이며, 가장 빈번한 것으로는 사회적인 분쟁-정치적 시민분쟁이든 종교분쟁이든- 이라는 것이 도서관의 역사적 사실이다.

서기전 221년에 중국의 진시황은 농업, 점성술, 의학에 관한 책 이외에의 모든 책을 없애라고 명령했다. 그리스도 시대에도 성 바울의 설교에 따라 에베소인들은 이단의 서적들을 가져다가 불태웠다.

알렉산드리아도서관은 서기전 48년 시저의 알렉산드리아 전쟁에서 화재로 소실되었고,

서기 640년 이슬람교 교주인 터키 국왕 오마르의 사주를 받은 사라센인들이 다시 불태웠다. 오마르는 코란과 알라에 동의하는 그리스의 작품은 필요치 않으며, 그에 동의하지 않는 작품은 유해하므로 파괴해야 한다고 선언하였다.

침입자들은 5세기에 로마와 이탈리아에 거의 모든 도서관을 파괴하거나 흩트려 놓았다. 서기 330년에 콘스탄틴 대제가 콘스탄티노풀에 설립한 제국도서관은 서기 477년에 화재로 소실되었다. 카르타고가 완전히 파괴되었을 때 그 도서관도 파괴되었다.

영국의 앵글로색슨 시대에는 수도원 도서관들이 계속 약탈, 파괴되었다. 1537~9년 헨리 8세에 의한 수도원의 해산, 1525년 독일의 농민 전쟁, 1561과 1589년 사이 프랑스에서의 위그노전쟁, 모두가 도서관을 심하게 파괴하였다. 종교분쟁은 도서관사에 중대한 오점을 남겼다. 터키국왕 오마르와 헨리 8세는 책의 파괴와 관련하여 오랫동안 악명을 남긴 두 사람이다. 또 초기에는 이교도들이 그리스도교 서적을 불태웠고, 반대로 그리스도 교도들이 이교도의 책을 불태웠다.

20세기에 와서도 1933년 히틀러 독재하의 도서관들은 책이 제거되거나 소실을 당해야 했다. 제2차 세계 대전시에 영국에서만 적의 행동으로 인한 책의 손실은 총 2천만 권이 넘었다.

반대로 역사적으로 사회가 도서관을 안전하게 지키려고 했을 때 도서관은 잘 보존되었다. 물리적인 보존 면에서 예를 들면 고대의 도서관들은 궁궐이나 사원의 안전한 구내에 위치하였다.

시민혁명이 도서관의 안전에 상당한 관심을 보였다는 것은 특기할만한 사실이다. 프랑스혁명 시기에 모든 종교도서관은 국가재산으로 선언되어 그 속의 모든 책과 원고를 국가에 귀속시켰다. 귀족이 소유하던 모든 책도 몰수되었다. 그 결과 8백만 책 이상이 프랑스 각지에서 수집되었고 적절한 보존을 위하여 정돈되었다. 이와 비슷하게 러시아혁명 직후 1918년에서 1923년에 많은 수의 책과 도서관들이 레닌주도서관으로 옮겨졌다.

역사적으로 볼 때 도서관의 가장 강력한 적은 관리자로서의 사서의 통제를 벗어나 있다는 것이 분명하다. 보존의 문제에서 사서들은 관리자 역할밖에 할 수 없다. 그들은 도서관 자료를 재생하고 보강할 수 있다.-그것이 점토판이든 파피루스 두루마리든, 양피지원고 혹은 인쇄물이든, 그들은 적절한 보존 환경을 조직하고 설계하며 이용을 지도할 수 있다. 그러나 그들은 도서관의 궁극적인 존재에 대해서는 아무런 힘이 없다. 사회가 도서관을 창조한 것과 마찬가지로 사회가 도서관을 보존하는 것이다.

(James Thompson. 1977. 『A history of Principles of Librarianship』. p.204)

(2) 도서관과 사회와의 연관성은 정치, 경제, 사회문화, 교육, 예술, 국제관계 등 다양한 시각에서 조망할 수 있으며 이를 통해 사회적 기관으로서의 도서관의 역할 정립과 새로운 서비스 개발을 위한 개념적 기반구조를 마련해야 한다.

(3) 도서관을 신설할 경우는 물론 기존의 노서관을 재평가할 때도 그 지역사회와 도서관의 연관성을 따져보아야 한다. 어떤 지역의 정치적, 행정적, 경제적, 교육적, 문화적, 국제적 관계를 검토함으로써 도서관을 사회 속으로 통합시킬 수 있다.

2. 사회변동과 공공도서관의 변화

(1) 사회의 속성

- 사회는 항상 변화한다.
  - 사회는 변화의 속도에 완급의 차이가 있을 뿐 변화는 항상 계속되고 있다.
  - 또 단순히 사회만이 변하는 것이 아니라 자연도 생물도 계속 변화하고 있다.
  - 자연의 변화와 사회의 변화가 상승작용을 하면서 변화를 더욱 가속하기도 한다.

(2) 물리적 환경의 변화

- 지구의 물리적 환경변화
  - 지구는 고생대, 중생대, 신생대, 빙하기 등 자연적인 대 변혁을 거쳐 왔다.
  - 인간이 살 수 있는 환경이 된 후에도 지구환경은 화산폭발, 지진, 홍수, 태

풍, 해일 등으로 수많은 자연변화를 겪어 왔다.

- 과학기술이 발전함에 따라 그 부작용으로서 지구온난화와 대기오염 등 환경변화도 심화하고 있다.
- 이러한 물리적 환경의 변화가 사람들의 삶에 영향을 미쳐 사회변동을 일으키는 중요 요인으로 작용한다.

(3) 인구의 변동

- 인구는 사회를 구성하는 요체로 인구의 규모, 인구밀도, 인구구성분포 등이 사회변동에 영향을 미친다.
- 인구의 증가와 감소, 인구밀도의 변화, 인구의 도시집중과 농촌의 공동화, 노인 인구의 증가, 탈북 및 외국 근로자의 유입 등에 따른 인구구성의 변화, 교육 수준의 변화 등 인구학적 요소들은 사회변동의 주요 요인으로 작용한다.

(4) 기술혁신

- 우리 생활은 발견과 발명을 통한 기술의 혁신으로 발전을 지속하여 왔다.
- 문명발전의 가장 주된 요인은 바로 과학기술의 발전이라 할 수 있다.
  - 과학과 기술은 물질적 생산의 풍요를 이루어낸 원동력이 되었다. 교통 통신의 발달은 전 세계를 지구촌화하고 국가 간의 물리적 경계를 허물어 각국의 사회를 세계화하고 있다.
  - 사회변동의 속도는 기술 발전의 속도와 맥을 같이하고 있다. 농업사회에서의 1000년간의 변화보다 산업사회의 100년간, 정보사회의 10년간의 변화가 더욱 빠르게 전개되어왔다.

(5) 정치, 경제, 사회 문화적 요인

- 한 사회의 정치이념은 모든 사회제도에 영향을 미친다.
  - 민주주의와 공산주의는 한때 세계를 양극화시켰다. 소련의 몰락으로 냉전 체제 붕괴 이후에도 정치이념에 따른 사회적 특성은 나라마다 다르게 나타나고 있다.
  - 자유민주주의를 표방하는 나라에서도 정치지도자의 정책에 따라 사회문화는 큰 변화를 겪게 된다. 경제적 요인도 사회변화에 미치는 영향이 크다.

(6) 문화 지체 현상

- 문화 지체란 한 사회의 전통문화(도덕, 제도, 규범, 가치관 등)가 과학과 기술의 변화 속도를 따라가지 못해 발생하는 사회적 불균형 현상 : 급격한 기술 발달로 인해 사회 규범이나 법률, 윤리 등이 제때 적응하지 못해 나타나는 혼란
- 가족제도, 윤리, 종교 사상 등 뿌리박힌 전통과 문화는 쉽게 변화되지 않는다.
- 사회변화는 어느 경우이든 우리가 반드시 대처하고 극복해 나가야 할 과제

(7) 공공도서관의 속성

- 공공도서관은 서양 계몽주의 시대 이후 발생한 민주주의의 산물
- 민주사회의 모든 사회 제도는 법 제도로 공공도서관 역시 법으로 제도화
  - 1850년 영국에서의 공공도서관법 제정은 민주사회에서 공공도서관의 법적 위치를 확고히 하는 계기가 됨. 공공도서관법 제정 이전의 도서관들은 시민의 개인적인 관심 또는 협동적 노력으로 형성되고 있었지만, 법에 근거를 두지는 못함. 따라서 도서관을 지속 경영할 만한 인적, 물적, 재정적 능

력이 없어 흐지부지 사라지는 경우가 많았음.
  - 책과 도서관을 아끼고 사랑하는 가문이나 개인 학자들의 의지는 좋았지만
    한 세대가 지나면 그러한 의지는 유지 불가능. 이에 도서관은 '공공'이라는
    성격을 강화하면서 법으로 도서관 서비스가 보장되는 '공공도서관'으로 다
    시 태어남
- 공공도서관(public library)은 공공기관으로 공공성(公共性)을 기본이념으로
  함.
  - 공공도서관은 성별, 나이, 직업, 장애 등 어떠한 차별도 없이 누구나 이용
    할 수 있는 시민의 도서관
  - 공공도서관은 공공예산으로 정부가 운영하며, 이용자에게는 모든 서비스
    를 무료로 제공

(8) IFLA의 공공도서관의 정의 : IFLA 공공도서관 가이드라인

- 공공도서관의 정의(Defining of public library) : 공공도서관은 전 세계적 현
  상이다. 도서관은 사회의 다양성, 각기 다른 문화 및 발전단계에 따라 다르
  게 발전한다.
- 도서관을 경영하는 다양한 사회적 맥락에 따라 제공되는 서비스도 각기 다르
  지만, 도서관이라면 일반적으로 다음에서 정의하는 공통 특징을 지닌다.
- 공공도서관은 지역사회가 설립, 지원하고, 재정을 부담하는 조직으로서 지
  역, 광역, 중앙정부의 조직형태 또는 기타 지역사회 특수 조직형태로 운영된
  다.
- 공공도서관은 자료와 서비스를 통해 지식과 정보, 평생학습, 그리고 상상력
  에 접근할 수 있도록 하며, 이는 민족, 국적, 연령, 성, 종교, 언어, 장애, 경제
  와 고용상태 및 교육수준에 관계없이 지역사회의 모든 사람들에게 평등하게
  제공한다. (자료 : 『IFLA Public Library Service Guidelines』, 2nd edition. 2010. p.2)

(9) 21세기 리터러시의 확대 변화

- 리터러시(문자 해독 능력) : 문명은 문맹의 상대적 개념. 문맹은 문자를 해독하지 못하는 것이므로 '문맹 퇴치'는 문자해독능력(literacy)을 갖추게 하는 것이다. 그러나 문명과 문맹은 기준을 정하기에 따라 그 층위가 천차만별 : 세계 모든 언어를 해독할 수 있는 완벽한 문명인은 없음.
  - 리터러시의 의미 확대 : 문자 해독에서 독해력으로 확장 : 학교에 다녀도 독해력이 부족한 학생은 언어 이해 능력이 부족한 것
  - (자료 : 엄훈. 2015. 『학교 속의 문맹자들』. 우리교육.)
- 정보 리터러시(information literacy) : 정보 활용 능력을 기준으로, 정보 문맹은 정보사회에서 도서관이나 인터넷에 지식과 정보가 많이 있어도 이를 제대로 활용하지 못하는 경우 정보 문맹임.
  - 문자를 알아도 정보 활용 면에서는 '정보 문맹인'이 될 수 있음
  - 정보사회 발달에 따라 '디지털 문해력'으로 확대
- 문화 리터러시(culture literacy) : 문화 예술을 이해하고 일상생활 속에서 문화생활을 누리는 능력
  - 시민들이 문명인으로서 문자해독능력을 갖추고, 정보 활용 능력, 디지털 문해력을 갖추며, 문화적 생활을 누릴 수 있는 능력을 갖추어야 진정한 문명인
  - 시민들에게 위의 3종 리터러시 능력향상을 일상적으로 그리고 무료로 도와주는 곳이 공공도서관

(10) 21세기 공공도서관의 변화 : 현대 공공도서관은 전통적 자료 활용 공간을 넘어 지역사회의 핵심적인 사회적 인프라로 변화

- 지역사회 공동체의 거점, 사회적 교류의 장으로 상업적 목적이 없는 개방된 공간으로서 시민들이 자유롭게 만나고 소통하는 공간으로, 독서 모임, 취미

공유 등 다양한 소통 프로그램을 통해 지역주민 간의 유대감을 형성
- 지식 형평성 및 정보 접근성 보장, 정보격차 해소, 디지털 기기 사용에 익숙하지 않은 취약계층을 위한 디지털 문해력 교육을 제공하고, 경제적 여건과 관계없이 누구나 최신 정보와 기술에 접근할 수 있도록 돕는다.
- 문화 자본의 균등 분배 : 다양한 문화 행사와 예술 공연을 무료로 제공하여 계층 간 문화 향유 기회의 격차를 해소
- 평생교육 및 자아실현 지원
  - 지속적 학습 공간 : 학교 교육 이후에도 성인들이 새로운 기술을 배우거나 직업 역량을 강화할 수 있는 평생학습 시스템의 핵심 거점
  - 자기 주도적 성장 지원 : 어린이부터 노인까지 전 생애 주기에 걸친 교육 프로그램과 자료를 제공하여 개인의 자아실현을 지원
- 사회적 포용과 복지 서비스
  - 취약계층 보호 : 장애인, 다문화 가정, 저소득층 등 사회적 약자를 위한 특화 서비스를 확대하고 이들을 위한 안전망 역할
  - 상담 및 연계 : 미국 등 일부 사례에서는 도서관이 노숙인 지원이나 건강 상담 등 복지 서비스의 전달 체계로도 활용
- 민주주의와 시민의식 함양
  - 가짜 뉴스가 범람하는 시대에 신뢰할 수 있는 전문사서와 자료를 통해 정확한 정보를 제공함으로써 시민들의 올바른 의사결정에 조력
  - 시민 참여의 장 : 지역의 주요 현안에 대한 공적 논의가 이루어지는 민주적 소통의 장 제공

참고문헌

- 『IFLA Public Library Service Guidelines』, 2nd edition. 2010. p.2
- James Thompson(1977), 『A history of Principles of Librarianship』. p.204)
- 임훈. 2015. 『학교속의 문맹자들』. 우리교육

학습평가			
1	문제		사회변동의 직접적인 요인이 아닌 것은?
	문항	①	지진
		②	인구이동
		③	기술발달
		④	해외여행
	정답		④
	해설		개인의 해외여행은 장기적으로는 사회변화에 영향을 주겠지만 직접적으로는 영향을 주지 못함.
2	문제		우리나라에서 문맹의 개념에 속하지 않는 것은?
	문항	①	그는 한글을 모른다.
		②	그는 중학교 국어책을 읽고 이해하지 못한다.
		③	그는 일본어를 모른다.
		④	그는 한글로 편지를 쓰지 못한다.
	정답		③
	해설		우리나라에서의 문맹은 국어를 읽고 쓰지 못하는 것이다.
3	문제		공공도서관은 민주주의 산물이다. 취지와 맞지 않는 것은?
	문항	①	시민 누구나 출입할 수 있다.
		②	공공도서관은 입장료를 받지 않는다.
		③	사립 공공도서관은 입장료를 받을 수 있다.
		④	도서관이 위치한 행정구역 주민에게만 개방한다.
	정답		④
	해설		사립 공공도서관은 도서관법 시행령 제19조에 의거 입장료를 받을 수 있다.

2.2. 공공도서관의 사명, 목적, 역할, 기능

강의 목표

  1. 공공도서관의 사명과 목적을 설명할 수 있다.

  2. 공공도서관의 사회적 기능과 역할을 설명할 수 있다.

강의 세부 내용

  1. 공공도서관의 사명과 목적

  2. 공공도서관의 역할과 기능

용어

- 사명 : 개인, 단체, 국가 등이 꼭 달성해야 하는 궁극적인 일
- 기능 : 어떤 기관이나 단체가 가지는 고유하고 특수한 역할

사전학습(퀴즈)

- 공공도서관은 주로 학생들의 자학 자습을 위한 공간이다. (　　　)

　—공공도서관은 모든 시민의 정보 이용, 문화 활동 및 평생교육 활동을 증진할 목적으로 설치한 도서관이다.

1. 공공도서관의 사명과 목적

(1) 유네스코가 규정한 공공도서관의 사명

- 공공도서관 사상은 20세기에 들어와서 전 세계적으로 전파
- 세계 공공도서관 선언은 1949년 국제연합 교육문화 전문기구인 유네스코에 의해 최초로 채택되었고, 1972년, 1994, 2022년 3차례 개정되었다.

- 유네스코 공공도서관 선언에서는 "공공도서관 봉사는 연령, 인종, 성별, 종교, 국적, 언어 또는 사회적 신분에 관계없이 모든 사람에게 평등하게 제공한다."는 원칙을 선언하고 있다.

- 인용 자료 : IFLA-UNESCO Public Library Manifesto 2022

IFLA-UNESCO Public Library Manifesto 2022

Freedom, prosperity and the development of society and of individuals are fundamental human values. They will only be attained through the ability of well-informed citizens to exercise their democratic rights and to play an active role in society. Constructive participation and the development of democracy depend on satisfactory education as well as on free and unlimited access to knowledge, thought, culture and information.

The public library, the local gateway to knowledge, provides a basic condition for lifelong learning, independent decision- making and cultural development of the individual and social groups. It underpins healthy knowledge societies through providing access to and enabling the creation and sharing of knowledge of all sorts, including scientific and local knowledge without commercial, technological or legal barriers.

In every nation, but especially in the developing world, libraries help ensure that the rights to education and participation in knowledge societies and in the cultural life of the community are accessible to as many people as possible.

This Manifesto proclaims UNESCO's belief in the public library as a living force for education, culture, inclusion and information, as an essential agent for sustainable development, and for individual fulfilment of peace and

spiritual welfare through the minds of all individuals.

UNESCO therefore encourages national and local governments to support and actively engage in the development of public libraries.

The Public Library

The public library is the local centre of information, making all kinds of knowledge and information readily available to its users. It is an essential component of knowledge societies, continuously adapting to new means of communication to fulfil their mandate of providing universal access to and enabling meaningful use of information for all people. It provides publicly accessible space for the production of knowledge, sharing and exchange of information and culture, and promotion of civic engagement.

Libraries are creators of community, proactively reaching out to new audiences and using effective listening to support the design of services that meet local needs and contribute to improving quality of life. The public has trust in their library, and in return, it is the ambition of the public library to proactively keep their community informed and aware.

The services of the public library are provided on the basis of equality of access for all, regardless of age, ethnicity, gender, religion, nationality, language, social status, and any other characteristic. Specific services and materials must be provided for those users who cannot, for whatever reason, use the regular services and materials, for example linguistic minorities, people with disabilities, poor digital or computer skills, poor literacy abilities or people in hospital or prison.

All age groups must find material relevant to their needs. Collections and services have to include all types of appropriate media and modern technologies as well as traditional materials. High quality, relevance to local needs and conditions, and reflective of the language and cultural diversity of the community are fundamental. Material must reflect current trends and the evolution of society, as well as the memory of human endeavour and imagination.

Collections and services should not be subject to any form of ideological, political or religious censorship, nor commercial pressures.

Missions of the Public Library

The following key missions which relate to information, literacy, education, inclusivity, civic participation and culture should be at the core of public library services. Through these key missions, public libraries contribute to the Sustainable Development Goals and the construction of more equitable, humane, and sustainable societies.

- Providing access to a broad range of information and ideas free from censorship, supporting formal and informal education at all levels as well as lifelong learning enabling the ongoing, voluntary and self conducted pursuit of knowledge for people at all stages of life;
- providing opportunities for personal creative development, and stimulating imagination, creativity, curiosity, and empathy;
- creating and strengthening reading habits in children from birth to adulthood;
- initiating, supporting and participating in literacy activities and programmes to build reading and writing skills, and facilitating the development of media and information literacy and digital literacy skills for all people at all ages, in the spirit of equipping an informed, democratic society;
- providing services to their communities both in-person and remotely through digital technologies allowing access to information, collections, and programmes whenever possible;
- ensuring access for all people to all sorts of community information and opportunities for community organising, in recognition of the library's role at the core of the social fabric;
- providing their communities with access to scientific knowledge, such as research results and health information that can impact the lives of their users, as well as enabling participation in scientific progress;
- providing adequate information services to local enterprises, associations and interest groups;
- preservation of, and access to, local and Indigenous data, knowledge, and heritage (including oral tradition), providing an environment in which the local community can take an active role in identifying materials to be captured, preserved and shared, in accordance with the community's wishes;
- fostering inter-cultural dialogue and favouring cultural diversity;

- promoting preservation of and meaningful access to cultural expressions and heritage, appreciation of the arts, open access to scientific knowledge, research and innovations, as expressed in traditional media, as well as digitised and born-digital material.

번역

Missions of the Public Library 공공도서관의 사명

다음의 주요 사명 즉 정보, 문해력, 교육, 포용성, 시민 참여, 문화는 공공도서관에 관련한 핵심 서비스가 되어야 한다. 이러한 주요 사명을 통해 공공도서관은 지속 가능한 발전 및 보다 더 평등하고 인간적인 지속 가능한 사회 건설에 이바지한다.

- 검열에서 자유로운 광범위한 정보 및 아이디어에 대한 접근 제공, 모든 수준의 공식 및 비공식교육 및 평생 학습 지원, 삶의 모든 단계에 있는 사람들을 위한 지속적이고 자발적이며 능동적인 지식 추구를 가능하게 한다.
- 개인의 창의력 발전을 위한 기회를 제공하고 상상력, 창의력, 호기심 및 공감을 자극한다.
- 출생부터 어른이 되기까지 성장기 어린이들의 독서 습관을 계발하고 강화한다.
- 평등한 정보사회, 민주사회를 구현하기 위해, 모든 사람, 모든 연령대의 시민들에게 읽기, 쓰기 능력 개발을 돕는 문해 활동 프로그램, 미디어, 정보 리터러시, 디지털 리터러시 프로그램을 개설하고 참여를 지원한다.
- (지역주민이) 가능한 시간에 언제든 직접 또는 원격(온라인)으로 정보, 장서, 프로그램에 접근할 수 있도록 지역사회 (정보) 서비스를 제공한다.
- 지역사회에서 주민들이 도서관의 핵심적 역할을 인식할 수 있도록 사회조직 기회(분위기)를 제공하고, 모든 주민이 모든 종류의 지역사회 정보에 접근할 수 있도록 보장한다.
- 지역사회에 과학적 지식, 즉 이용자(주민)들의 삶에 영향을 미치는 연구 결과 및 건강정보에의 접근을 보장하고, 과학발전에 참여할 수 있게 한다.
- 지역 기업, 협회 및 이익 단체에 적절한 정보서비스를 제공한다.
- 지역의 고유 데이터, 지식, 문화유산(구전 전승 포함)의 보존 및 접근을 보장한다.

지역사회(주민들이)가 지역 정보(향토 자료)를 활발히 식별(이용)할 수 있도록 지역의 요구에 알맞은 정보자료의 복제, 보존, 공유 환경을 제공한다.
- 다른 문화 간의 교류를 촉진하고 문화적 다양성을 허용한다.
- 문화적 표현물과 문화유산의 의미. 예술 감상, 과학지식, 조사연구, 혁신 아이디어에 대한 무료 접근, 전통 자료, 디지털 변환 자료, 디지털로 태어난 자료의 보존과 접근을 보장한다.

(2) IFLA 공공도서관 서비스 가이드라인이 정한 공공도서관의 목적

- 공공도서관의 목적(The purposes of the public library) : 공공도서관의 기본 목적은 개인과 단체의 교육적 요구와 리크리에이션 및 여가선용을 포함한 개인의 발전을 촉진하기 위하여 다양한 미디어의 정보원과 서비스를 제공하는 데 있다. 공공도서관은 개인에게 광범위하고 다양한 지식, 아이디어, 의견에 접근하게 함으로써 민주사회의 유지 발전에 중요한 역할을 수행한다. (자료 : C. Koontz & B. Gubbin 편, 장혜란 역. 2011. 『IFLA 공공도서관 서비스 가이드라인』. 한국도서관협회. pp.154 - 155)

(3) 한국도서관 기준의 공공도서관 기준에 명시한 사명과 목적

- 공공도서관의 사명
  - 공공도서관은 지역주민의 지식향상과 정보복지를 구현하기 위한 지식정보의 보고로서 정보 이용, 문화 활동, 평생학습 증진 등을 통하여 정보기본권 신장과 지역사회의 문화 발전에 기여한다.
  - 공공도서관은 지역주민이 지식정보에 자유롭고 평등하게 접근할 수 있는

보편적 권리를 기본권으로 설정·보장하고, 이를 통하여 민주사회의 유지·발전에 필요한 성숙된 시민으로서의 자질과 자치의식을 함양하도록 지원한다.

- 공공도서관은 법령의 제정 및 개정, 전략적 경영계획을 수립하고 도서관 협력네트워크를 구축하고 활성화함으로써 지역주민이 다양하고 광범위한 지식정보에 접근할 수 있도록 지원하는 동시에 지역 및 계층 간 정보격차를 해소함으로써 지식정보의 국가적 확산과 이용에 기여한다.
- 공공도서관은 지역사회의 문화적 특성에 부합하는 다양한 프로그램을 제공하고, 장서개발 및 정보서비스 등을 통하여 지역주민의 요구에 적극적으로 대처하며, 정보 모니터링의 주체가 되어 사이버 시대의 건전한 시민의식을 고양한다.
- 공공도서관은 지역주민의 생활공간 근처에 위치하는 작은도서관과 연계하여 지식정보에 대한 자유롭고 편리한 접근기회를 보장함으로써 지역사회의 도서관 서비스 이용을 촉진하고, 국민 독서문화 조성에 기여한다.

- 공공도서관의 목적
  - 공공도서관은 다양한 정보자료, 시설 공간, 서비스 제공을 통하여 지역주민의 정보이용, 문화 활동, 평생학습을 증진시킴으로써 지역사회의 지식향상과 문화 발전에 기여한다.
  - 공공도서관은 개인 및 단체의 지식정보 요구와 다양한 정보원을 매개하는 지역사회의 지식정보센터가 된다.
  - 공공도서관은 지역주민에게 문화 향수의 기회를 제공하고 각종 문화 활동 참여를 촉진하기 위하여 문화예술행사를 주최·후원하거나 시설과 공간을 제공함으로써 지역사회 문화 생산 및 활용기관으로서의 역할을 수행한다.
  - 공공도서관은 모든 수준의 공교육을 지원하며, 개인의 지속적인 자기 개발과 민주시민으로서의 자질향상에 기여하는 평생학습기능을 수행한다.
  - 공공도서관은 지역주민의 독서 생활화를 위한 계획을 수립·실시하며, 특히 어린이 및 청소년을 위한 독서흥미 개발과 독서교육프로그램을 제공함으로써 창의력과 사고력을 배양시킬 수 있는 기회를 제공한다.
  - 공공도서관은 지역주민을 위한 커뮤니케이션 공간을 제공함으로써 사회적

통합과 연대를 강화하고 궁극적으로 지역사회의 공동체 형성에 기여한다.
- 공공도서관은 지식정보의 접근·이용에 어려움을 겪는 취약계층(장애인, 노인, 어린이, 다문화 이주민 등)의 도서관 이용 기회를 증진시킴으로써 지역 또는 계층 간 정보격차 해소와 국가적 지식정보 확산에 기여한다.

(출처 : 한국도서관협회. 2013.『한국도서관 기준』.)

(4) 목적의 계층구조

- 우리는 흔히 업무를 계획할 때 목적을 먼저 내세운다. 그런데 목적에도 계층이 있다.
- 가장 상위에 위치하는 것은 사명(mission)이다. 사명은 어떤 사회 제도의 근본적 존재 이유를 말한다. 예를 들면 '학교의 사명은 교육을 통한 국가발전'이며, '보건소의 사명은 국민의 질병 예방과 건강 증진'이라고 하는 것과 같이 매우 포괄적
- 목적(goal)은 사명의 바탕 위에서 좀 더 구체화 된다. 올림픽의 사명이 '스포츠를 통한 세계 평화'라 한다면 올림픽에서 각국의 목적은 국위선양, 각 경기에서의 목적은 승리이다.
- 목표는 목적을 좀 더 구체화한 것이다. 나의 사명은 국가와 세계의 평화와 행복에 이바지하는 것이라면, 나의 목적은 정치인이나 학자가 되는 것이며, 나의 목표는 원하는 공부를 하여 전문 지식과 외국어 능력을 길러 경쟁력을 갖추는 것이다.
- 세부적인 목표를 달성하면 보다 상위의 목적을 달성하게 되고 그 목적을 달성하면 사명을 완수하는 것이다.

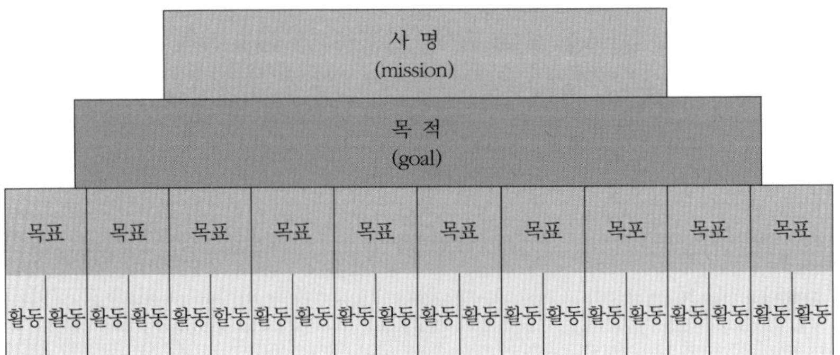

2. 공공도서관의 역할과 기능

(1) 공공도서관의 역할

- 오늘날 공공도서관은 '시민사회의 꽃'이다. 근대 시민사회의 성립 이전에는 종교적 정치적 특권층만이 교육문화의 혜택을 누렸지만 19세기 서구 시민사회의 성립과 더불어 도서관도 시민을 위한 사회 문화적 도구로서 변모했다.
- 공공도서관은 민주주의 실현과 발전을 위한 하나의 사회적 장치이다. 정보와 사상은 인간의 기본적 욕구로 모든 시민에게 정보와 사상에 접할 평등한 기회를 부여하여야 한다는 것이 근대 공공도서관의 발생 근거.
- 공공도서관의 역할 : 도서관의 역할이란 곧 도서관의 사회적 역할을 말한다. 다음은 미국 공공도서관협회(PLA)의 공공도서관의 역할 구분 사례이다.
  - 지역사회 활동센터 Community Activities Center
  - 지역사회 정보센터 Community Information Center
  - 공식교육 지원센터 Formal Education Support Center
  - 독학 학습센터 Independent Learning Center
  - 인기자료 도서관 Popular Materials Library

- 유아 학습 도서관 Preschools' Door to Learning
- 참고도서관 Reference Library
- 연구센터 Research Center

(2) 공공도서관의 역할과 기능

- 시민과 도서관과의 관계에서 공공도서관의 궁극적인 사명과 목적은 도서관
  의 자료와 각종 서비스를 마련하여 시민들에게 풍부한 인간 생활 및 자아실
  현의 기회를 제공함으로써 지역사회의 발전을 촉구하고, 국가와 민족의 번영
  에 이바지하는 것이다. 문헌정보학의 문헌들은 공공도서관의 기능과 역할을
  다양한 표현으로 설명해 왔다. 여기서는 이들 내용을 종합하여 현대 공공도
  서관의 기능을 지역 사회 정보센터, 지역사회 교육지원센터, 지역사회 연구
  센터, 지역사회 역사의 전승 및 보존 기능, 지역사회 문화센터 등 5가지로 정
  리했다.
- 지역사회 정보센터 : 공공도서관은 지역사회에 대한 다양한 정보봉사를 수행
  한다. 지역주민을 위한 대중 자료 센터로서의 역할과 참고 봉사 및 레퍼럴
  (referral)봉사, 인터넷 정보 봉사를 종합적으로 수행하여 전국 및 세계 정보
  네트워크의 지역 거점이 된다. 공공도서관은 지식정보자료를 축적하는 동시
  에 유효적절한 정보 봉사를 통해 시민에게 다가가는 시민의 정보센터이다.
  시민들은 일상생활과 관련된 육아, 교육, 직업, 취업, 주택, 건강, 복지, 교통,
  노인 문제 등 모든 정보를 한 곳에서 체계적으로 이용할 수 있기를 기대한
  다. 따라서 공공도서관은 유관 기관과의 협조를 통해 시민의 정보요구에 효
  과적으로 대비하지 않으면 안 된다. 공공도서관은 지역사회의 중소기업 및
  산업체의 특성을 잘 파악하고 그들을 위한 기업 정보센터로서 역할도 수행
  한다.
- 교육지원센터 : 취학 전 어린이의 독서 습관 형성과 초·중·고등학교 학생
  들의 독서교육 및 광범위한 교육 참고자료를 제공하며 지역 내의 학생들의
  공교육을 돕고 학교 도서관을 지원한다. 또 스스로 자기 발전을 추구하는 모

든 시민에게 평생교육을 위한 다양한 교육 정보와 학습 자료를 제공한다. 지식정보사회에서는 지식과 정보의 생성과 소멸이 빠르게 진행되므로 계속적인 재교육과 학습이 필요하다. 따라서 공공도서관은 시민의 평생교육을 위한 지역사회의 교육센터이다. 평생교육은 그 대상에 따라 청소년교육, 농어민교육, 노동자교육, 여성 교육, 노인교육, 직업교육 등으로 다양하게 구분할 수 있다. 평생교육은 가정, 학교, 사회단체, 기업, 박물관, 도서관 등 모든 사회 문화적 기관들이 연계하여 실행하는 것이 바람직하다. 특히 공공도서관은 다양한 교육 자료와 프로그램의 개발 및 보급을 통해 지역주민을 평생교육의 장으로 안내하는 중개자의 역할 수행한다.

- 지역사회 연구센터 : 공공도서관은 일반 시민 연구자들을 위한 연구 자료를 제공한다. 특히 대학원생과 연구원들을 위해 대학도서관이나 전문도서관에 없는 지역의 향토사, 민속자료 등 특수 연구 자료들을 제공한다. 공공도서관은 지역에 밀착된 도서관으로서 지역의 전통문화의 특성을 충분히 파악하고 반영해야 한다. 지역의 역사, 문화유산(유형, 무형), 풍습, 언어, 민담, 행정 등에 대한 자료를 수집, 제공해야 한다. 이는 공공도서관만이 가지는 지역 정보거점으로서의 고유한 기능이다. 연구자들이 어떤 지역을 연구하고자 할 때 그 지역 공공도서관이 수집, 보존하고 있는 유용한 자료를 이용함으로써 지역연구의 지름길을 찾을 수 있다.

- 지역사회 역사의 발굴, 보존, 계승 : 지역사회의 역사 자료, 민속자료 등 향토 자료를 발굴 보존하고 주민들에게 제공하여 지역의 역사 문화를 보존 계승한다. 역사 자료 보존은 개인적으로는 불가능하다. 지역의 역사가나 소장가들이 보유하고 있는 자료들은 결국 자손에게 물려 줄 수밖에 없으나 후손의 역사의식과 보존의식이 없을 때는 전승되기 어렵다. 이를 도서관이 체계적으로 발굴, 수집, 보존하고 후대의 연구자들에게 제공하는 기능을 수행할 수 있다. 한국 도서관기준(2013)은 "공공도서관은 당해 지역에서 발간 또는 제작되는 향토 자료 및 행정자료를 반드시 수집하고 이를 기반으로 지역사회의 향토 자료와 지식문화유산을 발굴·복원하고 계승·발전시키는 구심체로서의 역할을 수행하여야 한다."라고 명시하여 지역사회의 역사 계승과 보존을 공공도서관의 의무로 규정하고 있다. 공공도서관은 지역의 중심적 문화기관

으로서 향토자료를 수집, 보존, 전승할 책임이 있다.

- 지역사회 문화센터 : 지역주민들의 문화 예술에 대한 관심을 북돋우고 문화 활동을 적극적으로 지원함으로써 지역주민의 삶의 질 향상에 이바지한다. 특히 주민들이 여가시간을 건전한 문화 활동으로 전환할 수 있도록 일상적인 문화 프로그램들을 개발 또는 도입하여 시행함으로써 사회문화발전에 긍정적인 영향을 끼칠 수 있다. 문화란 '한 사회 혹은 사회집단을 특징짓는 독특한 정신적 · 물리적 · 지적 · 감정적 모습의 전체적 합성물'로 정의된다. 이에는 예술과 문학뿐 아니라 생활양식, 윤리, 전통을 포함하고 있다. 문화는 인간과 인간, 인간과 환경 간의 상호교류와 소통을 통하여 발전한다. 공공도서관은 문화 소통의 공간으로서 시민들에게 세계 각국의 문화를 전달하며 자기 고장의 문화를 다른 곳에 전파하는 역할을 한다. 공공도서관은 그 지역의 다양한 문화시설과 연계하여 문화적 자료를 조사하고 정리, 조직, 보존, 이용시킴으로서 시민들에게 질 높은 삶을 누릴 수 있는 기회를 제공한다.

참고문헌

- C. Koontz & B. Gubbin 편, 장혜란 역. 2011.『IFLA 공공도서관 서비스 가이드라인』. 한국도서관협회. pp.154 - 155.)
- C. Koontz & B. Gubbin. 2010. 『IFLA Public Library Services Guidelines』. De Gruyter Saur. p.120.)
- 한국도서관협회. 2013. 『한국도서관 기준』.

<table>
<tr><td colspan="3"></td><td>학습평가</td></tr>
<tr><td rowspan="7">1</td><td colspan="2">문제</td><td>공공도서관의 사명 설명이 맞는 것은?</td></tr>
<tr><td rowspan="4">문항</td><td>①</td><td>공공도서관이 추구하는 단기적 목적</td></tr>
<tr><td>②</td><td>공공도서관이 추구하는 궁극적 목적</td></tr>
<tr><td>③</td><td>공공도서관이 수집 제공하는 자료의 다양성</td></tr>
<tr><td>④</td><td>공공도서관은 해당 지역의 향토자료 수집</td></tr>
<tr><td colspan="2">정답</td><td>②</td></tr>
<tr><td colspan="2">해설</td><td>사명은 개인, 단체, 기관이 달성해야 할 궁극적인 일이다.</td></tr>
<tr><td rowspan="7">2</td><td colspan="2">문제</td><td>목적의 계층에서 가장 상위에 있는 것은?</td></tr>
<tr><td rowspan="4">문항</td><td>①</td><td>목표</td></tr>
<tr><td>②</td><td>목적</td></tr>
<tr><td>③</td><td>사명</td></tr>
<tr><td>④</td><td>과업</td></tr>
<tr><td colspan="2">정답</td><td>③</td></tr>
<tr><td colspan="2">해설</td><td>목적의 계층은 사명, 목적, 목표 순이다.</td></tr>
<tr><td rowspan="7">3</td><td colspan="2">문제</td><td>공공도서관의 주요 기능이 아닌 것은?</td></tr>
<tr><td rowspan="4">문항</td><td>①</td><td>지역사회 정보센터</td></tr>
<tr><td>②</td><td>지역사회 교육센터</td></tr>
<tr><td>③</td><td>지역사회 문화센터</td></tr>
<tr><td>④</td><td>지역사회 행정센터</td></tr>
<tr><td colspan="2">정답</td><td>④</td></tr>
<tr><td colspan="2">해설</td><td>공공도서관은 행정기관이 아니다.</td></tr>
</table>

제3장

공공도서관의 본질적 특성과 세계화 경영

3.1. 공공도서관의 특성과 경영마인드

3.2. 공공도서관 세계화 경영과 전략

제3장
공공도서관의 본질적 특성과 세계화 경영

3.1. 공공도서관의 특성과 경영마인드

강의 목표

1. 공공도서관의 기본특성을 파악하여 공공기관, 비영리단체, 평생 교육기관, 서비스 기관별로 특징을 구분하여 설명할 수 있다.
2. 공공도서관의 경영마인드로 품질마인드, 효율성·효과성마인드, 경쟁마인드, 고객마인드 형성에 관하여 설명할 수 있다.

강의 세부 내용

1. 공공도서관의 본질적 특성
2. 공공도서관의 경영 마인드

용어

- 공공성(公共性) : 개인이나 특정 단체가 아닌 일반 사회 구성원 전체에게 두루 관련되는 성질로 민주적 절차, 공공가치, 공익성, 공유화, 공공공간 등 다양한 차원을 포괄
- 공비성(公費性) : 공공서비스나 시설의 운영에 필요한 비용과 예산을 공공(정부 또는 지방자치단체)이 지원하는 특성. 이는 해당 서비스가 특정 개인의 이익 추구가 아닌, 사회 전체의 공익을 위해 존재하며 누구나 이용할 수 있도록 보장하는 기반이 된다.
- 경영마인드 : 경영 조직의 직원들이 조직의 목적 달성과 지속 성장을 위해 지녀야 할 마음가짐으로 효과성과 효율성, 고객 중심, 경쟁 우위, 가치 극대화를 목표로 하는 합리적 사고방식을 의미

사전학습(퀴즈)

- 공공도서관은 공공기관으로서 지역주민센터와 같이 일반행정서비스를 제공하는 행정기관이다. (   )

1. 공공도서관의 본질적 특성

(1) 공공성

- 공공성이란 사회 구성원 전체에 관련되는 성질을 말한다.
    - 공익성 : 국가나 공공기관이 추구하는 이익
    - 공동체적 가치 : 모든 시민이 함께 합의하고 달성해야 할 가치
    - 공유화 : 사유화에 대비되는 개념으로, 공유를 통한 공공적 이익 추구
    - 공적 공간 : 시민들이 자신의 의견을 표출하고 상호작용하는 공간
- 공공성의 주요 특징
    - 맥락(Contextuality) : 역사, 사회, 문화적 전통에 따라 의미와 판단 주체가
      달라짐
    - 민주적 가치 : 평등, 정의, 공정, 연대 등 민주적 가치를 지향
    - 포괄성 : 특정 개인 단체가 아닌 전체 사회 구성원에게 적용
    - 균형성 : 사적 영역과 공적 영역은 분리되면서도 상호 보완적인 관계를 형
      성
    - 현대적 공공성 : 국가 공공기관만이 아닌 정부, 시민사회, 시장 등 다양한
      주체가 참여하는 협력적 공공성을 강조

(2) 도서관의 공공성

- 공공도서관(public library)은 공공기관으로 공공성(公共性)을 기본이념으로
  함

- 공공성을 공비성(公費性)이라고도 하며 이는 공공서비스의 비용은 공공비용, 즉 세금으로 부담한다는 의미
- '공공'이란 '모든 시민'이라는 뜻으로 공공도서관은 성별, 나이, 직업, 장애 등 어떠한 차별도 없이 누구나 이용할 수 있는 시민의 도서관을 의미
- 따라서 세금을 재원으로 하여 운영하므로 이용자에게는 서비스를 무료로 제공
- 공공도서관 제도가 정착되기 전에는 도서관에 들어갈 때 입장료를 내던 때가 있었는데, 이는 공공도서관 본래의 목적에 반하는 것
- 현재 국공립 공공도서관의 입장료는 없다. 하지만 도서관 이용에 따르는 실비 성격의 사용료는 받을 수 있다. 도서관법 제48조 1항에 공공도서관은 대통령령이 정하는 바에 따라 그 이용자에게서 사용료 등을 받을 수 있다고 규정하고, 도서관법 시행령 제34조(공공도서관의 이용료 등)에는 공공도서관이 이용자로부터 받을 수 있는 사용료의 범위를 다음과 같이 규정하고 있다.
  - 도서관 자료 복제 및 데이터베이스 이용 수수료
  - 개인연구실·회의실 등 사용료
  - 회원증 발급 수수료
  - 강습·교육 수수료
  - 도서관 입장료(사립공공도서관의 경우만 해당한다)

(3) 비영리단체

- 공공도서관은 정부 산하 공공기관이지만 사업수행의 결과 영리를 추구하지 않는다는 점에서 특성상 비영리단체(NPO : Non Profit Organization)이다.
- 민주·복지사회의 발전에 따라 비영리단체는 계속 늘어나고 있다.
- 비영리단체는 그 성질상 교육과 사회복지 등 공익적 목적의 사업을 수행한다.
- 비영리 공익사업은 정부 기관이나 민간단체의 재정지원을 받아 실현하는 것이 보통이다.

- NGO(Non Government Organization, 비정부기구)도 비영리단체에 포함되나 이는 시민단체가 대부분이며 회원들의 회비나 기부금으로 운영되는 것이 보통이다.
- 21세기에 들어 비영리단체의 경영은 그 어느 때보다 중요성이 높아지고 있다.
  - 미국 경영학의 석학 피터 드러커(Peter Ferdinand Drucker, 1909-2005) 교수는 『비영리단체의 경영』이라는 책에서 21세기는 비영리단체가 더욱 중요한 사회발전의 중추 기관이 될 것이라는 점을 지적했다. 그 이유로 기업들은 그들의 이익을 목적으로 상품과 서비스를 판매하지만, 비영리단체는 교육 문화프로그램 지원 및 실행을 통하여 인간 자체를 발전적으로 변화시킨다는 점을 들었다.[1]
  - 비영리단체인 문화기관들은 소외계층의 사회문화적 평등을 실현하고자 한다. 이는 상업적 논리와는 다르며 오직 사회적 · 공익적 논리로 사회발전을 추구한다.
- 우리나라도 비영리단체가 점점 늘어나고 있다.
  - 정부의 출연과 재정지원으로 설립되는 단체
  - 기업이윤의 사회 환원 차원에서 기업문화재단 등을 설립, 박물관, 도서관, 미술관을 신설하고 복지기관을 확대 운영하며 국민체육시설을 확충 · 운영하는 등 사회 전반적으로 교육, 문화, 복지사회를 지향하고 있다.
  - 이러한 비영리단체가 체계적 조직적으로 발전하여 거기서 제공되는 프로그램들이 국민의 교육은 물론 정신적 육체적 건강증진, 나아가 질 높은 복지사회를 실현하는 데 이바지하기 때문에 비영리단체의 중요성을 더욱 실감할 수 있게 되었다.

---

1 피터 드러커 저, 현영하 역. 2000. 『비영리단체의 경영』. 한국경제신문사. p.15.

(4) 평생 교육기관

- 공공도서관은 평생교육기관이다. 공공도서관은 모든 시민이 자발적으로 정보자료를 이용하여 학습하고, 문화를 체험하며, 다양한 강좌를 듣고, 평생 학습할 수 있는 시민교육과 문화의 SOC(Social Overhead Capital)이다.
- 교육문화의 기반 시설이 부족하면 사회 전체적인 교육 활동도 지장을 받는다. 특히 현대에 와서는 사회문화적으로 평생교육 및 평생학습사회를 지향하기 때문에 단기간의 학교 교육만으로는 시민의 교육 요구(needs)를 충족할 수 없다.
- 도서관은 평생교육을 지원하는 기반 시설이기에 학교보다도 더욱 중요한 교육기관이며, 다른 문화기관, 영화관이나 극장 등에 비하여 더욱 기초적인 문화기관이라 할 수 있다.
- 학교에 다니는 동안 또는 학교를 졸업한 후에도 아무런 경제적 신분적 제약이 없이 평생 새로운 것을 배우고자 하는 시민들에게 도서관은 필수적 교육기관이다.

(5) 서비스 기관

- 현대는 서비스사회이다. 서비스사회는 경제 활동에서 서비스산업이 주된 비중을 차지하는 사회를 의미하며, 이는 농경 사회, 산업사회를 거쳐 발전한 현대사회의 특징이다. 서비스사회는 경제 구조의 변화와 함께 산업, 고용, 문화 등 사회 전반에 걸쳐 다양한 변화를 가져온다.
- 서비스사회의 의미
  - 서비스 사회(Service Society)는 경제의 중심축이 유형의 재화(농산물, 공산품) 생산에서 무형의 서비스 제공으로 이동한 사회
  - 이는 총고용인구 및 국내총생산(GDP)에서 서비스업이 차지하는 비중이 압도적으로 높아진 결과
  - 서비스산업은 크게 소비자에게 직접 편의를 제공하는 소비자 서비스업(운

송, 숙박, 음식점 등)과 기업 활동을 지원하는 생산자 서비스업(금융, 법률, 광고 등)으로 나뉨

- 서비스의 주요 특징[2][3]
  - 무형성 (Intangibility) : 서비스는 만져지거나 볼 수 있는 물리적인 형태가 없다. 따라서 고객은 구매 전에 품질을 평가하기 어렵고, 제공자는 서비스를 표준화하고 관리하기 어렵다.
  - 생산과 소비의 비 분리성 / 동시성 (Inseparability / Simultaneity) : 서비스는 생산과 소비가 동시에 같은 장소에서 이루어지는 경향이 있다. 예를 들어 이발이나 의료 서비스는 서비스가 제공되는 순간 소비된다.
  - 이질성 / 변동성 (Heterogeneity) : 서비스는 누가, 언제, 어디서, 어떻게 제공하느냐에 따라 품질이 일정하지 않고 달라질 수 있다. 이는 서비스 제공자가 사람인 경우가 많기 때문이다.
  - 소멸성 (Perishability) : 서비스는 재고로 저장할 수 없으며, 생산된 시점에 소비되어 소멸한다. 항공 좌석이나 호텔 객실이 비어있는 것은 그 서비스 기회가 영구히 사라지는 것을 의미한다.
  - 고용 효과 증대 : 서비스업은 사람에 의한 직접적인 서비스 제공이 많아 노동 집약적인 경향이 있으며, 이는 높은 고용 창출 효과로 이어진다.
  - 삶의 질 향상 및 사회 서비스 확대 : 서비스사회에서는 국민의 삶의 질 향상을 위한 복지, 보건의료, 교육, 문화 등의 사회 서비스가 중요해지며, 국가 및 민간 부문에서 이러한 서비스 제공 기반 마련에 노력한다.
  - 고부가가치 창출 : 지식과 정보 기반의 전문화된 서비스산업(IT, 금융, 컨설팅 등)은 높은 부가가치를 창출하며 경제 성장을 촉진한다.

- 서비스에 대한 오해
  - "서비스업은 유흥 향락산업이다."
  - "서비스는 몸으로 때우는 것이다."

---

2 김연성 외 5인. 2002. 『서비스 경영』. 서울 : 법문사. pp.34 - 35.
3 김종원 · 박진영. 2023. 『서비스 경영』. 서울 : 도서출판 청람. pp.3-8

- "서비스는 공짜나 덤으로 주는 것이다"
- 서비스는 인간관계이며 대상은 고객이다.
  - 서비스는 인간관계의 솔루션이다.
  - 조직들은 그들의 제품과 서비스를 이용하는 사람들을 '고객(顧客)'이라고 부른다. 이용자 없이 조직은 존속할 수 없다. 학교는 학생이 있어야 존재 의미가 있고, 제조회사는 그 제품을 이용하는 소비자가 있어야민 존속할 수 있다.
  - 서비스는 인간적이고 정신적이고 심리적인 것으로 인식을 전환할 필요가 있다. 사실 우리들의 일상적 인간관계도 진실한 서비스 정신에 바탕을 둘 때 더욱 원만하고 친숙해져서 모든 일이 순조롭게 해결될 수 있다. 부부 간, 부모와 자녀, 친구 관계, 회사 동료나 상하관계 등 누구든지 마주치는 순간마다 진정으로 도와주고 싶다면 제대로 안 될 일이 없을 것이다.
- 도서관의 생산물은 정보서비스이다. 도서관 정보서비스도 일반 서비스가 갖는 특징을 그대로 지닌다. 단지 '도서관 정보'라는 단어가 서비스 앞에 붙어 있을 뿐이다. 서비스경영학에서 말하는 서비스의 특징은 다음과 같다.
  - 서비스의 산물은 무형의 실행이다.
  - 고객은 서비스의 소유권을 가질 수 없다.
  - 서비스의 생산과정에 고객이 참여한다.
  - 사람이 서비스 생산의 일부를 구성한다.
  - 투입과 산출에 있어 변동성이 크다.
  - 고객의 평가가 어렵다.
  - 재고개념이 없다.
  - 시간이 중요한 요소이다.
  - 서비스 전달 채널이 다양하다.
- 위의 일반적 서비스의 특성은 도서관 정보서비스에도 그대로 적용된다.
  - 정보서비스의 산물은 무형의 실행이다. 다만 정보라는 매개체가 있다.
  - 고객은 도서관 정보서비스의 소유권을 가질 수 없다.
  - 정보서비스의 생산과정에 고객이 참여한다.
  - 사람(사서와 이용자)이 정보서비스 생산의 일부를 구성한다.

-정보서비스의 투입과 산출에 변동이 크다(사서와 이용자에 따라 다르다).
-정보서비스에 대한 고객의 평가가 어렵다.
-정보서비스는 재고개념이 없다. 다만 장서를 통해서 서비스하며 서비스 이후에도 장서는 남아 있다.
-정보서비스는 시간이 중요한 요소이다. 시간이 지체되면 정보서비스의 질이 떨어진다.
-정보서비스는 전달 채널이 다양하다.

2. 공공도서관의 경영마인드

(1) 경영마인드의 의미

- 효과성과 효율성 추구 : 최소의 자원으로 최대의 성과(효율)를 내면서, 설정된 목표를 제대로 달성(효과)하려는 태도
- 목표 지향적 사고 : 조직의 목표 달성을 위해 자원을 계획, 조직, 지휘, 통제하는 합리적 관리 과정
- 경영 DNA : 모든 조직 운영의 기본 원리이자 기업의 성장을 이끄는 핵심적인 사고방식

경영마인드 이미지(매거진한경-한국경제)

(2) 경영마인드의 주요 특징

- 고객 중심 마인드 : 고객의 니즈(needs)를 파악하고 만족시키는 것을 최우선
  으로 여기며, 고객에게 감동을 주려는 태도.
- 경쟁 우위 마인드 : 희소하고 모방하기 어려운 핵심 역량을 바탕으로 경쟁사
  보다 뛰어난 우위를 확보하려는 의시.
- 가치 극대화 마인드 : 고객과 조직 모두에게 최고의 가치를 제공하여 최대의
  성과를 창출하려는 사고.
- 혁신적 / 전략적 사고 : 시장 변화에 유연하게 대응하고 기존 방식을 재검토
  하며, 장기적 비전과 차별화된 전략을 수립하는 능력.
- 실행력 : 수립된 전략과 계획을 효과적으로 실행에 옮기는 추진력.
- 합리적 의사결정 : 자원 배분과 목표 달성을 위한 합리적이고 효율적인 판단
  을 내리는 능력.
- 행정마인드와의 차이 : 형평성과 일관성을 강조하는 관료적 행정마인드와 달
  리, 성과와 결과, 경쟁을 중시하는 것이 특징
- 이러한 경영마인드는 기업뿐 아니라 모든 조직의 지속적인 성장과 발전을 위
  해 필수적인 요소이다.

(3) 공공도서관 직원의 경영마인드

- 경영마인드란 도서관에 근무할 때 "나는 지금 경영하고 있다."라는 생각을
  가지고 긍정적인 마음가짐으로 임하는 것을 말한다. (메타인지)
- 긍정적인 마음을 바탕으로 모든 일을 분석적·과학적으로 하면 그만큼 업무
  성과를 높일 수 있고 일의 보람도 느낄 수 있다.
- 품질 마인드 : 품질경영은 눈에 보이는 물리적 제품에만 적용되는 것이 아니
  라 모든 업무에 적용된다. 그래서 통합품질관리(total quality management)이
  다.
  - 개인의 학습, 가정주부의 가사노동, 기획문서 작성, 고객 응대 등 공적·사

적, 물리적·정신적 노동에 품질마인드가 필요하다.

    - 도서관 업무에 최상의 품질을 달성하기 위해서는 정성이 필요하다. 최선을 다해 정성껏 일하면 질 좋은 성과를 낼 수 있다.

- 효율성·효과성 마인드 : 일을 효율적으로 하면 시간과 비용이 절감된다.

    - 효율성이란 동일한 성과를 내는 데 보다 적은 비용과 시간을 들이는 것, 또는 동일한 비용과 시간을 들여 보다 많은 성과를 내는 것이다.

    - 효과성이란 목표 달성 정도를 의미한다. 개별 업무 목표 달성이 도서관 전체의 목적 달성에 기여해야 한다. 시간과 비용 면에서 효율적으로 일하더라도 경영의 최종 목적에 부합되지 않으면 헛수고일 뿐이다.

    - 예를 들면 도서관 장서를 1년에 10만 권을 확충한다 해도 도서관의 목적과 맞지 않는 콘텐츠가 많다면 수서 업무를 효과적으로 한 것이라고 볼 수 없다.

    - 과학적 관리법은 작업의 능률을 높이기 위하여 작업의 동작과 시간을 연구한 테일러 경영학의 이론이다. 테일러가 이런 방법을 생각하게 된 동기는 근로자들이 태만하기 때문이었다. 일반적으로 사람들이 스포츠를 할 때는 승리하기 위해 최선을 다하나 직장에 돌아와서는 되도록 일을 느리게 한다는 것이다. 이를 미국에서는 '농땡이 부리기(soldiering)', 영국에서는 '늘어지기(hanging it out)'라고 부른다고 하며 이를 개선하는 방법을 찾기 위해 과학적 관리를 창안했다는 것이다.[4]

    - 효율적으로 일하되 전체조직의 목적과 합치되는지를 항상 생각하는 것이 바로 효율성·효과성 마인드라 할 수 있다.

- 경쟁 마인드

    - 경영학, 심리학에서 바라보는 경쟁 마인드(Competitive Mindset)는 성과 창출의 동력인 동시에 조직의 생존과 성장을 위한 전략적 자산

    - 외부적 경쟁(시장에서의 우위) : 경쟁 마인드는 시장 점유율 확보와 차별

---

4 Taylor, F. W. 1911. 『The principle of scientific management』. Haper & Bbros. pp.5-8, p.13. 프레데릭 테일러 저, 방영호 역. 2010. 『과학적 관리법』. 21세기북스. 24-25

화를 위한 필수 요소로 타사보다 앞서려는 의지는 혁신과 효율성 증대로
이어진다.
- 내부적 경쟁(성과 관리) : 조직 내 경쟁은 구성원들에게 동기를 부여하고
  성과를 극대화하는 수단이다. 그러나 과도할 경우 협업을 저해하므로, 최
  근에는 협력적 경쟁이 강조되고 있다.
- 자기 추월(Self-Cannibalization) : 과거의 성공에 안주하지 않고 스스로 혁
  신하려는 자세로 개인의 성취동기와 자기 효능감을 높인다.
- 사회적 비교(Social Comparison) : 인간은 타인과 자신을 비교하며 자신의
  위치를 확인하려는 본능이 있다.
- 도서관은 비영리 공공기관이지만 동일 또는 유사한 업무를 수행하는 비영
  리기관이 늘어남에 따라 외부적 경쟁도 불가피하다. 또 내부적으로도 자
  기 혁신과 발전의 심리적 기제로 작용한다.
- 도서관의 경쟁은 가격경쟁이기보다는 서비스 품질경쟁이다. 다른 곳보다
  좋은 서비스를 제공하는 도서관으로 고객들은 발걸음을 옮길 것이다.

- 고객마인드
  - 고객마인드(Customer Mindset)란 모든 비즈니스 활동의 중심에 고객을 두
    고, 고객의 관점에서 생각하고 행동하는 사고방식을 말한다.
  - 고객 가치 중심 : 단순히 제품의 기능만이 아니라 그 제품과 서비스가 고
    객의 삶에 어떤 가치나 해결책을 제공하는지에 집중
  - 공감과 이해 : 고객이 처한 상황, 니즈(Needs), 불편함(Pain Points)을 깊이
    있게 이해하고 정서적으로 연결하는 것
  - 장기적 관계 지향 : 일회성 판매에 그치지 않고 고객 만족을 통해 신뢰를
    쌓아 지속적인 관계를 유지하려는 태도
  - 전사적 접근 : 마케팅 부서뿐만 아니라 개발, 제조, 서비스 등 기업의 모든
    구성원이 고객 만족을 최우선 가치로 공유해야 한다.
  - 기업에서도 기술력의 발전으로 제품의 품질이 어느 정도 평준화됨에 따라
    이제는 서비스로 경쟁하는 시대가 되었다.
  - 도서관은 정보서비스만을 생산하므로 고객에게 정성껏 다가가는 서비스가
    매우 중요하다. 찾아오는 이용자만을 기다리는 소극적인 업무에서 고객을

찾아가는 적극적인 서비스가 필요하다.

- 특히 도서관의 권익향상과 사회적 역할 제고를 위해서는 도서관이 사회 속으로 통합되어 들어가 정치적, 경제적, 문화적으로 그 필요성과 중요성을 인정받아야만 발전할 수 있다.

- 미국의 캘리포니아 주립대학교 문헌정보학과장인 마이클 고어먼(Michael Gorman) 교수는 2006년 세계도서관정보대회(IFLA 2006.8.20~8.24 서울 COEX)에 참석차 한국을 방문하여 주한 미국대사관 자료관에서 '도서관의 권익 옹호'라는 주제로 강연한 바 있다. 그는 이 자리에서 도서관의 권익 옹호를 위한 마케팅은 도서관에 관심 있는 고객층을 우선 대상으로 하면서 그 범위를 점점 넓혀나가야 함을 역설하였다.[5]

참고문헌

- 피터 드러커 저, 현영하 역. 2000. 『비영리단체의 경영』. 한국경제신문사. p.15.
- 김연성 외 5인. 2002. 『서비스경영』. 서울 : 법문사. pp.34 - 35.
- 김종원·박진영. 2023. 『서비스 경영』. 서울 : 도서출판 청람. pp.3-8
- Taylor, F. W. 1911. 『The principle of scientific management』. Haper & Bbros. pp.5-8, p.13.
- 프레데릭 테일러 저, 방영호 역. 2010. 『과학적 관리법』. 21세기북스. 24-25
- Michael Gorman(2006. 8. 25). Library Advocacy of 21st Century. 주한미대사관 자료관 강연 자료.

---

5 Michael Gorman. 2006. 8. 25. Library Advocacy of 21st Century. 주한미대사관 자료관 강연 자료.

<table>
<tr><td colspan="3" align="center">학습평가</td></tr>
<tr><td rowspan="7">1</td><td colspan="2">문제</td><td>공공도서관의 특성이 아닌 것은?</td></tr>
</table>

	문제		공공도서관의 특성이 아닌 것은?
1	문항	①	공비성
		②	이익단체
		③	서비스기관
		④	공공성
	정답		②
	해설		이익단체는 전문단체나 협회 등으로 회원들의 이익을 추구한다.
	문제		서비스의 특징이 아닌 것은?
2	문항	①	무형이다.
		②	생산과정에 고객이 참여한다.
		③	재고개념이 있다.
		④	시간이 중요한 요소이다.
	정답		③
	해설		서비스는 행동이므로 재고개념이 없다.
	문제		공공도서관 직원의 경영마인드로 볼 수 없는 것은?
3	문항	①	고객 마인드
		②	경쟁 마인드
		③	품질 마인드
		④	공공성 마인드
	정답		④
	해설		공공성은 공공도서관의 특성 중 하나이다.

3.2. 공공도서관 세계화 경영과 전략

강의 목표

1. 공공도서관의 세계화 경영과 글로벌 경영에 대한 이해를 바탕으로 지역 사회의 세계화 개념을 설명할 수 있다.
2. 공공도서관의 지식경영과 블루오션 전략에 대한 이해를 바탕으로 세계화 경영전략 도입의 필요성과 사례를 설명할 수 있다.

강의 세부 내용

1. 공공도서관 지식경영과 세계화 경영의 개념
2. 공공도서관의 블루오션과 세계화 전략

용어

- 세계화 경영(Global Management) : 전 세계를 하나의 통합된 시장으로 보고, 상품, 자본, 노동, 기술 등이 국경을 넘어 자유롭게 이동하는 환경 속에서 기업이 국경을 초월하여 생산, 마케팅, 연구개발 등 모든 경영 활동을 통합적으로 수행하는 전략 및 관행을 의미
- 지식경영(Knowledge Management) : 조직 내 개인과 집단이 가진 지식을 창출, 획득, 저장, 공유, 활용하는 전 과정을 체계적으로 관리하여, 조직의 학습을 촉진하고 문제 해결 능력 및 경쟁력을 높이는 경영 방식
- 블루오션(Blue Ocean) : 경쟁자가 없는 새롭고 미개척된 시장 공간을 의미하며, 경쟁이 치열한 기존 시장(레드오션)에서 벗어나 새로운 수요를 창출하여 높은 수익과 성장을 추구하는 전략적 개념

사전학습(퀴즈)

- 공공도서관은 지역사회에 속해 있으므로 대기업과 같은 세계화 경영은 생각할 필요가 없다. (   )

  ─21세기 정보사회는 세계정보사회이다. 따라서 아무리 지역사회에 살고 있어도 세계와의 교류는 필수이다. 공공도서관도 이미 세계화 경영에 들어섰다.

1. 공공도서관의 지식경영과 세계화 경영

(1) 21세기 지식정보사회의 지식정보는 세계적으로 유통되고 있다. 공공도서관은 이러한 지식정보의 지역거점으로서 세계화의 물결에 합류해야 한다.

● 글로벌(global), 글로컬(glocal : global과 local의 조어)은 우리 사회에 이미 일반적으로 사용하는 용어가 되었다.(예 : 글로벌 캠퍼스, 글로컬 캠퍼스)

(2) **지식경영**(Knowledge Management, KM)

● 지식경영이란 조직 내 구성원들이 가진 지식(경험, 노하우, 통찰력 등)을 체계적으로 생성, 저장, 공유, 활용하여 조직의 경쟁력을 높이고 효율적인 의사결정을 하도록 돕는 일련의 프로세스와 시스템을 의미
● 지식경영의 역사
 - 태동기(1970~80년대) : 피터 드러커(Peter Drucker, 1909~2005. 향년 96세)와 같은 경영 이론가들이 지식과 정보를 중요한 조직 자원으로 다루는 논문을 발표하면서 처음 등장, 지식이 경쟁 우위의 원천으로 인식되기 시작
 - 실행기(1990년대) : 일본의 노나카 이쿠지로(野中郁次郎, 1935-2025, 향년 90세)가 기업이 경쟁 우위를 확보하기 위해 조직 내 개인의 지식을 어떻게 조직적 지식으로 변환하고 창조하는지를 설명한 SECI 모델을 제시, 이 모델은 암묵지(Tacit Knowledge)와 형식지(Explicit Knowledge)가 상호작용하는 4단계 과정으로 사회화(Socialization), 표출화(Externalization), 연결화(Combination), 내면화(Internalization)를 제시(자료 : 노나카 이쿠지로 저, 장은영 역. 2002. 『지식창조 기업』. 세종서적)
 - 인적 / 문화적 요인의 부각(2000년대 초반) : 기술 중심에서 사람과 문화 중심으로 초점 이동. 지식 공유를 촉진하기 위해 실천공동체(Communities

of Practice)의 중요성이 강조되고 조직 구성원 간의 신뢰와 자발적인 참여
가 성공적인 지식경영의 핵심 요소로 부각
- 기술 통합 및 표준화(2010년대 이후) : 웹 2.0, 소셜 미디어, 빅데이터, 클
라우드 플랫폼의 등장으로 지식 공유와 협업이 더욱 활발해지고 지능형
검색 및 분석으로 사용자의 의도와 문맥을 이해하는 검색 기술이 도입되
어 검색 정확도가 높아지고 있다.
- 미래의 지식경영은 기술과 인간 중심 접근 방식이 더욱 긴밀하게 될 것이
다. 한편 데이터 프라이버시와 보안을 유지하면서 지식을 공유하는 균형
을 맞추는 것이 중요한 과제가 된다.

(3) 우리나라 지식경영의 도입

- 주창 및 도입 기관 :
  - 1990년대 후반 매일경제신문사가 '지식한국' 캠페인을 전개하며 지식경영
    이론을 국내에 적극적으로 소개
  - 1999년 10월, 지식경영 이론과 실제를 연구하기 위해 한국지식경영학회 창
    립
- 지식 생태학적 접근 : 한양대학교 교육공학과 유영만 교수는 전통적인 지식
  경영을 넘어 지식 생태학(Knowledge Ecology) 정립
  - 지식을 단순한 관리의 대상이 아닌, 끊임없이 변화하고 성장하는 '생명체'
    로 보는 관점을 제시, 죽은 지식이 아닌 '실천적 지성'과 '체험적 지혜'를 강
    조
  - 포스트 지식경영 제시 : 시스템 중심 지식 관리를 넘어 인간 중심의 창의
    적 사고와 혁신 전략, 디지털 시대에 필요한 인간 고유의 지성과 문제의식
    을 강조, "삶으로 앎을 증명한다." (유영만 외 9인. 2018. 『지식 생태학』.
    박영사)

(4) 지식경영의 주요 개념

- 지식경영은 조직 구성원 개인들의 암묵적 지식을 명시적 지식으로 끌어내어 조직의 지식경영시스템에 통합하고 구성원 모두가 시기적절하게 이를 활용함으로써 경영의 시너지를 높일 수 있도록 하는 경영기법
- 인간의 능력발전 과정을 살펴보면 교육을 통해 공식화된 지식을 배우고 이를 바탕으로 창조적인 아이디어를 보태어 새로운 지식을 창출하는 과정이라 할 수 있다. 이러한 개인들의 능력발전 과정을 경영에 도입할 때 지식경영이 되며, 이때 조직은 학습조직(learning organization)으로 변화된다.
- 조직 구성원들의 암묵적 지식을 명시적 지식으로 끌어내고 명시적 지식을 학습함에 따라 새로운 암묵적 지식을 형성하는 선순환의 과정을 돌리는 것이 지식경영의 기본개념이다.[6]

- 형식지와 암묵지

구분	형식지	암묵지
정의	언어로 표현이 가능한 객관적 지식	언어로 표현하기 힘든 주관적 지식
획득	언어를 통해 습득된 지식	경험을 통해 몸에 밴 지식
축적 · 전달	언어를 통해 전달 타인에게 전수하기가 쉬움	은유를 통해 전달 타인에게 전수하기가 어려움
예	컴퓨터 매뉴얼	자전거 타기

〈자료: 오세덕 외 3인. 2013. 『행정관리론』. 서울: 대영문화사. p.337.〉

- 지식의 변환과 확대 과정
  - 형식지(形式知, explicit knowledge) : 객관적으로 측정할 수 있고 관찰할 수 있는 지식(예) 규정, 절차, 문서, 회계서류, 도서관의 장서
  - 암묵지(暗黙知, tacit knowledge) : 개인의 독특한 노하우와 주관적 경험으

---

6 유영만, 1999. 지식경영과 지식관리시스템. 서울 : 한언. pp.50 - 56.

로 구성되어 있어 표현하기 어려운 지식. (예) 감성적, 주관적, 직관적 노하우, 고객감동, 새로운 조직문화

- 암묵지에서 암묵지로의 전환(사회화 : socialization) : 특정 개인 혹은 집단이 경험을 공유함으로써 숙련된 기능이나 노하우를 다른 사람에게 전수하는 것. 즉 체험, 관찰, 모방을 통하여 맨투맨 전수
- 암묵지에서 형식지로의 전환(표출화, 외재화 : externalization) : 암묵지가 언어적 상징적 표현수단을 통하여 형식지로 변환되는 과정, 즉 개인의 노하우를 매뉴얼화, 언어화, 규정화하는 것. 경영철학을 언어로 표현하는 것.
- 형식지에서 형식지로의 전환(연결화, 종합화 : combination) : 각 개인이나 조직이 형식지를 분류하여 추가 결합하는 종합과정으로 문서, 설계도, 책 등으로 가공 조합하여 편집하는 것. 형식지의 저장소는 서류철, 기록관, 책, 도서관 등
- 형식지에서 암묵지로의 전환(내면화, 내재화 : internalization) : 공유된 형식지를 자신의 구체적인 체험과 연구를 통하여 고유의 지식이나 기술로 체계화하는 것. 실험이나 경험, 시뮬레이션 등.

(5) 공공도서관의 지식경영 적용

- 도서관은 지식 생태계 속에서 인적, 지적 자산을 효율적으로 활용하여 서비스 품질을 향상하고 조직의 효율성과 효과성을 높여야 한다.
- 도서관 지식경영 도입의 필요성 : 도서관은 정보와 지식을 경영하는 사회적 기관으로서
  - 도서관 내부 지식경영을 통한 서비스 창출로 도서관의 사회적 역할과 위상을 높일 수 있다. 이를 위해 이용자 데이터의 통계 분석, 정보서비스 질문 및 답변의 평가 분석 및 유형화, 전통자료와 디지털 자료의 이용실태 분석 등을 체계적으로 작성, 공유하고 구성원들의 의견을 통합 수렴할 수 있는 조직 분위기를 조성하여야 한다.
- 도서관 내부의 지식경영을 구축하기 위해서는 다음과 같은 조건을 갖추어야

한다.
- 조직 구성원 상하 간, 동료 간 멘토링(mentoring) 시스템의 구축
- 최신 정보자료의 전 직원 전파 및 공유 : 세미나, 학술회의 참가 결과 전달
  교육
- 실무에 바탕을 둔 계속적 학습을 통한 새로운 지식과 기술 습득
- 도서관은 대외적으로 다른 조직들의 지식경영 시스템의 지식정보 공급 허브
  역할을 해야 한다. 도서관이 지식경영시스템의 허브가 되기 위해서는
  - 새로운 출판물 및 웹사이트에 대한 고객 정보 봉사
  - 선택적 정보제공(SDI 서비스) 등 개별 이용자들의 요구 충족
  - 고객 수요조사에 바탕을 둔 고객 지향적 경영시스템 구축
- 공공도서관에 지식경영을 적용하는 방법
  - 공공도서관 지식경영의 핵심은 명시적 지식(문서, 데이터베이스 등)과 암
    묵적 지식(직원의 경험, 노하우 등)을 관리하고 공유하는 문화를 조성하는
    것, 이를 위해 협업 도구를 도입, 특정 업무나 주제에 관심이 있는 직원들
    이 자발적으로 모여 지식을 교환하고 전문성을 함양하는 모임을 지원
  - 기술 도입 및 시스템 구축 : 데이터베이스 관리 시스템, 웹 포털, 전자 문
    서 관리 시스템(EDMS), 온라인 공용 목록(OPAC) 등 다양한 지식 관리 도
    구를 활용하여 지식의 축적과 접근성을 높여야 함
  - 지식 기반 서비스 개발 : 이용자들의 요구사항과 도서관 이용 데이터를 분
    석하여 맞춤형 정보서비스를 제공. 도서관의 지적 자산을 활용해 새로운
    가치 창출
  - 평생 학습 및 전문성 강화 : 사서와 직원들이 급변하는 정보 환경에 대처
    할 수 있도록 지속적인 교육과 재교육 기회를 제공하여 전문성을 향상
- 공공도서관 지식경영 사례
  - 토론토 공공도서관(Toronto Public Library)의 조직 내부 지식 관리 및 보안
    강화 : 2023년 말 발생한 대규모 사이버 공격 이후, 도서관은 시스템 복구
    와 더불어 내부 지식 자산 및 이용자 데이터를 보호하기 위한 보안 인프라
    를 대폭 강화하며 안정적인 서비스 기반을 마련하고, 자체 교육 모델과 학
    습된 교훈(Best Practices)을 다른 도서관 커뮤니티와 적극적으로 공유하여

공공 부문의 지식경영 표준을 제시하고 있다. 전문가와의 1:1 상담, 동료 학습 모임(Peer Learning Circles)을 통해 내부 및 외부의 전문 지식을 공유하는 구조를 구축

- 영국 국립 도서관(British Library)의 BIPC(Business & IP Centre, 비즈니스 및 지식재산 센터) : 영국 전역의 도서관에서 창업가, 중소기업, 혁신가들이 사업을 시작하고 성장시킬 수 있도록 무료 정보서비스, 멘토링, 교육, 네트워킹을 제공하는 지원 센터로, 방대한 비즈니스 데이터와 특허 정보, 시장 조사 자료를 바탕으로 초기 아이디어 구상부터 사업 확장까지 단계별 맞춤형 도움을 제공, 영국 경제 성장의 핵심 역할을 하고 있다.
- 싱가포르 공공도서관(NLB, National Library Board)의 생성형 AI 및 디지털 통합 : 2024년부터 본격화된 '플레이브러리(Playbrary)' 등 생성형 AI 기술을 활용하여 텍스트를 게임이나 상호작용형 콘텐츠로 변환, 지식 습득의 재미를 극대화하고 있고, NLB 앱을 통해 디지털 자료에 상시 접근하고 시설을 예약하는 등 사용자가 언제 어디서나 지식에 연결될 수 있는 유비쿼터스 환경을 구축했으며, 로봇 서가 관리 시스템 및 무인 도서관 서비스 등을 통해 운영 효율성을 높이고 인적 자원을 고부가가치 지식 서비스에 집중
- 국내 공공도서관 빅데이터 시스템 구축 : 전국 공공도서관의 데이터를 수집 분석하여 이용자 대출 경향, 장서 현황 등을 파악하고 이를 기반으로 효율적인 도서관 정책 수립 및 맞춤형 정보서비스를 제공, 챗봇과 같은 기술 도입도 활발

● 지식 근로자의 조건 : 대내외적 지식경영을 위해서는 조직 구성원 모두가 지식 근로자로서의 자질과 능력 그리고 자세를 갖추어야 한다. 미국 경영학의 석학 드러커(Peter Drucker) 교수는 지식 근로자(knowledge worker)의 특징을 다음과 같이 제시한 바 있다.
- 지식 근로자는 자신의 과업이 무엇인지를 자문한다. (메타인지)
- 지식 근로자는 자신을 자율적으로(autonomy) 관리한다.
- 지속적인 혁신(continuing innovation)은 지식 근로자의 책임이다.
- 지속적인 배움(continuous learning)과 가르침(continuous teaching)이 필수

적이다.
- 지식 근로자의 생산성은 양(quantity)보다 질(quality)을 우선한다.
- 지식 근로자는 비용이 아니라 자산이다.
(출처 : Peter Drucker저, 이재규 역. 2001. 『21세기 지식경영』, 한국경제신문사. p.253)

2. 공공도서관의 블루오션과 세계화 전략

(1) 블루오션 전략

- 블루오션(blue ocean)전략이란 프랑스 유럽경영대학원의 김위찬 교수와 르네 마보안(Renee Mauborgne) 교수가 주창한 기업전략이론으로 그들은 지난 120년간 있었던 34개 업종 150개 기업의 전략적 움직임(strategic move)을 분석한 결과 성공 요인은 경쟁자와 싸워 이긴 것이 아니라 경쟁이 없는 새 시장을 창출한 것이라는 결론을 얻었다. 블루오션은 고객 가치 창출을 기반으로 만들어진 미개척의 새로운 시장으로 새로운 수요 창출을 통하여 기업의 고수익을 보장하는 매력적인 시장이다(예 : 초기 스마트 폰 시장). 따라서 경쟁자를 이기는 데에 집중하지 않고 고객과 회사를 위한 가치 도약을 통해 새로운 비경쟁 시장을 창출 함으로써 경쟁에서 벗어난다는 것이다.
- 레드오션(red ocean)의 특징
  - 현재 존재하는 모든 산업영역
  - 이미 시장에 알려진 분야로 치열한 경쟁을 통하여 생존
  - 경쟁자를 이기기 위한 무한 경쟁의 논리가 지배
  - 수익과 성과에 대한 기대치가 낮음
  - 경쟁자 벤치마킹 등이 전략적으로 활용됨.
- 블루오션(blue ocean)의 특징
  - 경쟁 구도의 재정의 : 경쟁 없는 새 시장(Blue Ocean Market)의 창출. 경쟁

을 무의미하게 만든다(Make competition irrelevant).

－수요 기반 혁신 : 새로운 수요를 창출, 장악한다.

－가치와 비용을 동시에 추구, 차별화와 저가 전략을 추구하도록 전체 활동 체계를 정렬

－불필요한 서비스 제거 : 기존의 당연시되던 서비스 요소들을 제거하여 비용을 낮추는 혁신을 추구

(출처 : 김위찬, 르네 마보안, 강혜구 역. 2005.『블루오션 전략』. 교보문고.)

- 세계 공공도서관의 블루오션 전략 사례

  －핀란드 헬싱키 중앙 도서관 오디(Oodi)는 핀란드 독립 100주년을 기념해 시민들에게 헌정된 혁신적인 복합문화공간으로, 책 대출뿐 아니라 다양한 메이커 스페이스, 스튜디오, VR 체험, 카페, 회의실 등 시민의 거실처럼 자유롭게 이용할 수 있는 공간이며, 로봇이 도서관 운영을 돕는 미래형 도서관으로 개관

  －시민을 위한 헌정 : 핀란드 독립 100주년을 기념해 헬싱키 시민들에게 선물한 도서관으로 '시민을 위한 서재'라는 의미

  －다양한 활동 공간 : 책을 읽는 공간 외에도 3D 프린터, 음악 / 영상 스튜디오, VR 체험 공간, 플레이스테이션 게임룸, 회의실, 카페 등이 있어 시민들이 모여 소통하고 창작할 수 있는 열린 공간

  －혁신적인 시스템 : 자동 반납 시스템, 컨베이어 벨트, 자율주행 로봇이 책을 운반하며, 직원들은 고객 서비스에 더 집중할 수 있도록 효율화

  －자유로운 분위기 : 조용해야 한다는 부담 없이 누구나 자유롭게 이야기하고, 체스를 두거나, 음식을 먹고, 새로운 것을 배우고 만들 수 있는 개방적이고 환영하는 분위기를 제공

  －오디는 단순한 도서관을 넘어 시민의 삶과 문화, 기술이 어우러진 헬싱키의 새로운 중심지이자 '시민의 거실' 역할을 하는 미래형 공공도서관

  －오디(Oodi)는 핀란드 독립 100주년을 기념하여 2018년 12월 헬싱키 시내 중심부에 개관한 헬싱키 중앙 도서관으로 핀란드어로 '오디'는 '헌정(Ode)' 또는 '찬사'를 뜻한다. 2019년 국제도서관협회연맹(IFLA)으로부터 '올해의

공공도서관'으로 선정되며 세계적인 주목을 받았다.

- 도서관 운동의 블루오션 세계화 사례 '룸 투 리드 운동'
  - 이 운동은 마이크로소프트사에서 중견 간부로 근무하다 후진국 도서관을 지원하기 위해 퇴직한 존 우드라는 사업가가 '룸 투 리드(Room to read)'라는 도서관 사업을 전개하여 성공하고 있는 사례
    전 세계 지개발국 어린이들의 문해력 향싱과 양성평등 지향
  - 존 우드(John Wood) : 마이크로소프트(MS)의 전직 고위 임원 출신으로 중국지사에 근무하던 1998년, 휴가 중 네팔 히말라야 지역을 여행하다 한 학교를 방문, 그곳에서 수백 명의 학생이 다니는 학교 도서관에 책이 단 몇 권뿐이며, 그마저도 자물쇠로 잠겨 있는 처참한 현실을 목격하고 이들을 돕기로 결심
  - 언젠가 책을 가지고 다시 오겠다는 약속을 지키기 위해, 그는 이듬해 친구와 가족들로부터 기증받은 3,000권의 책을 야크 등에 싣고 다시 네팔 마을 방문
  - 재단설립(2000년) : 어린이들의 열광적인 반응을 본 존 우드는 안정적인 직장을 그만두고, 본격적으로 교육 지원 사업을 하기 위해 2000년 '룸 투 리드(Room to Read)'설립
  - 네팔에서 시작된 이 운동은 베트남, 캄보디아, 인도, 아프리카 등지로 빠르게 확산, 2026년 룸 투 리드는 설립 25주년을 맞이했으며, 세계적인 NGO로 성장
  - 의미와 영향력 : 개발도상국에 도서관과 학교에 컴퓨터 교실 등을 설립, 현지 언어 도서 출판, 아이들이 자신들의 문화적 배경과 맞는 책을 읽을 수 있도록 현지 언어로 된 아동 도서를 출판하고 배포, 여학생 교육 지원(장학금, 멘토링, 생명 기술 교육 등) 제공
  - 설립 이래 29개국 이상에서 5천2백만 명 이상의 아이들에게 혜택, 교육 시스템 내에서 문맹과 성 불평등이라는 악순환 단절을 목표로 하며, 현지 정부와 협력하여 교육 정책 및 시스템 변화를 유도
  - '룸 투 리드 운동화'는 이 단체의 중요한 목표인 교육 기회 접근성을 상징, 기부 참여를 유도, 단순히 신발 이상의 '교육으로 향하는 발걸음'을 상징

-룸 투 리드(Room to Read) 운동은 개발도상국 아동들의 문해력 향상과 교육 기회 확대를 목표로 도서관을 설립하고 현지 언어 도서를 보급하는 글로벌 사회 혁신 운동으로 이는 정보 접근성이 부족한 지역사회에 독서 환경을 제공함으로써 교육 불평등 해소하는 데 그 의미가 있음.

사진 : 룸 투 리드 웹페이지(www.roomtoread.org)

(2) 도서관 세계화 경영의 의미

- 교육 기회 불평등 해소 : 빈곤 때문에 교육의 기회를 얻지 못하는 수많은 어린이에게 도서관과 책을 제공하여, 가난의 대물림을 끊고 스스로 미래를 바꾸는 힘을 길러준다.
- 지역사회 변화 주도 : 단순히 건물을 짓는 것을 넘어, 지역사회 참여를 유도하여 도서관이 지속 운영되도록 한다. 이는 지역 주민들이 교육의 중요성을 인식하고 주도적으로 변화를 이끌게 한다.
- 글로벌 시민의식 함양 : 선진국과 개발도상국 사람들이 교육이라는 공통의 목표 아래 협력하게 함으로써 전 세계적인 교육 문제에 대한 인식을 높이고 글로벌 시민의식을 고취한다.

(출처 : 존 우드 저, 이명혜 역. 2008. 『히말라야도서관』. 세종서적.)

- 공공도서관 경영의 새로운 세계적 경향은 주로 기술 통합, 지역사회 중심 이니셔티브, 지속가능성 및 포용성 강화에 초점이 맞춰져 있다. 도서관은 더 이상 단순히 책을 대출하는 공간을 넘어 사회 혁신 및 커뮤니티의 핵심 인프라로 진화하고 있다.
- 이러한 예를 타산지석으로 삼아 우리나라도 우리의 문화와 교육 여건을 최대한 활용하여 블루오션 아이니어를 창출, 도서관 사업을 활성화해 나아갈 수 있다고 본다. 이러한 경쟁을 넘어선 도서관 정보서비스 수요의 창출과 제공을 통하여 시민 모두를 현명한 세계 시민(global citizen)으로 육성해 나가려는 열정과 노력이 이 시대 도서관 경영자들에게 절실히 요구된다.

참고문헌

- 노나카 이쿠지로 저, 장은영 역. 2002. 『지식창조 기업』. 세종서적
- 오세덕 외 3인. 2013. 『행정관리론』. 서울 : 대영문화사. p.337.
- 유영만 외 9인. 2018. 『지식생태학』. 박영사
- 유영만. 1999. 『지식경영과 지식관리시스템』. 서울 : 한언. pp.50 - 56
- Peter Drucker저, 이재규 역. 2001. 『21세기 지식경영』, 한국경제신문사. p.253
- 김위찬, 르네 마보안 저, 강혜구 역. 2005. 『블루오션 전략』. 교보문고
- 존 우드 저, 이명혜 역. 2008. 『히말라야도서관』. 세종서적
- 룸 투 리드 웹사이트 : www.roomtoread.org

<table>
<tr><td colspan="3"></td><td style="text-align:center">학습평가</td></tr>
<tr><td rowspan="7">1</td><td colspan="2">문제</td><td>지식경영에 대한 설명 중 바르지 않은 것은?</td></tr>
<tr><td rowspan="4">문항</td><td>①</td><td>지식경영은 세계화 경영의 방법이다.</td></tr>
<tr><td>②</td><td>지식경영은 고학력자들이 할 수 있는 영역이다.</td></tr>
<tr><td>③</td><td>도서관은 지식경영의 허브 역할을 할 수 있다.</td></tr>
<tr><td>④</td><td>지식경영에서 말하는 지식에는 형식지와 암묵지가 있다.</td></tr>
<tr><td colspan="2">정답</td><td>②</td></tr>
<tr><td colspan="2">해설</td><td>지식경영은 제도적인 학제의 학력과는 아무런 관계가 없다.</td></tr>
<tr><td rowspan="7">2</td><td colspan="2">문제</td><td>피터 드러커가 말하는 지식근로자의 특징이 아닌 것은?</td></tr>
<tr><td rowspan="4">문항</td><td>①</td><td>자신을 자율적으로 관리한다.</td></tr>
<tr><td>②</td><td>자신이 무엇을 할 것인지를 항상 자문한다.</td></tr>
<tr><td>③</td><td>지식근로자는 외국어를 끊임없이 공부한다.</td></tr>
<tr><td>④</td><td>지식근로자는 지속적 혁신을 위해 노력한다.</td></tr>
<tr><td colspan="2">정답</td><td>③</td></tr>
<tr><td colspan="2">해설</td><td>외국어 공부는 지식인에게 일반적으로 요구되기는 하나 피터 드러커가 특정한 것은 아니다.</td></tr>
<tr><td rowspan="7">3</td><td colspan="2">문제</td><td>블루오션 전략의 의미로 볼 수 없는 것은?</td></tr>
<tr><td rowspan="4">문항</td><td>①</td><td>해양산업에 해당하는 전략이다.</td></tr>
<tr><td>②</td><td>경쟁을 무의미하게 만든다.</td></tr>
<tr><td>③</td><td>새 수요를 창출, 장악한다.</td></tr>
<tr><td>④</td><td>차별화와 저가전략을 동시에 추구한다.</td></tr>
<tr><td colspan="2">정답</td><td>①</td></tr>
<tr><td colspan="2">해설</td><td>블루오션은 기존의 레드오션의 상대적인 개념으로 경쟁을 넘어선 새로운 잠재력을 가진 시장을 의미한다.</td></tr>
</table>

제4장

공공도서관의 법적 정책적 기반

4.1. 공공도서관의 법적 기반

4.2. 공공도서관의 정책적 기반

제4장
공공도서관의 법적 정책적 기반

4.1. 공공도서관의 법적 기반

강의 목표
1. 법의 역사와 정신, 법 제도의 기초를 이해하고 세계 공공도서관법의 발전 및 우리 도서관법의 변천 과정을 설명할 수 있다.
2. 우리 법제와 도서관 관련 법의 변천 과정을 사회변화와 연계하여 이해하고 미래의 우리 도서관법의 발전 방안을 제시할 수 있다.

강의 세부 내용
1. 법의 역사와 제도 그리고 법의 정신
2. 우리나라 공공도서관법의 변천

용어
- 법치주의 : 국가의 권력은 국민의 의사에 따라 제정된 법률에 바탕을 두어야 한다는 근대 입헌 국가의 정치 원리
- 공공도서관법 : 공공도서관 운영에 필요한 모든 사항을 규정하는 법으로 우리나라에는 공공도서관법이 별도로 없고, 도서관법에 하나의 장으로 편성되어 있다.

사전학습(퀴즈)
- 공공도서관 제도를 법으로 규정하는 이유는 민주주의는 법치주의로 모든 제도는 법적인 뒷받침을 받아 유지 발전하기 때문이다. (　　)

—민주사회의 모든 제도는 법 제도이다. 제도를 법으로 규정하는 이유는 정권이나 정책의 변화와 무관하게 제도의 지속 가능성과 국민 생활의 예측 가능성을 보장하기 위한 것이다.

1. 법의 역사와 제도 그리고 법의 정신

(1) 법의 역사와 정신

- 문명 발생 후 최고(最古)의 법전은 수메르의 우르남무 법전으로 알려졌다. 이어서 바빌로니아의 함무라비 법전(BC 1760년경)이 있었다. 우르남무의 법전(Code of Ur-Nammu)은 기원전 2100년에서 기원전 2050년 사이의 존재했던 것으로, 함무라비 법전보다 약 300년 앞선 현존하는 가장 오래된 점토판 법전이다. 함무라비 법전은 바빌론 제1왕조의 제6대 왕인 함무라비 왕(재위 BC 1792~1750) 때 제정된 것으로 현존하는 가장 완전한 고대의 법전이다. 이 법전에는 재판, 절도, 군대, 농업 및 가옥, 상거래, 채무 공탁, 친족, 이혼, 간통, 노예 등에 관한 규정이 포함되어 있다. 프랑스 루브르 박물관에는 이 함무라비 법전 비석과 점토판이 나란히 전시되어 있다.[1]
- 로마제국에서는 유스티니아누스 법전(429-534 AD)이 있었고, 인도에서는 마누법(BC 200년경)이 있었다. 당나라에서도 당 법전(AD 624)이 있었으며, 고조선에서는 8조의 금법(禁法)이 있었다. 그 후로 서양에서나 동양에서나 사회질서를 유지하기 위해 무수한 법들이 출현하였다.
- 법의 정신 : 서양 중세 최초의 대학으로 1088년에 설립된 이탈리아의 볼로냐 대학은 법학 중심의 대학이었다.[2] 법전의 등장 이후 사회가 진보하면서 법학은 인간사회의 정의로운 질서 구현을 위한 사회과학의 한 분야로 발전해 왔으며, 그 중간 결실은 1748년 몽테스키외의 역작 『법의 정신(Sprits of Laws)』에 집대성됐다. 서양 계몽주의 시대에 출현한 법학 연구서 『법의 정신』(1748)은 당시까지 법학 이론 및 실제를 바탕으로 법학을 체계적으로 연구 정리한 몽테스키외(Charles-Louis de Secondat, baron de La Brède et de Montesquieu, 1689~1755, 향년 66세)의 저술이다. 1752년에 번역 출판된 영

---

1 이희수. 2022. 『인류 본사』. 서울 : 휴머니스트. pp.76-82
2 볼로냐대학은 1088년 법학자 이르네리우스(Irnerius, 1050 - 1125, 향년 75세)가 개설

문판『법의 정신』은 726쪽에 이르며, 2023년에 완역 출판된 한국어판(전 3권)
은 1,220쪽에 달한다.[3] 『법의 정신』은 프랑스 대혁명과 미국 연방 헌법의 사
상적 기반이 된 정치학과 법학의 기념비적 고전으로 평가되고 있다. 『법의
정신』은 정치적 자유를 실현하기 위해 국가의 입법, 행정, 사법 기능을 분리
하는 삼권분립을 최초로 제시함으로써 서양 민주주의 원칙을 규정하는 데
중요한 나침반 역할을 했다.

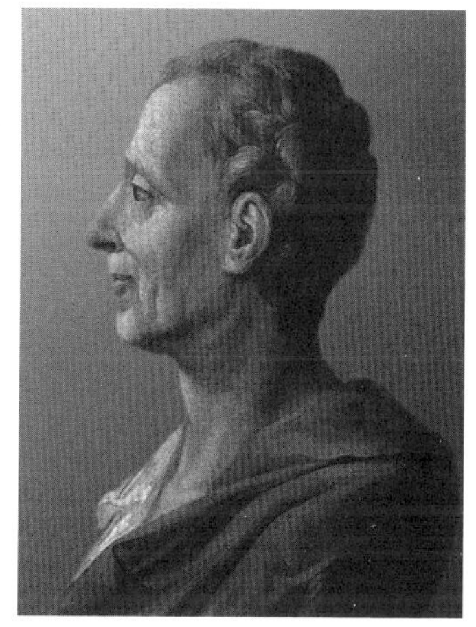

(Montesquieu, 1689~1755)와 『법의 정신』 한국어 번역본 전3권(진인혜 역, 2023. 나남출판)

(2) 법의 분류

- 자연법과 실정법
  - 자연법은 자연에 스스로 내재해 있는 법칙이다. 이 말은 '자연과학'이라 할
    때의 '자연'에 그 뜻이 명확하게 들어 있다. 뉴턴의 '만유인력의 법칙'은 인

---

3 몽테스키외 저, 진인혜 역. 2023. 『법의 정신』 전3권. 서울 : 나남

간이 창조할 수 없고, 발견할 수 있을 뿐이다. 자연법학의 시조로 알려진 네덜란드의 법학자 그로티우스(Hugo Grotius, 1583~1645, 향년 61세)는 당시 신학적 이론의 바탕 위에서 인간 이성에 의한 자연법을 상정했다(In Grotius' understanding, nature was not an entity in itself but God's creation. Therefore, his concept of natural law had a theological foundation. The Old Testament contained moral precepts(e.g. the Decalogue), which Christ confirmed and therefore were still valid. They were useful in interpreting the content of natural law. Both Biblical revelation and natural law originated in God and could, therefore, not contradict each other.)[4] 하지만 오늘날에는 신을 배제한 인간의 이성을 자연으로 파악한다.[5]

- 실정법은 인간이 사회생활을 하면서 의도적으로 만든 법 규범으로 성문법뿐 아니라 관습법, 판례법 등 불문법도 포함한다. 실정법은 시대와 사회에 따라 다르다. 실정법을 만드는 주체는 그 사회의 권력기관이다. 민주국가에서는 몽테스키외의 입법, 행정, 사법의 삼권분립 원칙에 따라 입법부가 실정법 제정의 주체가 된다. 하지만 의회가 다수당의 힘으로 다수결이라는 형식논리를 앞세워 법을 왜곡할 수 있는 결점을 지니고 있다. 그래서 이를 견제할 수 있는 행정적, 사법적 장치가 필요하다.

● 성문법(대륙법), 불문법(영미법), 고유법, 계수법

우리나라는 19세기 말 20세기 초 근대화 과정에서 일본의 지배를 받았다. 따라서 조선조의 고유법은 근대화 과정에서 현대로 접목되지 못했다. 일본은 우리보다 먼저 국제사회에 눈떠 서양의 문물을 받아들이고, 서양의 제국주의를 동양에 적용하여 동양을 지배하려 했다. 일본은 독일의 법 제도를 도입해 그들의 법제를 만들었다. 독일의 법제를 대륙법 또는 성문법 제도라 하

---

4 위키피디아 'Hugo Grotius' 검색
5 홍완식 외 9인. 2023. 『법학개론』 제10판, 서울 : 피엔씨미디어. pp.33-34

고, 영국과 미국의 제도를 영미법 또는 불문법 제도라고 분류하는데, 우리는 일본 제국주의 지배로 인해 일본의 영향을 받아 대륙법 제도를 계수하게 되었다. 이는 당시의 역사적 상황에 기인하는 것이다.

- 공법, 사법, 사회법
  - 공법은 국가와 국가, 국가와 지방자치단체(특별시, 광역시, 특별자치시, 도, 특별자지도, 시, 군, 구 등), 시방자지단체 상호 간의 관계 혹은 국가 및 지방자치단체와 개인 간의 관계를 정하는 법이다. 즉 공법은 국가 또는 지방자치단체의 조직과 활동을 정하는 법을 말한다. 법체계상의 분류로는 헌법, 행정법, 형법, 소송법, 국제법 등이 공법에 속한다.
  - 사법은 개인 상호 간의 관계를 정하는 법을 통칭하는 용어이다. 법체계상의 분류로는 민법, 상법, 국제사법이 사법에 속한다. 그러나 국가 또는 지방자치단체라도 개인의 자격으로 다른 개인과 계약 당사자가 될 경우는 사법적 관계가 된다.
  - 경제사회발전과 더불어 발달한 경제법, 노동법 등은 사법에도 공법에도 속하지 않는 중간 영역이므로 이를 사회법이라 부른다. 공법은 강행법이고 사법은 임의법으로 구분하기도 한다. 하지만 근로관계에서 당사자의 임의를 방치하는 것은 근로자에게 불이익을 주므로 국가가 경제법, 노동법(근로기준법, 노동조합법, 노동쟁의 조정법), 사회보장법 등으로 관리하게 되었다.
- 실체법, 절차법
  - 실체법은 권리 의무의 내용과 종류, 범위, 발생, 변경, 소멸 등 법률관계의 실체를 규정한 법을 말한다. 예로는 민법, 상법, 형법 등이 있다. 절차법은 재판과 재판의 전후 사건들을 규율하기 위해 확립된 법이다. 절차법은 실체법을 정당하게 집행하는 절차를 규율한다. 예를 들면 형사소송법, 민사소송법, 행정소송법은 절차법이다.
  - 이 밖에도 일반법과 특별법, 강행법과 임의법, 원칙법과 예외법 등의 구분이 있다.

- 법학 연구 분야

헌법학
국가기관의 조직과 작용, 국민의 기본적 권리와 의무를 규정한 헌법에 관한 연구
헌법의 기초, 통치의 기본구조, 기본권의 기초이론
민사법
개인 간 관계를 규율하는 민법과 권리를 실현하기 위한 민사소송 절차에 관한 연구
민법총칙, 물권법, 채권법, 친족상속법, 민사소송법, 부동산 법제
형사법
범죄 및 이에 대한 국가의 형벌권을 규정한 형법과 형사소송의 구조와 절차 연구
형법총론, 형법각론, 형사소송법, 형사정책
상사법
민법의 특별법으로 경제생활을 대상으로 하는 상사법 등에 관한 연구
상법 기초, 주식회사법, 지적재산권법, 세법
행정법
행정의 조직과 작용을 규율하는 행정법 연구
일반행정법, 개별행정법, 행정소송법
국제법
국가, 국제기구 상호 간의 법적 문제를 규율하는 국제법 연구
사회경제법
자본주의 경제체제에서 발생하는 사회경제 문제에 관한 법의 규율과 대책에 관한 연구
근로보호법, 노사관계법, 사회보장법, 공정거래법, 소비자법
인권 관련 법
인권의 내용과 보장체계 및 남녀평등의 실현을 위한 국내외의 법제연구
인권법, 국제인권법, 남녀평등과 법, 환경법
(홍원식 외 9인. 『법학개론』 목차 참조)

- 이들 가운데 도서관 행정·경영에 따른 법률문제는 위와 같은 법학의 제 분야에 산재해 있다. 따라서 이론적으로나 실무적으로 도서관 행정·경영을 실행할 때 사서와 직원들은 법학의 전체적 체계 속에서 도서관 관련 법규들을 이해하고 활용해야 할 것이다. 단지 「도서관법」만으로 도서관의 법률문제를 전부 이해하고 해결할 수는 없다.

(3) 법의 단계

- 법단계설은 법에는 상, 하 단계가 있다고 주장하는 학설이다. 오스트리아의 법학자 한스 켈젠(Hans Kelsen, 1881~1973, 향년 92세)은 법을 순수하게 논리적으로 고찰한바 법질서 전체는 단계가 있고, 이들 단계가 연속하여 일체를 이룬다고 주장했다. 가장 근원적으로는 근본규범이 있고, 그 아래 국제법, 헌법, 법률, 명령, 판례 등이 있다는 것이다.

법의 단계로 본 우리 도서관법 체계

헌법	
법률, 조약(국제법)	도서관법
대통령령	도서관법시행령
총리령	
부령	
행정규칙, 자치법규	도서관법 시행규칙, 자치단체 조례

－후대의 법학자들은 켈젠이 주장한 법이 단계를 이루며 존재한다는 것은 인정하지만 근본규범이 손재한다는 것과 국제법이 헌법의 상위에 있다고 한 것에 대해서는 인정하지 않는다. 또한 법을 정치적, 사회적, 도덕적인

요소로부터 분리하여 고찰하여야 한다는 순수법학에 대해서도 의문을 가지고 있다. 하지만 법의 성질과 구조를 명확히 한 점에서 법단계설을 인정하고 있다.

– 국내법에서는 「헌법」이 최상위에 있고, 다음에 법률(국회 제정 법률)이 있으며, 대통령령(국무회의의 심의를 거쳐 대통령이 제정한 명령), 시행규칙, 조례(지방자치단체의 의회에서 제정한 법)는 그 하위에 있다. 하위의 법이 상위의 법에 반할 경우는 무효다. 도서관법을 예로 들면, 상위에 헌법이 있고, 하위에 도서관법. 도서관법 시행령, 도서관법 시행규칙, 지방자치단체의 조례와 규칙 등으로 단계를 이루고 있다.

(4) 공공도서관 법제의 변천

- 민주사회의 모든 공적 사회제도는 법 제도이다. 공공도서관 역시 법으로 제도화됐다. 1850년 영국에서의 공공도서관법 제정은 민주사회에서 공공도서관의 법적 위치를 확고히 하는 출발점이 되었다. 공공도서관법 제정 이전의 도서관들은 시민의 개인적인 관심 또는 협동적 노력으로 형성되고 있었으나 법에 근거를 두지는 못했다. 따라서 도서관을 지속 경영할 만한 인적, 물적, 재정적 능력이 없어 흐지부지 사라지는 경우가 많았다. 책과 도서관을 아끼고 사랑하는 가문이나 개인 학자들의 의지는 좋았지만 한 세대가 지나가면 그러한 의지는 무너지지 않을 수 없었다. 이에 도서관은 '공공'이라는 성격을 강화하면서 법 제도로 도서관 서비스를 보장되는 지속 가능한 공공도서관으로 거듭나게 되었다.

(5) 영국의 공공도서관법 법제

- 영국에서는 1840년대에 의회 의원 윌리엄 이워트(William Ewart, 1798~1869,

향년 71세), 조셉 브라더톤(Joseph Brotherton, 1783~1857, 향년 74세), 도서관 전문가 에드워드 에드워즈(Edward Edwards 1812~1886, 향년 74세) 등 3인이 중심이 되어 공공도서관 시스템을 확립하는 법안을 구상하기 시작했다. 윌리엄 이워트와 조셉 브라더톤은 당시 영국 의회 진보성향의 의원(MP : Member of Parliament)이었으며, 에드워드 에드워즈(a former bricklayer who had educated himself in the libraries of the Mechanics' Institute)[6]는 1849년 당시 영국 박물관도서관의 사서였다.

- 공공도서관법 제정에는 많은 어려움이 있었다. 공공도서관법 제정의 실마리는 버킹엄(James Silk Buckingham, 1786~1855, 향년 69세) 의원이 발의한 공공기관 설립법안이었다. 버킹엄 의원은 1835년 자치구가 공공도서관과 박물관을 설립할 수 있도록 하는 공공기관 설립법안을 의회에 제출했는데 통과되지 못했다. 이에 영향을 받은 윌리엄 에워트 의원과 조셉 브라더튼 의원은 1845년 인구 10,000명 이상의 자치구에 박물관을 설립할 수 있도록 하는 박물관법(the Museums Act)을 발의하여 통과시켰다.

- 이를 계기로 이워트 의원과 브라더톤 의원은 당시 박물관도서관 사서 에드워드 에드워즈의 도움을 받아 공공도서관법안을 의회에 제출하였다. 하지만 보수파들로부터 상당한 반대에 부딪혔다. 논점은 노동자층이 주로 이용하게 될 도서관 서비스에 대하여 중산층 이상 상류층이 어느 정도의 세금을 부담해야 하는가 하는 점이었다. 이와트 의원과 브라더톤 의원은 논점이 되는 사항들을 계속 보완, 조정하여 여러 차례 수정 제출한 끝에 마침내 1850년 공공도서관법(The public library act)을 통과시켰다.

- 이와트 의원과 브라더톤 의원은 이 공공도서관법에 모든 자치지역 공공도서

---

6 에드워드 에드워즈(Edward Edwards, 1812~1886)는 영국의 사서이자 도서관 역사가로, 영국 공공도서관 운동의 선구자이다. 그의 연구는 근대 공공도서관 제도의 법적 기초를 마련하고 도서관학을 체계화하는 데 이바지했다. 저서로는 『Memoirs of Libraries』(1859), 『Libraries and Founders of Libraries』(1865)가 있으며 이 책들은 서양의 고대부터 19세기 중반까지의 도서관 역사를 다룬 영어권 최초의 포괄적 도서관 역사서로 평가받고 있다. 이 책들의 영문판 PDF 파일은 인터넷으로 내려받을 수 있다. 우리나라에서는 번역되지 않았다.

관에 대한 재정지원을 할 수 있는 권한을 부여하고자 했으나 인구 1만 명 이
상의 자치구에만 적용할 수 있게 되었고, 지방의회 역시 지역 유권자의 3분
의 2의 동의를 얻어야만 이 법을 시행할 수 있게 하고, 세율도 0.5페니를 넘
지 못하도록 했으며, 이 자금으로는 독서 자료를 살 수 없도록 제한하였다.
이 법에 따라 개관한 최초의 도서관은 1852년 맨체스터 도서관이다(The first
free public library was opened in Campfield, Manchester in 1852). 그러나 이
와트 의원과 브러더톤 의원은 공공도서관법의 전국적 보편화를 위하여 계속
노력하였고, 그 결과 공공도서관법은 2차례 개정되어 1853년에는 스코틀랜
드와 아일랜드에도 확대 시행되었으며, 지방의회들도 요율을 1페니로 높이
고 이 돈으로 독서 자료를 구입할 수 있도록 완화하였다.

- 하지만 이러한 요율로는 기업가들의 지원 없이 지방자치단체가 도서관을 운영
  하기가 쉽지 않았다. 이에 자선가들이 자기 지역의 도서관을 지원하게 되었는
  데, 그 예로는 헨리 테이트(Henry Tate, 1819~1899, 향년 80세, 설탕 기업인,
  자선가)와 존 에드워즈(John Passmore Edwards, 1823~1911, 향년 88세, 언론
  기업인, 자선가)를 들 수 있다. 공공도서관의 가장 큰 지원자는 철강회사 사장
  앤드류 카네기(Andrew Carnegie, 1835~1919, 향년 84세, 철강 기업인, 자선가)
  였다. 그는 영국 전역에 380개가 넘는 도서관을 재정적으로 지원하였다.[7][8]

- 1900년까지 영국에는 295개 공공도서관이 있었다. 그러나 공공도서관에 세
  율 제한이 폐지되고 진정한 의미의 종합적인 무료 공공도서관 서비스가 가
  능하게 된 것은 1919년 이후의 일이다. 1919년에 개정된 영국 공공도서관법
  은 기존의 낡은 시스템을 벗고 지방의회의 제약을 벗어나 지역 유권자의 투
  표에 의하지 않고도 도서관을 설립할 수 있게 되었다. 개정법은 도서관에 대
  한 요율 제한을 철폐하여 도서관 서비스에 대한 고속도로를 놓음으로써 진

---

7 Wikipedia "Andrew Carnegie" 검색, In total, Carnegie funded some 3,000 libraries, located in 47
　U.S. states, and also in Canada, Britain, Ireland, Belgium, Serbia, France, Australia, New
　Zealand, South Africa, the West Indies, and Fiji.
8 스가야 아키고 저, 이진영·이기숙 역. 2004. 『미래를 만드는 도서관』. 지식여행. p.173 : "카네기
　는 5,600만 달러를 투자하여 미국과 영국에 2,509개의 도서관을 건설한다."

정한 국가적 도서관 서비스의 길을 열었다.

- 오늘날의 영국 도서관 서비스는 1964년의 공공도서관 및 박물관법(the Public Libraries and Museums Act 1964)에 의거하고 있다. 이 법은 "종합적이고 효율적인 도서관 서비스"를 제공할 의무를 지역사회 최고층 지방정부에 부여하고, 중앙정부에는 그 감독 책임을 부과하고 있다. 현재 영국에서는 문화미디어제육부상관(the Secretary of State for Culture, Media and Sport)이 공공도서관에 대한 총괄 감독 책임을 맡고 있다.

  (출처 : http://www.politics.co.uk/reference/public-libraries).

카네기가 지원한 스코틀랜드 에든버러 중앙 도서관(출처 : 위키피디아)

(6) 미국의 공공도서관 법제

- 미국에서의 공공도서관 전신은 도서관 조합이었다. 그 선구자는 벤자민 프랭

클린(Benjamin Franklin, 1706(5)~1790, 향년 84세)으로 그는 1731년 필라델피아 도서관 조합을 설립하고 회원을 모집했다. 입회비는 40실링, 연회비는 10실링이었다고 한다. 필라델피아 도서관 조합은 미국 공공도서관 개발의 모체가 되었다. 도서관 조합은 미국 전역에 다양한 규모로 개설되었는데, 그중 잘 알려진 도서관 조합으로는 뉴포트 도서관 조합(the Redwood Library of Newport), 뉴욕 도서관 조합(the New York Society Library of New York city), 찰스턴 도서관 조합(the Charleston Library Society of Charleston)이 있었다. 이들 도서관 조합의 장서는 종교 서적보다 역사, 전기, 여행, 문학, 문법, 농업, 산술(arithmetic), 자연과학 등 실용적 장서가 많았다.

- 19세기 전반에는 미국의 산업구조가 농업에서 공업으로 변모하면서 산업체 도서관과 노동자를 위한 도서관이 늘어났다. 이 도서관들은 당시의 교육 운동에 발맞추어 종업원들과 노동자들의 교육 및 여가 선용 독서를 지원하기 위하여 회사들이 운영한 것이었다. 또 뉴욕에서는 일반인도 무료로 이용할 수 있는 교육구 도서관들이 출현했다. 이는 당시 뉴욕 주지사 드위트 클린턴(DeWitt Clinton, 1769~1828, 향년 59세)이 제안하여 성사된 것이다. 교육구 도서관은 학교 안에 설치된 학교 도서관으로 일반인에게도 무료로 개방하였다. 1835년 뉴욕주 의회는 재정에서 교육구 도서관의 설립과 지속 운영, 도서 확충을 지원하는 법안을 통과시켰다. 이러한 교육구 도서관은 1876년까지 미국의 21개 주로 확산했다.

- 공공도서관법은 1848년 매사추세츠주 의회(the General Court of Massachu-setts)에서 처음 통과되었고, 이에 따라 1854년 보스턴 공공도서관(The Boston Public Library)이 설립되었다.[9] 또 1849년에는 뉴햄프셔주에서도 목적세로서의 도서관 세를 부과하는 도서관법이 통과되며 각 주로 전파되었다. 오늘날 미국의 모든 주에는 주법으로서 도서관법이 있다. 미국 모든 주의 공공도서관법은 목적세로서의 도서관 세를 규정하고 있다. 주에 따라 도서관법은 다양하나 공통점은 도서관을 시민들이 무료로 이용할 수 있도록

---

9 보스턴 공공도서관 홈페이지 : http://www.bpl.org/bpl-history

한 것이다. 또한 도서관 세를 부과하여 도서관 기금을 마련하며, 기금은 다른 기금과 혼합 관리하지 않는다는 점이다. 연방 차원의 도서관법은 1956년에 와서 제정되었다. 도서관 서비스법(the Library Services Act)은 국가 전체의 교육 프로그램 중 도서관 지원을 목적으로 제정된 것이다. 전국 도서관을 커버하는 이 도서관 서비스 법은 1964년 도서관 서비스 및 건설법(the Library Services and Construction Act)으로 변경하였으며, 전국의 도서관 서비스 및 도서관 간 협력을 위한 기본법이 되었다.

- 19세기 후반에는 개인과 단체의 후원도 도서관의 발전에 큰 역할을 했다. 뉴욕공공도서관은 자선가의 후원의 산물이다. 사업가 존 애스터(John Jacob Astor, 1763~1848, 향년 85세)는 $400,000을 투자하여 뉴욕에 공공을 위한 개인도서관을 설립했고 이 도서관은 다른 여러 도서관과 통합되어 사립의 뉴욕공공도서관으로 발전했다.[10] 애스터 도서관은 1854년에 9만 권의 책으로 문을 열었다. 1870년에는 제임스 레녹스(James Lenox, 1800~1880, 향년 80세, 상속부자로 문헌 수집가)가 뉴욕에 또 다른 사립 도서관을 설립했다. 그는 미국의 문학, 민속, 역사, 밀턴, 세익스피어 등 2만 권의 고전을 수집하여 도서관을 개관했다.[11] 또 1800년에는 새뮤얼 틸든(Samuel Jones Tilden, 1814~1886, 향년 72세, 정치인) 전 뉴욕 주지사가 무료 공공도서관 설립을 위해 유언으로 5천만 달러 상당의 부지를 기증했다.[12] 이렇게 존 애스터, 제임스 레녹스, 새뮤얼 틸든의 기증이 병합되어 1895년 뉴욕공공도서관이 탄생했다. 이 도서관은 사립이지만 공공도서관으로 운영되고 있다.[13]

---

10 Wikipedia "John Jacob Astor" 검색 : Astor bequeathed $400,000 to build the Astor Library for the New York public, which was later consolidated with other libraries to form the New York Public Library.

11 Wikipedia "James Lenox" 검색 : James Lenox was an American bibliophile and philanthropist. His collection of paintings and books eventually became known as the Lenox Library and in 1895 became part of the New York Public Library

12 그러나 그의 유언장은 소송에 휘말려 친척들과 타협을 통해 도서관은 절반만 확보했다고 한다.

13 https://egyankosh.ac.in/bitstream/123456789/33042/1/Unit-3.pdf)eGyanKosh-a National Digital Repository

뉴욕공공도서관 열람실

1847년 Lenox가 구입, 기증한 구텐베르크 성경

- 19세기 후반부터 20세기 전반까지 기부로 설립된 도서관은 1882년 자선가 에녹 프렛(Enoch Pratt, 1808~1896, 향년 88세)의 기부로 1884년 메릴랜드(Maryland) 주 볼티모어(Baltimore)에 설립된 에녹 프렛 공공도서관(Enoch Pratt Free Library), 사업가 월터 뉴베리(Walter Loomis Newberry, 1804~1868, 향년 64세) 의 유증에 따라 1887년 시카고에 설립된 뉴베리 도서관(the Newberry Library), 1919년 부동산 재벌 헨리 헌팅턴(Henry Edwards Huntington, 1850~1927, 향년 77세)이 기부하여 북 캘리포니아 산마리노에 설립된 헌팅턴 도서관(The Huntington Library), 1906년 사업가 존 모건(John Pierpont Morgan Sr,

1837~1913, 향년 76세)이 기부하여 뉴욕 맨해튼(Manhattan)에 설립한 피어폰트 모건 도서관(Pierpont Morgan Library) 등이 있다.

- 가장 위대한 후원자는 카네기(Andrew Carnegie, 1835~1919, 향년 84세)였다. 그의 기부에 따라 미국 전역 1,681곳에 도서관 건물이 건립되었다. 1890년 미국의 16개 대도시에는 시가 지원하는 도서관이 단 7곳이었다. 카네기는 1920년까지 도서관 건물 건축을 위해 50만 달러 이상을 기부함으로써 도서관이 대폭 확충됐다.
- 영미에서는 공공도서관의 법제를 마련하기 전부터 자선가들이 도서관 건립에 나섰고, 공공도서관법 제정 이후에도 적극적으로 도서관 건립에 이바지했다. 이렇게 공공도서관은 국가, 지방자치단체의 법의 제정, 개선과 함께 국가 교육문화의 인프라인 공공도서관에 대한 깨어있는 시민의식과 기업가의 사회공헌 정신이 선진적 도서관 문화를 일군 밑바탕이 되었다.

(7) 일본의 공공도서관 법제

- 제2차 세계대전 패전 이후 1950년 제정 공포된 일본의 「도서관법」은 일본 「국회도서관법」(1948년), 일본 「학교도서관법」(1953년)과 함께 일본 도서관 활동의 법적 근거를 제공하는 도서관 법제이다. 이들 도서관 관련 법령은 모두 패전 후 미군 점령기를 거치면서 새로운 민주적 사회질서로의 재편을 위하여 승전국인 미국의 도서관 전문가들의 자문과 협력을 얻어 그 제도적 틀을 갖추게 되었다. 전쟁 이전 일본의 군국주의적 체제를 혁신하고 새로운 민주적 정치 질서를 구축하는 과정에서 도서관은 시민사회의 민주적 가치를 실현하는 중요한 사회교육시설로서 정비되었다. 즉 이 법률은 사회교육법의 취지에 따라 제정된 것으로 교육법의 한 분야를 이루고 있다. 일본 도서관법은 제정 이후 모두 7차례의 개정과정을 거쳤다.
- 일본 지방자치단체는 도도부현(都道府縣)과 시정촌(市町村) 두 종류가 있다. 시정촌이 주민과 직결된 기초자치단체라면, 도도부현은 광역 행정을 수행하는 광역자치단체이다. 모든 시정촌은 47개 도도부현 중 한 곳에 소속된다.

따라서 도서관법에서 규정하는 공립도서관은 도도부현립 도서관과 시정촌립 도서관의 2종류로 구분된다.

- 일본 도서관법은 지방공공단체 또는 공익법인 등이 설치한 공공도서관만을 대상으로 하는 일종의 공공도서관법이다. 도서관법의 목적은 공공도서관의 설치 및 운영에 관해 필요한 사항을 정하여 그 건전한 발달을 도모함으로써 국민의 교육과 문화의 발전에 기여함을 목적으로 하고 있다. 따라서 국가에서 설치한 국립도서관, 초등·중등학교 소속 학교도서관, 고등교육기관의 대학도서관, 기업 등이 설치한 전문도서관 등은 도서관법의 대상에서 제외된다. 또 공공도서관과 비슷하더라도 기업이나 개인이 설치한 문고 등은 모두 이 법률의 대상에서 제외된다.[14]

사진 : 이시카와 현립도서관 열람실

(8) 세계도서관 협회 연맹의 공공도서관 법제 정의

세계적 도서관 협력 기구인 IFLA는 공공도서관 서비스 가이드라인(IFLA Public Library Service Guidelines)에서 공공도서관의 법제 기준을 다음과 같이 제시하였다.[15]

---

14 국립중앙도서관 도서관연구소. 2008. 『주요국 도서관 법령집』. 서울 : 국립중앙도서관. pp.142-147

Public library legislation

The establishment of public libraries should be based on legislation, which assures their continuance and place in the government structure. Public library legislation takes various forms. In some countries or regions the legislation is specific to public libraries whereas in others it is part of wider legislation which includes different types of libraries. Public library legislation is also varied in its provisions. It can be simple, allowing the establishment of public libraries but leaving standards of service to the level of government directly responsible for the library, or more complex, with specific detail on what services should be provided and to what standard.

Because governmental structures vary so much in different countries the form and detail of public library legislation is also likely to vary significantly. However, legislation governing public libraries should state which level of government is responsible for provision and how they should be funded. It should also place them in the framework of libraries in the country or region as a whole.

공공도서관의 법제

공공도서관은 정부 조직구조 속에서 지속적인 운영을 보장하기 위하여 법적 근거 위에 설립되어야 한다. 공공도서관 관련 법규는 지역에 따라 다양한 형식을 취한다. 어떤 지역에서는 공공도서관에 관한 법률이 별도로 있는가 하면, 여러 종류의 도서관을 포괄하는 보다 광범한 도서관법에 규정하는 곳도 있다. 공공도서관의 법 조항 역시 각기 다르다. 법률에는 공공도서관의 설립만을 간단히 규정하고 도서관 서비스의 표준 및 공공도서관을 직접 책임지는 담당 부서의 결정은 위임하는 경우가 있는가 하면 도서관의 세부적 서비스와 표준까지도 법률에 상세하게 규정하는 경우도 있다.

나라마다 정부의 조직구조가 매우 다양하기에 공공도서관 법규의 형태와 상세 정도도 크게 다르다. 그러나 공공도서관을 규정하는 법률은 공공도서관의 정부 조직에서

---

15 『IFLA Public Library Service Guidelines 2nd, completely revised edition』. Edited by Christie Koontz and Barbara Gubbin. 2010. De Gruyter Saur. p.24

의 위상에 관한 것과 예산 지원 방법에 관한 것을 규정해야 한다. 또한 국가 및 지역 사회의 전체적인 맥락에서 도서관의 기본 틀(framework)을 규정해야 한다.

2. 우리나라 공공도서관법의 변천

(1) 우리 도서관법과 영, 미, 일 도서관법의 차이

- 우리나라의 도서관에 관한 법규는 헌법 아래 도서관법, 도서관법시행령, 도서관법시행규칙 그리고 각 지방자치단체의 조례 및 규칙 등으로 단계화되어 있다. 공공도서관과 관련한 우리나라 최상위 법은 헌법이다. 헌법에서는 도서관에 대하여 직접적으로 언급하지는 않고 있으나 교육과 문화의 대원칙을 정한 것은 도서관에도 적용되는 것이다. 대한민국헌법 제31조는 모든 국민은 능력에 따라 균등하게 교육을 받을 권리, 그 보호하는 자녀에게 적어도 초등교육과 법률이 정하는 교육을 받게 할 의무, 국가가 평생교육을 진흥할 의무 등을 규정하고, 학교 교육 및 평생교육을 포함한 교육제도와 그 운영, 교육재정 및 교원의 지위에 관한 기본적인 사항은 법률로 정하도록 하고 있다.
- 우리 도서관법은 모든 종류의 도서관을 다 포함하고 있어 일본의 사회교육법 체계에서와는 현격히 다르다. 그러면서도 행정 시스템 면에서는 도서관의 종류별 관할부서가 달라 도서관법과 도서관 행정 시스템이 괴리되어 있다. 또한 영미에서의 공공도서관법은 목적세로서 도서관세를 규정하고 있으나 우리는 그러하지 않아 처음부터 도서관을 위한 재정지원의 결함을 내포하고 있다.

(2) 우리 도서관법의 변천

- 우리나라의 도서관법은 한국전쟁 직후 도서관 인들이 1955년부터 그 필요성을 인식하고 법령제정을 위해 노력하였으나 성사되지 못하다가 군사정부 시질 국회 역할을 담당했던 '국가재선최고회의'에 상정되어 1963년 10월 28일 법률 제1424호로 제정 공포되었다.

- 1960년대에는 한국전쟁의 후유증과 이로 인한 정치적 혼란으로 국가 질서의 확립과 경제개발이 시급한 상황이어서 도서관은 정부에서도 민간에서도 관심의 대상이 되지 못하였다. 따라서 법률은 있으되 실효성이 거의 없는 사문화(死文化) 상태가 오랫동안 지속되어 도서관의 발전은 전혀 기대할 수 없는 암울한 세월이 이어졌다.

- 도서관법은 제정 후 23년만인 1987년 11월 28일에야 국내외 도서관 계의 변화된 현실을 반영하여 개정되었고, 1991년에는 「도서관진흥법」으로, 1994년에는 「도서관 및 독서진흥법」으로 개정되면서 도서관 및 독서 진흥에 대한 기본적인 구조를 갖추게 되었다. 이 법은 도서관시설이 현저하게 부족한 현실을 고려하여 국가적 차원에서 도서관의 설치 및 독서의 진흥을 위한 대책을 세워 추진함으로써 국민 일반에게 독서의 기회를 확대 제공하려는 것이었다[16]

- 2006년 10월 4일에는 「도서관 및 독서 진흥법」에서 독서 진흥에 관한 내용을 제외하고 「도서관법」으로 명칭을 다시 환원함으로써 이 법이 도서관에 관한 기본법임을 명확히 하고, 독서 진흥에 관한 부문은 2006년 12월 28일 「독서문화진흥법」을 별도로 제정하였다. 2006년 개정된 도서관법은 도서관 정보정책위원회 설치와 도서관발전종합계획 등의 수립, 지역대표도서관의 설립, 지식 정보 격차의 해소를 위한 도서관의 책무, 국립장애인도서관 지원센터의 설립 · 운영에 대한 부분을 주요 골자로 하였다. 또 도서관 자료의 범위를 오프라인 인쇄매체에서 온라인자료까지로 확대하고, 국가 차원의 보존 가치가

---

16 한국도서관협회. 1998. 『한국도서관 법령집』. 서울 : 국립중앙도서관. pp.1-6

높은 온라인 자료 수집, 장애인용 자료 제작을 위한 디지털 파일의 납본, '작은도서관'의 개념 정립 및 제도화, 도서관에서 장애인, 노인, 기초생활수급권자, 농산어촌 주민 등 지식정보 취약계층이 온라인자료를 이용할 때 지급하는 저작권보상금의 보조 등을 주요 내용으로 담고 있다.

- 2011년 3월에는 「도서관법」 일부가 개정, 공포되었으며 이에 따라 국 공립도서관에서는 자발적 기부금품을 절차에 구애받지 않고 접수할 수 있게 되었다. 또한 국가 및 지방 자치단체장이 공공도서관의 조성, 운영에 필요하다고 인정하는 경우 사립 공공도서관에 국·공유재산을 무상으로 사용, 대부할 수 있는 근거를 신설했고, 도서관 정책의 주요 사항을 수립·심의·조정하는 기능을 가지고 있는 도서관 정보정책위원회의 구성 절차를 개정하였다.

- 2012년 2월에는 「작은도서관진흥법」이 제정되어 2012년 8월 18일부터 시행되었다. 이 법은 「도서관법」 제2조에 규정된 작은 도서관의 진흥을 위해 필요한 세부적이고 구체적인 사항들을 규정하고 있다. 2012년 개정된 「도서관법」은 도서관의 종류를 공공도서관, 대학도서관, 학교도서관, 전문도서관으로 구별하고 공공도서관에 작은도서관, 장애인도서관, 병원도서관, 병영도서관, 교도소도서관을 포함하고 있다.

3. 현행 도서관법 주요 내용

(1) 도서관의 종류

- 2023년 8월 8일부터 개정 시행된 도서관법에서는 도서관의 종류 구분을 다시 편성하고, 대통령 소속 도서관 정보정책위원회를 국가 도서관위원회로 명칭을 변경하였다.
- 도서관법 제4조 도서관의 구분에는 설립 주체에 따라
  - 국립도서관 : 국가가 설립·운영하는 도서관
  - 공립도서관 : 지방자치단체 및 「지방교육자치에 관한 법률」 제32조에 따라

교육감이 설립 운영하는 도서관

- 사립 도서관 :「민법」,「상법」그 밖의 법률에 따라 설립된 법인·단체 또는 개인이 설립·운영하는 도서관
- 설립목적 및 대상에 따라
  - 공공도서관 : 공중의 정보 이용·독서 활동·문화 활동 및 평생학습을 주된 목적으로 하는 도서관을 말하며, 작은도서관, 어린이도서관, 장애인도서관을 포함
  - 대학도서관 :「고등교육법」제2조 각호에 따른 학교 및 다른 법률의 규정에 따라 설립된 대학 교육 과정 이상의 교육기관에서 교원과 학생, 직원에게 도서관 서비스를 제공하는 것을 주된 목적으로 하는 도서관
  - 학교도서관 :「초·중등교육법」제2조 각호에 따른 학교에서 교원과 학생, 직원에게 도서관 서비스를 제공하는 것을 주된 목적으로 하는 도서관
  - 전문도서관 : 법인, 단체 또는 개인이 소관 업무와 관련하여 소속 직원, 공중에게 특정 분야의 전문적인 도서관 서비스를 제공하는 것을 주된 목적으로 하는 도서관
  - 특수도서관 : 특수한 환경에 처한 사람에게 도서관 서비스를 제공하는 시설로 병원도서관, 병영도서관, 교정시설도서관

(2) 국가 및 지방자치단체 역할

- 국가 도서관위원회 : 도서관법 제11조는 이전의 '도서관 정보정책위원회'의 명칭을 '국가 도서관위원회'로 바꾸었으며 업무 내용은 다음과 같이 대동소이하다.
  - 도서관발전종합계획의 수립·시행 등에 관한 사항
  - 도서관 관련 제도 및 운영체계 개선에 관한 사항
  - 도서관 운영평가에 관한 사항
  - 도서관 및 도서관 자료의 접근·이용 격차 해소에 관한 사항
  - 도서관 전문인력 양성에 관한 사항

- 그 밖에 도서관 정책을 위하여 대통령령으로 정하는 사항
- 지자체 도서관위원회 : 도서관법 제17조는 지방도서관서비스위원회를 광역도서관위원회로 명칭을 변경하고 관할지역 내에 있는 도서관의 균형발전과 지식정보 접근권을 보장하도록 했다. 광역도서관위원회는 업무는
  - 지역도서관의 균형발전에 관한 사항
  - 지역도서관의 지식정보 접근권 보장 및 지식 정보 격차 해소에 관한 사항
  - 그 밖에 지역도서관 정책을 위하여 광역도서관위원회에서 필요하다고 인정하는 사항

(3) 우리 「도서관법」 적용의 실제

- 위에서 언급한 바와 같이 법률은 국회에서 제정하나 법률 시행을 위한 구체적 사항은 대통령을 수반으로 하는 행정부에서 시행령 및 시행규칙을 제정한다. 도서관법시행령은 문화체육관광부 장관이 주관하여 도서관법에서 정한 세부 사항을 시행하기 위하여 대통령령으로 제정한 명령이다. 도서관법의 변천에 따라서 도서관법시행령도 그때마다 개정해왔다. 도서관법 시행규칙은 도서관법 시행령을 실현하는 각종 서식 등에 관한 내용이 주를 이루고 있다.
- 법 제도 면에서 우리나라 도서관 관련 법은 시대에 맞게 정비되어왔다. 하지만 아직도 우리나라의 도서관 법령은 임의 조항이 많아 법 집행의 강제성이 약하고 도서관 법령에 대한 사회적 인식도 부족하여 법으로서 기능과 역할을 다하지 못하고 있다. 도서관법이 계속 개정되고는 있으나 도서관 현실에서는 도서관법의 정신과 취지를 제대로 살리지 못하고 있다. 예를 들어 도서관법 제34조에 "공립 공공도서관의 관장은 사서직으로 임명한다."는 규정이 있음에도 불구하고 "임명한다"는 표현이 애매하고 이에 대한 공무원들의 인식도 미미하여 많은 지방자치단체에서는 이 조항을 소극적으로 적용하고 있다.[17] 또 도서관 내부의 운영 규정이나 장서 개발정책 등 세부적인 업무 방향과 절차에 대해서도 도서관 현장에서는 별로 신경을 쓰지 않아 법과 현실이

괴리되고 있다.

참고문헌

- 이희수. 2022. 『인류 본사』. 서울 : 휴머니스트. pp.76-82
- 몽테스키외 저, 진인혜 역. 2023. 『법의 정신』 전3권. 서울 : 나남
- 홍완식 외 9인. 2023. 『법학개론』 제10판, 서울 : 피엔씨미디어. pp.33-34
- 영국 공공도서관법 http://www.spartacus.schoolnet.co.uk/Llibrary.htm "Public Libraries Act"
- 스가야 아키고 저, 이진영·이기숙 역. 2004. 『미래를 만드는 도서관』. 지식여행. p.173
- 한국도서관협회. 1998. 『한국도서관법령집』. pp.1-6
- 국립중앙도서관 도서관연구소. 2008. 『주요국 도서관법령집』. 서울 : 국립중앙도서관. pp.142-147
- 국가법령정보센터 www.law.go.kr/ "도서관법"

---

17 도서관법 제34조(공립 공공도서관의 관장 및 도서관운영위원회 등) ① 공립 공공도서관의 관장은 사서직으로 임명한다.
　* 공립 공공도서관장을 사서직으로 임명하는 문제를 법 조항에 넣는 것 자체가 상식적이지는 않다. 어떤 기관이든 그 기관의 주류 전문가가 기관장이 되는 것이 상식이다. 하지만 도서관의 경우에는 원래부터 이런 상식이 지켜지지 않아서 법 조항에 넣은 것인데 이마저 무시되고 있는 현실이다.

<table>
<tr><td colspan="3" style="background:#ccc"></td><td style="background:#ccc">학습평가</td></tr>
<tr><td rowspan="7">1</td><td colspan="2">문제</td><td>우리나라 공동도서관을 규정한 법률의 명칭으로 올바른 것은?</td></tr>
<tr><td rowspan="4">문항</td><td>①</td><td>공공도서관법</td></tr>
<tr><td>②</td><td>도서관문화법</td></tr>
<tr><td>③</td><td>도서관법</td></tr>
<tr><td>④</td><td>도서관진흥법</td></tr>
<tr><td colspan="2">정답</td><td>③</td></tr>
<tr><td colspan="2">해설</td><td>우리나라 공공도서관을 규정하는 법은 도서관법이다.</td></tr>
<tr><td rowspan="7">2</td><td colspan="2">문제</td><td>법의 체계에서 도서관법은 다음 어디에 속하는지?</td></tr>
<tr><td rowspan="4">문항</td><td>①</td><td>헌법</td></tr>
<tr><td>②</td><td>명령</td></tr>
<tr><td>③</td><td>법률</td></tr>
<tr><td>④</td><td>시행령</td></tr>
<tr><td colspan="2">정답</td><td>③</td></tr>
<tr><td colspan="2">해설</td><td>우리나라 법체계는 헌법, 법률, 명령, 규칙, 조례로 구분한다.</td></tr>
<tr><td rowspan="7">3</td><td colspan="2">문제</td><td>다음 중 우리나라 도서관 관련 법률이 아닌 것은</td></tr>
<tr><td rowspan="4">문항</td><td>①</td><td>병영도서관진흥법</td></tr>
<tr><td>②</td><td>학교도서관진흥법</td></tr>
<tr><td>③</td><td>작은도서관진흥법</td></tr>
<tr><td>④</td><td>대학도서관진흥법</td></tr>
<tr><td colspan="2">정답</td><td>①</td></tr>
<tr><td colspan="2">해설</td><td>병영도서관진흥법은 제정되지 않았다.</td></tr>
</table>

4.2. 공공도서관의 정책적 기반

강의 목표

1. 정책의 개념과 유형을 이해하고 정책 과정의 흐름을 설명할 수 있다.
2. 우리나라 공공도서관 정책의 변천 과정과 공공도서관 정책의 현실적 문제를 설명할 수 있다.

강의 세부 내용

1. 정책의 개념과 유형 분류
2. 우리나라 공공도서관 정책

용어

- 정책 : 공공문제를 해결하거나 특정 목표를 달성하기 위해 정부가 결정하고 수행하는 목적 지향적인 행동 방침 또는 계획이다. 이는 문제 인식부터 해결을 위한 구체적 수단 마련, 집행, 평가에 이르는 일련의 과정을 포괄한다.
- 방책 : 어떤 일을 처리하거나 어려운 상황에 대처하는 방법과 방침을 의미한다. 정책도 하나의 방책이지만 공공성을 지닌 점에서 개인의 방책과는 구별된다.

사전학습(퀴즈)

- 벤저민 프랭클린(Benjamin Franklin, 1706~1790)은 "정직은 최선의 정책이다."라고 말했다. 이때의 정책은 개인의 행동 지침이다. (   )

— 정책은 정책 주체의 행동 지침이다.

1. 정책의 개념과 유형 분류

(1) 정책의 개념

- 법 제정은 정치 행위의 산물이다. 법은 정책을 위해서 만들어지며 정책은 정치와 법의 제·개정을 통해 수정된다. 따라서 세부 정책들은 법령이라는 큰 틀의 범위 내에서 정해진다. 정책은 법질서를 실행하는 것이므로 법치주의의 실천이다. 그러나 정책수행을 통해서 불합리한 법을 개선할 수 있으므로 정책은 법보다 큰 정치라고 말할 수 있다.
- 도서관의 효과적 경영을 실현하기 위해서는 국가의 올바른 도서관 정책이 뒷받침되어야 한다. 특히 공공도서관 행정과 경영은 공공도서관에 관한 정치, 법률, 그리고 이를 집행하는 행정의 산물이다. 공공도서관의 정책 방향을 어떻게 설정하고 추진하느냐에 따라 공공도서관의 현재와 미래가 결정된다.
- 정책은 아주 큰 분야에서부터 작은 분야에 이르기까지 도서관에 영향을 미친다. 정책(policy)의 어원은 polis이다. 정책은 정치와 유사한 개념이지만 정치와 같은 개념은 아니다. 정치는 단체, 국가, 국제사회를 올바르게 질서 짓는 행위이다. 그러한 정치 행위의 산물로 구체화한 것이 정책이라고 할 수 있다.
- 정책학 개론서에서는 '정책'의 의미를 다음과 같이 소개하고 있다.[18]
  - 목적 가치와 실행을 투사한 계획(Harold Lasswell)
  - 정부 기관에 의하여 결정된 미래의 행동 지침(Y. Dror)
  - 전체사회를 위한 가치의 권위적 배분(David Easton)
  - 어떠한 문제 또는 관심사를 다루기 위해 행정행위자 집단이 추구하는 행동 노선(James E. Anderson)
  - 정책은 행동하기 위한 하나의 지침(Higginson)
  - 정부가 수행하기로 혹은 수행하지 않기로 한 모든 것(Thomas R. Dye)

---

18 남기범. 2009. 『현대정책학 개론』. 서울 : 조명문화사. pp.41-43.

- 정책이라는 말은 공공정책(Public Policy)에 한정된 개념이다. 따라서 정책이란 국가기관이 어떤 공공 사회문제에 대하여 미래의 행동 방침을 정하는 전략과 방책으로 이해되며, 도서관 정책은 국가기관의 의사결정 가운데서 도서관에 관한 국민의 통일적 의사결정을 만들어 내는 전략과 방책이라고 정의할 수 있다.
- 도서관 정책은 기본적으로
  - 우리 사회에 어떤 종류의 도서관이 필요한가.
  - 종류별 도서관을 어디에 얼마나 설립할 것인가.
  - 어떤 서비스를 유지하고 확충, 개발할 것인가.
  - 각각의 도서관의 경영 주체와 객체 그리고 수혜자는 누구인가.
  - 도서관 서비스를 통해 달성하고자 하는 목적은 무엇인가, 등에 대한 세부적인 전략과 방책을 만들어 나가는 과정이라고 말할 수 있다.
- 이와 같은 정책의 개념 정의에 따라 정책의 특징은 다음과 같이 정리할 수 있다.[19]
  - 정책은 그 주체가 사적 집단이 아닌 공적 기관이다. 즉 권한을 가진 공적 기관이 결정한다. 공적 기관에 의해 권한을 위임받은 집단도 정책을 구상하는 경우가 있으나 정책 결정의 최종 책임은 공적 기관에 귀속된다.
  - 정책을 통해서 성취해야 할 목표는 문제 해결과 공익의 달성이다. 정책은 최종적으로는 공익을 위해 존재하는 것이므로 정책의 윤리가 매우 중요하다.
  - 정책은 주로 정치적, 행정적 과정을 거쳐 이루어지므로 복잡하고도 동태적이다.
  - 정책은 당위성을 바탕으로 의도적으로 목적을 달성하려는 성격을 지닌다. 따라서 정책은 의사결정 과정뿐 아니라 정책의 내용이 중요한 요소이다.
  - 정책은 일반적으로 미래지향적이므로 단기적인 행동계획보다는 장기적인 지침을 지향한다.

---

19 김용원 저. 황면 역. 2004. 『도서관 정보 정책』. 서울 : 한국도서관협회. pp.2-5

(2) 정책의 유형

- 정책 행위의 내용에 따라 실질 정책, 절차 정책, 지도 정책으로 나눈다.
  - 실질 정책은 정책문제를 해결하기 위해 수행되는 실질적인 조치들로 예를 들면 독과점 규제정책, 수질오염 규제정책 등 실질적 문제를 해결하기 위한 정책이다.
  - 절차 정책은 문제 해결의 절차를 규정하는 정책으로 예로는「행정절차법」이 있다. 이 법의 목적은 행정절차에 관한 공통적인 사항을 규정하여 국민의 행정 참여를 도모함으로써 행정의 공정성·투명성 및 신뢰성을 확보하고 국민의 권익을 보호함을 목적으로 한다. (행정절차법 제1조)
  - 지도 정책은 특정한 정책 형성에 앞서서 이루어지는 준비정책 또는 정책 형성을 위한 지침이다. 지도 정책은 절차 정책과 유사하나 절차 정책이 하나의 정형화된 완전한 정책 형성 과정의 결과라면 지도 정책은 기존 사례가 없는 특정한 문제의 정책 형성과정으로서 예비적(preliminary) 과정이라 할 수 있다.
- 정책의 사회적 영향에 따른 분류로 이 분류는 학자에 따라 다르다.[20][21][22][23][24][25]

  - 로위(T. Lowi)는 정책을 분배정책, 규제정책, 구성정책, 재분배정책으로
  - 앨먼드(G. A. Almond)와 파월(G. B. Powell)은 분배정책, 규제정책, 상징정책, 추출정책으로
  - 라이플리(R. B. Ripley)와 플랭클린(G. A. Franklin)은 분배정책, 경쟁적 규제정책, 보호적 규제정책, 재분배정책으로

---

20 안정기. 2013.『행정학의 이해』. 서울 : 대영문화사. pp.102-103
21 권향원 외 14인. 2023.『행정학 개론』. 서울 : 대영문화사. pp.140-142
22 이종수 외 56인. 2023.『새 행정학 3.0』. 서울 : 대영문화사. pp.582-584
23 강근복 외 4인. 2024.『정책학』. 서울 : 대영문화사. pp.33-38
24 남기범. 2009.『현대행정학 개론』. 서울 : 조명문화사. pp.46-61
25 정정길 외 4인. 2017.『정책학 원론』. 서울 : 대명출판사. pp.53-64

- 솔리스베리(R. H. Salisbury)는 분배정책, 규제정책, 자율적 규제정책, 재분배정책으로 구분하였다.

강제의 가능성	원격 (remote)	분배정책	구성정책
	근접 (immediate)	규제정책	재분배정책
		개인의 행위	행위의 환경
		강제의 적용 대상	

로위(T. Lowi)의 분배정책, 규제정책, 구성정책, 재분배정책

(출처 : 강근복 외 4인. 2024. 『정책학』. 서울 : 대영문화사. p.35)

- 여기서는 이상 여러 학자의 공통 분류인 분배정책, 규제정책, 재분배정책, 구성정책, 추출정책, 상징정책 등을 좀 더 살펴본다.
  - 분배정책 : 세금을 재원으로 하여 창조적 행정서비스의 제공 및 불특정 다수에게 이익이 분산되는 개별화된 정책으로 정책 과정에서 전문가나 관계기관의 역할은 미미하고 의회나 위원회의 역할이 결정적이다. 예를 들면 공원 조성, 도로 건설 등 사회간접자본 조성, 벤처기업 창업자금 지원, 출산장려금 지급 등이 있다.
  - 규제정책 : 정부가 특정한 개인이나 집단에 권한의 행사를 못 하게 하여 반사적으로 다른 사람들을 보호하려는 것으로서 개인 또는 집단행동에 대한 통제와 규제를 가하는 정책이다. 규제정책은 강제력을 확보하기 위해 주로 법률로 정해지며 관료의 재량권이 개입된다. 규제로 인해 손해를 보는 관련 집단 사이의 갈등이 일어나기 쉬우며, 이익집단의 참여로 정책이 결정되는 경향이 있다. 예로는 국가가 형벌, 의무, 면허 등과 같이 개인과 집단에 대해 행동을 제약하거나 환경규제, 안전 규제, 진입규제 등 규제하

는 경우를 들 수 있다.

- 경쟁적 규제정책 : 다수의 경쟁자 중에서 경쟁 범위를 제한하려는 정책으로 희소자원의 분배와 관련된다. 이권이 걸린 서비스 공급권을 특정 기업에 부여하고 이들을 적절히 통제하려는 정책으로 분배정책과 보호적 규제정책의 양면성을 띤다. 예로는 항공기 노선 배정, 이동 통신사업자 배정 등을 들 수 있다.
- 보호적 규제정책 : 민간 활동이 허용 또는 제한되는 조건을 설정함으로써 일반 대중을 보호하는 정책이다. 경쟁적 규제정책에 비하면 재분배정책에 더 가깝다. 예로는 기업의 독과점 규제, 최저임금제, 안전규제 등이 있다.
- 재분배정책 : 사회적 · 경제적 보상의 기본관계를 재구성하는 정책으로 가진 자의 부를 거두어 가지지 못한 자에게 이전해주는 이전정책이다. 이는 기득권자나 비용부담자의 저항으로 집행이 쉽지 않고 정책이 환경에 많이 의존하게 되며 엘리트 집단과 피지배계급 간 계급 갈등과 투쟁이 나타나기 쉽다. 예를 들면, 누진과세, 영구임대주택, 세액공제, 공공근로사업 등 사회보장정책이 이에 속한다.
- 구성정책 : 정부의 성격 규정이나 정부 기구의 구성, 행정체계를 정비하는 정책으로, 헌정 수행에 필요한 운영규칙에 관한 대내적 정책이다. 대외적 가치 배분에는 직접 영향을 주지 않지만, 대내적으로는 게임의 법칙이 일어난다. 총체적 기능과 권위적 성격을 특징으로 하며 정당이 정책 결정에 영향을 미친다. 예를 들면 정부 기관 신설, 공무원의 모집, 공무원의 보수 · 연금 결정, 선거구의 조정 등이다.
- 추출정책 : 국가 목적을 달성하기 위하여 정부가 민간에게서 인적, 물적 자원을 추출하는 것과 관련된 정책으로 병역, 조세, 공공사업을 위한 토지수용 등을 예로 들 수 있다. 추출정책은 병역법, 세법, 토지수용법 등 법규의 제정과 개정을 통하여 그 정당성을 확보한다.
- 상징정책 : 정부가 정치체제에 대한 정당성과 신뢰성 및 국민통합을 증진하기 위하여 수행하는 정책으로 일종의 정부 홍보 정책이라 할 수 있다. 예로는 국경일, 국기 게양, 동상 건립, 스포츠 행사, 궁궐 복원 등이 있다.

- 이 밖에도 편의적인 방법으로는 정부 부처별로 분류하여 경제정책, 금융정

책, 실업 정책, 교육정책, 문화정책, 과학기술정책, 농업정책, 축산정책, 교통
정책 등 정부 부처의 업무 중심으로 분류할 수도 있다.
- 이상의 분류기준에 따르면 도서관 정책은 기능적으로는 사회적 공통의 가치
를 공유하기 위한 일종의 분배정책이며 정부 부처의 업무 면에서는 문화정
책이자 교육정책이라고 말할 수 있다.

(3) 정책의 기능

- 정책은 사회문제를 국가가 의도적, 적극적, 합법적으로 해결하는 기능을 수
행한다. 이들을 세부적으로 나누어 보면 다음과 같다.
  - 정책은 문제 해결을 위한 노력의 산물이다. 노력의 주체는 정치가와 행정
    가들이며 도서관 분야에서는 도서관에 관심 있는 정치인들과 공무원들이
    다.
  - 정책은 일관성 있는 행동 지침을 제시한다. 정책은 일관성 있게 추진되는
    것이 중요하다. 정권이 바뀌거나 담당 공무원이 바뀌더라도 일관된 역사
    적 흐름을 유지해야 한다.
  - 정책은 변화와 변동을 수반한다. 정책은 환경의 산물이다. 따라서 환경이
    변화하면 정책은 변화하지 않을 수 없다.
  - 정책은 사회를 재편성하는 기능을 가진다. 정책의 목적은 사회를 바람직
    한 방향으로 지속적으로 재편성하는 기능을 가진다.
  - 정책은 처방 기능을 가진다. 정책은 불확실한 미래를 바람직한 미래로 나
    아가게 하는 미래 처방 기능을 수행한다.
  - 정책은 사회의 안정화 기능을 가진다. 정책은 사회의 제반 이익을 조정하
    고 통합하는 기능을 수행한다.

2. 우리나라 공공도서관 정책

(1) 정책기구의 변천

- 우리나라의 도서관 정책은 정부수립 이후 책임 있는 주무 부서가 없어 표류해왔다. 도서관법이 제정된 1963년 이후에도 행정부 내에 도서관 정책을 적극적으로 수립·시행할 수 있는 역량 있는 부서가 없이 다른 부서에서 도서관 정책업무를 겸하여 담당하는 수준이었다.
- 도서관 정책 담당 부서가 중앙부처의 과 수준으로 운영된 것은 1991년 12월부터 1994년 12월까지 3년간에 불과하며 1995년부터 2007년까지는 또다시 다른 부서에 예속되거나 문화관광부 산하 국립중앙도서관으로 위양되었다.
- 2007년 개정된 도서관법에서는 도서관정책부서 격상되었다. 대통령 소속으로 '도서관정보정책위원회'를 두고, 문화체육관광부 내에 '도서관정보정책기획단'을 설치하였으며 2008년 3월에는 국립중앙도서관으로부터 공공도서관 건립지원 업무를 이관받아 도서관정보정책기획단의 도서관 정책 지원 기능을 강화하였다.
- 2009년에는 「문화체육관광부와 그 소속기관 직제 시행규칙」 개정(문화체육관광부령 제22호, 2008.12.31)에 따라 정책기획과·정책조정과·제도개선팀을 도서관정책과·도서관진흥과로 개편하였다.
- 도서관 정책에 혼선을 빚게 된 중요한 요인은 1990년 문화공보부가 도서관 업무를 맡게 되면서 기존의 문교부 산하 공공도서관들을 문화부에서 인수하지 못하고 문교부에 잔류시킴으로서 국가 공공도서관 정책의 이원화를 초래하게 된 점이다. 그 결과 대통령소속의 국가도서관위원회가 활동을 전개하고 있는 현재까지도 전국의 공공도서관들은 교육부 산하의 공공도서관과 문화체육관광부 산하의 지자체 공공도서관으로 이원화되어 국가도서관 정책의 일관된 추진에 장애 요인이 되고 있다. 이는 어느 조직이든 정부의 소속 부처가 다르면 조직, 인력, 예산 면에서 지휘 감독 체계가 달라 부서 이기주의를 면할 수 없기 때문이다. 따라서 도서관정책부서의 일원화는 현재 국가도

서관위원회가 시급히 해결해야 할 과제이다.

(2) 국가 도서관위원회 구성과 업무

- 현행 「도서관법」에 따라 도서관 정책의 정점에는 대통령소속 국가 도서관위
  원회가 있다. 국가 도서관위원회의 구성과 임무는 다음과 같다.
  - 국가 도서관위원회의 구성 : 국가 도서관위원회는 위원장 1인과 부위원장
    1인을 포함한 30인 이내의 위원으로 구성되며 위원의 임기는 2년이다. 당
    연직 위원으로는 기획재정부장관, 교육부장관, 과학기술정보통신부장관,
    법무부장관, 국방부장관, 행정안전부장관, 문화체육관광부장관, 산업통상
    자원부장관, 보건복지부장관, 여성가족부장관, 국토교통부장관 등 11개 부
    처 장관이며, 위촉직 위원은 문헌정보학계, 도서관계, 출판·저작권계, 건
    축계, 언론계 인사로 되어 있다. 위원장은 대통령이 위원 중에서 위촉하고,
    부위원장은 문화체육관광부장관이 된다.
- 국가 도서관위원회의 주요 업무 : 국가 도서관위원회는 국가의 도서관 정책
  을 수립, 심의, 조정한다. 위원회의 업무는 도서관법 제11조에 명시되어 있
  다.[26] 위원회는 발족 이후 현재까지 4차에 걸쳐 5년 단위의 도서관발전종합
  계획을 수립 추진해왔다. 2024년 1월에 발표한 제4차 도서관발전종합계획
  (2024~2028)은 국가 도서관위원회 홈페이지에서 열람할 수 있다.
- 이러한 청사진은 실천을 담보해야 효과가 있다. 아무리 잘 짜인 계획이라도
  문서로만 끝나서는 효과가 없다. 국가 도서관위원회는 행정시스템상으로는
  상위에 있지만 조직의 성격상 위원회조직으로서 정책협의 기구이자 자문기

---

26 도서관법 제11조 국가 도서관위원회의 업무·1. 도서관발전종합계획의 수립, 시행 등에 관한 사항,
   2. 도서관 관련 제도 및 운영체계 개선에 관한 사항, 3. 도서관 운영평가에 관한 사항, 4. 도서관
   및 도서관 자료의 접근, 이용 격차 해소에 관한 사항, 5. 도서관 전문인력 양성에 관한 사항, 6. 그
   밖에 도서관 정책을 위하여 대통령령으로 정하는 사항

관이다. 따라서 도서관 발전계획의 집행 책임은 문화체육관광부 장관과 분야별 해당 부처 장관들에게 있다. 계획의 실천을 위해서는 도서관 행정 시스템의 해당 부서 단계별로 계획의 취지와 내용을 숙지하고 세부 실천 계획을 수립하여 매일 업무에 반영하는 노력을 기울이지 않으면 안 된다. 일선 도서관장과 직원들도 이 국가적 계획에서 각자가 해야 할 일이 무엇인지를 찾아 지속 실천해야 할 것이다.

(3) 국가 도서관위원회에서 정한 제4차 도서관 발전 종합계획(2024~2028) 개요

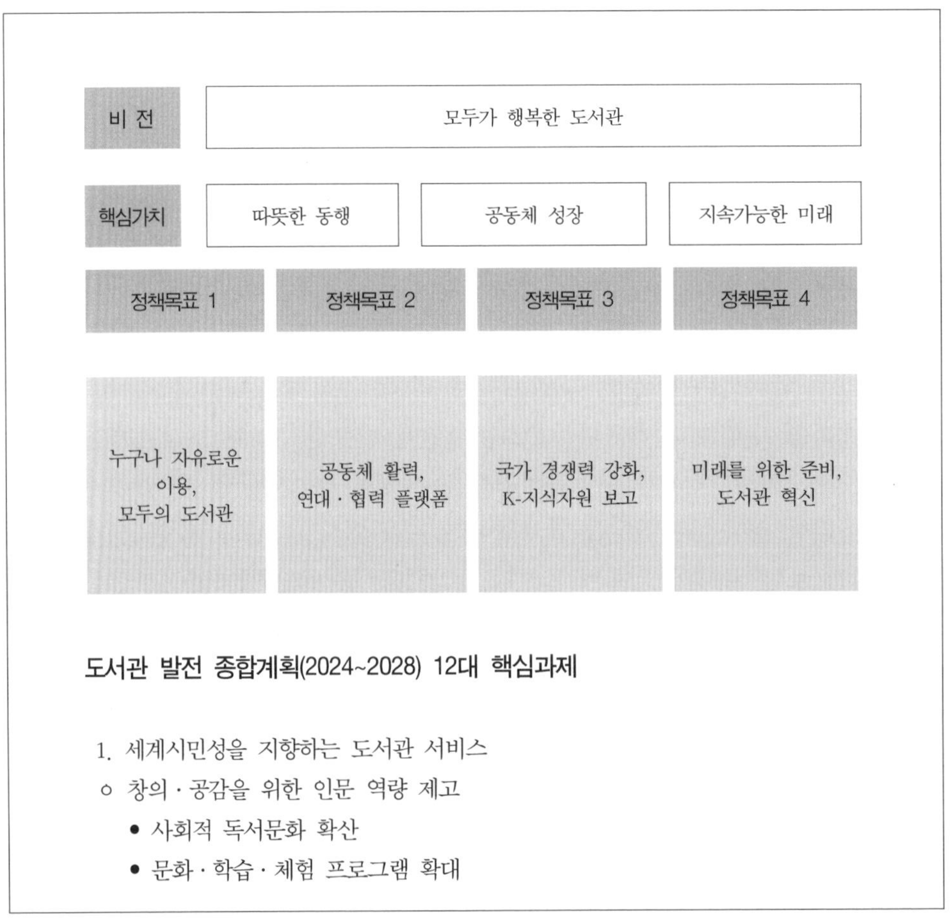

도서관 발전 종합계획(2024~2028) 12대 핵심과제

1. 세계시민성을 지향하는 도서관 서비스
ㅇ 창의·공감을 위한 인문 역량 제고
- 사회적 독서문화 확산
- 문화·학습·체험 프로그램 확대

○ 디지털 일상 향유 역량 강화
  ● 디지털 시민성 구현
  ● 디지털 창작·협업 프로그램 확대

2. 국민 체감형 지식정보서비스 확대
○ 공공정보서비스 접근성 향상
  ● 공공정책·연구정보서비스 강화
  ● 의회·법률정보서비스 고도화
○ 교육·학술정보서비스 확대
  ● 학교도서관 프로그램 개발
  ● 대학도서관 학술연구 서비스 강화

3. 사회적 포용을 실천하는 도서관 서비스
○ 지식정보 취약계층 도서관 서비스 강화
  ● 장애인도서관 서비스 강화
  ● 사회적 약자 서비스 확대
○ 특수환경 거주자 도서관 서비스 확대)
  ● 장병을 위한 병영도서관 서비스 개선
  ● 수형자를 위한 교정시설도서관 서비스 강화
  ● 환자·보호자를 위한 병원도서관 서비스 활성화

4. K-도서관 문화 랜드마크화
○ 지역 매력을 품은 명소 도서관 확충
  ● 도서관 문화 클러스터 구축
  ● 공공도서관 지속적 확충
○ 일상 속 체류형 도서관 환경 조성
  ● 도서관 공간 혁신
  ● 안전한 도서관 환경 조성

5. 지역 활력을 높이는 특화서비스 제공
○ 지역공동체를 위한 문화서비스 확대
  ● 지역특화 프로그램 개발

● 세대공감 프로그램 확대
○ 사람과 마을을 잇는 지역 아카이브 구축
　● 도서관 중심의 지역공동체 아카이브 구축 및 운영
　● 문화매개자를 활용한 지역 스토리텔링 개발 및 추진

6. 경계를 넘는 지식문화기관 연대·협력
○ 도서관의 사회문화적 가치 확산
　● 국가 지속가능발전목표(K-SDGs) 연계 서비스
　● 도서관 리빙랩 조성
○ 도서관 융합 서비스 확대
　● 지식문화기관 연대 서비스 발굴
　● 도서관·지역출판·서점 상생협력

7. 국가지식문화유산의 체계적 축적
○ 한국 자료의 포괄적 수집
　● 온·오프라인 자료의 수집 및 외연 확장
　● 특화형 한국 자료의 조사·발굴·수집 확대
○ 후대를 위한 보존 및 디지털 아카이브 구축
　● 국가문헌보존관 건립 및 국가자료 보존기능 강화
　● 디지털 보존·관리 전략 수립 및 아카이브 구축

8. 지역 실용자원의 공동수집·보존
○ 지역자료 수집력 강화
　● 지역자료 수집 및 보존
　● 온라인자료 수집 및 서비스
○ 공동보존서고 구축·운영 내실화
　● 공동보존 기반 마련
　● 장서의 과학적 관리·운용

9. 가치창출형 지식자원 공유·연계
○ 개방형 콘텐츠 발굴 및 활용
　● 공유·개방형 저작물 지속적 발굴

• 도서관 자료의 통합 활용체계 구축
○ 도서관 데이터 공유 및 연계
    • 데이터 수집 및 관리체계 확립
    • 데이터 연계 활용성 강화

10. 도시관 디지털 혁신
○ 도서관 업무 환경의 디지털 전환
    • 데이터 기반 운영시스템 고도화
    • 지능형 업무지원시스템 개발
○ 신기술 융합형 도서관 서비스 확대
    • 실감형 도서관서비스
    • AI 활용 도서관서비스

11. 도서관 전문인력 역량 강화
○ 사서 전문성 개선 · 강화
    • 사서 자격제도 합리적 개선
    • 사서 재교육 강화
○ 미래 전문사서 양성체계 재구축
    • 사회수요 맞춤형 직무역량 개발
    • 미래 전문사서 양성

12. 도서관 정책 기반 강화
○ 지역 주도형 도서관 정책체계 확립)
    • 광역 대표도서관 역할 체계 확립
    • 공공도서관 운영 책임성 강화
○ 도서관 협력 네트워크 활성화
    • 정책 거버넌스 구축 · 운영
    • 국제교류 및 협력 강화

도서관 발전 종합계획(2024~2028) 주요 기대효과		
구분	2023년	2028년
도서관의 사회적 녹서분화 확산 (생활문화독서 동호회 운영 수(관당))	4,108개 (3.3개)	➡ 7,000개 (5개)
생애주기별 북스타트 프로그램 활성화 (참여 공공도서관 수)	885개관 (73.7%)	➡ 1,200개관 (85.7%)
장애인도서관 서비스 강화 (연간 출판량 대비 대체자료 제작 비율)	21% (1.2만 건)	➡ 30% (1.8만 건)
사회적 약자 도서관 서비스 확대 (고령자, 다문화가족, 사회병리 프로그램 지원)	-	➡ 100개관 (매년)
특수환경 거주자 도서관 서비스 확대 (지역 의료시설과 도서관 협력 프로그램 운영)	-	➡ 17개 (시도단위)
공공도서관 지속적 확충 (관당 봉사 대상 인구)	1,270개 (4.2만 명)	➡ 1,400개 (3.7만 명)
인구감소지역 유휴공간 활용 (체류형 독서문화 · 창작공유 공간개선 지원)	-	➡ 200개소
지역공동체를 위한 문화서비스 확대 (지역특화 · 세대공감 대표 프로그램 운영)	-	➡ 17개 (시도단위)
도서관의 사회문화적 가치 확산 (도서관 리빙랩 조성 · 운영)	-	➡ 17개 (시도단위)
도서관 융합서비스 확대 (도서관 · 지역출판 · 서점 상생협력 운영)	-	➡ 17개 (시도단위)

왼쪽 구분 세로 구획:
- 누구나 자유로운 이용, 모두의 도서관 (상단 5개 항목)
- 공동체 활력, 연대 · 협력 플랫폼 (하단 5개 항목)

구분	과제	현재		목표
국가 경쟁력 강화, K-지식자원 보고	국가장서 디지털 보존 및 활용 (국립중앙도서관 소장자료 디지털화)	200만 책	➡	250만 책
	학교도서관 자료구입비 확대 (기본운영비 대비 자료구입비 편성비율)	2.5%	➡	3%
	공동체 기억의 수집·공유·확산 (디지털 아카이브 '코리아 메모리' 구축)	24민 긴	➡	30만 건
	지역자료 수집력 강화 (광역대표도서관 납본·보존센터 설치)	-	➡	17개 (시도단위)
	기업·연구자를 위한 K-콘텐츠 창작·연구지원 (텍스트데이터 및 디지털컬렉션 서비스)	텍스트데이터 1.4만 건 디지털컬렉션 218식	➡	텍스트데이터 1.8만 건 디지털컬렉션 275식
미래를 위한 준비, 도서관 혁신	도서관의 디지털 신기술 도입 적용 (인공지능, 클라우드, 지능형 사물인터넷 등)	기초연구	➡	AI 활용 서비스 및 지능형 업무지원
	온·오프라인 연계 '가상 국립도서관' 구축 (도서관 가상 모형(Digital Twin) 서고 구현 등)	기초연구	➡	가상 국립도서관 구축·운영
	공공도서관 사서 직무교육 강화 (관당 직무교육 건수 및 시간(평균))	12건 (73시간)	➡	20건 (100시간)
	사회수요 맞춤형 미래사서 양성체계 구축 (AI 서비스를 위한 '데이터 전문사서' 시범 양성)	-	➡	100명
	도서관위원회 '국제협력전문위원회' 구성 (도서관 혁신을 위한 국제협력 관련 플랫폼)	구성안 마련	➡	(매년) 워킹그룹 및 국제세미나 개최

참고문헌

- 남기범. 2009.『현대정책학 개론』. 서울 : 조명문화사. pp.41- 43.
- 김용원 저. 황면 역. 2004.『도서관정보정책』. 한국도서관협회. pp.2-5
- 안정기. 2013.『행정학의 이해』. 서울 : 대영문화사. pp.102-103
- 한국도서관협회. 2012.『한국도서관연감』. p.42
- 권향원 외 14인. 2023.『행정학 개론』. 서울 : 대영문화사. pp.140-142
- 이종수 외 56인. 2023.『새 행정학 3.0』. 서울 : 대영문화사. pp.582-584
- 강근복 외 4인. 2024.『정책학』. 서울 : 대영문화사. pp.33-38
- 정정길 외 4인. 2017.『정책학 원론』. 서울 : 대명출판사. pp.53-64

1	문제		다음 정책의 분류에서 분류기준이 다른 것은
	문항	①	추출정책
		②	분배성책
		③	경제정책
		④	상징정책
	정답		③
	해설		추출, 분배, 상징정책은 정책기능의 분류이고, 경제정책은 정책 내용의 분류이다.
2	문제		도서관정책은 다음 어디에 속하는 정책인가?
	문항	①	추출정책
		②	구성정책
		③	분배정책
		④	규제정책
	정답		③
	해설		도서관 정책은 기능적으로는 사회적 공통의 가치를 공유하기 위한 일종의 분배정책이며 정부 부처의 업무 면에서는 교육정책이자 문화정책이다.
3	문제		다음 중 도서관 정책을 수립하는 행정기관이 아닌 것은?
	문항	①	국토교통부
		②	문화체육관광부
		③	국가 도서관위원회
		④	지방자치단체
	정답		①
	해설		지방자치단체도 중앙정부의 종합 도서관 정책에 따라 해당 지역의 세부적인 도서관 정책을 수립, 시행할 수 있다.

제5장

공공도서관의 입지와 공간관리

5.1. 공공도서관의 입지 조건

5.2. 공공도서관의 시설 규모 및 공간관리

제5장
공공도서관의 입지와 공간관리

5.1. 공공도서관의 입지 조건

강의 목표

1. 입지의 개념 및 입지환경 사전 고려사항에 대한 기본 지식을 습득하여 공공도서관 입지를 선정할 수 있다.
2. 공공도서관 건립에 필수적인 입지 조건을 조사, 연구하여 입지조성 계획을 수립할 수 있다.

강의 세부 내용

1. 공공도서관 입지와 입지환경
2. 공공도서관의 입지 조건 및 입지계획

용어

- 입지(立地) : 경제 활동을 하기 위해 선택하는 장소의 물리적, 환경적 조건, 주택이나 공공건물을 세울만한 장소, 주로 건물을 짓거나 사업을 할 때 "입지가 좋다"라는 표현으로 자주 쓰임
- 환경평가 : 어떤 시설을 세울 때 그 주변의 자연과 인문 조건을 조사하여 서로 미치는 영향을 평가하는 일. 각종 개발 사업이나 정책이 환경에 미치는 영향을 사전에 조사, 분석, 예측하여 환경 파괴와 오염을 최소화하고 지속 가능한 발전을 위한 대안을 모색하는 일

사전학습(퀴즈)

- 공공도서관의 입지환경 평가에서는 환경을 평가하는 것이므로 인구를 고려하지 않아도 된다. (   )

―공공도서관 설립 시 우선 고려할 사항은 그 지역의 인구분포이다.

1. 공공도서관 입지와 입지환경

(1) 공공도서관의 입지立地 : 공공도서관이 들어서는 인문지리적 위치

- 공공도서관은 그 역할과 기능에 비추어 각계각층의 시민들이 편리하게 접근
  할 수 있는 장소에 건립되어야 도서관의 기능과 역할을 다할 수 있다. 공공
  도서관이 도시의 외곽지역에 있거나 번화가에 너무 인접해 있으면 두 경우
  모두 입지 조건이 좋다고 볼 수 없다. 도시 변두리에 건립되는 경우는 접근
  성이 떨어지며, 도심 번화가에 위치하는 경우는 소음과 주차의 문제가 발생
  한다.
- 입지의 개념 설정 : 공공도서관의 입지는 장단기 지역개발계획, 도서관의 건
  립목적 및 규모에 비추어 그 기능과 역할을 다할 수 있는 곳이어야 한다. 입
  지 설정의 판단 인자는 다음과 같다.
  - 지역사회 도서관의 목적 및 성향의 정의
  - 입지선정 배경 : 사회학적, 생태학적, 보존적, 기능적, 기술적 배경
  - 이용자 및 봉사권역의 조사 : 인구수, 인구분포, 접근성, 건립 예상 규모
  - 투자 가능 예산의 상한선 판단
    (자료 : 문화체육관광부『도서관 설립·운영 전략 매뉴얼』(2008) p.26 및『공공도서
    관 건립·운영 매뉴얼』(2010)』, p.33)
- 입지선정 및 검토
  - 위치 : 봉사 대상 주민들에게 충분한 인지성, 접근성이 양호한 위치, 지역
    내의 상업, 문화 등의 다른 활동이 이루어지는 공간과의 연계성을 고려하
    여 도서관을 지역주민에게 일상화 하는데 적합한 장소인지 여부를 판단하
    여야 한다.
  - 접근성 : 도시지역에서는 1차 반경 내(1km)의 봉사 대상 인구가 도보로 10
    분 이내로 접근이 가능하고, 2차 반경 내(2km)에서는 도보로 20분 이내 접
    근이 가능해야 한다. 그러나 농어촌 지역에서는 지역적인 특성을 고려하
    여 1차 반경 내(1.5km)의 봉사대상 인구가 도보로 15분 이내로 접근이 가
    능하고, 2차 반경 내(2.5km)에서는 도보로 25분 이내로 접근이 가능하여야

한다. 또 봉사 대상 지역으로부터의 균일한 접근 시간대, 대중교통의 유무, 대상 지역에 도서관으로 인하여 교통체증 등의 영향이 있는지 여부(예 : 교통영향평가)를 판단하여야 한다. 대중교통을 이용할 경우에 거리개념은 확장될 수 있다.

- 입지 규모 : 입지의 규모에 대해 다음과 같은 사항 등을 판단하여야 한다.
  - 통상적인 요구조건(접근성, 유용성)에 알맞은 공간을 제공하는가?
  - 미래의 규모 확장이나 리모델링에 적합한가?
  - 녹지공간이나 조경을 하기에 충분한가?
  - 충분한 양의 주차를 수용할 수 있는가?
  - 봉사권역을 포괄할 수 있는가?
  - 지구단위계획에 의한 용도, 지역 지구의 파악과 건폐율과 용적율, 사선제한, 조경 면적, 건축선의 제한, 인접 대지 경계선 등의 제약사항을 수용할 수 있는가?
  - 프로젝트의 예산에 적절한가?

(2) **공공도서관 입지환경 : 공공서비스를 수행하기에 편리한 입지환경인지, 입지환경에 대해 다음과 같은 사항을 판단해야 한다.**

- 도서관 필지 구획의 해결 용이성 여부(토지 취득의 용이성)
- 토지의 자연스러운 형태의 보존 가능성(토공사의 필요 여부)
- 대지의 용도지구(도서관 용지로 전환 가능한지 여부)
- 대지의 지장물 여부, 근린생활권에 미치는 영향
- 제안된 대지에 대한 환경영향평가보고서가 있는지 여부
- 대체에너지의 사용 가능 여부
- 환경 저해 요소(납, 석면, 폐기물 등)가 있는지 여부
- 대지의 배수기 적절한지 여부
- 대지가 과거 100년 동안의 범람원의 레벨 이상에 있는지 여부

- 이용 가능한 상수도, 하수도, 지하수 및 전기설비를 가지고 있는지 여부
- 대지가 지질학적이거나 지형학적, 고고학적 매장물을 가지고 있는지 여부

(자료 : 문화체육관광부. 2024. 『공공도서관 건립 운영 매뉴얼』. pp.38-39)

2. 공공도서관 입지 조건 및 입지조성계획

(1) 입지 조건(위치)

- 공공도서관의 위치는 가장 중요한 이용요인이다. 이용자의 생활환경에서 멀리 떨어져 있는 국립도서관이나 국회도서관 등은 특별히 마음먹고 교통비와 시간을 소비하지 않으면 이용할 수 없다. 그러나 지역의 공공도서관들은 주민들이 일상적으로 편리하게 이용할 수 있는 곳에 있어야 한다.
- 『한국도서관 기준』(2013)에 제시한 공공도서관의 위치 기준
  - 공공도서관은 지역주민이 쉽게 인지하고 접근할 수 있는 곳에 설립해야 한다. 기초자치단체의 중앙관(시스템 본부)은 부지, 방위, 형태, 크기 등을 충분히 고려하되 가능한 한 도심의 번화가에 건립하고, 그 외 공공도서관 및 분관은 지역주민의 생활 동선에 있는 주택지역과 근접한 상가·시장·업무지역 부근의 대로변 교차로 근처에 위치하는 것이 바람직하다.
  - 지역대표도서관은 광역자치단체의 모든 지역주민과 기초자치단체 소속의 공공도서관 직원이 쉽게 방문·이용할 수 있도록 지역(기초자치단체) 연계형 순환도로나 광역전철 교차점 부근에 위치하면서 대중교통이 편리한 곳이어야 하며, 대규모 공동보존서고의 운영과 확장을 고려하여 대지의 확장성이 있는 장소에 건립하여야 한다.

    (출처 : 한국도서관협회. 2013. 『한국도서관기준』. p.38.)

(2) 입지조성계획

- 입지조성계획은 선정된 대지에 대한 제반 문제들을 해결하는 것이다. 대지의 소유권에 대한 해결, 대지 조성을 위한 지장물 철거 등 물리적 해결이 우선되어야 한다.
- 입시조성 추신 일정의 수립
  - 효율적인 부지조성을 위해 추진 일정 계획을 수립한다.
  - 대상 부지의 현황을 파악하여 지장물 철거용역의 발주 여부와 시기를 결정하고 전체적인 대지 조성의 세부 계획을 수립한다.
- 취득 방법에 대한 검토
  - 건립대상지의 선정과정에서 취득 방법과 소유권에 대한 문제가 없는지를 검토해야 한다.
  - 예산 범위 내에서의 토지 취득 방법에 대한 검토를 통해 무상 임대 가능 여부, 보상이 필요하다면 취득을 위한 토지 매입비의 산정 및 예산의 투입 가능 시기를 결정해야 한다.
- 토목계획 : 토목계획은 도서관의 기능과 요구에 따른 배치계획 등을 감안하여 부지정지계획, 용수인입계획, 우수(빗물) 및 오수 폐수 처리 계획 등을 주변 환경과 관련하여 계획하여야 한다.
  - 상수도 : 식수, 공업용수의 사용 가능량, 인입 위치
  - 하수도 : 오수, 폐수, 빗물 배수 방류 가능량, 방류 위치
  - 도시가스 : 도시가스의 종별, 수급 가능량, 인입 위치
  - 전기시설 : 전기의 수전 전압, 수전 가능 전력, 인입 위치
  - 지반 처리 : 대지의 지질 개요, 시료의 채취, 현장 시험 및 실내 시험 등을 용으로 하는 토질 조사를 기본으로 연약 지반의 처리, 비탈면의 처리 계획을 수립해야 한다.
- 친환경적 배치계획
  - 친환경적 배치계획은 지역이 갖는 물리적, 인문적 특성을 중요시하고 계획 과정에서 그 특징을 최대한 반영해 주변 환경을 공생의 대상으로 수용하여 쾌적한 환경을 창출하는 것에 목적이 있다.

- 건축물의 배치는 방위, 지형, 기후 등과 연관하여 건물 형태를 최적화해야 한다.
- 대지의 자연 물순환 체계의 활용을 위하여 배수를 용이하게 하고, 토사에 의한 막힘을 방지하기 위하여 대지의 형태 및 지형을 잘 이용한다.
- 지역 수리적 특성, 식생, 수림(樹林), 분수(濆水)지역 등의 특성을 종합적으로 고려하여야 한다.
- 자연에너지의 이용을 위하여 태양열, 지열 등 자연에너지를 최대한 활용할 수 있도록 대지를 구획한다.
- 야생 자원의 보호를 위하여 자연 생물 서식지 및 자연 수종을 최대한 보존하도록 한다.
- 대지의 특성을 최대한 이용하는 것이 바람직하므로 지형과 조화되는 배치 계획 및 설계가 용이하게 될 수 있도록 지역의 지리정보 자료를 이용하여야 한다.
- 빗물의 토양침투 및 자연 배수를 유도하기 위하여 개발 대상 대지 내의 투수성 포장 면적을 확대한다.
- 대중 교통시설 이용 및 자전거 이용자의 편익을 위한 보도 및 시설을 제공한다.
- 각종 개발과 대지 활용에 있어 모든 시설은 생태계·경관 등 자연환경을 최대한 보전할 수 있도록 계획한다.
- 주변 녹지와 그린 네트워크를 형성하여 대지 내 녹지와 연계한다.

- 관련 행정 사항 검토
  - 환경 영향 평가 : 환경 영향 평가 제도는 환경오염 사전 예방 제도로 각종 사업계획을 수립·시행함에 있어서 당해 사업의 경제성, 기술성뿐 아니라 환경적 요인도 종합적으로 비교·검토하여 최적의 사업 계획안을 모색하는 과정으로서 환경적으로 건전하고 지속 가능한 개발이 되도록 함으로써 쾌적한 환경을 유지·조성함을 그 목적으로 한다.
  - 현행 환경 영향 평가 항목은 3개 평가 분야에 걸쳐 23개로 구성되며, 환경 정책 기본법에 규정된 환경 기준을 고려하여 각 항목별 환경 영향을 평가한다. 현행 우리나라의 환경평가 영향 항목과 세부 사항은 다음 표와 같다.

<표 5-1> 환경 기준별 환경영향평가 항목

평가분야	평가항목
자연환경	기상, 지형·지질, 동·식물, 해양환경, 수리·수문 (5개 항목)
생활환경	토지이용, 대기질, 수질, 토양, 폐기물, 소음·진동, 악취, 전파 장해, 일조장해, 위락·경관, 위생·보건(11개 항목)
사회경제환경	인구, 주거, 산업, 공공시설, 교육, 교통, 문화재(7개 항목)

〈자료 : 문화체육관광부. 2010. 『공공도서관 건립 운영 매뉴얼』. p.37〉

- 교통영향 평가 : 교통영향 평가는 대량의 교통 수요를 유발하는 사업 또는 시설물을 설치함에 따라 앞으로 가중될 교통난, 주차난, 교통사고 위험 등 제반 교통 문제를 예측, 대책을 마련하여 시민의 통행권을 확보한다는 육상교통 정책목표를 달성하기 위해 시행되고 있다.

참고문헌

- 문화체육관광부. 2008. 『도서관 설립·운영 전략 매뉴얼』. p.26
- 문화체육관광부. 2010. 『공공도서관 건립·운영 매뉴얼』. p.33
- 문화체육관광부. 2024. 『공공도서관 건립 운영 매뉴얼』. pp.38-39
  (문화체육관광부는 2008년『도서관 설립·운영 전략 매뉴얼』을 발간하고, 2010년부터는『공공도서관 건립·운영 매뉴얼』로 제목을 변경하여 동일 제목으로 2013년, 2016년, 2019년, 2022년, 2024년 개정 발간했다.)
- 한국도서관협회. 2013. 『한국도서관 기준』. p.38

			학습평가
1	문제		공공도서관의 입지선정에서 고려할 사항이 아닌 것은?
	문항	①	도서관의 목적 및 성향의 정의
		②	입지선정 배경(사회학적, 생태학적, 보존적, 기능적, 기술적)
		③	이용자 및 봉사권역의 조사 - 인구수, 접근성, 건립 예상 규모
		④	해당 지역의 경제발전 정도
	정답		④
	해설		경제발전 정도는 입지선정에서 직접적으로 고려할 사항은 아니다.
2	문제		환경영향평가 항목 중 사회경제환경이 아닌 것은?
	문항	①	인구
		②	산업
		③	기상
		④	문화재
	정답		③
	해설		기상은 자연환경에 속한다.
3	문제		공공도서관 건립 계획 프로젝트팀에 필수 참여 요원이 아닌 사람은?
	문항	①	구청장
		②	지역개발 담당 공무원
		③	전문사서
		④	건축전문가
	정답		①
	해설		구청장은 의사결정자이다.

5.2. 공공도서관의 시설 규모 및 공간관리

강의 목표

1. 공공도서관의 시설기준에 관한 법령 및 문화체육관광부의 기준에 따라 지역 도서관의 시실 계획을 수립할 수 있다.
2. 공공도서관의 공간관리에 대한 세부 사항을 검토하여 도서관의 시설과 공간을 구성할 수 있다.

강의 세부 내용

1. 공공도서관의 시설 규모
2. 공공도서관의 공간관리

용어

- 공공시설(公共施設) : 국가 또는 지방 자치 단체가 설치하여 공공 목적을 위하여 두루 이용되는 설비
- 인테리어 디자인(interior design) : 실내 생활환경 디자인. 가구, 도구, 설비, 조명, 음향, 배수, 난방 등을 포함한다. 내부 설계 및 배치 등 쾌적한 환경, 시각적 전달 및 고객의 구매 또는 이용 의욕 고취를 위해 소비자 심리를 고려함.
- 사인 시스템(Signage System) : 이용자가 원하는 정보나 위치를 쉽고 빠르게 찾을 수 있도록 돕는 시각적 안내 표지 체계

사전학습(퀴즈)

- 도서관 법령의 공공도서관 규모 기준은 지역마다 다르다. (   )

—도서관 규모의 법령 기준은 전국 공통의 최소 기준이다.

1. 공공도서관의 시설 규모 및 설립계획 수립

(1) 법령에서 정한 규모 기준

- 2023년 9월 개정된 도서관법 시행령에서는 공공도서관의 시설 규모를 세부적으로 정하지 않고 하한선만 정하고 있다.
- 법령에서 정한 도서관 시설 및 도서관 자료의 기준

도서관법 시행령

[별표 6] 〈개정 2023. 9. 12.〉 : 도서관 시설 및 도서관 자료의 기준(제33조 제2항 관련)

1. 시설기준
  가. 국공립 공공도서관 및 국공립 어린이도서관 등 : 도서관 면적이 330제곱미터 이상일 것
  나. 작은도서관 : 도서관 면적이 33제곱미터 이상일 것

2. 도서관 자료 기준
  가. 국공립 공공도서관
    1) 공공도서관당 인구 수가 2만명 미만인 경우 : 1만점 이상의 도서관자료를 갖추고, 매년 1천점 이상의 신규 도서관자료를 수집할 것
    2) 공공도서관당 인구 수가 2만명 이상 5만명 미만인 경우 : 1만5천점 이상의 도서관자료를 갖추고, 매년 1천5백점 이상의 신규 도서관자료를 수집할 것
    3) 공공도서관당 인구 수가 5만명 이상인 경우 : 3만점 이상의 도서관자료를 갖추고, 매년 3천점 이상의 신규 도서관자료를 수집할 것
  나. 작은도서관 : 1천점 이상의 도서관자료를 갖출 것
  다. 국공립 어린이도서관 등
    1) 공공도서관당 인구수가 2만 명 미만인 경우 : 1만 점 이상의 도서관자료를 갖추고, 매년 1천 점 이상의 신규 도서관 자료를 수집할 것

2) 공공도서관당 인구수가 2만 명 이상 5만명 미만인 경우 : 1만5천점 이상의
도서관 자료를 갖추고, 매년 1천 5백 점 이상의 신규 도서관 자료를 수집할
것

3) 공공도서관당 인구수가 5만 명 이상인 경우 : 3만점 이상의 도서관자료를 갖
추고, 매년 3천점 이상의 신규 도서관 자료를 수집할 것

비고 :

1. "공공도서관"이란 법 제4조제2항제1호의 공공도서관에서 같은 호 각 목의 도
서관을 제외한 도서관을 말한다.
2. "어린이도서관등"이란 법 제4조제2항제1호나목에 따른 도서관을 말한다.
3. "공공도서관당 인구 수"란 해당 시·도의 총 인구 수를 해당 시·도의 관할
지역 안에서 운영 중인 공공도서관의 수로 나눈 값을 말한다.

(2) 『한국도서관 기준』(2013)의 공공도서관 시설기준

- 지역 대표도서관은 광역자치단체의 공동보존서고를 운영하여야 하므로 연
면적의 30% 이상을 보존 공간으로 확보하는 것이 바람직하다.
- 공공도서관 순 사용 면적은 공간의 기능성과 운영의 정체성을 감안, 최소한
75%가 되어야 한다.
- 공공도서관의 정보 활용 교육 및 검색용 단말기의 경우, 서비스 대상 인구가
5만 명 이하일 때는 2,500명당 1대 이상을 확보하고, 5만 명을 초과할 때는
그 초과하는 5만 명당 1대 이상을 추가로 확보하여야 한다.
- 공공도서관은 자료 공간, 이용자 공간, 직원 공간, 공유공간 등으로 구분하여
계획한다. 공공도서관의 중앙관과 분관의 면적 비율은 다음과 같다.

공공도서관의 공간별 면적 비율 기준

공간요소	중앙관	분관
자료 공간	45%	40%
이용자 공간	20%	30%
직원 공간	15%	10%
공유공간	20%	20%

- 공공도서관의 직원 1인당 면적은 업무 특성과 직급 및 도서관 규모를 감안, 평균 10㎡가 적절하다.
- 공공도서관의 개가제 자료실은 수장 공간을 65% 이하로 배정하고, 폐가제 서고는 서가 점유율의 20% 이상에 상당하는 여유 공간을 확보하여야 한다.
- 공공도서관의 컴퓨터 워크스테이션은 의자와 VDT(Visual Display Terminal)는 각각의 중심부가 직선상에 놓이도록 배치하고, 눈과 VDT의 거리는 45~66cm 정도를 유지하고 화면은 휘광의 최소화를 위하여 조명등이나 채광창과 직각을 형성하도록 배치하고, 화면의 입사 조도는 100~500룩스(고령자는 200~500룩스), 주변(키보드, 서류면)의 수평면 조도는 500~1,000룩스를 유지하여야 하며 키보드의 높이는 테이블에서 5~6cm 이하를, 경사 각도는 7~11°를 유지하여야 한다.
- 공공도서관의 자료 및 이용자 공간에는 직접조명을 설치하고 업무수행 및 컴퓨터 워크스테이션 공간에는 중간조명을 선택하되 테이블 또는 좌석에 부분조명을 추가한다. 공유공간에는 간접조명이 바람직하다.
- 자료열람실 및 개가제 서고의 조도는 300~500룩스, 폐가제 서고는 100~200룩스를 유지하여야 한다.
- 공공도서관의 모든 공간은 표준 온습도의 범위(온도 20±3도, 습도 50±10%)를 유지하여야 한다.
- 공간별 소음 수준은 자료 및 이용자 공간 30~35dB, 사무 공간 35~40dB, 회의실 35dB 이하, 기타 공간 40dB 내외를 유지하는 것이 바람직하다.

(3) 공공도서관 건축계획에 포함할 요소

공공도서관의 건축은 건립목적, 도서관의 성격, 입지 조건, 시설 운영 프로그램 등의 다각적 요소에 의해 결정된다. 공공도서관의 공간구성은 크게 자료열람 공간, 평생교육 공간, 업무관리 공간, 공용 및 휴게 복지 공간으로 구분할 수 있다. 도서관의 각 구획은 교육, 연구, 사무관리, 정리, 회의 등을 위한 공간을 제외하고는 벽으로 구획을 하는 것보다는 영역별로 구분, 열린 공간으로 구성하는 것이 직원과 고객 관리에 편리하다. 건축계획에 포함할 요소는 다음과 같다.

- 사업의 주체 : 지방자치단체 또는 사업을 주관하는 법인단체
- 도서관설립 프로젝트팀 구성 : 건축전문가, 지역개발 담당 공무원, 사서, 지역사회 인사
- 중장기계획 수립, 자본예산 계획 승인(지방의회)
- 건축설계 용역(경쟁입찰)
- 건축공사계획
  - 신축 위치
  - 건물 규모
  - 총공사 비용
  - 공사비 조달 방법
  - 건축허가
  - 공사 기간
- 공간 배치계획
  - 층별 공간 배치도
  - 가구 비품 계획
  - 어린이실 배치계획
  - 청소년 자료실 배치계획
  - 일반자료실, 주제별 자료실 배치계획
  - 연속간행물실 배치계획
  - 디지털 자료실 배치계획

－다목적실(강당)

－세미나실, 강의실 배치계획

－사무실

－방송실

－휴게실

－식당

－북카페, 서점, 편의점 등 상업시설 배치계획

－장애인 시설 계획

－소방 방재시설 계획

－주차시설 계획

－조경 계획

－시각 표지물 배치계획

2. 공공도서관의 공간관리

(1) 건축계획에서의 공간설계

- 공공도서관의 건축개념은 건립목적, 도서관의 성격, 입지 조건, 시설 운영 프로그램 등의 다각적 요소에 의해 결정된다.
- 지자체나 공공기관이 도서관을 설립하려면 먼저 「도서관법」 제31조에 따라 문화체육관광부 장관으로부터 설립 타당성 사전 평가를 받아야 한다.[1]
  － 사전 평가의 취지 : 지자체의 임의적, 경쟁적 도서관 설립으로 인한 지역

---

1 도서관법 제31조(공립 공공도서관의 설립 타당성 사전 평가) ① 지방자치단체의 장 또는 시·도교육감은 공립 공공도서관을 설립하려면 미리 공공도서관 설립·운영계획을 수립하여 문화체육관광부장관으로부터 설립타당성에 관한 사전 평가를 받아야 한다. ② 제1항에 따른 사전평가의 절차, 방법 등에 필요한 사항은 대통령령으로 정한다.

간 불균형을 예방하고, 법령 기준에 맞는 제대로 된 도서관을 설립하기 위
  함.
  - 도서관 건립 계획을 수립하여 문화체육관광부에 타당성 검토 신청서 제출
  - 심사 항목은 입지 조건, 시설 규모의 적정성, 운영 계획, 예산 확보 방안
    등이나.
- 건축계획 : 국내외 공공도시관 긴축사례를 분석하여 건축유형, 공간체계, 동
  선 체계 등의 검토가 계획 초기에 이루어져야 한다. 설계 시에는 공공도서관
  의 기능을 다각적으로 분석하여 고객과 직원이 함께 편리하게 업무 기능을
  수행할 수 있도록 고려해야 한다.
- 도서관의 업무 기능은 수서, 정리, 열람, 연구, 교육, 학습, 세미나, 강의, 강
  연, 프로그램 제작, 안내·홍보, 고객 출입관리, 경비 및 보안관리, 사무관리,
  회의, 휴식 등으로 세분할 수 있다.
  - 수서 기능에는 장서 개발 정책의 시행에 따른 자료의 반입, 검수, 반출 등
    에 편리하도록 설계해야 한다. 수서에는 책의 운반이 반드시 수반되므로
    자료의 반입·반출이 편리하도록 도서관의 1층 또는 화물용 승강기와 가
    까운 곳에 배치하는 것이 바람직하다.
  - 정리는 수서와 연결되는 기능으로 장서의 실물과 목록을 분류·정리·기
    록·입력하고 운반 및 배가에 편리하게 해야 한다.
  - 열람 기능으로는 이용자가 자료를 검색하고 열람하기에 편리해야 하며, 학
    습, 연구를 위한 조용한 개인 공간을 고려하고, 세미나, 강의, 강연 등의 집
    단 소통 공간, 프로그램 제작을 위한 스튜디오 등을 고려한다.
  - 관리 기능으로는 고객 응대 공간, 고객 출입 관리, 경비 보안관리, 사무관
    리, 회의실, 휴게실 등 제반 기능을 고려한 공간을 고려해야 한다.

(2) 동선 체계

동선이 서로 교차하는 것을 방지하고 고객 동선, 직원 동선, 자료 동선, 주차 동선으로 구분하여 세밀하게 설계하여야 한다.

- 이용자 동선 : 주접근-주진입-자료실 / 교육 공간 등 이용자 서비스 공간-출구
  - 방문객들이 혼돈 없이 주 출입구 홀로부터 가고자 하는 영역까지 도달할 수 있는 명확한 체계로서 구성되어야 한다.
  - 휴게 공간의 적정 간격 배치가 필요하다.
- 직원 동선은 업무의 효율성을 제고할 수 있는 동선 체계의 수립이 필요하다.
  - 일반관리 동선과 사서의 동선으로 구별된다.
  - 소규모일 경우는 자료의 동선과 상당한 부분을 겸할 수도 있다.
  - 직원 및 사적 용무 방문자의 출입구는 도서관의 공공출입구와 분리되어야 한다.
- 자료의 동선: 하역장 - 수서 및 정리 - 서가
  - 자료는 사용자의 출입과는 구분되는 별도의 부출입구를 통해 사무실, 서가 등으로 연결될 수 있어야 한다.
- 주차 동선은 옥, 내외로 구분할 수 있으며 이용자와 직원을 위한 시설을 설치해야 한다.
  - 직원 및 사적 용무 방문자 동선 역시 주차 공간으로부터 사무공간의 입구 로비로 직접 연결되어 통제하에 사무영역으로 진입할 수 있어야 한다.

(3) 내구성, 안전성 확보

- 공공도서관 건축설계에서 기술적으로 고려할 가장 중요한 문제는 건축구조의 내구성과 안전성이다. 건물의 구조가 물리 역학적으로 안정적이어야 하며 지진, 폭우, 폭설 등 자연재해 및 화재, 수재에도 피해를 최소화할 수 있

도록 설계해야 한다. 이를 위해서는 건축구조와 상하수도 배관 설계, 전기 및 가스 등 에너지 이용설비, 소방설비 등의 배치, 건축자재와 마감재 등에서도 건축전문가에 의한 최적 선택이 이루어져야 한다.

- 도서관 건물은 단순히 책을 보관하는 장소를 넘어, 수많은 책의 무게를 지탱해야 하는 특수한 구조물이므로 일반 건축물보다 훨씬 높은 수준의 안전 기준과 하중 설계가 요구되며, 이는 건물 안전과 직결된다. 따라서 도서관 건물은 일반 건물보다 훨씬 높은 하중을 견디도록 설계한다.
  - 일반적으로 1제곱미터(m^2)당 750kg(7.5kN / m^2) 이상의 하중을 기준으로 한다. 이는 소 한 마리 무게와 맞먹는 수준이다.
  - 건물 구조 설계 시 고정하중(건물 자체 무게)과 함께 적재하중(책, 사람 무게)을 매우 중요하게 고려해야 하며, 실제 설계 기준과 다르게 적용되거나 초과되면 붕괴 위험이 있을 수 있어 철저한 구조 계산과 관리가 필수적이다.
  - 위험 사례 : 2014년 헌법재판소 도서관은 설계 기준보다 적재량이 초과 또는 구조 계산에 문제가 있어 붕괴 위험이 제기되었다(조선일보 2014년 9월 10일 기사, "헌법재판소 건물 2년 내 붕괴 우려? 이유는 5층 도서관의 책 무게 때문").
  - 관리의 필요성 : 책의 양이 늘어나거나 습기 등으로 인해 무게가 변할 수 있어 지속적인 하중 관리와 구조 안정성 검토 필요
  - 문화체육관광부의 『2010 공공도서관 건립 · 운영 매뉴얼』에 있는 도서관의 하중 기준

종류	건축물의 부분		적재하중(Kg / m2)
도서관	열람실과 해당 복도		300
	서고	개가제	750
		폐가제	1,000
		밀집서가, 자동서고	1,500

(4) 공간구성

- 공공도서관의 공간구성은 크게 자료열람 공간, 평생교육 문화 공간, 업무관리 공간, 공용 및 휴게 복지 공간으로 구분할 수 있다. 도서관의 각 구획은 교육, 연구, 사무관리, 정리, 회의 등을 위한 공간을 제외하고는 벽으로 구획을 하는 것보다는 영역별로 구분하여 열린 공간으로 구성하여 관리하는 것이 직원과 고객 관리에 편리하다.

- 일반자료 열람 공간
  - 일반자료 열람 공간은 서가와 대출 데스크, 열람 책상 등으로 구성된다.
  - 불특정 다수가 이용하는 공간이므로 이용자가 자료에 쉽게 접근, 이용할 수 있도록 중앙부에는 낮은 서가를 배치하여 실 내부를 잘 보이도록 하고, 주위 벽면에는 높은 서가를 이용하여 최대한 많은 자료를 수용할 수 있도록 한다.
  - 서가의 간격은 넓게 잡고, 서가 하부는 앞으로 비스듬히 돌출시켜 자료를 식별 취급하는데 편리하게 하며, 서가의 배치도 평행 일변도로 하는 것보다는 다양하게 변화를 주어 친근감을 느낄 수 있도록 한다.
  - 천장은 높게(3m) 하여 동적인 공간으로 구성한다.

- 연속간행물 열람 공간
  - 신문과 대중잡지를 주로 비치하여 주민들이 가볍게 이용할 수 있도록 한다.
  - 개가제 일반자료실 입구로부터 가까운 곳에 배치하여 일반자료실 이용자들이 최소한의 거리로 이동하여 이용할 수 있게 한다.
  - 최신의 연속간행물 및 제본된 신문잡지들의 비치 및 이용제공을 위해서는 넓은 공간을 확보할 필요가 있다.
  - 일반인의 출입이 빈번한 장소로서 단시간 이용자들이 휴식을 겸하는 매개 공간으로서의 특성이 있으므로 일반자료 열람실보다 공간을 여유 있게 확

보해야 한다.

- 어린이실 열람 공간
  - 수유실, 수면실, 유아 화장실 등 아기와 어린이를 위한 기본 편의시설을 갖추어야 한다.
  - 어린이는 부모와 함께 오는 경우가 많으므로 일반 열람실과 가까이 연계하여 배치하는 것이 좋다.
  - 어린이는 자료검색 능력이 부족하므로 자료실은 반드시 개가식으로 하고 낮은 서가와 작은 서가를 배치하고, 밝고 친근한 장식을 하는 것이 좋다.
  - 사서 데스크에서 어린이실 전체가 보일 수 있도록 사서의 시야를 충분히 확보하여 어린이의 독서 및 안전을 신속하게 도울 수 있도록 해야 한다.

- 디지털 자료실
  - 슬라이드, 영화, VCR, 인터넷 등 비도서 자료를 수집, 보존, 활용하는 공간이다.
  - 정보 이용 교육 및 검색을 위한 컴퓨터는 봉사 대상 인구 5만 명 이하 2,500명당 1대 이상, 5만 명을 초과할 경우 그 초과하는 5,000명당 1대 이상을 더 확보해야 한다.
  - 멀티미디어 컴퓨터는 사용자 1인당 1대씩 사용할 수 있도록 배치한다.
  - 정보검색, 오디오·비디오 시청, 문서작업 등을 할 수 있는 장비와 시설을 제공해야 한다.
  - 이용자가 본인의 노트북을 가져와서 작업할 수 있는 공간을 배치해야 한다.
  - 지역 특성을 고려하여 1인당 면적 1.5~2㎡ 어학실습 부스를 설치할 수 있다.
  - 사서 데스크에서 디지털 자료실 전체가 보일 수 있도록 시야를 충분히 확보해야 한다.

- 다목적실(강당) 공간
  - 영화, 비디오, 슬라이드, 멀티미디어 상영, 음악회, 강연회 등 프로그램을 운영할 수 있는 공간으로 음향, 조명, 방송시설을 확보해야 한다.
  - 열람 공간과 겨리된 장소에 배치하여 열람에 영향을 주지 않고 접근할 수 있도록 한다.
  - 바닥은 좌석 수가 200석을 초과하면 계단식으로 배치하여 진행자와 청중이 상대방을 바라볼 수 있는 시야를 확보할 수 있게 한다.

- 교육 문화 공간
  - 독서회, 강습회, 연구회 등 공공도서관의 교육 및 문화적 기능을 수행하는 공간
  - 문화 교실은 10명~20명 정도를 수용할 수 있는 소규모의 교실과 평생교육이나 문화 활동 프로그램을 위한 50명~60명 정도를 수용할 수 있는 중규모 교실을 확보한다.
  - 문화 교실은 자료열람 공간에 영향을 주지 않도록 열람 공간과 별도의 통로를 마련하고 참가자들이 쉽게 찾을 수 있도록 입구에서 가까운 곳에 배치하는 것이 바람직하다.

- 전시 및 휴게 공간
  - 전시실은 문화 교실 활동의 결과물이나 지역 예술가들이 전시 공간으로 활용할 수 있도록 개방하는 공간으로 별도 공간 확보가 어려우면 도서관 입구 현관을 전시장으로 활용한다.
  - 중규모 이상의 도서관은 전시실을 별도로 배치할 수 있으나 소규모도서관에서는 전시와 휴게 공간을 통합해서 운용할 수 있다.
  - 휴게 공간에는 식수나 음료수를 이용할 수 있는 정수기나 자판기를 설치한다.

- 업무관리 공간
  - 수서 및 정리실은 대출 데스크의 배후 가까이에 배치하여 직원들의 출입과 자료의 보급을 원활하게 해야 하며 정리 중인 책을 임시로 보관할 수 있는 서가 및 분류 정리를 위한 작업대를 마련하여야 한다.
  - 대출 데스크는 입구에 들어서는 이용자와 정면으로 마주치지 않도록 입구 측면으로 배지한다.
  - 대출 데스크는 통행에 지장을 주지 않고 입구와 출구 및 독서 공간을 최대한 통제할 수 있는 위치에 배치한다.
  - 대출 데스크의 모양은 직원의 프라이버시를 감안 ㄴ자형이나 ㄷ자형으로 설계한다.
  - 관장실은 단독으로 배치하는 것이 직원들의 통솔과 위계질서를 위해 바람직하며 직원들과의 소통을 위해 사무실과 인접한 공간에 배치하여야 한다. 관장실은 회의실을 겸하여 사용할 수 있다.
  - 사무실은 행정업무와 정리업무를 구분 배치할 수 있으나 소규모도서관은 통합사무실을 활용한다.
  - 회의실은 직원회의 또는 휴게실로도 사용할 수 있도록 고려한다.
  - 탈의실은 직원들의 출퇴근 시 작업복 교체 착용 및 소지품들을 보관할 수 있는 공간이다. 특히 유니폼을 착용하는 도서관에서는 탈의실이 필수적이다.
  - 보존서고는 지하실에 설치하고 밀집 서가와 항온·항습 설비를 갖추어야 자료의 훼손을 방지할 수 있다. 보존서고를 책의 창고로 여기기 쉽지만 서고는 책의 창고가 아니라 자료의 보존 공간이라는 점을 분명히 인식해야 한다.
  - 이동도서관서고는 차고와 가까운 곳에 배치하여 자료의 반 출입이 편리하게 해야 한다.
  - 기계실, 보일러실, 전기실, 창고 등은 지하실에 배치한다.

- 공용 및 휴식 복지 공간
  - 공용공간은 도서관의 전체 규모에서 18~28%는 되어야 한다.

- 도서관 입구는 휠체어 사용자를 포함하여 노인, 시각장애자들도 출입할 수 있도록 완만한 경사로를 설치하고 자동 개폐식의 출입문을 설치한다.
- 도서관 입구에는 홍보물 게시, 안내, 소지품 보관, 신착 자료 안내 등을 할 수 있도록 깔끔한 게시 공간이 필요하다.
- 분실물 보관함, 우산꽂이, 유모차 등을 둘 수 있는 공간이 필요하다.
- 식수 및 음료수를 이용할 수 있고, 휴식을 취할 수 있는 휴게 공간이 필요하다. 휴게실은 금연 휴게실과 흡연휴게실로 구분하여 층마다 설치하는 것이 바람직하다.

(5) 사인(sign) 계획

- 도서관의 안내와 홍보 및 이용의 편의를 제공하기 위해서는 특색 있는 사인 시스템을 체계적으로 구성하여야 한다. 규모가 큰 도서관은 사인 시스템 디자인 전문가에게 의뢰하여 기능적이고 미학적인 사인 시스템을 설치해야 한다.
- 도서관 사인 시스템(Library Signage System)은 이용자가 원하는 정보나 도서

위치를 쉽고 빠르게 찾을 수 있도록 돕는 시각적 안내 체계이다. 효율적인 도서관 운영을 위한 사인의 핵심 구성 요소는 다음과 같다.

- 유도 사인 (Directional) : 입구, 층별 안내, 주요 시설(열람실, 화장실)의 방향을 지시
- 식별 사인 (Identification) : 특정 구역(어린이 자료실, 디지털 존)이나 서가 번호를 표시
- 정보 사인 (Information) : 이용 시간, 대출 규칙, 도서관 행사 등 구체적인 정보를 전달
- 규제 사인 (Regulatory) : 정숙, 음식물 반입 금지 등 이용 수칙을 안내

● 사인 표지물은 공간인지 사인, 방향표지 사인, 서가 사인, 사용 안내사인, 규정 표시 사인, 안내 또는 최신정보사인 등으로도 나눌 수 있다. 사인 계획에서는 다음 사항을 유의하여야 한다.

- 사인은 기본적으로 가독성(색상, 대비 색, 반사), 적시성(교차로, 엘리베이터 앞 등), 유연성(서가 배치 변경 시 교체 가능성)을 고려해야 한다.
- 건물 전체의 사인 시스템에 일관성이 있어야 한다.
- 동일한 형식의 사인은 모양, 크기, 배치, 글꼴 등이 같아야 한다.
- 실 번호 매김은 방향에 따라 순차적이고 일관성이 있게 하여야 한다.
- 고정된 사인에 그림 기호를 사용할 경우 그림 기호 바로 밑에 그에 해당하는 글자를 표기해야 한다. 글자의 색상은 바탕색과 대조되어야 한다.
- 서가, 책상 등 비품에 부착하는 사인의 크기는 해당 비품과 조화를 이루어야 한다.
- 사인의 색과 재료는 건물 전체에 사용된 색이나 재료 등 다른 요소와 어울려야 한다.

경기도서관(사진 : 집코노미)

참고문헌

- 문화체육관광부. 2024. 『공공도서관 건립 운영 매뉴얼』. pp.45~47
- Carol R. Brown 지음, 양영완 옮김. 2004. 『살아 있는 도서관을 위한 인테리어 디자인』. 국제

1	문제		다음은 공공도서관 설립에 관한 설명이다. 맞는 것은?
	문항	①	지자체는 공공도서관을 언제든지 임의로 설립할 수 있다.
		②	공공도서관의 규모 기준은 법령에서 인구 규모에 따라 설정하였다.
		③	작은도서관의 규모 하한 면적은 33평이다.
		④	지자체에서 공공도서관을 설립하려면 문화체육관광부 장관의 사전 승인을 받아야 한다.
	정답		④
	해설		지자체에서 공공도서관을 설립하려면 도서관법 31조에 따라 문화체육관광부 장관의 사전 승인을 받아야 한다.
2	문제		도서관의 적재하중(제곱미터당 Kg) 기준에 맞지 않은 것은?
	문항	①	일반 열람실 300Kg
		②	개가제 서고 750Kg
		③	폐가제 서고 1,500Kg
		④	밀집 서가 1,500Kg
	정답		③
	해설		폐가제 서고는 1,000Kg
3	문제		공공도서관 건축설계에서 기술적으로 우선 고려할 중요한 문제가 아닌 것은?
	문항	①	심미성
		②	안전성
		③	내구성
		④	무게 하중
	정답		①
	해설		안전성이 최우선이고 심미성은 2차 문제이다.

제6장

공공도서관의 조직관리

6.1. 사회조직의 일반적 개념

6.2. 공공도서관의 부서설정 기준 및 조직구조

제6장
공공도서관의 조직관리

6.1. 사회조직의 일반적 개념

강의 목표

1. 사회조직의 일반적 개념을 이해하고 개인과 조직의 관계를 설명할 수 있다.
2. 조직의 유형 분류를 바탕으로 공식조직, 비공식조직, 임시조직의 특성과 현실 사례들을 설명할 수 있다.

강의 세부 내용

1. 사회조직의 일반적 개념
2. 조직의 유형 분류와 실제

용어

- 조직화(organizing) : 공·사 단체가 그들의 목적을 달성하기 위해 자원(사람, 기술 등)을 체계적으로 배치하고 역할, 책임, 권한을 명확히 규정하여 상호 관계를 설정하는 동태적 관리 과정
- 관료제(bureaucracy) : 전문적인 지식과 기술을 가진 관료들이 대규모 조직을 효율적으로 관리하기 위해 구축한 위계적이고 체계적인 관리 지배 구조

사전학습(퀴즈)

- 중학생들이 지나가다가 한 학생이 "야, 우리 조직할래?"라고 말했다. 이때 조직의 의미는 조직이론에서 말하는 조직과 같다. (   )

  ─이때의 조직은 '조폭'의 의미에 가깝다.

1. 사회조직의 일반적 개념

(1) 개인과 조직

- 중학생들이 하교하다가 한 학생이 "야, 우리 조직할래?"라고 말했다. 이때 조직의 의미는 조직이론에서 말하는 조직과 같을까, 다를까?
- 조직이라는 말은 일상에서도 다양하게 사용되고 있다. 생물 세포 조직부터 단체, 회사, 국가 조직에 이르기까지 인간사회는 조직을 배제하면 성립할 수 없을 만큼 조직이라는 용어는 널리 사용되고 있다. 생물조직은 생물학의 분야이므로 여기서는 사회조직 측면에서 조직의 개념을 살펴보고자 한다.
- 미국의 사회학자 찰스 쿨리(Charles Horton Cooley, 1864~1929, 향년 65세)는 『사회조직 연구-거시적 관점에서(Social Organization-A Study of the Larger Mind)』라는 저서에서 사회집단을 1차 집단(Primary group)과 2차 집단(Secondary groups)으로 구분했다.

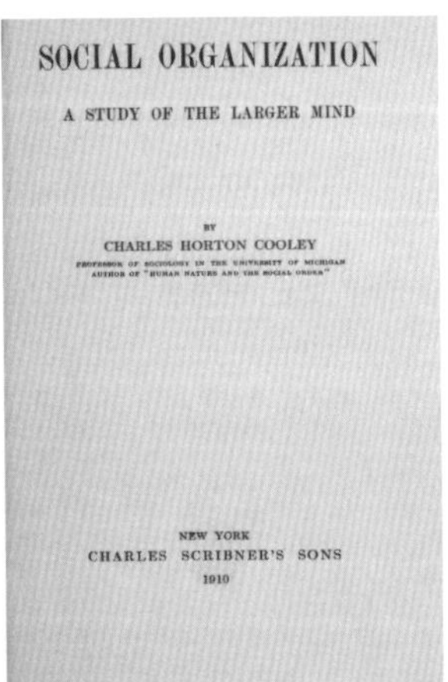

Charles Horton Cooley(1864~1929)와 그의 저서 타이틀 페이지(출처 : 위키피디아)

- 사람은 누구나 태어나면서부터 가정이라는 1차 집단 속에서 자라고, 학교와

지역사회, 나아가 국가, 세계 사회 등 2차 집단에서 활동하며 일생을 살아간다.

- 1차 집단(Primary group)은 모든 형태의 인간관계 중 가장 간단하고 보편적인 집단이며 구성원들 간 얼굴을 맞대고 직접 접촉하며 함께 생활하는 집단이다. 1차 집단의 특징은 친밀감(Closeness), 소규모(Smaller in size), 개인 관계(Personal Relationship), 지속성(Durability), 공통 목표(Identity of goals), 수단이 아닌 목적 관계(Relationship is not a means but a goal in itself), 포괄적 관계(Relationship is inclusive), 제한된 이기심(Limited self-interest) 등이다. 1차 집단의 대표적인 예는 가정이다.[1]

- 2차 집단(Secondary groups)은 1차 집단보다 큰 규모의 집단으로 2차 집단의 구성원들은 각자가 추구하는 이익에 따라 이합집산하는 관계이다. 2차 집단의 특징은 간접 관계(Indirect Relation), 큰 규모(Large in size), 공식 규칙(Formal Rules), 가입의 임의 선택(Optional Membership), 불안정(Non Stability), 활동적 비활동적 구성원의 혼재(Active and Inactive members), 신체적 거리감(No Physical nearness), 조직이 개인 특성에 미치는 제한적 영향(Limited influence on Personality) 등이다. 2차 집단의 예는 학교, 종교 단체, 기업, 정부, 유엔 등 거의 모든 사회조직이다.

구분	1차 집단 (Primary Group)	2차 집단 (Secondary Group)
주요 특징	소규모, 직접적 대면 접촉, 친밀감, 전인격적 관계, 비형식적	대규모, 간접적 접촉, 수단적 관계, 형식적, 공식적
관계 성격	인간관계 자체가 목적(본질적 관계)	특정 목적 달성을 위한 수단적 관계
결합 방식	자연발생적, 친밀한 유대감	의도적 결합, 공동의 이익 추구
영향	인성 및 가치관 형성에 근본적 영향	특정 목표 달성에 집중
예시	가족, 친척, 친한 친구, 동네 친구	회사, 학교, 동창회, 종교단체, 군대

---

1 사회복지학에서는 '공공가정'이라는 말도 사용한다. 공공가정이란 혈연관계의 가정이 아닌 가정 역할을 대신하는 공공조직을 말한다. (이기영 외 5인. 2012. 『공공가정경영』. 신정 참조)

- 조직이론은 행정학과 경영학에서 연구하는 필수 교과목이다. 행정학과 경영학에서 다루는 조직은 찰스 쿨리가 말하는 2차 집단, 즉 사회조직이다. 혈연으로 구성되는 1차 집단은 업무 관계라기보다 구성원의 생존을 보살피는 가족 관계다. 하지만 사회관계는 어떤 목적을 달성하기 위한 경쟁과 협력의 관계다.
- 개체 인간은 아무리 유능하다 해도 능력의 한계가 있다. 그러나 조직은 구성원들이 경쟁과 협동을 통해 개인이 달성할 수 없는 일을 해 낼 수 있다.

(2) 조직의 이미지[2]

- 조직은 추상적 개념이므로 구체적 실체가 없다. 조직에 대한 일반인들의 인식은 다양하며 상황에 따라 다르다. 흔히 관공서 사무실에 들어가면 공무원들의 업무 부서와 부서 내 계층별 자리 배치를 볼 수 있다. 이러한 자리 배치는 조직 이미지의 한 단면이라 할 수 있다. 하지만 이 모습이 조직 이미지의 전부는 아니다. 우리는 다양한 관점과 경험에 따라 다양한 조직 이미지를 가지고 있다.
  - 기계 이미지 : 기계는 조합된 구조로 여러 부품을 조립해야 그 기능을 발휘할 수 있다. 산업혁명 이후 수많은 기계의 발명과 활용을 통해 인간 생활은 의, 식, 주의 모든 부문에서 생산(농업, 광업, 제조업), 교통, 통신, 의약 등이 급속도로 발전해 왔다. 어떤 기계든 하나의 부품만으로는 작동할 수 없다. 예를 들어 자동차의 구조는 수많은 부품으로 구성되며 주요 부품 어느 하나라도 고장이면 자동차는 작동하지 못한다. 테일러의 과학적 관리법에 대한 비판 중 하나는 종업원을 하나의 기계 부품처럼 여긴다는 것이었다.
  - 유기체 이미지 : 유기체는 생물체이다. 생물체는 세포 조직으로 구성되어

있다. 생명체는 태어나 성장하고 쇠퇴하여 소멸하는 과정을 거친다. 이러한 과정은 세포 조직의 생성, 성장, 쇠퇴, 소멸의 과정이다. 인체의 어느 부위가 이상이 있으면 치료를 위해 조직검사를 먼저 한다. 사회조직을 유기체 조직에 비유하는 경우가 있다. 조직의 생성과 유지, 발전, 인간관계론, 소식생태본, 조직 행태론 등은 유기체와 연관된 원리를 사회조직에 적용한 것이다.

- 두뇌집단 이미지 : 조직이 '두뇌'라면 선뜻 이해하기 어렵다. 그러나 조직은 인간 집단이므로 두뇌집단이다. 인간의 두뇌는 아이디어 창출 능력에 개인차가 있지만 조직의 아이디어 창출과 확장 능력은 구성원들의 협력을 통해 계속 진보한다. 조직이라는 두뇌집단은 조직의 목적 달성을 위해 온갖 머리를 짜내 업무를 기획하고 실행하며 개선한다. 조직이 처해 있는 환경을 계속 분석하고 새로운 업무를 기획하여 체계적으로 실천한다. 조직은 구성원들의 두뇌집단이 서로 소통하며 배우고 학습한다. 난상 토론(brain storming), 학습조직(learning organization), 지식경영(knowledge management)은 조직의 두뇌를 활용하는 경영기법이다.

- 문화 이미지 : 인간이 살아가는 공간에는 자연스럽게 그들의 생활관습이 형성된다. 이러한 생활관습은 선대로부터 전승되며, 다른 지역과의 교류를 통해 그리고 세대교체에 의해 변모해 간다. 조선 시대에는 유교문화가 엄격해 오늘에 이르기까지도 관혼상제나 세시풍속에 유교문화의 전통이 부분적으로 남아 있다. 20세기 들어 일본과 서구문화의 영향으로 우리는 급격한 문화변동을 경험해 왔다. 조직 역시 조직마다 그들의 문화를 형성한다. 정부조직도 업무의 성격에 따라 해당 부처의 문화가 달리 형성된다. 교육과 문화 담당 부서와 검찰조직의 문화는 확실히 다르며 이는 그들이 근무하는 사무실에 가보면 피부로 느낄 수 있다. 이를 조직 분위기라고도 부른다. 조직론에서 이 분야를 다루는 분과가 조직문화론이다.

- 정치 이미지 : 국회의원 같은 정치인을 연상하지 않아도 인간은 본질적으로 '정치적 동물'이다.[3] 세상에 정치에서 예외인 사람은 없다. 정치 행위는 언제 어디에서나 일어나고 있다. 생활 정치는 일상 속의 정치를 의미한다. 가정에서부터 지역사회, 국가로 정치의 범위는 확대된다. 정치는 특히 권

력과 자원 배분에서 서로 유리하게 결정하려는 속성을 지닌다. 의회에서의 예산 심의가 대표적이다. 정당조직은 권력을 잡기 위해 존재하는 정치조직이다. 도서관의 조직도 국가와 지역사회의 정치적 결과물이다.

- 감옥 이미지 : 르네상스 시기 단테(Alighieri Dante, 1265~1321, 향년 56세)는 『신곡』에서 세상을 지옥, 연옥, 천국으로 설정했다. "인간은 지리의 포로(Prisoner of Geography)"라는 명제도 있다.[4] 이상의 설정은 매우 큰 상상의 세계와 공간 범위라서 실제로는 감옥으로 느끼지 못한다. 하지만 개별 조직에 이르면 범위가 대폭 축소된다. 직장인의 일상은 하루의 절반을 조직 속에서 보낸다. 조직은 경계가 분명하다. 조직 내부에서도 부서라는 칸막이가 있다. 자영업은 자기 조직이지만 영업을 위해서는 자기를 옭아매야 한다. 조직에서의 감옥 이미지는 교도소에 복역하는 죄수의 의미는 아니다. 대신 조직 속에 갇혀 있다는 의미에서의 심리적 감옥이다. 그래서 조직 생활에서 심리적 압박을 느끼면 사표를 내고 조직을 떠나는 직원들도 있다. 조직심리는 조직 행동론(Organizational Behavior)에서 다룬다.

(3) 조직화와 조직구조

- 조직화란 조직의 구조적 틀을 짜는 행위를 말하며 이는 동태적이고 지속적인 과정이므로 진행형(Organizing)으로 표시한다. 조직(組織, organization)이란 단어의 의미는 문자 그대로 '조(組)를 짜(織)는 것'이며 이는 흩어져 있는 상태를 어떤 기준에 따라 체계적으로 구성한다는 뜻이다.
- 큰 회사에서는 "조직관리부"라는 부서를 운영하는 걸 볼 수 있는데, 조직관리부서에서는 1년 내내 국내외 환경변화를 분석하여 조직의 틀 짜기 작업을 계속한

---

3 아리스토텔레스는 그의 저서 『정치학』에서 "인간은 본성적으로 정치적 동물(zoon politikon)"이라고 선언했다.
4 팀 마샬 저, 김미선 역. 2016. 『지리의 힘』. 사이. 표지 상단

다. 조직의 틀 짜기 작업으로 산출되는 결과물이 조직구조(Organizational Structure)이며, 조직구조는 조직도표라는 그림으로 나타낼 수 있다. 조직도표를 보면 조직구조는 정태적인 것처럼 보이지만 환경변화에 따라서 언제든지 변경될 가능성을 내포하고 있다.

- 조직구조를 설계할 때 고려할 기본적인 사항은 업무의 성질과 업무량, 통솔의 범위, 수직적 구조, 수평적 구조이다. 업부의 성질은 단순노농인가 정신노동인가, 그리고 사무직, 기술직, 기술 사무직, 연구직, 기능직인가 등의 구분이다. 업무량은 정해진 기간에 수행해야 할 업무의 총량을 의미한다. 업무의 성질과 업무량에 따라 통솔의 범위가 정해지며, 그 바탕 위에서 수평적 구조와 수직적 구조를 구성할 수 있다. 수평적 구조의 정도를 수평적 분화, 수직적 구조의 정도를 수직적 분화라고 부른다. 조직화의 과정은 다음과 같은 논리적 순서를 거쳐 이루어진다.

  - 변화하는 환경을 분석하여 경영의 목적과 목표를 설정하고 재확인한다.
  - 경영의 목적, 목표 달성에 필요한 제반 업무들을 확인하고 목록을 만든다.
  - 업무들을 논리적 기능적 순서에 따라 분류하고 유사성과 근접성에 따라 그룹화한다.
  - 분류된 업무 그룹별로 기능을 분화 또는 통합하여 수평적, 수직적 부서를 설계한다.
  - 각 부서의 수평적, 수직적 책임을 맡을 자리(직위)의 직무명세와 자격요건을 정한다.

2. 조직의 유형 분류와 실제

(1) 공식조직

- 공식조직은 경영목직 딜싱을 위하어 법규에 의거 의도적, 공식적으로 만들어진 조직이다. 공식조직은 조직의 정책, 법규, 지침에 따라 구성원의 활동 범

위기 정해지며 명확히 정의된 책임과 권한, 위계질서(位階秩序)를 위해 구성원 간의 수평적·수직적 관계가 정해진다. 정부 조직, 공기업, 사기업조직 등은 대표적인 공식조직이다. 정부 산하에 있는 공공도서관 역시 각 지역의 조례나 규칙에 의거 조직되는 공식조직이다. 공식조직은 위계질서를 중요시한다. 조직의 위계질서가 무너지면 조직이 역할과 기능을 수행하기 어렵다.

- 공식조직은 독일의 사회학자 막스 베버(Max Weber, 1864~1920, 향년 56세)가 제시한 관료제(bureaucracy)에 기초하고 있다. 베버가 체계화한 관료제 연구의 기본개념에는 관료제 안에서 이루어지는 분업, 권위구조, 개별 구성원들의 지위와 역할, 구성원들의 관계를 규정하는 규칙의 유형 등이 엄격하다. 베버는 관료제의 이상형(Ideal type of bureaucracy)을 다음과 같이 제시했다.

  - 업무의 분업과 전문화를 통한 책임과 권한이 명확히 배분되어야 한다.
  - 업무의 실행을 조정해 주는 잘 짜인 규칙과 절차가 있어야 한다. 이는 업무와 의사결정의 표준화를 위해, 과거의 학습에 대한 경험의 축적을 위해, 재직자를 보호하고 대우의 동등성을 보장을 위해 필요하다.
  - 조직은 위계질서를 위해 피라미드식 계층구조를 형성한다.
  - 조직의 재산 및 업무와 구성원 개인의 재산 및 업무는 철저히 분리한다.
  - 비 개인적, 공식적 업무실행으로 족벌주의, 정실주의를 배제한다.

- 관료제 조직은 상하관계라는 공식적 규칙에 따라 합리적으로 업무를 수행하는 조직으로 상급자의 권위 및 지시 명령에 충성해야 한다. 관료는 전문적인 업무를 효율적으로 수행하는 데 필요한 공인된 자격이나 요건이 필요하다. 관료의 직무는 명예직, 임시직이 아니라 평생직이다. 관료제 조직은 보통 연공 서열에 따라 승진하는 체계를 갖는다.

Max Weber(위키백과) Robert K. Merton(위키백과)

- 관료제의 역기능(dysfunction) : 관료제의 역기능은 미국의 사회학자 로버트 머턴(Robert K. Merton, 1910-2003. 향년 93세)이 지적했다. 그는 관료적 형식주의와 비효율성을 체계적으로 강조하며 관료제의 역기능 지적했다.
  - 엄격한 규정과 절차의 준수에서 오는 조직의 목적과 수단의 전치
  - 조직의 경직성으로 인한 환경변화에 대한 융통성 결여
  - 정해진 규정과 절차 및 상부의 명령 복종 관계로 개인의 창의성 제약
  - 조직의 비 개인적 속성으로 인한 기계적 조직으로 개인의 인간성 무시
  - 모든 일을 문서로 처리하는 지나친 문서주의, 책임회피, 무사안일
- 관료제는 비인간성, 경직성, 권위주의로 인해 많은 비판을 받아왔다. 우리 사회에서도 '관료'나 '관료주의'는 부정적인 것으로 인식되고 있다. 그러나 관료제는 오늘날에도 정부, 민간조직을 불문하고 경영행정의 질서를 유지하는 기본적 조직제도로 존속하면서 사회안정과 질서를 유지하는 기본 틀이 되고 있다.

(2) 비공식 조식

- 공식조직 내에서 개성, 취미, 기호가 같은 구성원들끼리 자연스럽게 형성되는 인간관계를 비공식조직이라 부른다. 비공식조직은 공식조직처럼 겉으로 드러나지는 않는 숨어 있는 조직이다.
- 비공식조직은 인간적 단합의 촉진, 건전한 여론 형성의 통로 역할을 할 수 있지만 파벌 형성, 유언비어 유포 등으로 공식조직에 해로운 존재가 될 수도 있다.
- 인간관계론자 엘톤 메이요(Elton Mayo, 1880~1949, 향년 69세)는 공식조직 내에서 필연적으로 자생하는 비공식조직의 존재를 인정하고 건강하게 자라도록 조력하며 활용하는 것이 공식조직의 목적 달성에 이바지한다고 보았다.

(3) 애드호크라시(adhocracy)

- 애드호크라시(adhocracy)는 뷰로크라시(bureaucracy)의 상대적 개념으로 등장했다. 미래학자 앨빈 토플러(Alvin Toffler, 1928-2016, 향년 88세)의 『미래의 충격 Future Shock』에서 관료제(bureaucracy)와 대비되는 애드호크라시(adhocracy)라는 신개념을 주창했다.
- 애드호크(adhoc)은 '특별한 목적을 위한', '임시변통의' 라는 뜻이며, 크라시(cracy)는 '지배력' 또는 '정체'라는 뜻으로 '특별한 목적을 가진 정체' 정도로 해석된다. 에드호크라시(adhocracy)가 필요한 이유는 기존의 관료제가 경직성으로 인하여 변화하는 환경에 발 빠르게 대처할 수 없다는 단점을 지니고 있기 때문이다.
- 애드호크라시(adhocracy)는 2차 세계대전 당시 군대에서 활용한 기동타격대(Task Force)에 그 연원을 두고 있다. 기동타격대(Task Force)는 특수한 임무를 수행하기 위하여 임시로 조직하고 임무를 끝내면 구성원들이 본래의 위

치로 돌아가는 임시조직이다. 매트릭스(matrix)조직은 태스크 포스를 체계적으로 발전시킨 임시조직으로 특정 프로젝트를 수행할 때 각각의 부서로부터 적절한 인원을 지정하여 본연의 업무를 수행하면서 특정 프로젝트에 대해서는 태스크 포스 조직의 기능을 발휘할 수 있도록 절충한 것이다. 테스크 포스는 구성원이 본연의 업무를 떠나 특정 프로젝트에 전념하는 데 반하여 매트릭스조직은 구성원이 본연의 업무를 수행하면서 특정 프로젝트에 대해서만 매트릭스조직에 속하는 점이 다르다.

- 다른 사회조직과 마찬가지로 공공도서관들도 관료제의 기본 틀을 유지하고 있다. 그러나 변화하는 환경 속에서는 임시조직의 기법을 적절히 활용할 필요가 있다. 공공도서관들도 변화하는 환경을 반영하여 자료의 체계적 수집, 정리, 축적, 보존 및 활발한 평생교육 프로그램을 효과적으로 실행함으로써 시민들에게 정보 서비스를 만족스럽게 제공할 수 있어야 하기 때문이다. 이를 위해서는 공공도서관이 관료제의 위계질서를 유지하면서도 자료의 선택, 수서, 고객서비스 등 업무에 따라서는 애드호크라시(adhocracy)의 조직기법을 충분히 활용할 필요가 있다.

참고문헌

- 권향원 외 14인. 2023. 『행정학 개론』. 서울 : 대영문화사. pp.66-72
- 이기영 외 5인. 2012. 『공공가정경영』. 서울 : 신정

<table>
<tr><td colspan="3">학습평가</td></tr>
<tr><td rowspan="7">1</td><td colspan="2">문제</td><td>막스베버의 관료제의 이상형에 해당하지 않는 것은?</td></tr>
</table>

		학습평가
1	문제	막스베버의 관료제의 이상형에 해당하지 않는 것은?
	문항 ①	책임과 권한의 명확한 배분
	②	피라미드 계층구조
	③	공사 구분의 철저
	④	유연한 인간관계
	정답	④
	해설	관료제 조직에서는 인간관계가 경직된다.
2	문제	임시조직의 필요성을 주장한 사람은?
	문항 ①	막스 베버(Max Weber)
	②	존 나이스빗(John Naisbitt)
	③	앨빈 토플러(Alvin Toffler)
	④	로버트 머턴(Robert K. Merton)
	정답	③
	해설	임시조직의 필요성은 앨빈 토플러가 『미래의 충격』이라는 저서에서 주장했다.
3	문제	다음 비공식조직의 설명 중 맞지 않는 것은?
	문항 ①	공식조직 내부의 세부적 업무조직이다.
	②	공식조직 내부의 자생적 인간관계이다.
	③	공식조직 내부의 친목조직이다
	④	공식조직 내부에서 기호, 취미가 같은 사람들이 만드는 동호인 모임이다.
	정답	①
	해설	비공식조직은 업무조직이 아니다.

6.2. 공공도서관의 부서설정 기준 및 조직구조

강의 목표

1. 공공도서관의 부서설정 기준을 연구하여 기준별 부서설정 방법을 설명할 수 있다.
2. 공공도서관의 조직구조 특성을 파악하여 공공도서관 조직구성 사례를 제안할 수 있다.

강의 세부 내용

1. 도서관의 부서설정 기준
2. 공공도서관의 조직구조

용어

- 팀제 : 팀제(team)란 같은 일을 하는 사람들을 한 무리로 묶는 제도. 관료제의 상명하복 관계의 경직한 이미지를 완화하기 위해 도입했지만 실제로 팀장과 팀원 간 경직한 관계는 유지되고 있다는 평가가 있다.
- 부서(部署) : 정부 조직, 기업조직 등에서 여러 갈래로 나누어진 업무를 처리하는 세부 담당 조직

사전학습(퀴즈)

- 공공도서관 열람실은 공공도서관의 한 조직이다. (　　　)

　─열람실, 자료실 등 시설의 명칭만으로는 조직이라 할 수 없다.

1. 도서관의 부서설정 기준

(1) 공공도서관 조직구성의 일반적 원칙

- 공공도서관 조직편성 기준은 법령, 지역 특성, 도서관 규모, 예산, 이용자 요

구 등을 종합적으로 고려해야 한다.

- 조직구조 편성원리 : 효율적인 업무 수행을 위해 계층제, 분권화, 기능별(자료, 운영, 문화) 분담, 그리고 이를 통합하는 조정 원리를 적용한다.

(2) 부서설정의 기준

- 조직은 업무의 목적과 기능에 알맞은 부서들을 설정한다. 일반적 부서설정의 기준은 업무의 기능별, 주제별, 고객별, 지역별 또는 이들을 적절히 혼합하여 설계하는 것이 보통이다.
- 도서관의 부서설정 역시 기능별, 주제별, 자료 형태별, 고객별, 지역별로 편성할 수 있다.
- 도서관의 세부적 기능은 정보자료의 발굴 · 수집 · 정리 기능, 정보자료의 보존 유지 기능, 정보의 조사 제공 기능, 정보의 식별 · 검색 · 열람 · 서비스 기능, 디지털 정보 서비스 기능 등이 있으며 이들 기능을 수행하기 위한 인력, 물자, 재원, 기술을 지원하는 행정지원 및 전산 지원 기능 등이 있다.

(3) 도서관의 기능별 부서설정

- 기획운영팀 : 도서관의 경영기획, 조직관리, 인사관리, 예산관리를 담당한다.
- 수서팀 : 자료의 선택과 수서행정 기능을 담당한다.
- 정리팀 : 자료의 분류, 편목, 서가 배열 등을 담당한다.
- 열람팀 : 이용자들이 자료를 효과적으로 활용할 수 있도록 참고정보서비스를 담당한다.
- 전산팀 : 목록의 전산 관리와 디지털 자료의 관리, 전반적 행정전산 관리를 담당한다.
- 보존팀 : 귀중 자료의 보존 및 도서관 자료 전반에 대한 일상적 보존유지관

리를 담당

- 홍보팀 : 도서관의 목적, 기능, 자료, 프로그램 등의 대내외 홍보와 마케팅을 담당한다.
- 교육팀 : 직원 및 자원봉사자에 대한 직무교육과 서비스 친절 교육, 이용자에 대한 도서관 이용 안내 교육을 담당한다.
- 이러한 기능별 부서들은 도시관의 규모에 따라 통합하여 운영할 수 있다. 예를 들면 기획운영팀과 수서팀을 통합하거나, 정리팀과 열람팀을 통합 운영하는 경우 등이다. 또 기능별 부서의 명칭도 도서관에 따라 달리 명명할 수 있다.

(4) 주제별 부서설정

- 주제별 부서의 편성은 도서관의 경우 고객 서비스를 위해 매우 유용한 방법이다. 주제 전문사서가 근무하는 도서관은 수준 높은 주제별 정보서비스를 할 수 있는 조직편성이다. 주제별 조직은 앞서 기능별 조직에서 본 열람과의 기능을 보다 전문적으로 수행할 수 있는 조직으로서 공공도서관에서는 다음과 같이 큰 범위의 주제 자료실을 편성하는 것이 보통이다.
- 인문과학 자료실 : 어학 문학, 철학, 종교 등 인문학 분야의 자료를 비치하고 정보 봉사를 제공하는 자료실
- 사회과학 자료실 : 사회학, 정치학, 경제학, 경영학, 행정학, 사회복지 등 사회과학 분야의 자료를 비치하고 정보 봉사를 제공하는 자료실
- 자연과학 자료실 : 물리학, 화학, 생물학 등 순수과학과 기술 공학 자료를 비치하고 정보 봉사를 제공하는 자료실
- 예술 체육 자료실 : 음악, 미술, 체육 분야의 자료를 비치하고 정보 봉사를 제공하는 자료실
- 주제별 조직의 부서설정에서 유의할 점은 각 주제 자료실에는 반드시 주제 전문사서가 배치되어야 한다는 것이다. 예를 들면 조직상 '인문과학 자료실'을 설정했다면 여기에 근무할 주제 전문인력을 배치해야만 조직이라고 할

수 있다. 단순한 건물 내부의 실 명칭은 조직이 아니다. 예를 들면 세미나실, 강의실, 화장실 등은 조직이라 할 수 없다.

(5) 자료 형태별 부서설정

- 자료의 형태별 부서설정은 자료의 형태에 따라서 부서를 정하는 것이다. 자료의 간행 기간이 단발성으로 한정되는지 연속적으로 간행되는지에 따라, 매체가 인쇄자료인가 비 인쇄자료인가에 따라, 자료의 역사에 따라 별도의 조직으로 설정할 수 있다.
- 단행본실 : 단발성으로 발행되는 도서를 비치하고 정보 봉사를 제공하는 자료실
- 연속간행물실 : 종간을 예정하지 않고 정기적 또는 부정기적으로 지속적으로 발행되는 간행물을 비치하고 정보 봉사를 제공하는 자료실
- 시청각실 : 오디오·비디오 등 시청각 기기를 활용할 수 있는 자료실
- 디지털 자료실 : 컴퓨터 인터넷 데이터베이스를 이용할 수 있는 자료실
- 마이크로필름실 : 역사보존자료, 의회 기록 등 필름으로 제작된 자료를 이용할 수 있는 자료실
- 향토 자료실 : 공공도서관이 속해 있는 지역의 역사, 지리, 전통문화, 민속 등에 관한 고서 및 고문서, 연구자료, 행정자료를 이용할 수 있는 자료실

(6) 고객별 부서설정

- 이용자의 연령층별로 부서를 설정하는 것은 이용자들이 적절한 정보서비스를 손쉽게 활용할 수 있고 도서관의 고객관리에도 효과인 방법이다. 공공도서관에서의 고객별 부서는 영유아 자료실, 어린이 자료실, 청소년 자료실, 일반자료실, 노인 자료실로 구분할 수 있다.
- 영유아 자료실 : 영·유아, 유치원생을 위한 자료실로 수유실, 놀이방도 겸할

수 있고 영유아 프로그램을 실행할 수 있다. 영유아 자료실에는 유아들의 시력보호와 정서발달을 위해 컴퓨터를 설치하지 않는 것이 일반적이다.

- 어린이 자료실 : 만 13세 이하 초등학교 학령 어린이를 위한 자료를 비치하고 제공한다.
- 청소년 자료실 : 중·고등학교 학령대의 청소년 자료를 비치하고 교육 정보를 제공히여 교육과 학습에 도움을 주는 사료실
- 일반자료실 : 대학생 이상 시민을 위한 자료실로 '성인 자료실' 또는 '성인 열람실'로 일컬어 왔으나 '성인'이라는 단어가 왜곡 사용됨에 따라 일반자료실로 순화하여 부르는 것이 바람직할 것으로 생각된다.
- 노인 자료실 : 노인을 대상으로 하는 자료실로서 노년의 설계와 건강관리 등 노인을 대상으로 정보서비스를 제공한다. 실버 자료실로 순화해 부르기도 한다.
- 고객별 부서설정과 운영에서 이용자 안내에 유의할 점 : 대상 고객별로 자료실을 구분해 놓았다 하더라도 이용자는 누구나 모든 자료실을 출입할 수 있다. 이용자들이 자신의 연령대에 맞는 자료실을 이용하면서 다른 자료실도 출입함으로써 자료의 이용범위를 넓힐 수 있고 자연스럽게 자신에게 맞는 자료실로 수준을 높여 이동해 갈 수 있다.

(7) 지역별 부서설정

- 지역별로 부서를 설정하는 것은 한 도시 내에 위치하는 도서관들을 그 지역의 거점도서관에서 총괄 관리하면서 지역별 분관 형태로 운영하는 경우를 말한다.
- 여기에서 유의할 사항은 거점도서관이건 분관이건 전문직 관장과 분관장이 각 조직의 정점에 있어야 한다는 점이다. 하나의 기관에는 반드시 기관의 책임자가 필요하기 때문이다. 분관장을 팀장으로 호칭하는 것은 도서관의 대외적 위상을 떨어뜨릴 수 있다. 직급은 높지 않더라도 관장, 분관장을 보임하는 것이 바람직하다.

(8) 부서설계의 실제

- 실제 도서관의 부서를 설계할 때는 위에서 언급한 어느 한 가지 기준만으로 부서를 설정하는 것이 아니라 이상의 여러 가지 기준들을 혼합하여 해당 도서관에 가장 적절하도록 부서를 계획하여야 한다. 예를 들면 선택, 수서, 정리부서는 기능별 기준에 따라, 열람과 정보 봉사는 주제별 기준에 따라, 고객의 연령층별 서비스 특화를 위해서는 고객별 기준에 따라 부서를 편성한다.
- 소규모의 도서관으로서 부서를 세분하기 곤란한 경우에는 부서를 나누지 않고 관장 또는 하나의 팀이나 과 아래에서 개인별 분장업무로 부서 기능을 대신할 수 있다.
- 우리나라 도서관의 조직구조 사례는 도서관에 따라 각양각색이다. 1인 사서 도서관(one person library)은 도서관 조직이 별도로 있는 것이 아니라 다른 부서의 하위 담당자로서 존재하므로 조직이라 하기 어렵고 그 위상도 매우 약하다.
- 10인 이하의 도서관들은 상위 도서관장이 여러 도서관을 분관 체제로 관리하면서 관장을 두지 않고 팀장이 분관 업무를 총괄하는 경우가 허다하다. 또 최근 몇몇 지방자치단체의 경우 '도서관사업소'라는 중앙집권적 행정조직을 만들어놓고 산하 도서관들을 행정 담당 사업소장이 원격 조정하는 경우를 볼 수 있는데 이는 도서관의 조직을 기형적으로 운영하는 대표적인 사례라 하겠다.

2. 공공도서관의 조직구조

(1) 공공도서관 조직의 일반원칙

- 2013 『한국도서관 기준』의 공공도서관 조직 일반원칙

- 모든 자치단체에 존재하는 공립 공공도서관은 일원화된 행정 체계하에서 설립 주체가 직접 운영하여야 한다.
- 공공도서관 중에서 지역대표도서관은 광역자치단체 산하의 공공도서관을 위한 미래지향적인 경영전략과 장단기 발전계획을 수립하고 체계적인 운영관리를 지원히여야 한다.
- 공공도서관은 다양한 기능과 역할을 통하어 지역사회의 징보 이용, 문화활동, 평생학습을 지원할 수 있는 조직체계를 갖추고 법적 기준에 부합하는 전문인력을 확보하여야 한다.
- 공공도서관의 조직은 지역사회 환경, 이용자의 관심과 요구, 각종 정보매체와 기술 진보 등의 변화에 능동적으로 대처할 수 있도록 주기적으로 개편되어야 한다.

  (출처 : 한국도서관협회. 2013. 『한국도서관 기준』. p.27.)

- 『2024 공공도서관 건립 운영 매뉴얼』의 조직·인력 일반원칙
  - 공공도서관의 조직은 지역사회 환경, 이용자의 관심과 요구, 각종 정보매체와 기술진보 등의 변화에 능동적으로 대처할 수 있도록 주기적으로 개편되어야 한다.
  - 공공도서관은 건물의 연면적과 공간구성, 서비스 대상자와 연간 이용량의 장서수의 규모와 업무량을 고려하여 적절한 하부조직을 갖추어야 한다. 기초자치단체의 공공도서관의 경우, 중앙관에는 지방행정자료의 수집 및 서비스를 담당하는 부서를 두어야 하고, 거점도서관에는 지역자료 및 시청각 자료를 전담하는 인력을 배치하는 것이 바람직하다.

    (출처 : 문화체육관광부. 2024. 『2024 공공도서관 건립 운영 매뉴얼』. p.67.)

(2) 『2024 공공도서관 건립 운영 매뉴얼』의 조직구성 가이드

- 공공도서관의 규모에 관계없이 어린이, 장애인, 다문화 가족 등의 이용자 서

비스를 통합하여 전담하는 독립된 하부조직을 두거나 전담 인력을 배치할 수 있고, 디지털 기술의 발달과 ICT기술의 급진적인 발전 속도에 맞도록 스마트한 공공도서관의 구축 전략과 그에 맞는 인력의 배치가 바람직하다.

- 공공도서관의 조직은 도서관의 기능과 역할을 충실히 수행할 수 있도록 구성되어야 하며, 사서의 전문성이 최대한 발휘될 수 있어야 한다.
- 조직설계를 위해서는 먼저 도서관의 직무를 분석해야 한다. 직무분석은 개별 도서관에서 정밀하게 실시해야 한다. 다음은 문화체육관광부의 『2024 공공도서관 건립 운영 매뉴얼』에서 공공도서관 사서의 공통 주요 직무를 제시한 것이다. 개별 도서관들은 이를 참고하여 해당 도서관의 행정, 기술, 전산, 기능 등 전 분야의 직무를 분석하여 조직을 설계해야 한다.

공공도서관 사서의 주요 직무

구분	내용
도서관 정책 기획	• 운영계획 작성 • 예산요구서 작성 • 운영위원회 개최 • 운영관련규정 제 · 개정 • 민원업무 처리 • 이용자 만족도 조사 • 관내 게시물 운영 • 공문서 처리 • 직원의 전문성 강화를 위한 계속교육 지원
정보자료조직	• 신착 정보자료 분류 • 신착 정보자료 MARC 입력 • 자료이용현황 분석 • 웹콘텐츠 · e-book 관리 • KOLAS 등 목록시스템 유지 관리
정보서비스	• 정보요구 수요조사 • 이용자 집단별 서비스 기획 • 참고서비스 • 레퍼럴서비스 • 정보자료제공 (회원정보관리, 대출 · 열람 · 반납) • 이용도서관 · 순회문고 운영 • 정보서비스 평가

	• 디지털도서관 시스템 운영 • 홈페이지 관리 및 SNS운영
정보활용교육	• 이용자 집단 별 영역 별 교육 프로그램 개발 • 도서관 이용 교육 • 정부탐색 교육 • 컴퓨터 및 정보 활용 교육 • 자료이용안내자료 발간
장서개발 및 관리	• 장서구성 계획 • 자료선정위원회 개최 • 신착자료 안내 • 구입예정 자료조사 • 구입자료 주문·서고 보관자료 선정 • 기증자료 수집 • 자료평가 • 자료점검 • 미이용자료 선별 • 자료통계작성
독서프로그램	• 연간독서활동 운영계획 수립 • 계층별 권장도서목록 발간 • 독서홍보자료 발간 • 독서교실 운영 • 방과 후 독서활동 지원 • 독서토론수업 운영 • 독서치료프로그램 운영
문화프로그램	• 운영계획 수립 • 수요조사 • 홍보 • 진행 • 평가

- 지역중앙관, 거점도서관, 분관 등의 지위와 지역사회 환경 및 도서관의 규모 등의 특성을 고려한 공공도서관 조직과 업무 배치가 필요하며, 개별 도서관에서 강조하고자 하는 서비스가 있을 경우, 이를 적절히 특성화시킬 수 있도록 조직을 구성하는 것이 바람직하다.

- 지역중앙관의 조직 : 도서관의 기능별로 도서관 정책, 정보 서비스, 장서개발, 독서문화진흥, 대외협력 등 주요 기능에 따라 부서를 나누고, 관련 업무를 수행하도록 조직을 구성할 수 있다.
  - 도서관정책팀은 지역의 도서관 인프라를 총괄한 정책 및 운영 계획의 수립과 관리를 주요 업무로 하고, 인사, 예상·회계, 시설관리 등의 지원업무를 수행한다.
  - 독서진흥팀은 지역의 독서문화진흥 계획을 수립하고, 이를 추진할 수 있도록 다양한 프로그램을 개발하고 운영하는 업무를 수행한다.
  - 장서개발팀은 장서개발과 보존, 자료조직 등 기술봉사를 총괄하고, 지역정보 등 정보콘텐츠의 개발과 홈페이지 관리 등의 업무를 담당한다.
  - 정보봉사팀은 기본적인 대출 및 연람에 해당하는 정보자료서비스와 더불어 참고서비스, 독서안내상담, 이용자교육 등 정보서비스 전반을 담당한다.
  - 대외협력팀은 도서관 및 지역사회 협력과 홍보 기능을 전담한다.
  - 지역중앙관의 부서 예시

- 도서관장, 도서관운영위원회
- 도서관정책팀 : 정책수립, 평가통계, 예산·회계
- 독서진흥팀 : 독서진흥계획, 독서행사, 문화프로그램
- 장서개발팀 : 자료수집, 자료조직, 콘텐츠개발
- 정보봉사팀 : 열람제공, 성인서비스, 어린이서비스
- 대외협력팀 : 대외협력, 지역협력, 홍보

- 거점도서관의 조직 : 지역주민에 대한 효율적인 서비스 제공을 위하여 정보서비스와 운영지원업무, 작은도서관 진흥 업무로 나누어 조직을 편성할 수 있다.
  - 정보 봉사팀은 거점관의 자료열람 서비스 등 열람 봉사 업무와 독서문화

프로그램 업무를 담당한다.

- 작은도서관진흥팀에서는 생활거점 지역에 있는 공사립작은도서관의 운영을 지원하고, 연계 협력하는 업무를 수행한다.
- 운영지원팀에서는 기획·홍보·협력 업무를 수행하며, 분관이 거점도서관과 긴밀한 연계 속에서 운영될 수 있도록 지원업무를 수행한다.
- 거점도서관의 부서 예시

- 도서관장, 도서관운영위원회
- 정보봉사팀 : 열람봉사, 문화프로그램
- 작은도서관 지원팀 : 작은도서관 운영지원, 작은도서관협력
- 운영지원팀 : 평가, 통계, 총무, 서무, 홍보

- 분관의 조직 : 지역주민에 대한 정보서비스 포인트로서의 기능을 적절히 수행하기 위하여 이용자 서비스에 집중하도록 조직을 편성한다.
  - 즉 장서개발업무, 도서관운영평가 및 통계업무 등은 가급적 중앙관이나 거점관에서 수행하고 분관에서는 정보서비스 업무에 중점을 두어야 한다.
  - 따라서 분관은 정보서비스팀과 이들의 업무를 지원하는 운영지원팀으로 조직할 수 있다.
  - 정보봉사팀에서는 지역주민들의 정보열람서비스 및 문화서비스 업무를 수행하고, 운영지원팀에서는 대외협력과 연계 업무를 포함하는 총무 및 서무 업무를 담당하면서 홍보 업무를 부가적으로 수행하도록 한다.
  - 분관의 조직 예시

- 도서관장(분관장)
- 정보봉사팀 : 정보열람서비스, 문화서비스
- 운영지원팀 : 대외협력, 총무·서무, 홍보

(출처 : 문화체육관광부. 2024.『공공도서관 건립 운영 매뉴얼』. pp.68~69)

참고문헌

- 한국도서관협회. 2013.『한국도서관 기준』. 한국도서관협회.
- 문화체육관광부. 2024.『공공도서관 건립 운영 매뉴얼』.

1	문제		다음 중 기능별 부서설정 기준을 적용한 것은?
	문항	①	인문과학자료실
		②	어린이실
		③	예술자료실
		④	수서과
	정답		④
	해설		인문과학자료실, 예술자료실은 주제별, 어린이자료실은 고객별 부서설정이고, 수서과는 기능별 부서설정이다.
2	문제		최근 A 도서관은 홍보 마케팅팀을 신설하였다. 이는 어떤 기준으로 부서를 설정한 것인가?
	문항	①	주제별
		②	고객별
		③	기능별
		④	지역별
	정답		③
	해설		홍보 마케팅은 조직의 기능 가운데 하나이다.
3	문제		도서관운영위원회 조직의 성격에 해당하는 것은?
	문항	①	심의 자문기구이다.
		②	의사결정기구이다.
		③	여론조사 및 홍보기구이다.
		④	연구기구이다.
	정답		①
	해설		운영위원회는 심의 자문기구이다.

제7장

공공도서관의 인력관리

7.1. 인력관리의 기초이론

7.2. 인사관리 과정과 절차

제7장
공공도서관의 인력관리

7.1. 인력관리의 기초이론

강의 목표
1. 인력관리의 중요성을 이해하고 조직관리와 인력관리의 상관관계를 설명할 수 있다.
2. 도서관의 직무분석과 직무명세서 작성 취지와 기법을 익혀 인력관리 업무에 활용할 수 있다.

강의 세부 내용
1. 조직관리와 인력관리의 상관관계
2. 직무분석과 직무명세서 작성 취지와 기법

용어
- 인적자원(Human Resources, HR) : 조직이나 기업의 목표 달성을 위해 필요한 모든 사람과 그들이 가진 지식, 기술, 능력, 태도, 창의력 등을 총칭하는 개념, 인사관리를 인적자원 개발(HRD) 관리로 확장 사용
- 전문사서(Special Librarian) : 특정 주제 분야(역사, 지리, 법률, 의학, 공학, 음악, 미술, 체육 등)의 전문지식을 갖추고 해당 분야의 이용자에게 심층적이고 특화된 도서관 서비스를 제공하는 사서

사전학습(퀴즈)
- 직무분석서는 조직관리 측면, 직무명세서는 인사관리 측면에 초점을 맞춘다. (   )

─조직의 직무분석 결과는 실제 인력의 채용 관리로 연결된다.

1. 조직관리와 인사관리의 상관관계

(1) 인력관리의 기초

- 인력관리의 기본원칙은 공정성, 투명성, 능력주의, 적재적소 배치 등이다. 또한 인간 존중과 소통을 통해 조직의 성과와 개인 성장을 조화시키는 것이다. 이를 위해 직무 중심의 능력주의를 추구하며 다양성과 포용성을 존중하고 명확한 기준과 소통으로 신뢰를 구축하는 것이 중요하다.
  - 공정성과 투명성 : 채용, 이동, 승진 등에 대한 인사 원칙과 기준을 명확히 하고 이를 공개하여 투명성과 공정성 확보한다.
  - 능력주의 및 성과주의 : 개인의 능력과 성과를 기반으로 하여 보상, 승진, 상벌 등을 결정한다.
  - 적재적소 배치 : 해당 직무에 가장 적합한 인재를 배치하여 효율성 제고한다.

- 인사 운영 원칙
  - 자율성 부여 : 기관의 성과 극내화를 위해 기관장에게 인사관리 자율성을 부여한다.
  - 성과 극대화 : 직무기술서와 직무명세서를 기반으로 채용, 배치, 교육, 평가, 보상 등 전반적인 인사 시스템을 운영한다.
- 인력 운영의 현대적 흐름
  - 소통과 공감 : 명확한 설명과 적극적인 경청을 통해 직원과의 신뢰를 쌓고 오해 요인을 사전 제거
  - 다양성과 포용성 : 다양한 주제 배경과 경험을 가진 직원들을 존중, '내부 고객'으로 포용하고 명령이 아닌 친절한 소통으로 동기를 부여, 직원 만족도를 제고
  - 기존의 연공 서열주의에서 벗어나 직무 중심의 능력주의로 전환
  - 단순한 인사관리를 넘어 인적자원관리(HRM : Human Resources Manage -ment), 인적자원개발(HRD : Human Resources Development)로 개념확장

(2) 조직관리와 인력관리의 관계

- 조직관리와 인력관리는 서로 밀접하게 연계되어 조직의 목표 달성을 돕는 상호보완적 관계이다.
- 개념적 차이
    - 조직관리(Organization Management) : 조직의 목표를 달성하기 위해 구조, 시스템, 프로세스를 설계하고 최적화하는 조직의 '틀' 짜기 활동
    - 인력관리(Human Resource Management) : 조직의 구성원인 '사람'을 채용, 배치, 육성, 평가, 보상하는 활동으로 조직의 근무하는 사람을 관리하는 활동
- 주요 관계 및 상호작용
    - 전략과 실행 : 조직관리가 비전과 전략적 방향을 설정하면, 인력관리는 그 전략을 실행할 적합한 인재를 확보하고 역량을 강화하여 성과를 창출
    - 구조와 배치의 조화 : 조직관리에서 설계된 직무 구조에 따라 인력관리에서 적재적소에 인원을 배치(Right People, Right Place)
    - 문화와 몰입 : 조직관리가 건강한 조직 문화를 조성하면 인력관리는 구성원의 동기부여와 몰입도를 높여 조직의 지속 가능성을 강화
    - 결과적으로 조직관리가 효율적인 운영 체계를 구축하는 것이라면, 인력관리는 그 체계가 원활히 작동하도록 에너지를 공급하는 역할을 함. 인적자원이 뒷받침되지 않는 조직구조는 공허하며 체계적인 조직관리 없는 인력운영은 방향성을 잃기 쉬움

(3) 공공도서관의 인력관리

- IFLA 공공도서관 가이드라인의 인력자원(Human resources) 안내
    - 직원은 공공도서관 활력 경영에 중요한 자원이다.
    - 인력 비용은 도서관 예산에서 높은 비중을 차지한다.
    - 지역사회에 최선의 도서관 서비스를 제공하기 위해서는 도서관 자료를 효과적으로 이용시키고 지역사회의 요구를 만족시킬 수 있는 잘 훈련되고

고도로 동기화된 직원들이 필요하다.
- 개관 시간 동안 도서관의 책임을 완수하기 위해서는 충분한 수의 직원이 근무해야 한다.
- 도서관의 인력관리는 그 자체로서도 매우 중요한 업무이다.
- 모든 직원이 도서관 서비스 정책에 대해 분명히 이해해야 한다.
- 책임과 의무가 적절히 분담되어야 하며, 다른 유사 직업과 경쟁력 있는 적정한 급여와 고용조건을 갖추어야 한다.
- 직원의 범주(Staff categories) : 공공도서관의 직원은 다음과 같이 구분할 수 있다.
  - ▶ 전문사서
  - ▶ 보조사서
  - ▶ 특수 전문인
  - ▶ 보조직원
- 인력은 상근인력과 임시인력으로도 구분할 수 있다.
- 하나의 자리를 2~3명의 직원이 담당하는데, 이는 도서관 개관 시간 동안 한 자리에 1인이 종일 근무하기 어려우므로 경험 있는 직원이 개관 시간을 공백 없이 유지하도록 보장하기 위한 것이다.

(출처 : IFLA Public Library Service Guidelines, 2nd edition. pp.83 - 84.)

- 한국도서관 기준의 인적자원 기준
  - 지방차치단체가 설립·운영하는 공립 공공도서관장은 「도서관법」 제30조 제1항(개정도서관법에서는 도서관법 제34조 ①) 규정에 따라 사서직으로 임명되어야 한다.
  - 공공도서관장의 직급은 자치단체별 서비스 대상 인구를 기준으로 결정하되, 직급과 자격증 등에 대한 바람직한 기준은 〈표 1〉과 같다. 다만, 광역 자치단체의 지역 대표도서관장 및 공공도서관을 단일시스템으로 조직·운영하는 기초자치단체의 중앙관(또는 시스템 본부) 관장의 직급은 각각 당해 지역의 전체 인구를 서비스 대상으로 삼아 결정한다.

<표 1> 공공도서관장 직급·자격·경력 기준

서비스 대상인구(명)	직급	권장 자격증 및 경력
5만 미만	6급	2급 정사서로서 5년 이상 실무경력
5만~10만 미만	6~5급	단, 5급 관장은 1급 정사서로서 1년 이상 관리 경력 또는 2급 정사서로 7년 이상 실무경력
10만~30만 미만	5급	〃
30만~50만 미만	5~4급	단, 4급 관장은 1급 정사서 자격증 소지자로서 3년 이상 관리경력
50만~100만 미만	4~3급	단, 3급 관장은 1급 정사서 자격증 소지자로서 5년 이상 관리경력
100만 이상	3급 이상	〃

▶ 특별시·광역시·도·시(구가 설치된 시는 제외)·구·군·읍·면의 전체 인구를 말한다.

- 공공도서관장은 전문지식 외에 행정 및 경영 능력을 갖추어야 하며, 도서관이 소재한 지역사회의 행정기관, 유력인사, 지역주민 등과 폭넓게 교류하여 도서관 운영에 필요한 지지와 지원, 예산·기금을 확보하기 위하여 노력하여야 한다.
- 공공도서관의 사서 직원 중에서 6급 또는 5급의 중간관리자는 1급 혹은 2급 정사서 자격증 소지자로 보임하는 것이 바람직하다.
- 모든 자치단체는 도서관 고유업무(자료의 선정, 수집, 정리, 분석, 제공 등)에 종사하는 사서 직원을 중심으로 공공도서관을 운영하여야 하며, 본인의 희망이나 동의가 없는 한 다른 직종으로 이동시키지 않아야 한다.
- 공공도서관의 사서직은 행정직군 산하의 다른 직렬과 달리 각종 정보자료의 수집, 조직, 제공, 보존관리, 이용행태 및 주제자료의 유통 동향 분석, 도서관 및 이용자를 위한 연구조사, 이용 교육 등의 전문적 업무를 수행하기 때문에 행정직군에서 분리하여 사서직군으로 독립시키는 것이 바람직하다.
- 공공도서관에는 사서 직원 외에 정보 전산화 업무, 각종 정보기기의 관리

와 활용, 평생학습 및 행정업무 등을 수행하는 다른 직렬의 전문가 및 보조직원을 두어야 한다.

－공공도서관의 바람직한 직원 배치 기준은 〈표 2〉와 같다. 기초자치단체 소속의 모든 공공도서관은 그 규모나 기능, 장서 수, 이용자 수, 건물구조 및 공간구성 등을 감안하여 적정 인원을 결정하되, 규모가 아무리 작아도 최소 3명의 정규직원(사서직원 3명 또는 사서직원 2명과 기타 직원 1명)을 확보하여야 하며, 작은도서관은 상근직원 1명 이상을 배치하는 것이 바람직하다. 다만, 지역대표도서관의 적정 직원 수는 사서 직원 기본인력 20명에 당해 지역의 전체 서비스 대상 인구 10만 명당 사서 직원 1명씩 증원 배치하고, 전체 사서 직원수의 ⅓에 상당하는 기타 직원을 추가로 배치하는 것이 바람직하다.

〈표 2〉 공공도서관 직원 배치 기준

서비스대상 인구 구간(명)	기본인력	증원인력	
		사서직원	기타 직원
1만 미만	3명(사서직원 3명 또는 사서직원 2명과 기타 직원 1명)	인구 9천 명당 1명	사서 직원의 ⅓을 추가 배치
1만~2만 미만			
2만~5만 미만			
5~10만 미만		인구 1만 명당 1명	
10~30만 미만			
30만~50만 미만			
50만 이상			

1) 서비스 대상인구가 1만 명 미만인 작은도서관은 상근직원 1인 이상을 배치한다.
2) 서비스 대상인구가 50만 명 이상인 지역대표도서관은 사서직원 기본인력(20명)에 인구 10만 명당 사서 (출처 : 한국도서관협회. 2013.『한국도서관 기준』. pp.30 - 32.)

2. 직무 분석과 직무기술서, 직무명세서

(1) 직무 분석(Job Analysis)

- 직무 분석이란 특정 직무의 성격, 과업, 필요한 역량을 체계적으로 파악하는 과정이다. 실무에서 주로 활용되는 방법은 다음과 같다.
  - 관찰법(Observation) : 분석자가 직무 수행자의 작업을 직접 옆에서 지켜보며 기록하는 방식으로 육체적 활동이 많은 단순 반복 직무에 적합하다. 장점은 객관적인 정보를 얻을 수 있다는 것이다. 단점은 사고(思考) 과정이 중요한 정신적 노동(IT, 기획 등) 분석에는 한계가 있다.
  - 면접법(Interview) : 해당 직무의 실무자나 상급자를 개별 또는 집단으로 면접하여 정보를 수집하는 방식으로 직무의 보이지 않는 측면(책임감, 난이도 등)을 파악하기에 적합하다. 면접 전 질문지를 미리 배포하면 더 구체적인 답변을 얻을 수 있다.
  - 설문지법(Questionnaire) : 표준화된 질문지를 배포하여 답변을 받는 방식으로 대규모 인원을 대상으로 단시간에 많은 데이터를 수집할 때 유리하다. 장점은 결과의 계량화 및 통계 처리가 가능하다는 점이고. 단점은 질문지가 부실하면 정보의 정확도가 떨어질 수 있다는 점이다.
  - 작업기록법(Work Diary) : 직무 수행자가 매일 수행하는 업무의 내용을 업무일지 형태로 기록하게 하는 방식으로 시간의 흐름에 따른 업무 변화를 파악하기 적합하다. 그러나 작성자의 주관이 개입될 수 있으며 기록에 번거로움이 따른다. 이를 해결하는 방법은 전 직원에게 업무수첩을 매일 기록하도록 하고 업무일지와 종합하여 분석하는 것이다.
  - 결정적 사건법(Critical Incident Technique, CIT) : 직무 성과에 결정적인 영향을 준 성공 또는 실패 사례를 중심으로 분석하는 방법으로 직무 수행에 필요한 핵심 역량을 도출하는 데 효과적이다.
  - 데이컴(DACUM : Developing A CurriculUM) : 특정 직무를 수행하는 데 필요한 모든 임무(Duty)와 작업(Task)을 분석하여 교육과정 개발에 활용하는

직무 분석 방법이다. 해당 분야의 전문가들이 워크숍을 통해 직무를 정의하고 과업을 도출한다. 이 방법은 교육훈련 과정 설계, 직업 표준 개발 등에 사용된다.
- 현재는 AI 분석 도구를 활용해 이메일, 메신저 데이터 등 디지털 발자국을 분석하여 직무 흐름을 파악하는 디지털 직무 분석(Digital Job Analysis) 방식도 도입하고 있다.

(2) 직무기술서(Job Description)와 직무명세서(Job Specification)의 차이

- 직무 분석 결과 직무기술서를 작성한다. 직무기술서(Job Description, JD)란 특정 직무의 성격, 주요 과업, 책임 범위, 권한 등을 상세하게 기록한 문서이다. 직무기술서에 포함할 내용은
  - 직무 명칭, 소속 부서, 직무의 목적(개요), 주요 책임과 과업, 필요한 자격 요건(기술, 경험, 자격증 등), 근무 조건 등이 포함된다.
  - 직무기술서의 용도는 주로 채용공고문 작성, 인사 평가의 기준 설정, 교육훈련 필요성 분석, 보상 체계 수립 등의 근거 자료로 활용한다.
- 직무명세서(Job Specification)는 특정 직무를 성공적으로 수행하기 위해 필요한 사람의 자격 요건, 즉 지식, 기술, 능력, 경험, 성격, 적성 등과 같은 인적 특성을 구체적으로 명시한 문서이다. 직무기술서가 무엇을 하는가(과업)에 초점을 맞추는 데 반해 직무명세서는 누가(어떤 사람이) 그 일을 하는가에 대한 인적 요건에 집중하여 채용, 교육, 평가 등 인사관리에 활용된다.
  - 주요 내용 : 직무 명칭, 부서, 직무의 개괄적 설명, 수행 방법, 책임 및 권한. 지식(Knowledge 특정 분야의 전문지식), 기술(Skills 특정 작업을 수행하는 능력 (예 : 컴퓨터 활용 능력), 능력(Abilities 분석력, 의사소통 능력), 경험, 자격증, 적성, 육체적 / 정신적 특성, 작성 날짜 등을 포함한다.
- 직무기술서와 직무명세서의 차이
  - 직무기술서(Job Description)와 직무명세서(Job Specification)는 모두 직무 분석의 결과물이지만 초점을 맞추는 대상이 다르다.

- 직무기술서 : 일(Job) 자체에 초점을 맞추어 해당 직무에서 수행하는 구체적인 과업, 책임, 의무, 작업 조건 등을 기록한다. 직무기술서의 목적은 "이 직무는 어떤 일을 하는가?"를 구체적으로 제시하는 데 있다.
- 직무명세서 : 일할 사람의 자격 요건에 초점을 맞추어 직무를 성공적으로 수행하는데 필요한 인적 특성을 제시한다. 즉 해당 직위의 수행에 필요한 교육 수준, 경력, 시식, 기술, 능력, 자격증, 성격적 특성 능을 제시한다. 직무명세서의 목적은 해당 자리에 "어떤 능력을 갖춘 사람이 그 일을 해야 하는가?"를 제시하는 데 있다.

직무기술서와 직무명세서 차이 비교

구분	직무기술서	직무명세서
핵심 질문	무엇을 하는가? (What)	누가 적합한가? (Who)
관리 대상	직무의 내용과 성격	직무 수행자의 자격 요건
주요 활용	직무 설계, 조직관리, 성과 평가	채용, 선발, 인적자원 배치

(3) 공공도서관 직무기술서 항목 예시

- 직무기술서 구성 요소(주요 업무)
  - 자료 운영 및 관리 : 도서 및 비도서 자료의 수집(수서), 분류, 목록 작성, 장서 점검, 대출 · 반납 서비스 관리.
  - 정보 서비스 제공 : 이용자 참고 봉사(레퍼런스 서비스), 정보 검색 지도, 데이터베이스(DB) 및 디지털 도서관 시스템 운영 관리.
  - 독서문화 프로그램 기획 : 연령별 · 대상별 독서 교실, 작가 강연회, 지역 축제 등 문화 행사 기획 및 홍보.
  - 도서관 행정 : 예산 편성 및 집행, 시설 관리, 대외 협력 사업 추진, 이용 현황 통계 분석 및 평가
- 직무기술서 구성 요소(필요 지식 및 기술)
  - 지식 : 문헌정보학(도서관 역사, 경영, 법률, 정책, 정보 서비스, 분류목록

등)
- 기술 : 최신 기술(ICT) 동향, 도서관리시스템(KOLAS 등) 활용 능력, 데이터
  분석 및 시각화, 홍보물 제작 및 콘텐츠 기획 능력, 문서작성 기술 등
- 직무기술서 구성 요소(직무 수행 태도)
  - 서비스 마인드 : 다양한 이용자층(어린이, 노인, 다문화 등)에 대한 공공
    서비스 지향적 태도.
  - 책임감 및 적극성 : 투철한 직업윤리, 예산 관리의 꼼꼼함, 새로운 기술과
    변화에 대한 개방적 수용 태도
- 직무기술서 구성 요소(응시 자격 및 우대 사항)
  - 필수 : 정사서 또는 준사서 자격증 소지.
  - 우대 : 공공도서관 근무경력, 독서지도사 자격, 영어 등 외국어 특화 역량,
    메이커 스페이스 운영 경험

(4) 공공도서관 사서직 직무명세서(Job Specification)[1]

- 직무 개요
  - 직무 명 : 사서 (Librarian)
  - 소속 : 도서관 운영부서(자료 봉사팀, 정보서비스팀 등)
  - 직무 목표 : 지역주민의 정보 요구나 독서 활동을 지원하기 위해 자료(도
    서, 비도서, 전자자료)를 수집, 조직, 보존하고, 열람·대출 서비스 및 독서
    문화 프로그램을 기획·운영
- 주요 업무 내용
  - 장서 개발 및 관리 : 도서 및 비도서 자료의 선정, 구매, 등록, 제적, 장서
    점검
  - 자료조직 : 문헌 분류(KDC 등) 및 목록 작성, DB 구축

---

1 공공도서관 사서 직무명세서(사서 8~9급 수준) 예시

- 이용자 서비스 : 자료 대출·반납, 열람실 관리, 참고 정보 봉사(Reference Service), 상호대차 서비스 운영
  - 독서문화 프로그램 : 북큐레이션, 독서 교실, 인문학 강좌, 도서관 행사 기획 및 운영
  - 고객 환경 관리 : 도서관 이용환경 조성, 자료실 정리·배가, 스마트도서관 관리
- 직무 수행 요건(필요 지식 및 기술)
  - 필요 지식 : 도서관법 및 관련 법규, 도서관 운영 규정
  - 문헌 분류법(KDC, DDC), 목록 규칙(KCR) 등 문헌 정보 조직에 대한 지식
  - 최신 도서관 트렌드 및 이용자 행태에 대한 이해
  - 디지털 정보원 및 전자도서관 시스템 운영 지식
  - 기술(Skill) : 문헌 정보 시스템(KOLAS 등) 활용 능력, 문서작성 및 보고서 작성 능력(한글, 엑셀, PPT 등)
  - 이용자 상담 및 커뮤니케이션 능력
  - 독서 프로그램, 평생교육 프로그램 기획 및 홍보 능력
- 태도(Attitude) : 봉사 마인드 및 서비스 친절, 꼼꼼한 업무 처리 능력, 능동적인 문제 해결 태도
- 자격 요건 및 경력
  - 필수 자격 : 사서 자격증 소지자(1급, 2급 또는 준사서)
  - 우대 사항 : 공공도서관 / 작은도서관 근무 유경험자, 독서지도사, 컴퓨터 관련 자격증 소지자, 기록물관리 전문 요원 자격증 소지자
- 직무명세서 작성일은 문서의 유효성을 의미하기 때문에 직무 내용이 병동될 경우 반드시 갱신하고 작성 날짜를 명시해야 한다.

• 소규모 도서관 직무명세서 간략 사례

직무명	인원	업무개요 및 자격요건	작성일
관장 (사서)	1	도서관 전반에 관한 경영기획 및 대외홍보, 도서관의 제반 시설, 인력, 장서, 예산 업무를 관리 감독하고 전반적인 경영을 책임진다. 대외적으로 도서관을 대표하며 도서관이 각계각층 시민을 위한 유익하고 창조적인 공간이 될 수 있도록 전체업무를 지휘 감독할 책임이 있다. 문헌정보학 석사학위 이상 또는 1급 정사서 자격증 소지자로 도서관 근무경력 3년 이상인 자	2026.1.2
팀장 (사서)	1	장서 개발, 자료조직, 정보서비스, 프로그램 서비스 지원, 타 도서관 및 유관기관과의 협력업무, 행정업무, 프로그램 기획, 운영, 강사 수급 및 관리, 자원 활동가 관리, 도서관 자산관리, 예산 및 회계 업무, 홍보 업무를 종합 조정한다. 2급 정사서로 도서관 근무경력 3년 이상인 자	2026.1.2
행정 전산	1	도서관의 행정, 회계, 시설, 자산관리 업무를 담당한다. 홈페이지 관리, 도서관리 프로그램 관리, 서버 관리, e-book 등 멀티미디어와 디지털자료의 관리를 담당한다. 컴퓨터 관련 4년제 대학 이상 졸업자	2026.1.2
사서	1	장서개발, 자료조직, 참고 정보 서비스, 프로그램 정보 서비스 지원, 타 도서관 및 유관기관과 협력업무, 행정업무, 프로그램 기획 운영 등 도서관 이용자가 원하는 정보를 창의적으로 안내하는 길잡이로서 역할에 충실하며 도서라는 매체의 특성을 잘 이해하고 이로부터 파생되는 창조적 가능성에 대해 주목할 수 있어야 한다. 2급 정사서 이상의 사서 자격증 소지자	2026.1.2
프로 그램 (사서)	1	도서관에서 진행되는 독서 및 문화, 예술 관련 프로그램 기획 운영, 강사 수급 및 관리, 홍보 업무 등 프로그램을 기획하고 진행자 섭외와 진행 전반을 주관한다. 문헌정보학 또는 문화프로그램 관련분야 전공자	2026.1.2
어린이 담당 사서	1	어린이를 위한 자료의 선택 수집, 어린이프로그램의 기획, 관리, 운영 및 강사 수급, 프로그램 진행, 홍보 등 어린이 자료실 서비스 전반을 주관한다. 문헌정보학, 아동학, 유아교육학 관련 분야 전공자로서 준사서 이상의 자격증 소지자	2026.1.2
기능직	1	도서관 내·외부의 시설 관리 및 환경 관리로 쾌적한 환경을 유지한다. 직원들이 요청하는 물리적 업무를 돕고, 도서관 셔틀버스를 운행하며, 각종 기자재를 언제나 사용할 수 있는 상태로 관리한다. 고등학교 졸업 이상자로 1종 보통 이상의 운전면허 소지자	2026.1.2

- 우리나라 공공도서관의 인력관리 특수성
  - 우리나라 공립 공공도서관의 인력은 대부분 공무원 신분으로 국가 또는 지역별 공무원 시험을 통하여 일괄적으로 선발하여 각 도서관에 발령 배치하고 있다. 이러한 채용방식은 개별 직위의 직무명세서에 따른 맞춤 채용이 아니므로 인사 부서에서는 공무원 시험으로 선발된 인력에 대하여 개별 상담을 통해 적재적소 배치를 고려해야 한다.
  - 민간 위탁도서관 직원의 채용은 해당도서관이 직무기술서와 직무명세서를 명확히 설정하여 직무명세서에 의해 맞춤 채용을 할 수 있다. 하지만 공무원이 아닌 시한부 계약직의 한계로 신분 보장이 어려워 직원들이 심리적으로 전문성과 능력을 발휘할 동인이 부족할 것으로 염려된다.

참고문헌

- 이종수 외 56인 공저, 2023. 『새 행정학 3.0』. 대영문화사
- Christie Koontz and Barbara Gubbin. 2010. 『IFLA Public Library Service Guidelines』. 2nd edition. De Gruyter Saur. pp.83 - 84.)
- 한국도서관협회. 2013. 『한국도서관 기준』. pp.30 - 32.

<table>
<tr><th colspan="3" style="text-align:center">학습평가</th></tr>
<tr><td rowspan="6">1</td><td colspan="2">문제</td><td>IFLA 공공도서관 가이드라인이 규정한 공공도서관 직원의 범주에 속하지 않는 것은?</td></tr>
</table>

학습평가			
1	문제		IFLA 공공도서관 가이드라인이 규정한 공공도서관 직원의 범주에 속하지 않는 것은?
	문항	①	전문사서
		②	보조사서
		③	특수 전문인
		④	기술 기능직
	정답		④
	해설		IFLA 공공도서관 가이드라인에서 정한 공공도서관 직원은 전문사서, 보조사서, 특수전문인, 보조직원 등이다.
2	문제		다음 한국도서관 기준에서 제시한 모든 공공도서관의 기본 인력 배치 기준은?
	문항	①	기본인력 사서 2명, 기타 직원 2명
		②	기본인력 사서 3명, 기타 직원 1명
		③	기본인력 사서 2명, 기타 직원 1명
		④	기본인력 사서 1명, 행정 1명, 기능직 1명
	정답		③
	해설		공공도서관의 기본인력은 사서 3명 또는 사서 2명, 기타 직원 1명이다.
3	문제		다음 중 인사관리의 기본원칙이 아닌 것은?
	문항	①	연고지 배치
		②	적임자 선발
		③	신뢰성 있는 직무평가
		④	고용안정
	정답		①
	해설		연고지 배치는 고려의 대상이지만 인사관리의 기본원칙에는 들어 있지 않다.

7.2. 인사관리 과정과 절차

강의 목표

1. 직원 선발의 원칙을 이해하고 투명하고 공정한 인사관리의 절차를 실행할 수 있다.
2. 채용 후의 전반적인 인사관리 과정과 교육훈련 및 인사고과 방법에 대하여 설명할 수 있다.

강의 세부 내용

1. 직원 선발의 원칙과 채용 절차
2. 교육훈련 및 인사고과

용어

- OJT와 Off-JT : OJT(On the Job Training)는 직무 현장에서 실무를 하며 배우는 훈련이고, OFF-JT(Off the Job Training)는 현장과 분리된 별도 장소에서 이론 위주로 배우는 교육으로, OJT는 실무 적합성이 높으나 교육 품질이 지도자에 따라 다를 수 있고, OFF-JT는 체계적이라 할 수 있지만 내용이 현업과 괴리될 수 있다.
- 인사고과 : 직원의 업적, 능력, 태도 등을 객관적으로 평가하여 승진, 배치 등 인사에 반영하는 제도로 근무성적 평정이라 부르기도 한다. 인사고과는 공정하고 합리적인 기준에 따라 정기적으로 실시한다. 인사고과의 주목적은 구성원의 동기부여 및 조직 성과 향상에 있다.

사전학습(퀴즈)

- 조직이 직원을 채용할 때는 직무기술서에 의거 선발한다. (   )

  ― 직원을 채용할 때는 직무명세서에 따라 공고하고 선발한다.

1. 직원 선발의 원칙과 채용 절차

(1) 채용 선발의 원칙

- 적재적소의 원칙 : 직무에 필요한 역량(지식, 기술, 태도)을 갖춘 인재를 해당 직무에 배치해야 한다.
- 공정성 및 객관성의 원칙 : 성별, 나이, 종교 등을 배제하고, 업무능력 위주로 평가해야 한다.
- 타당성 및 신뢰성의 원칙 : 필기시험, 면접 등 채용 방법의 타당성과 신뢰성을 확보해야 한다.
- 효율성의 원칙 : 채용 과정에 투입되는 시간과 비용 대비 우수 인재를 확보하는 경제적 효율을 고려해야 한다.

(2) 채용 선발

- 도서관의 직무와 직위가 신설되거나 기존 직원의 퇴직으로 결원이 발생할 때 적임자를 모집, 선발하고 충원한다.
- 공립 공공도서관은 국가 또는 지방자치단체 하부기관으로 공무원 임용고시를 통해 일괄 채용하므로 공정성이 담보되나 적재적소의 배치를 위한 방안을 마련해야 한다.
- 법인 단체가 자치단체에서 위탁받아 경영하는 도서관이나 사립공공도서관들은 맞춤 채용을 할 수 있는 유리한 조건에 있다. 그러나 채용에 있어 공정성이 담보되어야 한다. 법인 단체는 공무원이 아니므로 직원의 채용에 지역사회의 정치인들이나 유지들이 개입하는 경우가 있으므로 외부의 간섭을 배제할 수 있는 제도적 장치를 마련해야 한다.
- 전형 절차(위탁도서관의 경우)
  - 적정 인력을 채용하기 위해서는 공정하고 투명한 선발 절차를 거쳐야 한

다.
- 대상 직위의 직무명세서에 기초하여 홈페이지, 인터넷 등 여러 채널을 통해 채용공고를 하고 일정에 따라 투명하게 진행해야 한다.
- 전형의 절차는 서류전형, 필기시험, 면접, 신체검사 순으로 이루어진다. 그러나 전문직의 경우는 학력과 자격요건을 충족하는 지원자들이므로 필기시험은 생략하는 경우가 대부분이다.
- 서류전형 : 해당 업무를 수행할 수 있는 학력과 자격이 있는지를 심사한다.
- 면접 : 얼굴을 맞대고 대화하여 봄으로써 인성과 심성을 파악할 수 있다. 인성을 파악하기 위해서는 1인당 30분 이상 심층 면접할 필요가 있다. 면접을 통해서 대상자의 소양과 인간관계, 예의 등을 진단할 수 있다. 면접관은 복수로 구성하여 평가의 공정성을 확보하여야 한다.
- 신체검사 : 업무수행과 관련한 건강 상태를 확인하기 위해 주로 종합병원 진단서를 제출하도록 한다. 그러나 업무수행에 지장이 없는 장애로 인해 불이익이 발생하지 않도록 고려해야 한다.
- 위탁 공공도서관의 채용공고 예시

○○ 도서관 인력 채용공고

○○도서관의 운영에 필요한 사서 전문직 인재를 다음과 같이 채용합니다.

1. 채용인원
가. 채용인원 : 2급 정사서 3명
나. 채용방식 : 공개채용

2. 담당 업무
장서 개발, 자료조직, 참고 정보서비스, 프로그램 정보서비스 지원, 타 도서관 및 관련 기관과의 협력업무, 행정 업무, 프로그램 기획, 운영 등 도서관 이용자가 원하는 정보를 창의적으로 안내하는 길잡이로서 역할에 충실하며 도서라는 매체의 특성을 잘 이해하고 이로부터 파생되는 창조적 가능성에 대해 주목할 수 있어야 한다.

3. 자격조건
가. 품행이 바르고 성실하여 도서관 발전에 헌신할 수 있는 자
나. 2급 정사서 자격증 소지자
다. 남자의 경우 병역의무를 완료했거나 면제된 자
라. 공고일 현재 대한민국 국민으로 주민등록이 되어있는 자
마. 도서관 서비스에 대한 이해가 높고 봉사 정신이 투철한 자

4. 제출서류
가. 이력서 1부(3.5cm*4.5cm 사진 부착), 연락처 반드시 기재
나. 자기소개서 1부
      − 도서관 문화발전에 대한 소신과 비전을 포함할 것
      − 전문적인 주제 및 관심 분야가 있다면 이를 분명하게 밝힐 것
다. 경력 기술서(상세한 직무 경험 기재) 1부
라. 추천서(자유 양식) 1부
마. 주민등록 등본 1부
바. 최종학교 졸업증명서 1부
사. 사서 자격증 사본 1부
아. 관련분야 경력증명서 1부

5. 전형 방법
가. 1차 서류심사
 서류전형 합격자 개별 통보
나. 2차 면접 심사
 면접 심사 후 최종합격자 개별 통보

6. 채용 일정 및 면접계획
 가. 서류접수 : 기간 명시
 나. 서류심사 : 기간 명시
 다. 1차 합격자 발표 : 날자 명시
 라. 면접 : 날자 명시
 마. 최종합격자 발표 : 날자 명시

－면접 심사기준 및 질문 예시(문항당 5점, 총 20문항 100점)

심사 항목	질문 요지
1. 적극성	■ 본인의 생활 습관에 대하여 스스로 생각하는 자신의 장단점을 말해보시오. ■ 본인은 효자라고 생각하는지, 효자라고 생각한다면 어떤 점에서 그런지? ■ 학생들의 음주와 흡연에 대한 본인의 견해는? ■ 졸업 후 자기 개발은 어떻게 해왔고, 앞으로 어떻게 할 것인지?
2. 협동성	■ 토론과 토의의 차이점을 설명하고, 토론과 토의의 결과에 대해서는 어떤 태도로 임할 것인지?(계속 자기주장을 관철하도록 노력, 또는 결과의 겸허한 수용) ■ 학생 시절 조별 리포트 수행에서 어떤 역할을 주로 담당했는지, 예를 들어 자료조사, 보고서 작성, 발표 등에서 본인이 맡았던 역할은 무엇이었는지? ■ 본인의 일도 바쁜데 동료가 도움을 요청하면 어떻게 할 것인지(미안하다고 양해를 구함, 조직 업무의 우선순위를 따져보고 협조할 것인지)
3. 가치관	■ 어떨 때 행복을 느끼는가? 본인의 행복 기준은 무엇인가. 돈, 지위, 명예, 봉사 ■ 사회문제를 고민한다면 가장 중점을 두는 부문은 어떤 것인지? 교육, 복지, 환경, 정치, 경제, 문화 ■ 사회생활에서 가장 중요하게 생각하는 것은(의리, 상대방의 인정, 신뢰)
4. 직업관	■ 보수가 많지 않은데 본인이 희망하는 급여 수준은? 희망 급여보다 낮을 경우? ■ 도서관의 인력이 부족한데 1인 2역, 3역을 해야 한다면 어떻게 극복할 것인가? ■ 도서관에 대한 본인의 관점과 아이디어를 말해볼 것 ■ 도서관에 대한 봉사 경험과 비전은?
5. 창의력	■ 주관식 시험 답안을 쓸 때 어떤 식으로 기술하는지? (내용을 외워서 교재대로 쓰는지) ■ 업무 기획안을 만든다면 어떻게 준비할 것인지 구체적인 방법을 말해볼 것(자료조사, 사례조사, 벤치마킹, 상담 등)
6. 전문성	■ 도서관과 사서의 사회적 역할을 간단히 말해보시오. ■ 우리나라 도서관 전반의 문제점과 대안을 말해보시오. ■ 자료조직에서 마크 실습 및 작업 경험은 어느 정도인지? ■ 도서관의 구성요소와 장서의 역할에 대하여 설명해보시오.

(3) 보임, 보직 이동, 승진, 퇴직

- 인적 자원 관리에서 직원의 보임, 보직 이동, 승진, 퇴직은 조직의 효율성과 형평성을 결정하는 핵심 요소이다.
- 보임 및 보직 이동(Assignment & Transfer)
  - 적재적소(適材適所) 배치를 통해 개인의 역량 발휘와 조직 성과 극대화

- 직무 적합성 : 직무수행에 필요한 역량(지식, 기술, 태도)과 개인의 전공, 경력, 적성의 부합
- 인력 운영 효율성 : 특정 부서의 인력 과잉이나 부족을 방지하고 조직의 전략적 목표에 따라 인력을 재배치
- 경력개발(CDP) : 직원의 다각적인 역량 개발을 위해 순환 보직을 실시하며, 본인의 희망 직무를 반영하는 '사내 공모제' 등을 활용
- 승진(Promotion)
  - 직원의 동기부여와 조직의 활력을 유지하기 위한 보상 체계
  - 성과 및 역량 중심 : 과거의 성과(Performance)와 상위 직급 수행 가능 역량(Potential)을 종합적으로 평가
  - 공정성 및 객관성 : 명확한 승진 기준과 점수 체계를 사전에 공지하며, 고용노동부 인사관리 가이드 등 법적 기준에 부합하는 공정한 절차를 준수해야
  - 기회균등 : 성별, 학벌, 연고를 배제하고 모든 대상자에게 평등한 기회를 제공
- 퇴직(Separation) : 근로관계의 종료
  - 적법 절차 준수 : 근로기준법에 의거, 퇴직금은 퇴직 후 14일 이내에 지급
  - 사직 의사 확인 : 본인의 자유의사에 의한 사직인지 확인하기 위해 사직서를 수취하며 이직 사유를 파악
  - 전직 지원(Outplacement) : 정년퇴직이나 구조조정 시 직원이 새로운 일자리를 찾을 수 있도록 교육이나 컨설팅 지원

2. 교육훈련 및 인사고과

(1) 교육훈련

- IFLA 공공도서관 가이드라인 : 인력자원(Human resources), 사서의 교육

(Education of librarians)

- 전문사서는 문헌정보학 관련 대학 및 대학원에서 학위를 취득해야 한다. 또한 최신의 발전된 지식을 지속적으로 접목하기 위해서는 공식적 비공식적으로 계속적인 전문 교육을 받아야 한다.
- 공공도서관 사서는 그 지역의 대학 문헌정보학과와 긴밀한 관계를 유지해아 하며(대학도 공공도서관과 긴밀한 유대를 유지), 교육과정의 내용을 충분히 인지해야 한다.
- 가능하다면 사서들은 문헌정보학과의 교육에 참여해야 한다. 예를 들면 강의에 도움을 주고, 사서 지망 학생들과 인터뷰에 응하며, 인턴십 등 협력을 유지해야 한다.
- 훈련(training) : 훈련은 공공도서관 활동의 활력 요소이다. 상근, 비상근직의 모든 수준에서 지속적인 훈련프로그램을 계획하고 유지하여야 한다. 정보기술의 급속한 발전으로 정기적인 훈련의 필요성이 더욱 절실하게 되었으며, 도서관 외부 정보자원의 접근을 위한 네트워킹 기술도 훈련프로그램에 포함되어야 한다. 다른 전문직이나 보조직원들도 공공도서관의 목적과 운영의 맥락 속으로 유도하는 훈련을 받아야 한다. 새로운 시스템을 실행하기 위한 예산 책정에는 훈련비가 포함되어야 한다. 대규모 도서관의 훈련 담당 직원은 창의적인 훈련실행계획을 수립해야 한다. 훈련을 보장하기 위해 예산의 일정 비율이 반영되어야 한다.

- 교육과 훈련의 중요성
  - 직원의 교육과 훈련은 인사관리에서 매우 중요한 부문이다.
  - 교육은 지식적인 측면에서, 훈련은 기능적인 측면에서 활용되는데 도서관에서 업무를 수행하기 위해서는 교육과 훈련이 다 필요하다.
  - 대학을 졸업하여 학위와 사서 자격증을 취득하고 경쟁 전형을 거쳐 사서직에 합격하였다고 하더라도 도서관 현장에 임해서는 실무 적응이 쉽지 않기 때문에 실습과 경험을 쌓아가야 한다.
  - 기성 직원들도 정보사회발전에 부응하여 도서관을 발전적으로 운영하기 위해서는 지속적이고 체계적인 교육과 훈련을 받아야 한다.
  - 교육훈련의 내용은 도서관 업무의 전 부문이 모두 해당한다. 교육훈련의

단계는 신입직원의 오리엔테이션, 실무자 교육훈련, 관리자 교육훈련, 경
영자 교육훈련으로 구분할 수 있다.

- 교육의 형태별로는 개별 교육훈련과 집합 교육훈련으로, 그리고 직장 내
교육훈련과 외부 교육훈련으로 구분할 수 있다. 여기서는 신입직원의 오
리엔테이션과 개별교육 교육훈련, 집합 교육훈련으로 나누어 간단히 살펴
본다.

- 신입직원의 오리엔테이션
  - 조직의 일원으로서 갖추어야 할 기본적 업무 지식과 그 기관의 경영철학
  (사명, 목적, 목표), 기관 자체의 각종 제도(기관의 조직, 정책, 근무규칙,
  휴가, 이동, 승진, 급여계산법, 노사관계), 직장 예절과 윤리, 복장 등 도서
  관 직원의 일원으로서 갖추어야 할 제반 사항들을 교육한다. 오리엔테이
  션은 대기업의 경우는 집합교육으로 연수원에서 시행하나 도서관의 경우
  에는 소수 인원이므로 직장 내에서 상사와 선배들이 개별적으로 신입직원
  을 교육하는 것이 일반적이다. 수습사원제도는 오리엔테이션의 일종이다.

- 직무교육(OJT : On the Job Training)
  - 의미 : 직무를 수행하는 현장에서 상사나 선배로부터 직접 배우는 직장 내
  교육으로 직접 직무수행 방법을 실습으로 배우는 일종의 도제식 훈련이
  다. 신입직원은 보통 3개월 정도의 수습 기간을 갖는데 이때 부서를 순환
  하면서 업무를 배우며, 조직 분위기를 익힌다. 기성 직원도 이동, 승진 등
  으로 새로운 업무를 맡게 되면 상사와 선배로부터 직무 교육훈련을 받아
  야 한다. OJT는 직장 내의 멘토링(mentoring)과 유사한 특징을 갖는다. 하
  지만 OJT는 공식적인 교육훈련이고 멘토링은 비공식적이라는 특징을 지닌
  다.
  - 장점 : 실무와 직결되어 실제적이고 체험적이며, 비용이 절감되고 협동심
  을 기를 수 있음.
  - 단점 : 교육 내용이 표준화되지 않고 교육자의 역량에 따라 질이 달라질
  수 있으며, 업무 중 진행되어 집중이 어려울 수 있음.

- 집합교육(OFF-JT : Off the Job Training)
  - 의미 : 근무지를 떠나 연수원이나 외부 기관에 가서 일정 기간 집중 교육

을 받는다. 정부 기관이나 대기업들은 자체 연수원을 두고 교육과정을 편성하여 각종 직무교육을 한다. 도서관은 국립중앙도서관 사서 연수원에서 교육과정을 편성하여 연중 집합교육을 실시한다. 이 밖에도 직원의 경력 개발 및 자아 성장을 지원하는 대내외 교육 프로그램에 참여시키는 방법이 있다. 예를 들어 도서관으로 전문가를 초청하여 강좌를 열거나, 정부의 시책 또는 사업 설명회, 전산시스템개발설명회, 외부 세미나 빛 특별상습회 파견, 국내 선진 도서관 견학, 외국의 도서관 또는 학술회의, IFLA 총회 등에 파견하여 세계적인 감각과 안목을 갖게 하는 것도 모두 교육훈련이다. 근무 장소나 생산 시설과 떨어진 외부 교육기관, 교육원 등에서 이론 위주로 받는 직장 외 교육이다.

- 장점 : 전문 강사에 의한 체계적이고 표준화된 교육, 업무 부담 없이 교육에 전념 가능
- 단점 : 교육 내용이 실제 업무와 괴리될 수 있고, 담당 업무가 중단되거나 인력 공백이 발생할 수 있음.
- 외부 교육훈련의 효과로는 첫째, 새로 발견된 지식과 기술의 습득 및 현장 적용, 둘째, 현장에서 안일해진 직원들에게 신선한(refresh) '충격'을 주어 새로운 의욕과 활력을 충전하고, 셋째, 도서관 근무자로서 자부심과 조직 결속력 및 조직 몰입도를 높일 수 있다.

- OJT와 OFF-JT의 핵심 차이 요약

구 분	OJT(On the Job Training)	OFF-JT(Off the Job Training)
장 소	직무 현장(도서관 내)	연수원, 교육원, 외부 교육기관
방 식	실무 수행, 체험 학습, 멘토링	강의, 워크숍, 세미나 등 이론 중심
특 징	실제적, 체험적, 현업 중심	체계적, 전문적, 이론 중심
목 표	즉각적인 직무 능력 향상	넓은 범위의 지식 습득, 전문성 강화

(2) 인사고과, 근무성적 평정

- 인사고과의 필요성
  - 인사관리도 계획, 실행, 평가, 피드백의 과정을 필수적으로 거쳐야 한다. 조직화의 과정이 계획이라면 인력의 채용과 충원은 실행이며, 근무성적 평정은 평가이다. 따라서 근무성적 평정이 없는 인사관리는 실패하기 쉽다.
  - 조직과 인력 충원이 무난히 이루어졌다고 하더라도 조직 속에서 일하는 직원들이 업무를 얼마나 잘 수행하느냐의 여부는 조직 목적 달성과 직결된다. 구성원들이 조직에 몰입하여 책임감 있게 맡은 바 업무를 제때 창의적으로 해내야만 성과를 내는 조직이 될 수 있다.
- 근무성적 평정의 목적
  - 직원의 능력과 취향이 직무와 맞는지 파악, 적재적소에 배치할 수 있게 한다.
  - 직원들이 본인들이 행한 일에 대한 평가를 받고 개선할 부분을 개선하게 한다.
  - 근무성적 평정의 결과를 인사관리에 건설적으로 반영하여 직원들에게 동기를 부여하며, 인간관계를 개선함으로써 조직 건강성 유지할 수 있다.
- 근무성적 평정의 방법
  - 평가 담당자는 자기평가, 직속 상사, 그 위의 상사이다.
  - 다면 평가에서는 상위직이 하위직을, 하위직이 상위직을, 동료가 동료를 평가하여 이를 종합하는 방법을 취한다.
  - 어떤 평가 제도를 사용하든 성공적인 인사고과를 위해서는 평가자와 피평가자 간의 원활한 의사소통을 통하여 서로의 생각과 입장을 이해하고 직원과의 개별 면담을 통해 업무수행 중의 어려운 점과 해결책을 마련하는 것이 바람직하다.
- 인사고과의 난점 : 인사고과가 실패하는 주된 이유는 많은 경우 연중행사 내지 요식 행위로 여기는 풍조, 그리고 학연, 지연 등에 의한 개인적 감정 요소가 작용하기 때문이다. 인사고과에서 객관성을 유지하기 어려운 이유는
  - 후광효과 : 피평가자의 전체적인 인물 됨됨이나 일반적 조건 때문에 모든

고과 요소에 점수를 후하게 또는 박하게 매기기 쉬운 점
- 편견 : 평가자의 개인적 편견이나 편파성이 공정한 평가를 저해하는 경우, 개인적 친분, 종교, 정치이념, 지방색, 성차별, 연령차별 등 편견 개입
- 극단적인 평가 : 평가자의 개성이나 주관에 따라 전체적으로 너무 혹독하게 또는 관내하게 평가함. 대개 까칠한 완벽주의자는 혹독하게 평가하고 관용주의자는 후하게 평기하기 쉬움
- 중도주의 : 평가자가 우유부단해서 적당히 중간으로 평가하는 것. 예를 들면 설문조사 시 응답자들이 '보통'에다 표시하는 경향과 유사
- 실제 업무 성적과 업무능력의 괴리 : 실제로 업무에 나타난 성적을 평가하지 않고 평가자가 평소에 그 직원에 대해서 생각하고 있는 직원의 잠재력이나 능력에 따라 평가하는 경우, 이럴 경우는 능력이 있는 직원이라도 실제 업무에는 소홀한 점을 가려내지 못함.
- 비교 연관 : 여러 사람을 평가할 때 각자를 따로따로 생각해서 평가하여야 하나 앞, 뒤의 사람과 비교하여 비슷하게 점수를 주는 경향
- 최근의 일에만 중점을 두는 것 : 업무평가 대상 기간 전체의 업무를 평가하지 않고 최근의 일만 생각하여 평가하는 경향
- 이런 점들을 유의하여 인사고과는 인력관리에 필수적 요소라는 점을 명심, 공정하고 객관적인 평가, 실제 업무를 개선할 수 있는 평가, 조직의 활력을 높일 수 있는 평가가 되도록 최선의 노력을 기울여야 한다.
- 다음은 필자가 근무했던 회사의 근무성적평정표를 참조하여 작성한 공공도서관 직원의 근무성적 평정표 사례이다.

○○ 도서관 직원 근무성적 평정표

- 평정 대상 : ○○부 ○○과 ○○○
- 평정 기간 : 평정 대상 기간 명시
- 평정자 : 과장 ○ ○ ○ 인
- 평정 내용

평정요소	평정내용	배정점수
1. 책임감	업무를 책임지고 완수하려는 열의와 추진력 및 결과에 대하여 책임 있는 태도를 취하는 정도	100
2. 인간관계 협조성	조직 내 인화 단결에 힘쓰며 직원 상호 간 유기적인 협조를 취하는 정도	100
3. 도덕성	품위를 유지하고 공정하고 투명하게 업무를 처리하며 건전하고 긍정적인 사고로 개인 생활을 영위하여 사회적 물의 없이 타의 모범이 되는 정도	100
4. 자기 계발	일을 통한 자기 동기부여와 능력 신장을 위한 연구 노력도, 차원 높은 일을 맡으려는 자세와 관심도	100
5. 업무 지식	업무를 효과적으로 수행하는데 필요한 경험과 지식 정도	100
6. 창의 기획력	장래를 예측하고 적절한 대책을 세워 실행하는 능력 및 새로운 업무라도 솜씨 있게 처리하는 능력과 새로운 아이디어를 내어 업무를 처리하는 능력	100
7. 섭외조정력	업무수행에 있어서 외부와의 교섭, 절충, 상담 등을 성공적으로 끌어가는 능력	100
8. 변화 대응 능력	환경변화를 수용하고 기존의 사고방식이나 업무 처리 방법을 바꾸어 변화에 탄력적으로 대응하는 자세	100
9. 수명 사항 이행 및 기대 수준 충족 정도	수시로 상사가 지시한 업무에 대한 이행 여부 및 수행한 업무 중 상사가 기대하고 요구한 수준 달성 정도	100
10. 논리적 표현력	말이나 글로 전달하려는 의도, 생각을 논리정연하고 정확하게 표현하는 능력	100
총점		1,000
평균		100

※ 평정 점수 및 등급

A : 90~100 뛰어난 수준 : 우수 직원으로 자체 포상

B : 80~89 우수한 수준 : 격려

C : 70~79 보통 수준 : 주의

D : 60~69 보통보다 뒤지는 수준 : 경고

(3) 보수 관리

- 보수란 업무수행의 결과에 대한 금전적인 대가이다. 보수는 기본적으로 직원의 생계비 및 일정 수준 이상의 문화생활을 유지할 수 있는 경제적인 보상이 되어야 한다. 보수가 직원의 기대치보다 낮을 때는 불만 요인이 되지만, 보수가 기대치보다 높다고 해서 동기 요인이 되지는 않는다는 이론이 있다.
- 공무원의 경우에는 공무원보수규정 및 지방공무원보수규정에 따라 보수가 체계화되어 있고 매년 경제사회 현실을 반영, 개정되므로 비교적 안정적이다.
- 위탁도서관의 경우에는 직원들이 대부분 계약직 또는 임시직으로서 채용됨에 따라 매년 연봉계약을 체결하게 된다.

참고문헌

임도빈, 유민봉. 2019. 『인사행정론 : 정부경쟁력의 관점에서』 5판. 박영사.

<table>
<tr><td colspan="3"></td><th colspan="2">학습평가</th></tr>
<tr><td rowspan="7">1</td><td colspan="2">문제</td><td colspan="2">인사 채용에서 가장 먼저 확보해야 할 사항은?</td></tr>
<tr><td rowspan="4">문항</td><td>①</td><td colspan="2">채용의 공정성</td></tr>
<tr><td>②</td><td colspan="2">지원자의 학력</td></tr>
<tr><td>③</td><td colspan="2">지원자의 스팩</td></tr>
<tr><td>④</td><td colspan="2">지원자의 인간성</td></tr>
<tr><td colspan="2">정답</td><td colspan="2">①</td></tr>
<tr><td colspan="2">해설</td><td colspan="2">채용의 공정성은 사후의 잡음을 방지할 수 있는 중요한 요인이다.</td></tr>
<tr><td rowspan="7">2</td><td colspan="2">문제</td><td colspan="2">공식적인 교육훈련의 종류가 아닌 것은?</td></tr>
<tr><td rowspan="4">문항</td><td>①</td><td colspan="2">신입사원 오리엔테이션</td></tr>
<tr><td>②</td><td colspan="2">직무교육</td></tr>
<tr><td>③</td><td colspan="2">집합교육</td></tr>
<tr><td>④</td><td colspan="2">멘토링 시스템</td></tr>
<tr><td colspan="2">정답</td><td colspan="2">④</td></tr>
<tr><td colspan="2">해설</td><td colspan="2">멘토링은 조직에서 제도화할 수도 있으나 일반적으로는 개별적 인간관계에 의존하고 있다.</td></tr>
<tr><td rowspan="7">3</td><td colspan="2">문제</td><td colspan="2">다음 중 인사고과의 장애 요인으로 볼 수 없는 것은?</td></tr>
<tr><td rowspan="4">문항</td><td>①</td><td colspan="2">후광효과</td></tr>
<tr><td>②</td><td colspan="2">편견</td></tr>
<tr><td>③</td><td colspan="2">극단적 평가</td></tr>
<tr><td>④</td><td colspan="2">중용적 평가</td></tr>
<tr><td colspan="2">정답</td><td colspan="2">④</td></tr>
<tr><td colspan="2">해설</td><td colspan="2">중용은 중도주의와는 의미가 다르다.</td></tr>
</table>

제8장

공공도서관의 예산관리

8.1. 공공도서관 예산의 의의와 성격

8.2. 예산의 유형과 절차

제8장
공공도서관의 예산관리

8.1. 공공도서관 예산의 의의와 성격

강의 목표

1. 국가 재정의 큰 틀을 이해하고 공공예산의 성격과 원칙을 설명할 수 있다.
2. 공공도서관 예산의 사회적 중요성을 이해하고 효율적·효과적으로 예산을 관리할 수 있다.

강의 세부 내용

1. 국가 재정의 의의와 예산원칙
2. 공공도서관 예산의 중요성과 예산관리

용어

- 재정 : 정부가 국방, 치안, 사회복지, 경제 개발 등 공공 서비스 제공을 위해 세금 등으로 재원을 조달하고 지출하는 경제 활동. 이는 공공재 공급, 소득 재분배, 경제 안정화의 핵심 요소로 국민의 삶의 질 향상과 지속적 성장을 뒷받침하는 중추적 역할을 한다.
- 공공예산 : 국가나 지방자치단체가 1회계연도 동안 수행할 세입·세출의 예정 계획서로, 숫자로 표현된 정부의 정책이자 미래 지출 명세서이다. 국민의 세금을 재원으로 공공 서비스 제공, 사회복지 강화, 경제안정 등에 공공예산이 사용된다.

사전학습(퀴즈)

- 공공도서관 예산은 개별 도서관에서 편성하여 도서관운영위원회의 승인으로 확정된다. (   )

  ─ 모든 공공예산은 국회 또는 지방의회의 의결로 확정된다.

1. 국가 재정의 의의와 예산원칙

(1) 재정 및 예산의 의의

- 국가 재정이란 정부가 국방, 치안, 사회복지, 경제 개발 등 공공 서비스 제공을 위해 세금 등으로 재원을 조달하고 지출하는 경제 활동이다. 이는 공공재 공급, 소득 재분배, 경제 안정화라는 핵심 역할을 담당하며, 국민의 삶의 질 향상과 지속가능한 국가 성장을 뒷받침한다.
- 국가 재정의 정의
  - 세입 및 세출 활동 : 국민과 기업으로부터 세금(국세, 지방세)을 거두어 국가 운영에 필요한 곳에 사용한다.
  - 구성 요소 : 예산(일반 / 특별회계)과 기금으로 이루어지며, 중앙정부와 지방자치단체가 계획하고 운용한다.
  - 목표 : 가계, 기업과 달리 '이윤'이 아닌 공공의 이익과 국민 복지 향상을 목표로 한다.
- 국가 재정의 중요성 및 역할
  - 효율적 자원배분 : 시장에서 공급하기 어려운 국방, 치안, 도로, 공원 등 공공재를 생산·공급하여 시장 실패를 해결한다.
  - 소득 재분배 및 형평성 제고 : 세금 정책과 사회보장제도(복지 지출)를 통해 빈부 격차를 완화하고 사회 안정을 도모한다.
  - 경제안정 및 성장 : 불경기에는 지출을 늘리고(확장적 재정), 호경기에는 줄여서(긴축적 재정) 물가 안정과 경제 성장을 유도한다.
- 재정 운용의 핵심 원칙
  - 국가 재정은 국가의 정책을 실현하는 원동력이자 국민경제의 성장과 분배를 결정짓는 중요한 요소이다.
  - 건전성 : 국가 채무를 적정 수준으로 관리하여 재정의 지속 가능성을 유지한다.
  - 효율성 : 한정된 재원을 필요한 곳에 가장 효율적으로 투입한다.

－투명성 : 예산편성, 집행, 결산과정을 국민에게 공개하여 공정성을 보장한다.

(2) 국가 예산의 개념

- 국가 예산은 일정 기간(회계연도) 동안 정부의 수입·지출 활동에 대한 계획이다. 예산은 세출 예산뿐만 아니라 세입 예산도 포함된다.
- 예산은 국가적 우선순위에 따라 한정된 재원을 배분하는 과정으로, 미리 계산한 국가 운용의 계획서이다. 따라서 국가의 주요 의사결정과정의 하나이므로 행정부와 입법부가 함께 참여하며, 효율성·합리성·투명성·민주성 등이 동시에 요구된다.
- 예산의 종류는 크게 본 예산, 수정 예산, 준예산, 추가 경정 예산으로 구분되며 각 예산은 헌법 및 국가재정법에서 규정하고 있다.
  - 본 예산은 정부가 편성하여 국회에 제출한 예산이 국회 심의를 거쳐 최종 확정된 예산이다(헌법 제54조, 국가재정법 제32조)
  - 수정 예산은 정부가 예산안을 국회에 제출한 후 국회 의결 전에 수정해서 제출한 예산안으로, 국회에 예산안을 제출한 후 국제정세나 국내 여건의 급격한 변화 등 부득이한 사유가 있는 경우에 제출 가능(국가재정법 제35조)
  - 준예산은 국회에서 부득이한 사유로 회계연도 개시 전까지 예산안이 의결되지 못할 때 전년도 예산에 준거하여 편성하는 예산으로, 지출할 수 있는 경비는 헌법이나 법률에 따라 설치된 기관 또는 시설의 유지·운영비, 법률상 지출 의무의 이행, 이미 예산으로 승인된 사업의 계속 등이다(헌법 제54조, 국가재정법 제55조)
  - 추가 경정 예산은 예산이 확정되어 운영 중 여건 변화에 따라 연도 중에 수정하여 국회에서 다시 확정된 예산이며, 그 편성 요건은 전쟁이나 대규모 자연재해가 발생한 경우, 경기 침체, 대량실업, 남북관계의 변화, 경제협력과 같은 대내·외 여건에 중대한 변화가 발생하였거나 발생할 우려가 있는 경우, 법령에 따라 국가가 지급하여야 하는 지출이 발생하거나 증가하는 경우 등이다(헌법 제56 조, 국가재정법 제89조).

(3) 예산회계의 구분

- 일반회계(General Account) : 국가재정법 제4조에 따라 국가의 회계는 일반
  회계와 특별회계로 구분한다.
  - 목적 : 국가의 일반적인 재정 활동(국방, 치안, 교육 등)을 포괄적으로 운
    영
  - 재원 : 국세 수입이 주된 재원
  - 운용 : 일반적 예산 편성 및 집행 절차를 따름
- 특별회계(Special Account) : 특별회계는 법률이 정한 특정 사업이나 자금 운
  용의 경우에만 설치할 수 있다.
  - 목적 : 특정 사업(철도, 교육, 통신 등)의 수입과 지출을 일반회계와 분리
    하여 운영
  - 새원 : 목적세, 일반회세 전입금 등 득정 재원을 사용
  - 운용 : 특정 목적 달성 시 폐지될 수 있으며, 일반회계와 달리 목적사업에
    한정해 사용
- 기금(Fund)은 국가재정법 제5조(기금의 설치)에 의거 특정 목적(국민연금,
  주택기금 등)을 위하여 특정한 자금을 운용할 필요가 있을 때 법률로써 설치
  한다.
  - 목적 : 특정 목적을 위한 자금을 별도로 모아 운용하여 재정의 신축성을
    확보
  - 재원 : 부담금, 기여금 등 특정 목적의 수입
  - 운용 : 여유자금을 금융 투자 등으로 운용할 수 있으며, 예산 변경 시 의회
    의 승인 없이 용도 변경이 가능해 특별회게보다 운용이 탄력적(국민연금
    등이 대표적).
- 일반회게, 특별회게, 기금의 구분은 세입과 세출의 명확한 연결, 운용의 탄력
  성, 자금의 독립적 운용 여부에 따른 것이다. 즉, 일반회계는 조세로 운영되
  고, 특별회계는 목적세나 전입금으로, 기금은 부담금 등으로 특정 목적을 위
  해 사용된다.

(4) 예산의 기능

- 정부 예산은 정치적 기능, 행정적 기능, 법적 기능, 경제적 기능 등을 수행한다.
- 예산의 정치적 기능 : 한정된 국가 재원을 두고 벌어지는 다양한 이해관계와 갈등을 조정하여 정부의 정책 우선순위를 확정하고 행정부를 민주적으로 통제하는 과정이다. 이는 단순한 수입·지출 계획을 넘어, 무엇을 중요하게 생각하는지 보여주는 정책의 결정체이자 권력 투쟁의 결과물이다.
  - 핵심 기능 : 정책 우선순위 설정, 이해관계 조정 및 갈등 해결
  - 행정부 감시 및 견제 : 입법부(국회)가 예산 심의 과정을 통해 행정부의 사업 내용을 검토하고, 국민의 뜻을 반영하여 재정 권한을 통제함.
  - 정당성 강화 : 국민의 대표인 국회가 예산을 확정함으로써 정부 재정 운영의 합법성과 정당성을 확보
  - 예산은 수치화된 사업 계획서이자 정치적 선택과 책임이 담긴 문서이다.
- 예산의 행정적 기능은 : 정부가 수립한 정책 목표를 달성하기 위해 자원을 효율적으로 배분, 관리, 통제하는 관리적 도구로서 역할. 주로 계획 수립, 예산집행, 성과 평가 및 피드백을 통해 행정부의 사업을 원활하게 수행하고 효율성을 극대화하는 기능이다.
  - 계획 기능(Planning) : 정부의 중장기 목표를 구체적인 사업 계획과 예산으로 변환하여 행정 방향을 설정한다.
  - 관리 기능(Management) : 예산집행 과정에서 인력, 물자, 자금 등의 자원을 효율적으로 배분하고 집행을 감독하여 책임 행정을 구현
  - 통제 기능(Control) : 입법부가 승인한 예산 범위 내에서 지출이 이루어지도록 통제하여 자의적인 예산 사용을 방지하고 합법성을 확보
  - 평가 및 환류(Evaluation / Feedback) : 예산집행 결과를 분석하여 성과를 평가하고, 이를 다음 예산 편성에 반영하여 행정의 생산성을 높인다.
- 예산의 경제적 기능 : 국가가 재정 활동을 통해 자원을 효율적으로 배분하고, 소득을 재분배하며, 경제 안정화를 도모하여 시장 실패를 치유하는 역할, 이는 제한된 재원을 공공 서비스에 적절히 배분하고, 경기 변동에 대응하며, 소

득 격차를 완화하는 핵심 재정 정책 수단이다.

- 자원의 효율적 배분 : 전통적으로 예산의 핵심 기능은 사회적 후생이 최대
화될 수 있도록 한정된 자원을 배분하는 것이다. 국가는 예산을 통해 시장
이 공급 불가능한 공공재를 생산하고 시장 실패를 치유하는 등 효율적인
자원배분을 추진할 수 있다. 예를 들어 국방 및 치안유지, 대규모 고속도
로 건설, 유치산업 보호 등이 이러한 기능에 해당한다.
- 소득의 재분배 기능 : 예산의 또 다른 중요한 기능은 생산된 재화와 서비
스를 구성원 간에 공평하게 분배하는 것이다. 이러한 소득의 재분배 기능
은 최저생활 보장(빈곤층 생계지원, 실업급여 등), 소득분배 불평등 완화
(교육 지원, 저소득층 지원 등) 등을 통하여 사회통합에 이바지한다.
- 경제의 안정화 기능 : 예산은 경제를 안정시키는 기능을 수행한다. 이는
경기 안정·경제 성장을 위한 예산 규모 또는 재정수지 조정을 의미하며,
1930년대 뉴딜정책으로 그 중요성이 나타나기 시작했다. 오늘날 여러 국
가에서 재정의 건전성을 중기적으로 관리하며, 건전성과 경기 안정화를 도
모하는 재정원칙을 사전에 설정해 두고 있다.

(5) 예산 승인주의와 예산 법률주의

- 예산 승인주의와 예산법률주의의 핵심 차이점은 예산이 법률과 동일한 효력
을 가지는가에 있다.
- 예산 승인주의 (우리나라 방식)
  - 정의 : 예산은 법률이 아닌 별도의 국가 의사 형식으로 보며, 국회의 의결
  (승인)을 통해 성립
  - 특징 : 예산과 법률이 형식이 다르므로 예산으로 법률을 개정하거나 폐지
  할 수 없다. 예산은 국가기관 내부(행정부)만 구속하며 일반 국민을 구속
  하는 법적 효력은 없다. 대통령은 국회에서 의결된 예산안에 대해 거부권
  을 행사할 수 없다.
  - 채택 국가 : 한국, 일본 등

- 예산법률주의
  - 정의 : 예산을 법률의 한 종류로 보며, 법률과 동일한 절차를 거쳐 성립
  - 특징 : 예산이 법률이므로 예산 자체에 일반 국민을 구속하는 규정을 담을 수 있다. 예산으로 법률의 효력을 정지하거나 변경하는 국가도 있다(미국). 대통령은 국회를 통과한 예산 법안에 대해 거부권을 행사할 수 있다.
  - 채택 국가 : 미국, 영국, 프랑스, 독일 등

(6) 국가 재정 법체계

- 우리나라의 예산 관련 법체계는 헌법을 최상위 법으로 하여, 국가재정법을 중심으로 한 단계적인 법령 구조를 갖추고 있다. 재정민주주의 원칙에 따라 행정부의 예산 편성권과 국회의 심의·확정권이 법적으로 명확히 구분되어 있다.
  - 우리나라 예산 관련 법체계 (위계 구조) : 우리나라의 재정 관련 법령은 크게 헌법, 법률, 대통령령(시행령), 부령(시행규칙), 지침으로 구성.
  - 최상위 규범(헌법) : 제54조 국가는 회계연도마다 예산안을 편성하여 국회에 제출하고, 국회는 이를 심의·확정해야 함. 제57조 국회는 정부의 동의 없이 정부가 제출한 지출예산 각 항의 금액을 증가하거나 새로운 비목을 설치할 수 없음(행정부의 예산 편성권 존중).
  - 재정 기본법(국가재정법) : 예산의 편성, 집행, 결산, 성과 관리, 국가채무 관리 등 재정 운용의 전 과정에 관한 일반적인 원칙과 절차를 규정
  - 관련 법률 : 국회법(국회의 예산 심의 절차를 규정), 보조금 관리에 관한 법률, 부담금 관리 기본법, 국가회계법 등
  - 하위 규정 : 국가재정법 시행령, 예산 및 기금운용계획 집행지침, 예산편성 지침 등.
  - 한편 지방재정과 관련하여서는 지방재정법, 지방세기본법 등이 있다.

(7) 예산 운용의 원칙

예산 운영의 기본원칙은 정부나 지방자치단체가 예산을 편성, 심의, 집행, 결산
하는 전 과정에서 준수해야 할 보편적이고 가치지향적인 원칙을 말한다. 이는
주로 입법부가 행정부의 재정 활동을 통제하고, 재정의 건전성을 유지하기 위
해 확립한 것이다. 전통적인 예산원칙은 다음과 같다.

- 공개성의 원칙(Publicity)
  - 내용 : 예산의 편성, 심의, 집행, 결산 등 전 과정을 국민에게 공개해야 한다.
  - 목적 : 국민의 알권리를 충족시키고, 재정 운영의 투명성을 높여 민주주의를
    구현하기 위함.
  - 예외 : 국가안보, 국가정보원의 예산 등 특별한 경우 공개하지 않을 수 있다.
- 명료성의 원칙(Clarity)
  - 예산은 모든 국민이 이해할 수 있도록 명확하고 간단하게 편성되어야 한다.
  - 목적 : 복잡한 예산 구조를 피하여 의회와 국민이 정부 활동을 쉽게 파악
    하도록 하기 위함
- 예산 단일성의 원칙(Unity)
  - 내용 : 국가의 세입과 세출은 하나의 단일 회계(일반회계)로 통일되어야
    한다는 원칙
  - 목적 : 예산에 대한 통제를 용이하게 하고, 국가 재정 상황을 한눈에 파악
    하기 위함
  - 예외 : 특별회계, 추가경정예산 등
- 예산 통일성의 원칙(Uniformity)
  - 내용 : 모든 세입은 국고(통장)로 모으고, 거기서 세출을 해야 한다는 원칙
    즉, 특정 세입과 특정 세출을 직접 연계하지 않는다.
  - 목적 : 징수 비용과 지출 비용의 불균형을 막고 재정의 전체적인 조화를
    이루기 위함.
  - 예외 : 특정 목적을 위해 지정된 수입을 해당 비용으로만 사용하는 수입대
    체경비

- 예산 완전성(총계주의)의 원칙(Completeness)
  - 내용 : 정부의 모든 세입과 세출은 빠짐없이(숨기지 않고) 예산에 계상(計上)되어야 한다는 원칙
  - 목적 : 정부의 재정 규모를 정확히 파악하여 통제하기 위함
  - 예외 : 전내차관, 기금 등
- 예산 사전의결의 원칙(Prior Authorization)
  - 내용 : 행정부가 예산을 집행하기 전, 반드시 의회(국회 또는 지방의회)의 심의와 의결을 거쳐야 한다는 원칙
  - 목적 : 입법부가 행정부의 재정 활동을 사전 통제하는 가장 핵심적인 원칙
  - 예외 : 준예산
- 회계연도 독립의 원칙(Annuality)
  - 내용 : 예산은 1년(회계연도)을 단위로 편성 · 집행되어야 하며 해당 연도의 세출은 해당 연도의 세입으로 충당해야 한다는 원칙
  - 목적 : 장기적인 예산 구속을 피하고, 매년 의회의 통제를 받도록 하기 위함
  - 예외 : 이월, 계속비 등
- 예산 한정성(한계성)의 원칙(Limitation)
  - 내용 : 예산의 집행에 있어 사용 목적, 금액, 시간적 한계를 준수해야 한다는 원칙
  - 질적 한정(목적 외 사용금지) : 예산에 정해진 목적으로만 사용
  - 양적 한정(초과 지출 금지) : 승인된 금액 한도 내에서만 지출
  - 시간적 한정(회계연도 준수) : 해당 연도 내에만 지출
  - 예외 : 이용 · 전용(질적), 예비비 · 추경예산(양적), 이월 · 계속비(시간적)
- 건전재정 운영의 원칙(Fiscal Soundness)
  - 내용 : 국가 재정은 1회계연도 내에서 수지와 균형을 맞추어야 한다는 원칙(수지 균형의 원칙)
  - 목적 : 무리한 적자 국채 발행을 막고 재정의 안정성을 도모
- 현대적 예산원칙 : 전통적인 원칙들이 통제에 집중했다면, 현대에는
  - 성과 중심의 원칙 : 예산집행 결과(성과)를 중요시
  - 신축성(탄력성)의 원칙 : 환경 변화에 따라 예산을 유연하게 운영

－효율성의 원칙 : 최소의 비용으로 최대의 효과를 달성 등이 있다.

－이러한 예산 운영의 원칙들은 지방자치단체나 국가가 예산을 건전하고 투명하게 집행하도록 돕는 지침이다.

2. 공공도서관 예산의 중요성과 예산관리

(1) 공공도서관 예산의 중요성

- 공공도서관 예산은 지역사회의 지식 정보 접근성, 문화 향유 기회 확대, 평생학습을 위한 핵심 기반으로, 장서 확충과 시설 운영, 서비스 프로그램 품질을 결정짓는 필수 요소이다. 충분한 예산 확보는 정보 격차 해소와 독서 생태계 활성화 등 국가가 국민에게 제공해야 할 중요한 문화적, 사회적 자산이다.

  － 정보 접근성 및 문화 향유 보장 : 도서관은 국민의 정보 접근성, 평생학습, 문화 활동을 지원하는 필수 시설로, 예산은 양질의 자료와 시설 제공의 근간이다.

  － 지역사회 교육 및 정보 격차 해소 : 도서관은 지식 정보 소외 계층을 위한 공간으로서 어린이, 청소년, 노인 등 다양한 계층에게 정보 접근 기회를 제공하는 비용이다.

  － 도서 생태계 활성화 : 공공도서관의 자료 구입 예산 확충은 책 생태계의 다양성을 확보하고 문화 강국 발전에 이바지하는 자산이다.

  － 성공적인 도서관 운영의 필수조건 : 도서관의 성장은 계획적인 예산과 환경에 의존하며, 이는 도서관 경영의 목표 달성을 위한 필수조건이다.

  － 지식의 축적 및 보존 : 각종 자료를 수집ㆍ보존함으로써 학문 발달과 지식의 공유 및 보급에 중요한 자산이다.

- 공공도서관 운영 예산은 도서관 운영의 안정성과 지속성을 위해 반드시 일반회계로 편성, 운영해야 한다. 기부금이나 특정 기금은 일시적이며 일정하지 않아 도서관 운영의 지속성을 보장할 수 없다. 정부조직법 등에 의한 공무원 정원 제약 및 도서관 예산 운영과 관련하여 일부 지자체에서 민간 위탁으로

공공도서관을 운영하기도 하지만 이는 근본적으로 도서관 운영의 안정성과 지속성을 보장하기 어렵다.

(2) IFLA의 공공도서관 예산 지침

- 자금조달(Funding) : 적정 수준의 예산 확보는 공공도서관의 역할을 성공적으로 수행하는 데 필수적이다. 장기적으로 충분한 예산 확보 없이는 도서관 서비스 향상을 위한 정책개발 및 유용 자료원의 효과적인 제공이 불가능하다. 여기에는 많은 사례가 있다, 즉 신축건물의 유지관리, 낡은 장서를 교체할 새로운 장서의 확보, 컴퓨터시스템의 유지보수 및 업그레이드 등 자금 없이 가능한 일은 없다. 자금은 공공도서관의 설립 시뿐 아니라 지속적 유지 및 운영을 위해 필요하며, 이러한 필요성은 지역사회의 주민에게도 공지되어야 한다.
- 자금의 원천(Sources of Funding) : 공공도서관의 재정에는 많은 자금원이 있지만 각각의 자금원에서 나오는 비율은 지역에 따라 다르다. 기본적인 자금원으로는 국세와 지방세, 중앙 및 지방 정부의 보조금이 있다. 또 단체나 개인의 기부금, 출판사, 서적상, 미술 공예품 판매상 등의 업체 지원, 고객의 연체료, 복사 및 프린트 시설 사용료, 외부 조직의 협찬 등이 있다.

  (출처 : 『IFLA Public Library Service Guidelines』 2nd edition. pp.28-29)

(3) 한국도서관 기준의 공공도서관 예산 기준

- 일반원칙
  - 공공도서관은 국가나 지방자치단체의 재정으로 운영되어야 하며 일반회계에서 부담하여야 한다.
  - 공공도서관의 예산은 충분히 확보되어야 하며, 이를 위한 법적, 제도적, 행정적 장치가 확고하게 마련되어 있어야 한다.

- 공공도서관은 민간기부금 등의 외부 자금 조달방안을 마련하여야 한다.
  - 공공도서관의 예산은 효율적으로 집행되어야 하며, 도서관장은 예산의 배정과 집행에 관한 일체의 권한을 확보하고 있어야 한다.
- 공공도서관 예산 배정기준
  - 공공도서관의 예산 항목은 인건비, 자료비, 기타운영비로 구성하되, 그 배정 비율은 인건비 45~55%, 자료비 20~25%, 기타운영비 25~30%을 기준으로 최소 조정·배분하는 것이 바람직하다.
- 공공도서관은 인건비 1% 이상을 연간 인력개발비로 배정하여야 한다.
- 공공도서관의 어린이용 자료구입비는 전체자료비의 20%이상을 배정하고, 그 중에서 10~20%는 낡은 자료의 교체비용으로 배정하는 것이 바람직하다.

(출처 : 한국도서관협회. 2013. 『한국도서관기준』. pp.46-47)

(4) 사서들이 공공예산제도와 예산원칙을 알아야 하는 이유

- 공공도서관은 정부 또는 지방자치단체의 하부 조직으로 예산도 정부와 지방자치단체의 제도 틀 안에서 운영된다.
- 공공도서관의 모든 업무는 공공예산을 집행하는 일이기 때문에 공공예산 및 회계에 관한 지식은 사서들이 갖추어야 할 중요한 기본지식이다.

참고문헌

- 국가재정법 : http://www.law.go.kr/lsInfoP.do?lsiSeq=208421&efYd=20190423#0000
- 지방재정법 : http://www.law.go.kr/lsInfoP.do?lsiSeq=204782&efYd=20190417#0000
- 이원희 외 5인. 2019. 『알기 쉬운 재무행정』. 대영문화사. pp.34-35
- 국가공무원인재개발원 연구개발센터. 2018. 『국가 재정의 이해』. 국가공무원 인재개발원

<table>
<tr><td colspan="3" align="center">학습평가</td></tr>
<tr><td rowspan="7">1</td><td colspan="2" align="center">문제</td><td align="center">예산의 경제적 기능이 아닌 것은?</td></tr>
<tr><td rowspan="4">문항</td><td align="center">①</td><td align="center">소득재분배 기능</td></tr>
<tr><td align="center">②</td><td align="center">재정권 부여 기능</td></tr>
<tr><td align="center">③</td><td align="center">자원배분 기능</td></tr>
<tr><td align="center">④</td><td align="center">경제성장 기능</td></tr>
<tr><td colspan="2" align="center">정답</td><td align="center">②</td></tr>
<tr><td colspan="2" align="center">해설</td><td>재정권 부여 기능은 예산의 법적 기능에 속한다.</td></tr>
<tr><td rowspan="7">2</td><td colspan="2" align="center">문제</td><td align="center">국회의 의결이 필요 없는 예산은?</td></tr>
<tr><td rowspan="4">문항</td><td align="center">①</td><td align="center">특별회계 예산</td></tr>
<tr><td align="center">②</td><td align="center">추가경정예산</td></tr>
<tr><td align="center">③</td><td align="center">준예산</td></tr>
<tr><td align="center">④</td><td align="center">수정예산</td></tr>
<tr><td colspan="2" align="center">정답</td><td align="center">③</td></tr>
<tr><td colspan="2" align="center">해설</td><td>준예산은 회계연도 개시일 전에 예산이 의결, 확정되지 않을 때 전년도 예산에 준하여 예산을 집행하는 것으로 국회의 의결이 필요하지 않다.</td></tr>
<tr><td rowspan="7">3</td><td colspan="2" align="center">문제</td><td align="center">공공도서관의 예산의 성격과 중요성을 강조하는 설명은?</td></tr>
<tr><td rowspan="4">문항</td><td align="center">①</td><td>공공도서관은 예산은 상당 부분 기부금에 의존할 수 있다.</td></tr>
<tr><td align="center">②</td><td>공공도서관은 민간 위탁으로 예산을 운영할 수 있다.</td></tr>
<tr><td align="center">③</td><td>사립공공도서관에 대해서는 공공예산을 지원하지 않는다.</td></tr>
<tr><td align="center">④</td><td>공공도서관 예산은 일반회계로 편성해야 한다.</td></tr>
<tr><td colspan="2" align="center">정답</td><td align="center">④</td></tr>
<tr><td colspan="2" align="center">해설</td><td>한국도서관 기준이 규정하는 바와 같이 공공도서관 예산을 일반회계로 편성 운영하는 것은 공공도서관의 안정성과 지속성을 위해 꼭 필요하다.</td></tr>
</table>

8.2. 예산의 유형과 절차

강의 목표

1. 예산의 유형과 공공도서관의 예산 편성 방법을 이해하고 실무에 응용할 수 있다.
2. 공공도서관 예산의 절차를 파악하고 실무에서 그 절차에 따라 예산을 운영할 수 있다.

강의 세부 내용

1. 예산의 유형과 장단점
2. 공공도서관의 예산절차

용어

- 성과주의 예산제도(Performance-based Budgeting) : 정부의 사업과 활동을 중심으로 성과 목표를 설정하고, 단위원가에 업무량을 곱하여 예산을 편성하는 방식
- 영기준 예산제도(Zero-Base Budgeting) : 전년도 예산을 무시하고 모든 사업을 '0'에서 재검토하여 타당성을 입증하는 상향식 예산 편성 방식

사전학습(퀴즈)

- 현재 우리나라 공공도서관 예산의 유형은 도서관 업무의 성과 측정을 위해 성과주의 예산을 적용하고 있다. (   )

—현재 우리나라 공공도서관의 예산 유형은 품목별 예산을 적용하고 있다.

1. 예산의 유형과 장단점

(1) 품목별 예산(Line Item Budgeting System)

- 품목별 예산은 가장 전통적인 예산형식으로 공공기관에서도 주로 품목별 예

산을 채택하고 있다. 품목별 예산은 품목별로 예산을 나열하는 방식으로 상식적이어서 경험이 없는 사람도 산출 근거를 계산하여 쉽게 작성할 수 있다.

- 주요 특징
  - 통제 중심 : 무엇을 위해 돈을 썼는지(목적)보다는 어떤 품목에 돈을 썼는지(대상)에 중점을 둔다.
  - 세부 분류 : 급료, 여비, 물품 구입비, 시설비 등 구체적인 항목으로 예산을 나눈다.
  - 책임 명확화 : 항목별 지출 내역을 상세히 기록하여 회계 책임을 강화하고 부정을 방지한다.
- 장점
  - 투명성 및 통제 용이 : 자금의 흐름을 쉽게 파악하고, 예산 초과 사용을 효과적으로 통제할 수 있다.
  - 회계 책임 명확 : 특정 품목에 대한 지출 책임 소재를 분명히 한다.
  - 역사적 전통 : 가장 오래된 제도로, 현재도 많은 국가에서 기본적으로 채택하고 있다.
- 단점
  - 성과 측정 미흡 : 사업의 목적이나 성과와 예산 사용의 연관성이 불분명
  - 비효율성 : 특정 품목에 묶여 있어 예산의 유연한 재분배가 어렵고 비효율적일 수 있다.
  - 목적 불분명 : 왜 돈을 썼는지에 대한 설명이 부족하고, 무엇을 샀는지에만 집중한다.
- 우리나라는 품목별 예산제도를 근간으로 하지만 성과주의 예산제도나 계획 예산제도 등을 부분적으로 가미하여 단점을 보완하고 있다.
  - 현재 공공기관이나 도서관 예산은 품목별 예산을 채택하고 있다.

(2) 성과주의 예산(Performance-based Budgeting)

- 성과주의 예산제도는 정부의 사업과 활동을 중심으로 성과 목표를 설정하고, 단위원가에 업무량을 곱하여 예산을 편성하는 방식이다. 기존의 품목별 예산과 달리 투입(Input)이 아닌 성과(Output)에 초점을 맞추어 재정 지출의 합리화, 능률성 향상, 그리고 책임 행정을 구현하는 데 목적이 있다.
- 주요 특징
  - 사업 및 활동 중심 : 정부가 무엇을(사업) 하는지에 초점을 두어 예산을 편성하고, 사업 성과를 중심으로 관리한다.
  - 단위원가 적용 : 업무 단위(Unit)당 원가와 업무량을 곱하여 합리적인 예산 산출 근거를 제시한다.
  - 신축성 부여 : 예산집행 시 구체적인 항목보다는 사업 목표 달성을 위해 재량권을 강화하여 신축적인 집행이 가능하다.
- 장점
  - 국민 이해도 증진 : 성과가 한눈에 파악되므로 각 기관의 생산성 향상 노력을 유도할 수 있고, 예산을 장기적 목표와 결부시킬 수 있다. 정부가 추진하는 사업과 비용을 파악하기가 쉬워 국민의 정부 사업에 대한 이해도를 높일 수 있다.
  - 재정 효율성 향상 : 성과 기반의 예산 배분으로 사업의 능률성 제고
  - 합리적 예산 편성 : 사업별 원가 계산을 통해 합리적인 자원배분이 가능
- 단점 및 한계
  - 성과 측정 난해 : 단위원가를 정확히 측정하려면 고도의 회계 전문가가 참여해야 하며 공공 부문은 객관적인 성과 지표나 단위원가 산정이 어려움
  - 질적 평가 부족 : 중간 산출물 위주의 성과 측정으로 인해 궁극적인 질적 성과 평가가 어려움.
  - 회계 비용 배분 문제 : 간접비 배분 및 정확한 단위원가 계산 곤란
- 성과주의 예산은 품목별 예산제도의 단점을 보완 1950년대 미국에서 도입되어 현대적인 성과 관리 시스템의 기초가 됨.
- 성과주의 예산제도 예시

- 사회기반시설(SOC) 사업 : 교량 건설 사업 시, 교량 건설 1개소당 소요 예산을 설정하여 성과(완공)에 따라 예산을 증감
  - 보건소 예방접종 사업 : 접종 건수(업무량)를 측정하여 인건비와 약품비를 계산, 예산 편성
- 도서관 서비스는 수량으로 나타내기 어렵고, 따라서 단위원가를 측정하기 어려우며 국가백년대계라는 교육과 같이 그 성과가 단시일에 나타나는 것이 아니어서 성과주의 예산을 적용하기가 어렵다. 하지만 예산 운영에 성과 개념을 적용하는 것은 도서관 평가와 홍보에 긍정적으로 작용할 수 있다.

(3) 계획예산(Planning Programming Budgeting)

- 계획예산제도는 장기적 목표 설정, 사업 계획 수립, 예산 편성을 유기적으로 연결하여 합리적이고 효율적인 자원배분을 목표로 하는 예산 제도로 계획(Planning), 프로그램(Programming), 예산(Budgeting)의 세 단계를 통해 중장기적 관점에서 정책과 예산을 일치시키며, 성과와 효과성을 중시한다. 하지만 복잡성과 정치적 한계로 인해 일부 국가에서 변형되거나 보완된 형태로 운영되고 있다.
- 주요 특징
  - 통합적 접근 : 장기 목표와 사업 계획, 예산을 하나로 묶어 통합 관리
  - 합리주의 : 비용편익 분석 등 과학적 기법을 활용해 최적의 자원배분을 추구
  - 프로그램 중심 : 부서가 아닌 정책 목표(프로그램)를 중심으로 예산을 편성하여 조직의 통합적 운영을 도모
  - 성과와 효율성 강조 : 절약과 능률을 극대화, 목표 달성 정도(효과성) 제고
- 운영 과정
  - 계획(Planning) : 장기 목표를 설정히고 다양한 대안을 체계적으로 검토하여 사업 계획을 수립
  - 프로그램(Programming) : 수립된 계획을 실행하기 위한 구체적인 활동(프

로그램)을 작성

- 예산(Budgeting) : 해당 프로그램에 필요한 자금을 배정하고 지원
- 장점
  - 예산과 정책 목표의 연계 강화, 효율적 자원 활용
  - 부서 이기주의 완화 및 조직 전체의 통합적 운영 가능
- 단점 및 한계
  - 복잡한 분석과 전문성 요구, 전문가 확보 어려움
  - 다원화된 사회에서 의견 대립으로 인한 적용의 어려움
  - 장기 계획의 구속으로 인한 상황 변화 적응 곤란, 입법부의 견제 약화 가능성
- 도입 및 변형 : 미국 연방 정부에서 처음 도입된 후 다른 국가에도 확산, 그러나 완전한 형태보다는 목표관리(MBO)나 성과주의 예산, 프로그램 예산 제도 등 나른 제도와 결합하거나 변형뇐 형태로 발전하며 현재는 프로그램 예산 제도가 널리 활용되고 있다.
- 계획예산은 전체적인 예산 시스템으로 활용하기는 어렵다. 이는 프로그램들을 식별하여 평가하기가 어렵기 때문이다. 또 생산품이 아닌 서비스를 다루는 공공기관에서는 잘 적용되지 않는다.
- 도서관의 프로그램 성과를 측정할 때 대출 및 수서 통계 등 가시적인 것으로 치우치게 되는데 이는 프로그램 성과를 측정하는 좋은 방법이 될 수 없다. 공공도서관 예산은 측정된 산출물에만 근거하여 결정할 수 없으며 여러 가지 정성적 요소를 반영하여야 한다. 이러한 난점에도 불구하고 계획예산은 품목별 예산에 비교해 예산에 대한 분석적인 접근방법을 제시해주고 있다. 따라서 전체적인 도서관 프로그램에서 부분적으로 활용한다면 계획과 예산을 더욱 효과적으로 연결할 수 있을 것이다.

(4) 영 기준 예산(Zero-Base Budgeting)

- 영 기준 예산제도는 전년도 예산을 무시하고 모든 사업을 0에서 재검토하여

타당성을 입증하는 상향식 예산 편성 방식이다. 불필요한 사업을 삭감하고 예산의 경직성을 타파하여 자원배분의 효율성을 높이는 장점이 있으나, 방대한 서류 작성과 시간 소요, 전문성 부족이 단점으로 꼽힌다.

- 장점
  - 합리적 자원배분 : 모든 사업을 원점에서 재검토하여 우선순위가 높은 사업에 자원을 집중할 수 있다.
  - 예산 절감 및 경직성 타파 : 불필요한 경비 삭감이 가능하여 감축 지향적 운영에 유리하다.
  - 관리자 참여 및 상향식 의사결정 : 하위 관리자의 적극적인 참여를 유도하여 정보 공유와 현장 중심의 예산 편성이 가능하다.
  - 환경 변화 대응성 : 기존 관행을 탈피하여 급격한 환경 변화에 능동적으로 대응할 수 있다.
- 단점
  - 과도한 시간과 노력 소요 : 모든 사업을 매년 분석해야 하므로 시간, 비용, 서류 작업이 방대하다.
  - 비전문성 및 주관적 판단 : 사업 간 우선순위 결정 시 주관적 판단이 개입될 여지가 크고, 모든 분야의 전문성을 확보하기 어렵다.
  - 장기적 관점 결여 : 단일 연도 중심의 분석으로 인해 장기적인 계획이 저해될 수 있다.
  - 실현 가능성 불분명 : 복잡한 과정으로 인해 현실적으로 전체예산에 적용하기 어렵고, 실질적인 예산 절감 효과가 낮을 수 있다
- 영 기준 예산을 전체적인 도서관 예산으로 사용할 수는 없다. 그러나 내부적으로 프로그램이나 서비스를 결정할 때 매우 유용하게 활용할 수 있다. 영 기준 예산은 프로그램을 검토하는 방법으로서 매우 좋은 개념이다. 이것은 사서들이 도서관에서 필요로 하는 것이 무엇인지에 대한 고정관념을 탈피하는 데 도움을 준다.

2. 공공도서관의 예산절차

(1) 정부 예산의 과정

- 공공예산은 단순한 숫자 계획이 아니라 국가의 기능을 유지하고 국민의 삶의
  질을 높이며 금전적 자원이므로 민주적인 과정과 절차에 따라 진행된다. 공
  공예산은 편성, 심의, 의결, 집행, 결산 등의 시계열적 절차를 거친다.
  - 편성 : 행정부(정부)가 사업 계획을 수립하고 예산안을 확정
  - 심의 / 의결 : 국회(의회)가 예산안을 심사하고 최종 확정
  - 집행 : 확정된 예산을 바탕으로 수입을 조달하고 공공경비를 지출
  - 결산 : 집행된 예산의 결과를 회계 검사기관(감사원)이 검사하여 의회에
    보고
- 예산의 편성 : 행정부의 고유권한으로 우리나라의 경우 2026년 1월 정부 조
  직 개편에 따라 기획예산처(국무총리 산하)에서 정부의 예산 편성을 주관한
  다. 기획예산처는 중장기 국가 전략 수립, 재정 정책, 예산 편성 및 기금 운
  용 계획안 협의·조정한다. 기획예산처는 각 정부 기관에서 제출한 예산요
  구서를 토대로 각 부처 간의 협의와 의견조정 등을 통해 기획예산처가 예산
  안을 작성, 국무회의의 의결과 대통령의 승인으로 국회에 제출할 예산안이
  확정된다. 지방행정에 관해서는 매년 행정안전부의 예산편성지침에 따라 각
  지방자치단체의 장이 편성한다.
- 예산의 심의 의결 : 정부가 회계연도 개시 90일 전(10월 2일)까지 제출한 예
  산안을 국회가 12월 2일까지 확정하는 과정이다. 그 절차는 각 상임위원회
  예비 심사, 예산결산특별위원회 종합심사, 심의 조정과정을 거쳐 본회의 의
  결로 확정되며 확정된 예산은 법률적 효력을 갖는다.
  - 예산안 제출 및 시정연설 : 정부는 회계연도 개시 90일 전(10월 2일)까지
    국회에 예산안을 제출하고 국회 본회의에서 대통령 또는 국무총리가 예산
    안에 대한 시정연설을 한다.
  - 상임위원회 예비 심사 : 각 상임위원회는 소관 부처의 예산안을 심사하여

감액 또는 증액 의견을 예산결산특별위원회(예결위)로 보낸다.

- 예산결산특별위원회 종합심사(가장 핵심) 종합정책질의 : 부처 장관 등을 상대로 예산안 전반에 대한 질의를 진행한다.
- 계수조정소위원회 : 구체적인 사업별 삭감 및 증액을 결정하는 실질적 심사 과정을 거친다.
- 예결위원회 의결 : 심사를 마친 예산안을 종합하여 의결
- 본회의 의결 및 확정 : 예결위를 통과한 예산안을 본회의에 부의하여 최종 심의·의결한다. 국회는 헌법에 따라 회계연도 개시 30일 전(12월 2일)까지 의결해야 한다. 국회는 정부의 동의 없이 예산 각 항의 금액을 증액하거나 새로운 비목을 설치할 수 없다. 예결위 심사가 11월 30일까지 끝나지 않으면 12월 1일 본회의에 정부 원안이 자동으로 상정된다.

● 예산의 집행 : 정부는 확정된 예산과 월별자금계획 등을 토대로 구체적인 예산 배정계획을 만들고 이에 따라 예산을 실제로 집행하게 된다. 특히 예산 항목 간의 이용이나 전용, 그리고 회계 기간의 이월 등은 모두 규제의 대상이 된다.

● 결산 : 회계 기간이 끝나면 각 정부 기관이 제출하는 세입·세출 결산보고서를 근거로 기획예산처가 결산보고서를 작성하며 국무회의의 심의와 대통령의 승인으로 이를 확정하여 감사원에 제출한다. 감사원의 검사를 마친 세입 세출 결산보고서는 다음 회계연도 120일 전까지 국회에 제출해야 한다. 결산은 예산과는 달리 그 자체가 구속력을 갖는 것은 아니며 그것이 정당하다고 인정될 경우 예산에 의해서 정부에 부과된 책임이 해지된다는 의미를 지닌다.

(2) 지방자치단체 예산 과정

● 지방자치단체 예산은 지방재정법에 따라 편성, 심의·의결, 집행, 결산의 과정을 거치며, 집행부는 예산안을 편성하고 지방의회의 심의·의결을 통해 확정된 예산을 집행한다. 예산은 1년 단위로 편성·집행되며, 통상 3년의 주기

를 거쳐 운영된다.
- 예산 편성 및 확정 (집행부 및 의회)
  - 지침 시달 및 요구 : 지방자치단체의 장이 다음 연도 예산 편성 기준을 마련하여 시달하면, 각 부서에서 예산요구서를 제출
  - 예산안 편성 : 자치단체장이 예산요구서를 심의·조정하여 예산안을 확정
- 심의·의결 : 확정된 예산안을 지방의회에 제출하고, 의회에서 심의·의결을 거쳐 최종 확정
- 예산집행(집행부)
  - 예산 배정 : 확정된 예산을 각 사업 부서에 배정하여 실제 지출할 수 있는 권한을 부여
  - 지출 및 재정 운영 : 배정된 예산에 따라 사업을 수행하고 재무회계 규칙에 따라 지출하며, 예산 낭비를 막고 효율적으로 집행
- 결산 및 회세검사(집행부 및 의회)
  - 결산 보고 : 1회계연도의 세입·세출 예산 집행 결과를 확정하여 결산서를 작성
  - 회계 검사 및 승인 : 지방의회에서 결산 승인을 통해 예산집행의 적정성을 최종 확인
- 예산 과정은 "지방재정365" 시스템을 통해 투명하게 공개

(3) 『2024 공공도서관 건립·운영 매뉴얼』의 공공도서관 운영 예산

- 「지방자치법」 제13조는 공공도서관을 지방자치단체의 사무로 규정하고 있으며 「도서관법」 제5조에 따라 지방자치단체의 책무로 도서관 발전을 위하여 지원하도록 규정하고 있다. 이에 공공도서관의 운영은 지방자치단체의 재정으로 운영하여야 한다. 다만, 필요에 따라 지방자치단체의 재원 외에 국고, 시·도비, 민자, 기타 등으로부터 재원을 지원받아 이를 활용할 수 있으며, 해당 도서관에 배정된 예산에 대해서는 예산의 소관과 관계없이 공공도서관 예산으로 작성한다.

- 공공도서관의 예산은 공공도서관의 인적, 물적, 정보적 자원을 운용할 수 있을 정도로 충분히 확보되어야 하며, 이를 위한 법적, 제도적, 행정적 장치가 확고하게 마련되어야 한다. 또한 민간기부금 등의 외부 자금 조달방안을 마련해야 한다.
- 공공도서관의 예산은 예산 집행지침에 따라 효율적으로 집행되어야 하며, 집행 내역은 명확하게 기록, 관리되어야 한다. 도서관장은 예산의 배정과 집행에 관한 일체의 권한을 확보할 필요가 있다.
- 공공도서관의 예산 항목은 현장 업무 연계를 위해 운영 예산의 항목에 대해 국가승인통계인「국가도서관통계」에서 규정하고 있는 공공도서관 예산 관련 조사항목과 연계되도록 하며, 세부 항목은 인건비, 자료구입비, 운영비로 구성하도록 한다.
- 공공도서관의 예산 항목 배정 비율은「국가도서관통계」를 바탕으로 공공도서관 운영의 실제적 배정 비율을 고려하여 도서관 총예산 대비 인건비는 도서관의 인력 구성에 따라 45~55%, 자료구입비는 도서관 규모와 자료의 종류를 고려하여 8~10%, 운영비는 정보화 전략 계획과 운영 계획 등을 고려하여 35~45%로 최소 조정·배분하는 것을 권장한다. 다만,「한국도서관기준(2013)」은 인건비 45~55%, 자료비 20~25%, 기타 운영비 30~40%를 기준으로 제시하고 있다.
- 인건비 :
  - 인건비는 정규직과 비정규직 등 기타로 구분하며, 공공도서관의 인력 구성에 따라 전체예산의 45~55%로 책정하는 것을 권장한다. 비정규직은 정원에 포함되지 않는 인원(임시직·일용직 등 기간제근로자, 정원에 포함되지 않는 파견근로자 등)으로 해당 도서관과 고용관계를 맺고 일정 기간 근무하는 지원인력을 포함한다.
  - 정규직 인력에 대한 인건비는 인사혁신처 직종, 직급별 공무원 봉급표에 따른 봉급(기본급)과 보수 중의 일부로서 직무 여건 및 생활 여건 등에 따라 지급되는 수당 등을 포함하여 산출한다. 수당 등은 직종, 직급별 공무원 봉급표에 따라 적용 대상 여부와 배정 비율이 다르기 때문에 제수당의 최대치를 적용하여 봉급(기본급) 기준 60~80%를 책정한다.

- 위탁 운영되는 공공도서관의 경우 명확한 보수 지침이 마련되어 있지 않은 경우가 있으므로, 개관 이후 위탁하고자 하는 도서관의 경우 전문성을 가진 인력의 확보에 제한이 되지 않도록 관리 감독 기관이 적절한 보수기준을 수립해야 한다.
- 비정규직 지원인력에 대한 인력 운영 비용은 당해연도의 운영 계획을 바탕으로 예산 수립 시 반영될 수 있도록 해야 하며, 해당 지방자치단체 및 교육청의 유사 직종의 보수 규정을 준용할 수 있다.

● 자료구입비 :

- 공공도서관의 예산계획 중 가장 신중하고 체계적으로 계획되어야 하는 부분으로 도서자료(인쇄)·비도서·전자자료(공동,자체)·연속간행물(인쇄) 구입비 및 구독비로 구분하며, 전체예산의 8~10%로 책정하는 것을 권장한다.

자료구입비는 해당 공공도서관의 장서개발계획을 바탕으로 이용률, 주제 분야별 신간 구입비율 등을 고려하여 산출해야 하되, 신규 건립 공공도서관의 경우 개관 자료를 제외하고 도서관 규모와 자료의 종류 그리고 연간 증서 계획 등을 함께 고려해야 한다.

- 공공도서관 장서의 주제 분야에 따라 자료의 가격에 상당한 차이가 있기 때문에, 주제 분야별 자료구입계획은 체계적으로 수립되는 것이 필수적이다.
- 자료구입비 예산 편성 시에는 자료의 발행 규모, 평균단가 등을 조사하여 이를 기초로 전체 예상 구매량에 따른 비용을 산출하는 것이 바람직하다.
- 도서 자료(인쇄)는 대한출판문화협회의 최신「출판통계」를 참고하여 일반도서와 어린이(아동) 도서로 구분하여 예산을 산출한다. 단, 장애인을 위한 대체 자료, 다문화 이용자를 위한 다문화 도서, 고령자를 위한 큰글자 도서 등 지식정보취약계층을 위한 자료를 포함하되 별도로 구분하여 예산을 산출하지 않는다.
- 비도서는 최근 온라인동영상서비스(OTT)를 통해 구독방식으로 대체되고 있다. 또한, 전자자료 구입비에는 전자저널, 전자도서, 오디오북, 웹 데이터베이스, 기타 e-Learning 및 디지털콘텐츠 등에 대한 구입비가 포함되며,

구입에 따른 계약 방식과 장서개발 정책에 따라 전자자원 구입에 따른 소
요 예산의 변동이 있을 수 있다. 다만, 전자자료, 전자잡지 등 해당 공공도
서관의 설립·운영 주체(각 시도, 교육청 등) 혹은 본관에서 전자자료를
일괄 구입(독)하여 서비스하는 경우, 공동으로 구입(독)하거나 통합 운영
하는 곳의 예산에 해당되며, 전자자료를 구입(독)하여 자관에서만 서비스
하는 경우에만 전자자료 구입비에 포함한다.
- 연속간행물은 구독 종수 및 발간 빈도에 따라 소요 예산의 차이가 발생되
며, 인쇄물과 전자잡지(구독형)를 선택 구입 또는 동시 구입을 고려해야
한다.
- 공공도서관의 경우 신간 자료에 대한 이용자 요구가 많으며, 따라서 복본
의 필요성이 높다. 또한 이용요구가 많기 때문에 신간 구입뿐만 아니라 오
·파손되는 자료에 대한 대체비용도 감안하여 예산을 책정해야 한다. 또
한, 공공도서관의 특성에 따라 이용자의 요구와 이용통계 등을 고려하여
조정할 필요가 있다

- 운영비 :
  - 인건비와 자료구입비를 제외한 모든 비용은 운영비로 분류할 수 있으며,
  공공도서관 전체예산의 30~40%로 책정하는 것을 권장한다.
  - 일반적으로 운영비는 원문 DB구축 및 정보화 관련 개발·유지비, 프로그
  램 운영비, 기타 사업비 총액으로 구분된다.
  - 대부분의 공공도서관은 공립으로 운영되기 때문에 예산회계의 항목을 자
  유롭게 구성하는 것은 현실적으로 어려울 수 있다. 하지만 운영비 가운데
  양질의 도서관 서비스를 제공하기 위한 차원에서 다음과 같은 사항들이
  운영비에 포함되어 편성될 수 있다. 즉 도서관 직원, 자원봉사인력 등에
  대한 자체 교육·훈련비용(공무원연수원, 국립중앙도서관 등 중앙기관에
  서 실시하는 교육훈련 이외에도 자관의 사정에 맞추어 업무에 필요한 정
  보를 서로 교환하고, 각 도서관의 발전단계, 주변 여건 및 운영상황에 맞
  는 맞춤형 세부 교육이 필요하다. 또한 중앙기관에서 제공하는 교육에 참
  여할 수 있는 기회가 부족한 지원인력에 대해 도서관의 임무, 역할, 업무
  에 대한 이해도를 높일 수 있는 소규모훈련 역시 필요하므로 이에 따른 예

산도 운영비에 포함시키는 것이 바람직하다. 「IFLA 공공도서관 서비스 가이드라인」에서는 도서관 전체 예산의 0.5~1.0%를 지원 훈련에 사용할 훈련비로 책정할 것을 권장하고 있으며, 「한국도서관기준(2013)」에서도 인건비의 1% 이상을 연간 인력개발비로 배정할 것을 명시하고 있다.

- 현재 공공도서관 운영비 지출은 일반적으로 경상적인 성격의 지출을 우선하고 있으며, 이로 인해 이용자 서비스와 직결되는 프로그램 운영 등에 대한 비용은 충분히 확보되지 못하는 경향이 있다. 그러나 다문화서비스, 고령인구에 대한 서비스, 어린이 서비스 등 이용자 집단을 세분화하여 특화된 서비스에 대한 요구가 많아지고 다양한 커뮤니티 활동에 대한 수요가 증대하고 있는 만큼 도서관의 프로그램과 서비스에 관계된 운영비의 규모를 보다 확대할 필요가 있다

- 예비비 :
  - 공립 공공도서관의 경우, 자치단체 등의 모기관에서 일괄적으로 예비비를 편성하고 있어, 예산회계절차 없이 즉각적인 수요에 따라 예산을 활용하기가 어렵다.
  - 따라서 일정 금액으로 제한을 하더라도 도서관장의 재량하에 도서관 프로그램, 서비스 활동 등에 한하여 활용할 수 있는 예비비 성격의 예산을 배정할 필요가 있다. 이를 통해 이용자의 정보요구에 능동적으로 대처할 수 있으며, 이는 보다 유연한 도서관 경영을 지원할 수 있는 방안이 될 수 있다.

(4) 예산 편성 담당자

- 예산은 어느 기관에서나 기획관리 업무를 담당하는 부서의 장이 편성하는 것으로 생각하기 쉽다. 그러나 실제로는 모든 부서의 직원들이 예산의 기초를 짜야 한다. 어느 분야이건 업무를 계획하고 실행하는 사람은 직원이기 때문에 단순 일용직 근로자를 제외하면 예산 편성 작업에 예외가 되는 조직구성원은 존재하지 않는다. 따라서 신입직원이라도 본인의 업무계획과 예산을 연

계하여 예산 편성을 위한 데이터를 충실히 확보하는 작업을 지속해야 한다.

- 공공도서관 역시 예산 편성 작업은 관장을 비롯한 전 직원이 참여하며 도서관이라는 특성상 예산 편성의 주류 담당자는 사서들이다. 공공도서관의 기획 담당 부서와 도서관장은 예산의 전체적인 종합조정 및 편성 책임을 맡는다.

- 예산은 지역사회 도서관의 목적 달성을 위한 계획이지만 지역사회 의회에서 의결해야 하므로 정치적 성향을 띤다. 따라서 도서관은 예산의 변동 사유와 근거를 명확히 파악, 제시할 필요가 있다. 갑자기 더 많은 사업을 추가하여 예산을 2배, 3배로 증액 신청하면 그 예산은 지방의회에서 승인받기 어렵다. 따라서 실질적인 예산증가요인을 설득력 있는 설명 자료를 갖추어 신청해야 한다. 도서관장은 예산 신청 시에 예산 증액의 필요성에 대한 분명한 근거 자료들을 제시해야 한다. 건물 증축이나 디지털 기기 도입과 같은 새로운 계획업무는 반복적으로 신청해야 승인받을 가능성이 있다. 전년도 예산 심의에서 제외된 것이라도 다음 연도 예산에 다시 신청해야 하며 도서관의 목적과 서비스 개선이 꼭 필요하다고 판단되는 계획은 예산 승인이 관철될 때까지 몇 번이고 계속 신청하고 설득력 있게 설명하여야 한다.

(5) 예산의 집행

- 예산의 집행은 공공기관 직원들의 일상적인 업무이다. 어떤 기관 단체든 예산이 수반되지 않는 업무는 없다. 냉·난방, 청소용역, 차량을 운행 등 모두 예산을 쓰는 일이다. 따라서 매일의 일상에서 계획된 예산이 차질 없이 제때 제대로 집행되는지를 확인해야 한다.

- 기관별 예산관리부서는 각 부서에서 집행하는 예산을 종합, 통제한다. 부서별 직원들도 본인이 해야 할 업무와 예산을 파악하고 기록하면서 업무를 진행해야 예산집행의 누락 또는 초과 집행을 사전에 방지할 수 있다.

- 공공기관의 예산집행 과정은 생각보다 까다롭다. 예산회계에 관련되는 법규

를 지켜야 하며 예산의 전용이나 이월 등에 관한 규정을 지켜야 한다. 예산
집행은 금전이 수반되는 회계업무이기 때문에 객관적이고 투명한 절차 및
증빙자료를 갖추어야 한다.

- 공공도서관 예산집행 시 유의해야 할 주요 법규와 기준은 크게 국가 및 지방
  자치단체의 일반 재정 규정과 도서관의 특수성을 반영한 전문 지침으로 나
  뉜다.
- 일반 재정 및 집행 법규 : 모든 예산집행의 기본이 되는 규정으로, 절차적 정
  당성과 투명성을 확보해야 한다.
  - 지방재정법 및 지방회계법 : 세출 예산의 목적 외 사용금지, 회계연도 독
    립의 원칙 등을 규정하고 있다.
  - 지방자치단체 예산 편성 운영기준 및 집행지침 : 행정안전부가 매년 시달
    하는 지침이다.
- 도서관 전문 지침 : 도서관 운영의 질적 수준을 유지하기 위해 참고해야 할
  기준
  - 도서관법 : 도서관의 설립 및 운영비 지원에 관한 법적 근거가 된다. 특히
    2026년 1월 2일 시행된 도서관법 시행령 등 개정 법령에 따른 등록제 및
    사서 배치 기준을 확인해야 한다.
  - 공공도서관 운영평가 지침 : 문화체육관광부가 배포하는 지침(2025.10. 수
    립된 2026년 운영평가 지침)에 따라 예산집행 결과가 평가에 반영된다.
  - 한국도서관 기준 : 법적 강제성은 없으나 권장 가이드라인으로서 인건비,
    자료비, 운영비의 적정 배분 비율을 제시하고 있다.
- 집행 시 특히 유의할 사항
  - 자료구입비 : 도서구입 시 지방자치단체 재무회계 운영 규정뿐만 아니라
    공유재산 및 물품관리법 적용 여부를 확인해야 하며, 도서정가제 준수 등
    관련 법규를 지켜야 한다.
  - 업무추진비 : 교직원이나 공무원의 사적 모임 경비 지출은 엄격히 금지되
    며, 퇴임 행사 등은 최소한의 경비만 인정된다.
  - 사무 위탁 : 기초지자체가 교육청 소속 도서관에 예산을 지원할 경우, 관
    련 법적 근거(도서관법 제29조 등)와 조례를 명확히 검토해야 한다.

(6) 예산의 수혜자

- 국가 공공기관의 예산의 수혜자는 국민이다. 국민의 세금이 세입 예산이고 이 세금을 국민을 위해 쓰도록 계획한 것이 세출 예산이다.
- 공무원도 국민의 일원이라는 점에서 예산의 수혜자이지만, 공적인 일을 담당하는 직원으로서 투명하고 공정한 예산집행을 해야 할 의무와 책임이 있다.
- 예산집행의 객관성과 공정성을 위해 내부감사, 외부감사, 사전감사, 사후감사 등의 감사 제도를 두고 있으나 감사는 대개 사후 처방이다.
- 공무원이라는 자리를 이용한 이권의 개입이나 편법적 예산집행도 종종 발생하고 있다. 국가나 지방자치단체의 모든 공직자는 예산의 원천이 국민이며 예산의 수혜자도 국민이라는 점을 항상 인식하고 직무에 임해야 한다.

참고문헌

- 지방행정 365, 지방재정통합공개시스템 https://www.lofin365.go.kr/
- 행정안전부. 지방자치단체 회계 관리에 관한 훈령
- 행정안전부. 2026년도 예산 편성 운영기준 및 기금운용계획 수립기준
- 문화체육관광부. 2024. 『공공도서관 건립 운영 매뉴얼』.

<table>
<tr><td colspan="4" align="center">학습평가</td></tr>
<tr><td rowspan="7" align="center">1</td><td colspan="2" align="center">문제</td><td align="center">다음 중 예산의 유형에 속하지 않는 것은?</td></tr>
<tr><td rowspan="4" align="center">문항</td><td align="center">①</td><td align="center">프로젝트 예산</td></tr>
<tr><td align="center">②</td><td align="center">품목별 예산</td></tr>
<tr><td align="center">③</td><td align="center">영 기준 예산</td></tr>
<tr><td align="center">④</td><td align="center">성과주의 예산</td></tr>
<tr><td colspan="2" align="center">정답</td><td align="center">①</td></tr>
<tr><td colspan="2" align="center">해설</td><td align="center">예산의 유형에는 품목별 예산, 성과주의 예산, 계획예산, 영 기준 예산 등이 있다.</td></tr>
<tr><td rowspan="7" align="center">2</td><td colspan="2" align="center">문제</td><td align="center">공공도서관에서 일반적으로 채택하고 있는 예산의 유형은?</td></tr>
<tr><td rowspan="4" align="center">문항</td><td align="center">①</td><td align="center">성과주의 예산</td></tr>
<tr><td align="center">②</td><td align="center">계획예산</td></tr>
<tr><td align="center">③</td><td align="center">영기준 예산</td></tr>
<tr><td align="center">④</td><td align="center">품목별 예산</td></tr>
<tr><td colspan="2" align="center">정답</td><td align="center">④</td></tr>
<tr><td colspan="2" align="center">해설</td><td align="center">다른 공공기관과 마찬가지로 공공도서관은 품목별 예산제도를 채택, 운영하고 있다.</td></tr>
<tr><td rowspan="7" align="center">3</td><td colspan="2" align="center">문제</td><td align="center">다음 중 예산절차에 속하지 않는 것은?</td></tr>
<tr><td rowspan="4" align="center">문항</td><td align="center">①</td><td align="center">예산서의 편성</td></tr>
<tr><td align="center">②</td><td align="center">예산서의 심의 의결</td></tr>
<tr><td align="center">③</td><td align="center">예산의 집행</td></tr>
<tr><td align="center">④</td><td align="center">예산집행 실적 보고</td></tr>
<tr><td colspan="2" align="center">정답</td><td align="center">④</td></tr>
<tr><td colspan="2" align="center">해설</td><td align="center">예산절차에는 편성, 심의, 의결, 집행, 결산 등이 있다.</td></tr>
</table>

제9장

공공도서관 장서의 개발과 관리

9.1. 도서관 장서의 사회적 의미

9.2. 공공도서관 장서 개발정책과 관리

제9장
공공도서관 장서의 개발과 관리

9.1. 도서관 장서의 사회적 의미

강의 목표

1. 공공도서관 정보자원의 역사성을 이해하고 정보자원의 사회적 중요
   성을 설명할 수 있다.
2. 도서관 장서의 사회적 역할을 이해하고 장서의 성장에 따른 적정 관
   리 방법을 제시할 수 있다.

강의 세부 내용

1. 정보사회 도서관 장서의 의미 확장
2. 도서관 장서의 성장과 사회적 역할

용어

- 도서관 장서(Library Collection) : 도서관이 이용자의 정보요구를 충
  족시키기 위해 수집, 정리, 보존, 제공하는 도서, 비도서, 디지털 자
  료 등 모든 형태의 자료 집합을 말한다. 장서는 지식 문화의 역사성,
  체계성을 기반으로 계속 새롭게 구축된다.
- 정보자원(Information Resources) : 조직이나 개인이 목표를 달성하고
  의사결정을 내리는 데 필요한 지식, 데이터와 이를 처리하는 기술적
  기반을 포함하는 개념이다. 도서관은 이용자의 정보요구를 충족하기
  위해 수집, 정리, 보존, 제공하는 장서를 포함한 모든 형태의 정보
  매체와 정보 전문 인적 자원을 포괄하는 개념으로 확장 사용할 수
  있다.

사전학습(퀴즈)

- 미디어의 발전에 따라 디지털 자료도 중요한 도서관의 장서에 포함
  되고 있다. (   )

1. 정보사회 도서관 장서의 의미 확장

(1) 장서에서 정보자원으로

- 도서관 정보자원은 도서관이 이용자의 정보요구를 충족시키기 위해 수집, 정리, 보존, 제공하는 모든 형태의 지식 정보 매체를 의미한다. 현대에는 과거의 인쇄물 중심에서 디지털 자료까지 그 개념이 확장됐다.
- 도서관 정보자원의 정의
  - 개념적 정의 : 도서관 정보자원은 지식과 정보를 담고 있는 아날로그 매체와 디지털 매체, 그리고 정보 전문 인력으로서 도서관이 제공하는 정보서비스의 핵심적인 자원을 말한다.
  - 법적 정의 : 도서관법상 도서관 자료는 도서관이 수집 · 정리 · 보존 · 제공하는 인쇄자료, 필사 자료, 시청각 자료, 마이크로형태 자료, 전자자료, 그 밖에 장애인을 위한 특수자료 등 지식정보 전달을 목적으로 축적된 모든 정보 매체를 말한다.
- 도서관 정보자원의 주요 특징
  - 다양한 매체와 형태(Multimedia) : 책, 논문 등 인쇄물뿐만 아니라 시청각 자료, 데이터베이스(DB), 전자책(E-book), 전자저널, 인터넷 자료 등 물리적 실체가 없는 디지털 정보원까지 포함한다.
  - 조직된 정보집합체(Organized Collection) : 도서관은 선정, 분류, 목록화 등의 조직 과정을 거쳐 가치 있는 정보만을 선별하여 체계적으로 관리한다.
  - 정보의 공평한 접근(Free Access) : 정보 격차 해소를 목적으로 하며, 소수의 권력자가 아닌 대중이 자유롭게 이용할 수 있도록 보장하는 것을 목표

로 한다.

- 보존과 축적(Archiving) : 인류의 지식과 문화유산을 수집하여 후대에 전달하는 영구 보존의 역할을 한다.
- 소유와 접근(Ownership & Access) : 기술 발전에 따라 도서관의 주된 전략은 보존 자료를 필요한 경우에 이용하게 하는 전략(just in case)과 자료를 필요할 때 즉시 접근하게 하는 전략(just in time)이 병행되고 있다. 즉 도서관이 실제로 책을 소장하는 방식(Ownership)과 라이선스 계약을 통해 디지털 정보에 접속하는 방식(Access)이 공존하고 있다.
- 공익성 및 전문성 : 공공의 이익을 위한 정보 공유를 원칙으로 하며, 정보 전문가인 사서에 의해 엄선된 신뢰성 있는 자료를 제공한다.
- 도서관 정보자원은 사회적 역할에 따라 도서관이 지식 생산의 핵심 기관으로서 연구, 평생교육, 문화 활동, 지역사회 역사 보존을 할 수 있는 기본 인프라이다.

사진 : 충남도서관 개방서가

(2) 공공도서관 정보자원의 중요성

- IFLA 공공도서관 가이드라인
  - 공공도서관은 고객들의 교육, 정보, 여가, 자기 계발 등에 필요한 광범위한 정보자원에 평등하게 접근할 수 있도록 해야 한다. 도서관은 그 사회의 전통문화 유산에 접근하여 다양한 문화적 자원과 경험을 개발할 수 있도록 지원해야 한다. 이러한 목적을 달성하기 위해서는 지역사회와 지속적 교류와 유대를 가져야 한다.
    (출처 : IFLA Public Library Service Guidelines, 2nd ed. p.67.)
- 한국도서관 기준 공공도서관의 자료 기준
  - 공공도서관은 지역주민의 다양한 정보요구와 관심사를 충족시키는데 필요한 각종 자료와 최신 정보 매체를 광범위하게 구성하여야 한다.
  - 공공도서관의 자료선택은 인종, 민족, 국적, 직업, 종교, 사상, 당파, 지방적 관습 등에 치우치지 않아야 하며, 어떤 형태의 이념적 · 정치적 · 종교적 검열이나 사업적 압력으로부터 자유로워야 한다.
  - 지역대표도서관은 「도서관법」 제26조의 규정에 의거 광역자치단체, 기초자치단체가 발행하는 모든 자료를 납본 수집하여야 하며, 기초자치단체의 중앙관은 당해 지역 행정기관이 발행하는 자료를 최대한 수집하여야 한다.
  - 지역대표도서관은 국내에서 발행하는 각종 정보 매체를 광범위하게 수집하고 외국에서 발행되는 도서, 잡지, 신문도 적극 수집하여야 한다. 또 자체적으로 수집한 자료의 보존관리뿐만 아니라 당해 지역의 공공도서관을 위한 공동보존서고(센터)로서의 역할을 수행하여야 한다.
  - 공공도서관은 당해 지역에서 발간 또는 제작되는 향토 자료 및 행정자료를 반드시 수집하고, 이를 기반으로 지역사회의 향토 자료와 지식 문화유산을 발굴 · 복원하고 계승 · 발전시키는 구심체로서의 역할을 수행하여야 한다.
  - 공공도서관은 국내 자료와 지역사회의 역사나 특성을 기술한 자료를 우선적으로 수집하고, 기타 자료는 협동 수서나 분담수집 또는 상호대차와 자

료공유시스템을 통하여 지역사회의 정보요구에 대처하여야 한다.
- 공공도서관은 인쇄자료를 비롯하여 시청각 자료, 마이크로자료, 장애인용 대체 자료, 디지털 자료 등 다양한 유형의 정보자료를 확보하는 동시에 인터넷 정보기술을 활용한 접근 전략도 다양하게 모색하여야 한다.
- 공공도서관은 장서 개발정책을 수립·성문화하여 자료수집에서 보존관리까지의 체계성과 일관성을 유지하여야 하며, 3~5년 주기로 성책문서를 개정하여야 한다.
- 공공도서관은 최근 출판 동향, 정보요구와 이용행태, 장서의 형태 서지적 중요성과 내용적 가치, 장서 관리 계획에의 적합성 등을 근거로 전체 장서 또는 주제별 장서를 3~5년 주기로 평가하여야 한다.
- 공공도서관은 자료의 내용 가치 및 이용통계를 조사·분석하여 수집과 제적·폐기의 우선순위를 결정할 때 활용하는 것이 바람직하다.
  (출처 : 한국도서관협회. 2013. 『한국도서관기준』. pp.34 - 35.)

⑶ 도서관 정보자원의 사회적 의미와 서서의 역할

- 도서관의 주요 자원은 책을 중심으로 하는 지식정보이다. 정보자원이 없으면 도서관이 아니다. 도서관은 어떠한 주제 분야의 지식정보자원을 어떻게 개발, 정리, 보존, 폐기, 보충할 것인가가 하나의 주요 업무이다. 또 하나의 주요 업무는 보유 또는 접근이 가능한 지식정보를 고객에게 제때 제대로 이용시키는 일이다.

- 고객들은 지식정보를 이용하기 위하여 도서관에 온다. 따라서 도서관은 고객들의 반응을 파악하여 기존의 정보자원을 새롭게 변화시켜 나가야 한다. 한 마디로 도서관은 고객에게 알맞은 정보미디어를 항상 새롭게 갖추고 고객의 의견을 반영하여 새로운 정보미디어를 끊임없이 보완함으로써 지역사회에 유용한 지식정보도서관으로 거듭 태어나야 한다.

- 사서들은 도서관의 어떤 부서에 근무하든 정보자료에 최대의 신경을 써야 한다. 자기가 담당하는 주제 자료실의 자료를 항상 파악하고, 새로 들어온 자

료, 별로 이용되지 않는 자료, 오래되어 폐기해야 할 자료, 역사적 가치가 있
는 자료, 상호대차가 필요한 자료 등을 구분하고 자료수집이나 폐기 시에 적
절히 대응할 수 있도록 준비하고 있어야 한다. 그러기 위해서는 사서들이 지
식정보자료 개발에 대한 전반적인 원리와 흐름, 그리고 자기 도서관의 특성
과 지역사회, 광역사회, 그리고 국가 전체적인 정보자료 관리와의 연관성을
이해하여 자료를 최후까지 소중하게 관리하는 태도를 견지해야 한다.

- 사서는 역사를 보존 전승하는 임무를 띠고 있다. 고대로부터의 역사 자료는
  사서를 비롯한 애호가들의 정성 어린 손길에서 보존, 전승되었다. 오늘의 넘
  쳐나는 정보자료들도 사서들의 손길을 기다리고 있다. 그 많은 자료 더미에
  서 어떻게 옥석을 가려내어 도서관의 자원으로 삼을 것인가, 우리 도서관의
  자료 중에서도 어떤 자료를 어떻게 보존할 것인가를 결정해야 한다. 이는 주
  먹구구식 의사결정이 아니라 해당 분야 전문가들과 사서들의 공동 노력으로
  해결해야 할 영속적 과제이다. 세월이 감에 따라 담당자는 바뀌어도, 디지털
  사회의 도래로 종이책이 없어진다 해도 도서관의 본질은 굳건히 유지되어야
  한다.

2. 도서관 장서의 성장과 사회적 역할

(1) 도서관 자료의 성장

- 예로부터 도서관은 정보자료의 보고이다. 인류문명은 도서관을 통해서 전승
  되었고, 역사를 빛낸 수많은 학자는 도서관에서 연구하였다. 고대 그리스에
  서는 도서관 통해 학문이 발전하였고, 도서관을 통하여 헬레니즘 문화를 전
  세계에 전파하였다. 중세 대학의 학문 연구는 도서관을 통해 활성화되었으
  며, 근대 민주주의와 대중교육은 도서관을 통해서 일반화되었다. 이제 민주
  사회의 도서관은 가장 믿음직한 지식정보 교육기관이며 문화 전승의 뿌리이
  자 문명발전의 꽃으로서 새롭게 피어나고 있다.

- 영국의 도서관 역사가인 James Thompson은 도서관 자료 성장의 역사를 다음과 같이 기술하고 있다.

– 도서관은 반드시 성장한다.

중세 때 초창기에 도서관이 설립될 때에는 불과 수백 권의 장시를 한 두 개의 책상자 속에 넣어 수도원의 한 모퉁이에 보관하였지만 그래도 도서관은 성장하였다. 도서관들은 첫째로 이용자들이 적정하다고 생각하기 이전에 어떤 규모를 달성해야만 하는 규칙이 있었다. 예를 들면 베네딕트 수도원 규칙에는 최소한 사제 1인당 1권을 확보해야 한다고 규정되어 있었다. 둘째로는 다른 시대의 도서관들과 마찬가지로 중세의 도서관들도 지식의 성장에 보조를 맞추어야 했다. 종교 서적에서 출발한 도서관은 인문학의 부흥으로 장서가 더욱 증가하였다. 특히 중세 대학도서관은 법률학, 의학, 문법학, 논리학을 연구하였으므로 도서관이 그 규모와 범위를 지속적으로 확장하지 않으면 안 되었다. 도서관의 장서는 결코 고정되고 정체되어 있을 수 없었다.

사실 중세 도서관의 성장은 느렸고 많은 어려움을 겪어야 했다. 장서의 수는 필사자의 노력에 의해서만 증가될 수 있었다. 필사실의 승려들은 선임자들이 훈련 시켰으며 그들은 종교적인 의무로서 필사 작업을 수행하였다. 그러나 중세 말인 14세기와 15세기에는 르네상스와 인쇄술의 발전으로 장서 수가 수백에서 수천으로 증가하였다.

국가도서관, 공공도서관, 대학도서관 모두 도서관은 반드시 성장한다는 원리를 보여주는 좋은 사례들이다. 1800년에 설립된 미 의회도서관을 예로 들면 1807년까지 장서는 약 3,000권이었다. 그 후 1814년 영국군에 의해 파괴되었으나 이듬해에 토마스 제퍼슨 전 대통령의 장서 6,487권을 구입하여 재건하였다. 그리하여 1836년에는 24,000권으로 증가하였다. 1851년에 화재로 부분 소실되었으나 1863년에는 장서 수가 79,214권에 이르렀다. 그로부터 100년 후인 1970년에는 16,000,000권의 장서와 30,000,000권의 원고본, 그리고 축음기 레코드, 필름, 사진, 지도 등 비도서 자료를 합하여 총 64,000,000점을 소장하게 되었다.

공공도서관의 성장에 대해서는 뉴욕 공공도서관에서 현저한 예를 찾을 수 있다. 1895년까지는 기록이 없으나 1970년 초에는 8,500,000권으로 성장하였다. 대학도서관의 성장은 더욱 극적으로 이루어졌다. 퍼몬트 라이더의 계산에 의하면 미국의 대학도서관들은 16년마다 2배로 성장하였다. 1683년에 설립된 하버드대학은 1780년에 12,000권, 1831년에 39,605권 1849년에 96,200권 1876년에 227,650권 1900년에 560,000권 1925년에 2,416,500권, 1938년에 3,941,359권 그리고 1970년까지 9,000,000권에 이르렀다.

><blockquote>

역사적으로, 세계적으로 도서관은 반드시 성장한다는 원리는 부인할 수 없다. 세계의 도서관계는 모든 종류의 도서관에서 무한정으로 성장하는 도서관의 문제를 해결할 수 있는 후속 원리의 출현을 기다리고 있다. 그러나 도서관이 성장은 하지만 영원히 존속되는 것은 아니다. 대 알렉산드리아도서관은 결국 사라져 갔다. 영국에 있던 800개 이상의 중세 종교도서관들은 모두 없어졌다. 또 점토판, 파피루스, 양피지 코덱스는 모두 다른 매체로 대체되었다. 따라서 인쇄된 책이 이처럼 다른 매체로 대체되지 말라는 역사적인 이유는 없다.

(출처 : James Thompson. 1977. 『A history of the Principles of librarianship』. London : Clive Bingley. pp.210 - 212)

</blockquote>

(2) 도서관 장서의 의의와 사회적 역할

- 도서관의 소장자료는 도서관을 도서관답게 만든다. 어떤 도서관이든 도서관으로 부를 수 있게 하는 것은 소장자료 때문이다. 건물에 도서관이라는 간판이 붙어 있어도 책이 없으면 도서관이 아니다. 책은 개인 집에도 있고 회사에도 있다. 또 대형 서점에 가면 웬만한 도서관보다 훨씬 많은 책과 미디어를 진열해 놓고 있다.

- 그러나 가정집에 책이 아무리 많아도 도서관처럼 분류 · 정리하지 않으며, 가족이나 친지들만 이용할 수 있을 뿐이다. 서재의 주인이 돌아가시면 그 책들은 사장되거나 흩어져 버린다. 서점의 책은 판매되면 다른 곳으로 영원히 가 버린다. 여기서 도서관 자료의 성격과 의의가 도출될 수 있다.

- 도서관 자료는 우선 체계적으로 수집 · 분류 · 정리되고 이용에 제공되어야 한다. 또 일시적이 아니라 영속적으로 자료를 축적하여 두고, 공중이 이용할 수 있도록 개방해야 한다. 이 두 가지 조건을 충족하지 못하면 도서관 장서라고 할 수 없다.

- 도서관 자료는 역사성이 있다. 시대를 내려오면서 축적 전승되어온 자료들은 역사적 가치를 가진다. 또 도서관 자료는 누구든지 평등하게 이용할 수 있다. 이용이 제한되는 자료는 역사적으로 희귀한 귀중본 자료 또는 국가의 비

밀자료들이다.

- 도서관 자료의 역할은 보존적 역할, 배포적 역할, 서지적 역할, 상징적 역할로 구분할 수 있다. (출처 : 윤희윤. 2007. 장서관리론. 대구 : 태일사. p.5)
  - 보존적 역할 : 수집, 보존되지 않은 문헌은 미래의 독자들이 이용할 수 없다.
  - 배포의 역할 : 자료 개발에 투자하는 이유는 원하는 사람에게 장서에 편리하게 접근할 수 있도록 하기 위한 것이다.
  - 서지적 역할 : 자료의 존재 여부와 소장처를 파악할 수 있도록 체계화된 목록을 작성하여 제공한다. 도서관 장서 목록을 통해서 몰랐던 자료를 발견할 수 있다.
  - 상징적 역할 : 자료가 많을수록 볼만한 자료도 많다. 소장자료의 총량은 지식정보의 총량을 나타내는 상징적 의의를 지닌다.
    "그 가정의 문화 정도를 알려면 그 가정의 서재를 보라"
    "그 나라의 문화 정도를 알려면 그 나라의 도서관을 보라"
- 도서관 장서는 지식·정보의 수집, 정리, 보존을 통해 이용자에게 학습, 연구, 교양, 문화 향유의 기회를 제공하며, 정보 격차 해소와 평생교육이라는 사회적 역할을 수행한다. 또한 지역사회에 지식 문화 인프라를 제공하고, 다양한 형태의 자료를 통해 시민들의 삶의 질 향상과 정서적 안정을 도모한다.
- 도서관 장서의 핵심 사회적 역할과 기능
  - 지식·정보의 보존 및 전승(Cultural Heritage Preservation) : 국가 및 지역의 지적 문화유산을 수집, 정리, 보존하여 후세에 전달한다.
  - 평생교육 및 정보 격차 해소(Lifelong Learning & Equity) : 모든 시민이 공평하게 정보에 접근할 수 있도록 도서 및 자료를 제공한다. 학습, 연구, 독서, 참고, 취미 등 다양한 목적의 지식 기반을 제공하여 평생교육을 지원한다.
  - 복합문화공간 및 커뮤니티 거점(Community Hub & Cultural Space) : 책을 읽는 공간을 넘어 문화 활동이 이뤄지는 제3의 공간(시민의 거실) 역할을 한다. 지역사회와 연계하여 문화, 예술, 교육 프로그램을 제공하고 지역 공동체 강화에 이바지한다.

-정서적 지원 및 사회 통합(Emotional Support & Integration) : 정서적으로 도움을 줄 수 있는 자료를 소장하여 이용자의 심리적 안정과 자살률 감소 등 사회적 문제 해결에 조력한다. 정보 접근의 자유를 보장하여 민주주의 사회의 알 권리를 충족시킨다. 도서관 장서는 단순히 책을 보관하는 기능을 넘어, 시대의 변화에 발맞추어 지식정보의 디지털화와 복합적인 문화 콘텐츠를 수용하는 방향으로 그 사회적 가치가 확대되고 있다.

참고문헌

- 『IFLA Public Library Service Guidelines』 2nd ed. 2010
- 한국도서관협회. 2013. 『한국도서관기준』. 한국도서관협회
- 윤희윤. 2007. 『장서관리론』. 대구 : 태일사
- Peggy Johnson 지음, 이종권 외 옮김. 2012. 『장서개발관리론』. 서울 : 문현

1	문제		공공도서관 장서의 직접적 목적이 아닌 것은?
	문항	①	초중등 교육
		②	정보 제공
		③	여가 선용
		④	평생교육 및 자기계발
	정답		①
	해설		초중등 교육을 위한 도서관은 학교도서관이다.
2	문제		도서관의 장서와 개인 장서의 가장 큰 차이점은?
	문항	①	자료의 수집
		②	자료의 정리
		③	장서의 보존
		④	장서의 개방
	정답		④
	해설		개인의 장서는 나름 수집, 정리, 보존은 하지만 시민에게 개방하지 않는다.
3	문제		도서관 장서의 사회적 역할이 아닌 것은
	문항	①	보존적 역할
		②	배포의 역할
		③	상담의 역할
		④	상징적 역할
	정답		③
	해설		장서 상담 역할은 사서의 역할이다.

9.2. 공공도서관 장서 개발정책과 관리

강의 목표

1. 장서 개발정책의 필요성을 이해하고, 장서 개발정책의 목적과 용도를 설명할 수 있다.
2. 공공도서관 장서 개발 및 관리의 흐름을 파악하여 실무에서 보존, 갱신, 폐기 절차를 실행할 수 있다.

강의 세부 내용

1. 공공도서관 장서 개발정책
2. 공공도서관 장서의 일상 관리

용어

- 장서 개발정책 : 장서 개발정책은 제한된 자원 내에서 도서관의 목적과 이용자 요구에 알맞은 자료를 수집·관리하기 위해 수립하는 마스터플랜이다. 이는 도서관 운영의 일관성, 전문성 확보, 예산의 효율적 사용, 지역 특화 자료 구축을 위한 기본 지침으로 도서관 서비스의 질을 높이는 핵심적인 역할을 한다.
- 장서 관리 : 도서관이 이용자의 요구에 맞춰 자료(도서, 전자매체 등)를 선정, 수집, 등록, 조직화하고, 최적의 상태로 유지 및 보존하여 이용자가 활용할 수 있도록 관리하는 모든 제반 활동을 의미한다. 이는 단순히 책을 정리하는 것을 넘어, 자료의 생애주기 전체를 계획하고 운영하는 체계적인 과정이다.

사전학습(퀴즈)

- 장서개발정책이 필요한 이유는 도서관 장서의 체계적 개발을 위한 것이므로 개별 이용자와는 직접적인 관련이 없다. (   )

— 장서개발정책의 궁극적인 목적은 정보이용자를 위한 것이다.

1. 공공도서관 장서 개발정책의 의미

(1) 장서개발정책의 의의

- 장서개발정책은 제한된 자원 내에서 도서관의 목적과 이용자 요구에 알맞은 자료를 수집·관리하기 위해 수립하는 마스터플랜이다. 이는 도서관 운영의 일관성, 전문성 확보, 예산의 효율적 사용, 지역 특화 자료 구축을 위한 지침을 제공하여 도서관 서비스의 질을 높이는 핵심적인 역할을 한다.
- 장서개발정책의 중요성
  - 자료 수집의 일관성 및 효율성 확보 : 자료 선정, 수집, 폐기 등의 기준을 명문화하여 담당자가 바뀌어도 일관성 있는 장서 구성을 유지하고, 예산을 효율적으로 활용한다.
  - 지역사회 요구 반영 : 지역사회 분석을 토대로 이용자에게 최적의 자료를 제공하고, 특정 주제나 특화된 자료를 우선순위에 두어 수집한다.
  - 장서의 체계적 관리 : 장서 평가와 점검을 통해 도서관 목적에 맞는 자료를 보존하고, 가치가 떨어진 자료를 폐기하여 장서의 질을 유지한다.

(2) 장서개발정책의 필요성

- IFLA 공공도서관 가이드라인의 장서개발정책(Collection management policy)
  - 공공도서관은 도서관 서비스의 실체를 보장하기 위해 성문화된 장서개발정책을 갖추어야 한다. 장서개발정책의 목적은 도서관 장서의 유지, 개발, 정보자원에의 접근을 지속적으로 보장하는 것이다. 시민들이 새로운 자료를 선택하도록 보장하고, 새로운 서비스의 요구와 이용수준의 변화에 대처하기 위해서는 지속적인 장서 개발이 필수적이다.
  - 오늘날의 기술 신보에 비추어 장서 개발정책은 도서관의 소유 장서뿐 아니라 세계적으로 이용가능한 정보에의 접근 전략도 반영해야 한다. 기술

발전에 따라 도서관의 주된 전략은 보존 자료를 필요한 경우에 이용하게
하는 전략('just in case')에서 자료를 제때 접근하게 하는 전략('just in time')
으로 변화되고 있다. 정책은 지역주민의 관심과 요구에 대해 전문 사서가
개발한 도서관 표준에 근거하여야 하며 지역사회의 다양성을 반영해야 한
다. 정책은 목적, 장서의 내용 범위, 외부 자원에의 접근 문제를 규정해야
한다.(출처 : IFLA Public Library Service Guidelines, 2nd edition. pp.67-68.)

- IFLA에서 제시한 CONSPECTUS 모델을 이용한 장서 개발정책 가이드라인
  (Guidelines for a Collection Development Policy, using the CONSPECTUS
  model)
  - 왜 장서 개발정책서인가? : 도서관의 기본적 업무는 적절한 정보원을 선
    택, 유지하고 이용에 제공하는 것이다. 기술 발전에 따라 도서관의 주된
    전략은 보존 자료를 필요한 경우에 이용하게 하는 전략(just in case)에서
    자료를 제때에 접근하게 하는 전략(just in time)으로 변화되고 있다. 장서
    개발정책도 중대한 변화를 맞고 있으며 도서관은 보다 폭넓게 정보를 제
    공할 필요성에 직면하게 되었다. 정책은 직원들이 업무를 수행하고 이용
    자들이 이용하는 일종의 기본 지침이며 가늠자이다. 그것은 자료의 선택
    을 위한 단순한 도구의 차원을 넘어 수많은 기능을 수행한다.
  - 장서 개발정책은 현재의 장서를 기술할 뿐 아니라, 직원들에게 장·단기에
    걸친 조직의 목적과 목표, 그리고 이에 따른 여러 활동의 우선순위에 초점
    을 맞추어 일할 수 있게 한다. 또 예산업무 및 도서관 내부, 도서관 상호
    간, 도서관 외부 기관들과의 의사소통 채널로서의 역할, 협동장서 개발, 외
    부 검열 간섭의 방지, 기증처리, 자료의 선택제외, 연속간행물 취소 등을
    포함하는 모든 장서 관리 활동의 기준이 된다. 장서 개발정책을 성문화하
    는 주된 이유는 크게 4가지로 나누어볼 수 있다.
  - 선택 : 장서 개발정책의 기본적 기능은 직원들이 도서관 자료(인쇄자료 및
    전자자료)를 선택하거나 제외할 때 지침을 제공하는 것이다. 또 선택, 수
    서, 정리, 저장, 솎음, 보유, 보존(전자자료의 아카이빙), 장서의 주제 깊이
    (심도)와 주제 넓이(폭)의 정도와 관련하여 어떤 주제에 대하여 모든 형태
    의 자료의 수준을 높이거나 낮추는 지침이 된다. 정책은 장서 구성의 목적

과 부합되는 선택 결정을 내림에 있어 개인적 편견을 줄여주고, 장서 개발의 책임 문제를 인식시켜준다. 또 선택 및 갱신에 있어 지속성과 일관성을 보장하고, 각 도서관 장서의 목적과 범위를 분명히 해주며, 해당 범위의 출판 도서에 대한 수서 비율을 평가할 수 있게 해준다. 이러한 참고 지침은 선택 담당자가 당면하는 반복적인 의문을 감소시킬 뿐 아니라 신입직원의 교육훈련에 도움을 준다. 또 장서를 기반으로 업무를 수행하는 다른 직원들에게도 유용한 정보를 제공한다.

– 기획 : 정책서는 미래 계획수립의 기초가 되며, 예산이 부족한 경우에는 우선순위를 결정하는 데 도움이 된다. 또한 자원을 공정하게 배분할 수 있도록 하며, 수서의 이면에 드러나지 않는 도서관의 자금 수요를 합리적으로 설명할 근거를 제공한다. 공식적으로 공표된 정책문서를 갖추면 업무의 혼선을 피할 수 있고 계속성을 담보할 수 있다. 공식 정책문서는 현존 장서의 강점을 알게 해주고, 직원들에게 도서관의 목적에 따라 업무를 수행하도록 하는 점에서 그 자체만으로도 유용하다. 공표된 목적은 목록, 보존에 관련된 전략 수립, 독자 서비스 예를 들면 선택 배제 분야의 인식, 도서관 간 상호대차의 적절성, 서류 처리, 수서를 대신한 인터넷 접근 등 장서에 관련된 제반 활동을 수행하는 데 도움을 준다.

– 홍보(PR) : 공식 정책문서는 도서관이 이용자, 행정직원, 예산부서와 협의할 때 유용하다. 정책문서는 조직의 목적, 목표, 책임을 나타내준다. 정책문서는 이용자와 행정직원 모두에게 능동적인 참여를 요구함으로써, 도서관과 고객 사이의 커뮤니케이션을 촉진한다. 정책은 도서관 이용자와의 약속이어서 그들이 도서관 내부에서 장서와 서비스에 대하여 기대하는 바가 무엇인지를 나타내는 기능을 수행한다. 정책서는 이용자들에게 선택 결정이 표준에 기초하여 수행되고 있음을 알려준다. 이러한 공식적인 설명을 통해 도서관 직원들은 특수 이익단체로부터 제기되는 비판과 검열을 방어할 수 있고, 불필요한 기증, 종교 종파적 자료 또는 반역자료 등을 확실하게 거절할 수 있다.

– 광역적 맥락 : 개별도서관은 그 자체만으로는 모든 서비스를 제공하기 어렵게 되어가고 있으며, 도서관들이 서로 협력, 협정을 맺어 함께 업무를

수행하지 않으면 안 된다. 이를 위해서는 각 도서관이 무엇을 수집하는지에 대하여 서로 알고 이해하고 있어야 한다. 따라서 성문화된 장서 개발 정책문서는 해당 지역, 시군, 광역, 나아가 국제적으로도 광범위한 도서관 협력 및 자원공유의 기반을 제공한다.

(3) 장서개발정책의 특징

- 장서개발정책은 공공도서관이 수립해야 할 가장 기본적인 정책이다. 잘 정비된 장서 개발정책은 도서관 자료를 체계적으로 개발할 뿐 아니라 장서에 대한 내·외부의 간섭을 방어할 수 있다. 장서개발정책은 도서관의 지적 자유를 수호하는 보루이며 일관된 장서 수집과 지속적인 정보서비스를 제공하는 기반이 된다.
- 장서개발정책은 인쇄 또는 비 인쇄자료의 선택, 수집, 보존, 제적, 폐기에 관하여 정책문서를 별도로 만들거나 도서관의 인사관리, 시설관리, 프로그램관리 등과 통합한 규정 또는 지침으로 만들 수 있다. 어떤 방법을 택하든 장서개발정책은 도서관 일반의 철학에 바탕을 두어야 하며 해당 도서관의 사명과 목적을 반영해야 한다.
- 장서개발정책의 특징
  - 문서로 된 지침 : 장서 개발의 목적, 범주, 수준 등 모든 의사결정의 근거가 되는 공식 문서이다.
  - 체계성 및 포괄성 : 자료 수집부터 정리, 폐기까지 일련의 과정을 포함하며, 도서관의 목적과 공간, 장서량 등을 종합적으로 고려한다.
  - 지속적 갱신 : 사회·문화적 변화와 도서관 발전에 맞춰 주기적으로(예 : 3년) 정책을 수정하여 현행화한다.
- 도서관 특성 반영 : 해당 도서관의 전문적인 역할과 특성화 자료에 대한 지침을 제시한다.

(4) 장서개발정책의 구성

- 장서개발정책은 선택의 일반원리 및 선택, 수집, 제적 업무에서 사용되는 절차를 규정해야 한다. 모든 정책은 도서관운영위원회의 승인을 받아야 하므로 담당자가 활용할 수 있는 정책과 설명 자료를 별도로 유지하는 것이 바람직하다.
- 장서개발정책은 다음 사항들을 반영해야 한다.

장서개발정책 반영사항
- 서론
- 용어의 정의
- 장서 개발정책의 목적
- 도서관의 목적에 따른 장서의 균형
- 지적 자유에 대한 사항
- 이용 대상 고객의 구분(어린이, 청소년, 일반인, 직원)
- 인근 지역 다른 도서관 장서와의 관련성
- 다문화가정, 장애인 등에 관한 장서의 수집수준, 방법 및 절차
- 선택에서 제외되는 자료의 형식 및 내용
- 수증과 기증에 관한 방법과 절차
- 주제별 장서의 수집 수준(주제별 장서 수준의 심도)
- 선택의 방법
- 선택 도구(납본 도서 목록, 상업서지, 서평지, 신문, 잡지 등)
- 자료의 평가 근거(서평지, 언론)
- 선택에 참여하는 직원 및 선정위원회 구성
- 지역사회 향토 자료 및 행정자료의 수집 방법
- 희귀본, 고가본 등 특수 자료에 관한 수집방침
- 비도서 형태의 자료에 관한 절차(지도, 도면, CD - ROM, DB 등)
- 복본 결정에 관한 기준
  - 수시의 빙법과 절차
- 서점, 대행사 및 공급자

┌───┐

•계약 방법(입찰, 수의계약, 현장 수서 등)
•장서 평가의 방법과 절차
    — 보존, 갱신, 제적, 폐기기준 및 절차
    — 정책의 개정에 관한 사항
    — 참고문헌, 부록

(출처 : Peggy Johnson. 2009. Fundamemtals of Collection Development and Management Second Edition. ALA. pp.77 - 78, Adele M Fasick, 이종권 역. 2010. 어린이도서관 서비스경영. p.70)

└───┘

(5) 국립중앙도서관 도서관 장서 주제별 집서수준(Collecting Levels)

● 집서수준의 지침과 기준

┌───┐

집서 수준(Collecting Levels)은 현재의 장서 수준, 미래의 수집 의지와 수집목표, 보존 의지의 강도와 심도를 종합한 개념으로 통상 컨스펙터스(Conspectus) 방법에 기초하여 장서의 양적 규모 및 질적 수준을 분석·평가한 후에 일련의 기호로 표현한다.

도서관의 집서 수준을 대변하는 현재의 장서 수준은 소장자료의 양과 질을 표준서지와 비교하여 소장비율을 산출하거나 전문가의 판단과정을 거쳐 결정하고, 미래의 수집 의지는 자료수집과 관련된 각종 정보(장서개발정책, 장서 증가 및 제적 데이터, 예산 배정 및 지출정보, 지출 대비 수집자료의 비율 등) 및 연차증가율로 판단하며, 수집목표는 도서관의 목적과 목표·장서개발프로그램·이용자 요구와 비교하여 확인하고, 그리고 보존 의지는 장서의 내용적 및 형태적 보존기준의 설정 여부, 보존범위의 포괄성 정도, 대체방안의 모색과 실적 등을 기준으로 분석한다.

집서 수준은 모든 주제 장서에 공통으로 적용되며, 도서관이 제공하는 실물장서, 상업적 DB, 인터넷 정보자원을 포괄하여 디지털 정보기술 환경의 변화를 적시에 반영한다.

도서관의 중요한 소급자료 및 최신정보의 수집여부, 국가장서로서의 품격과 내용, 국민의 교양습득 및 학술연구용 지식정보에 대한 관심과 요구를 미국서부도서관네트웍, 미국의회도서관, 일본국립국회도서관의 컨스펙터스를 원용하여 집서 수준을 다음

└───┘

과 같이 5단계로 구분·적용한다.

1. 최소수준(Minimal Level) : 기준자료(단행본, 참고자료 등)의 범주를 벗어나는 자료를 수집하지 않는다. 이 수준의 장서는 기본정보 수준과 마찬가지로 정보의 최신성을 유지할 수 있도록 자주 그리고 체계적으로 평가되어야 하며, 오래된 정보를 포함하는 자료와 대체판은 제적해야 한나.

2. 기본정보 수준(Basic Information Level) : 특정 주제분야의 개요와 입문지식을 소개하거나 정의하고 다양한 정보를 알려주는 자료를 선택적으로 수집하는 수준을 말한다. 이를 위한 수집의 대상에는 사전, 편람, 서지DB, 주요 자료, 역사적 조사자료, 주요 정기간행물이 포함된다. 다만 정보의 최신성을 유지하기 위하여 장서를 자주 그리고 체계적으로 평가해야 한다.

3. 학습교육지원 수준(Study or Instructional Support Level) : 특정 주제분야의 지식을 체계적으로 추가·유지할 목적으로 수집하는 수준을 말한다. 수집대상에는 광범위한 기본도서, 중요한 고문헌, 주요 저자의 전집류, 기타 저자의 일부 자료, 대표적인 학술지, 적절한 데이터파일, 참고도서 및 기본 서지가 포함된다. 이 수준의 장서는 대학수준 이상의 교육적 지원, 공공 및 특수도서관 이용자의 대다수 학습적 요구를 해결하는 데 적합하며, 정보의 최신성을 유지하기 위하여 체계적으로 평가되어야 한다.

4. 연구 수준(Research Level) : 박사과정 및 독립적 연구에 필요한 연구보고서, 새로운 발견, 과학실험 결과, 기타 정보를 포함한 주요 자료를 수집하는 수준을 말한다. 수집대상에는 해당분야의 대다수 학술지, 주요 색인·초록지, 모든 중요한 참고도서, 광범위한 학술서, 주요 전자자원이 포함되며, 오래된 자료일지라도 역사적 연구를 위해서는 적절히 보존해야 한다.

5. 망라 수준(Comprehensive Level) : 특정 주제 분야의 자료는 언어, 포맷, 출판년도를 불문하고 포괄적으로 수집하는 수준을 말한다. 이 수준은 궁극적 목적은 주제별로 전문화된 장서를 유지·제공하는데 목적이 있기 때문에 오래된 자료라 할지라도 역사적 연구를 위하여 적극적으로 보존해야 한다.

(출처 :『국립중앙도서관 장서 개발지침』. 2018. 국립중앙도서관. pp.107-111)

(6) 공공도서관 장서의 기준

- 도서관법시행령에서 정한 장서 기준은 봉사 대상 인구 규모별로 장서 수를

제시하고 있다.

- 2013년 판 『한국도서관 기준』에서는 인구 1명당 기준으로 다음과 같이 제시하고 있다.

종 류		장서구성 기준	비 고
단행본	기본장서	인구 1명당 2권 이상	분관에도 적용
	연간 증가책수	인구 1명당 0.2권 이상	-
연속간행물		기본 50종에 서비스 대상인구 1,000명당 3종 이상 추가	-
비도서자료		서비스 대상인구 1,000명당 기본 40점에 연간 4점 이상 추가	-

(출처 : 한국도서관협회. 2013. 『한국도서관기준』. p.35.)

(7) 『2024 공공도서관 건립 운영 매뉴얼』의 공공도서관 장서 관리 가이드

- 4차 산업혁명과 지능정보사회로 진입 등 사회환경 변화에 따른 도서관의 기능과 역할이 변화하면서 새로운 시대에 걸맞는 장서 구성의 변화를 요구하고 있다.
- 장서 구성의 일반 지침
  - 지역적·시대적 여건을 감안하여 전 연령대의 이용자에게 봉사할 수 있는 다양한 자료 선정을 원칙으로 한다.
  - 정보의 최신성을 위하여 신간 자료를 우선으로 선정한다.
  - 현재의 이용자뿐만 아니라 미래세대의 잠재적 이용을 염두에 두고 장서를 개발한다.
  - 장서 개발은 망라성을 추구하되, 모든 자료를 수집하기 어렵거나 현실적으로 불가능한 주제, 유형, 언어 등의 자료에 대해서는 선택적으로 수집한다.
  - 도서관 장서는 지식 문화적 중요성, 학술연구적 가치, 잠재적 이용가능성 등을 기준으로 개발하되, 장서 구성의 편향성을 최소화하는 방향으로 수집한다.

- 자료를 선택할 때는 도서관 및 담당자의 사상, 종교, 정치적 입장, 개인적 이해관계 등을 초월한 중립적인 입장에서 선택의 공정성과 공평성을 확보한다.
- 도서관 자료를 수집할 때는 보존의 필요성과 이용·복사 등에 따른 훼손 가능성 그리고 이용자의 수요에 대한 예측을 고려하여 복본수를 결정한다.
- 자료가 다양한 매체로 존재할 경우에는 인쇄매체, 파일, CD-ROM, 마이크로형태의 순으로 우선순위를 두고 수집한다.
- 기대(유효)수명이 짧은 자료는 온라인 DB 등의 전자매체를 적극 활용한다.
- 전자책, 전자잡지, Web DB, 웹 정보자원 등의 전자자원에 대해서는 자료의 생산과 유통비중·이용자의 선호도 등을 고려하여 별도의 장서 개발정책을 수립한다.

(자료 : 국립중앙도서관. 2010.『공공도서관 장서관리매뉴얼』, 경기도. 2014.『경기도 대표도서관 장서개발정책 및 운영방안 연구』)

- 신설 도서관의 장서 개발 단계
  - 초기 장서의 구성을 결정하기 위해서는 신설 도서관이 봉사할 지역사회의 인구 구성과 요구에 대한 분석이 요구되며, 도서관이 봉사할 인구의 변화를 고려하여 지역의 변화를 고려한 장서 계획이 이루어져야 한다.
  - 공공도서관은 최신 출판 동향, 이용자의 정보요구와 이용행태의 변화, 장서의 형태 서지적 중요성과 내용적 가치, 장서관리정책에 대한 적합성, 통시적 보존관리 최적화, 장서의 제로성장 정책(장서의 제로성장 정책(ZGP, Zero-Growth Policy)은 서고 공간이 한계수장률±5%)에 도달하면 연차증가량만큼 제적·폐기, 공동보존서고 이관 등을 통해 총장서성장(증가)를 멈추게 하는 정책을 말함) 등을 근거로 매년(물품관리법령에 따라) 정기적으로 전체 장서 또는 주제별 장서에 대한 장서 점검과 장서 평가를 실시하는 것이 원칙이다. 단, 도서관의 운영 사정에 따라 탄력적으로 2~3년 주기로 할 수는 있다.
- 유아·어린이 대상 장서 구성계획

- 도서관은 유아·어린이에게 가까이 존재하는 정보 접근 환경을 제공하기 위하여 유아·어린이의 특성과 정보요구를 이해하고 적절한 장서를 제공한다.
- 유아·어린이용으로 발간 또는 제작된 일반자료, 참고자료, 교육 및 연구자료, 자녀교육 관련 자료는 납본 수집을 근간으로 개발하되, 납본제도 시행 전후 발행된 자료는 구입과 수증으로 수집한다.
- 유아·어린이의 인성, 적성, 지식을 발전시키는 폭넓은 주제자료를 선정한다.
- 유아·어린이의 교양습득, 정서함양, 인격 형성을 지원하기 위한 독서 진흥용 권장도서 및 교양 도서는 모든 수집방식을 활용하여 체계적으로 개발
- 원로 아동문학가가 저술한 아동문학과 관련된 주요 자료는 수증 활성화를 통해 수집한다.
- 유아·어린이 관련 오프라인 및 온라인형 디지털 콘텐츠를 적극적으로 구입한다.
- 각국의 주요 아동문화 도서 및 국제 아동도서협회 아동문학상 등 국제적으로 인정된 도서를 선정한다. : 각국 어린이도서관과 자료의 교환과 교류를 위한 국제협력을 강화하고 주한 외국 대사관 및 문화원과 협의하여 외국의 유아·어린이 자료를 적극적으로 수집한다.

- 청소년 대상 장서 구성계획
  - 청소년 자료는 청소년의 독서 능력과 지적 수준에 부합하는 자료를 말한다.
  - 영유아기부터 청소년기까지 어린이, 청소년의 신체적, 정서적, 인성적, 사회적,교육적 발달과 성취에 유용한 각종 자료(일반자료, 연속간행물, 참고자료, 부모 자료, 교육·연구용 자료 등)는 적극적으로 수집한다.
  - 청소년은 디지털 환경에 익숙한 세대인 점을 고려, 일반자료뿐만 아니라 온라인 자료 등의 개발에도 주력한다.
- 청·장년 및 노인 대상 장서 구성계획
  - 도서관은 성인들에게 정보 및 문화, 교육센터로서 기능을 수행하여 양질의

서비스를 제공해야 한다. 이를 위해 노벨문학상, 맨부커상 등 국제적으로
인정된 도서,을 수집한다. 국가 및 사회적 관심이 집중되는 주제에 관한
도서, 대형 서점 베스트 셀러 출판 목록 도서, 취업·창업 정보 관련 자료
등

- 인쇄자료의 대안 매체로서 오디오북을 제공한다.
- 성인 대상 시비스는 향후 노인 인구가 급격히 늘어나는 추세를 고려할 때
  성인과 노인의 서비스 대상 구분을 세분하고 이에 맞추어 장서를 구성해
  야 하는 필요성이 있다. 큰글자도서 및 요구가 높은 인쇄자료는 개가 기간
  을 길게 하여 서고 신청 없이 즉각 접근할 수 있도록 하고, 고령자의 요구
  와 흥미를 충족시킬 수 있는 주제를 적합한 형태로 제공하며 정보자원의
  주제별, 형태별 목록 등을 작성하여 다양한 접근점을 제공한다.

- 장애인 대상 장서 구성계획
  - 도서관은 장애인에게 가까이 존재하는 정보 접근 환경을 제공하기 위하여
    장애인의 특성과 정보요구를 이해하고 적절한 장서를 제공해야 한다.
  - 「도서관법」에서는 도서관의 주요 책무로서 지식정보 취약계층의 지식정보
    격차 해소를 명시하고 있다.
  - 장애인 이외의 지식정보 취약계층으로 규정하고 있는 저소득자, 농어촌주
    민, 다문화가정의 구성원, 북한이탈주민, 65세 이상의 어르신들을 위한 각
    종 문해교육에 대한 정보자료와 사회 적응을 위한 자료 등을 제공하여야
    한다.

2. 공공도서관 장서의 일상 관리

(1) 장서의 보존관리

- 사료의 보존관리는 도서관의 일상적인 업무이다. 자료의 관리에서 일반적으
  로 준수할 사항들은 다음과 같이 요약할 수 있다.

- 보존, 갱신, 폐기의 기준은 반드시 해당 도서관의 정책에 반영하여야 한다.
    - 보존, 갱신, 폐기의 실무 처리는 해당 도서관 정책에 규정된 절차에 따라야 한다.
    - 도서관 직원은 누구나 자료의 보존, 갱신, 폐기의 담당자라는 인식을 지녀야 한다.
    - 도서관장은 사서직, 행정직, 기능직, 일용직 등 모든 직원을 대상으로 보존교육을 시행해야 한다.
- 자료의 보존
    - 단행본과 연속간행물은 일상적으로 서가를 정돈하고, 온·습도의 조절, 먼지제거, 넘어진 책 바로 세우기 등을 실시해야 한다. 정부간행물이나 자체 생산 자료는 비매품 또는 공짜라는 인식으로 무단반출하기 쉬우나 반드시 절차에 따라 대출해야 한다.
    - 고서, 희귀자료 등 영구보존 대상 자료는 반드시 항온·항습이 유지되는 별도의 보존실에 보존하고 대출을 금지하며 고객을 위해서는 복사본을 비치하여 내용을 열람하도록 하고 원본의 열람을 요청할 경우에는 도서관 직원의 입회하에 허용한다.
    - 공공도서관은 지역 밀착도서관으로서 그 지역에 관한 자료(향토 자료), 행정자료 등을 별도 배치하고 영구 보존한다.
        - 그 지역 출신 또는 그 지역 거주 학자 및 작가들의 작품
        - 그 지역의 역사 지리자료 및 역사 지리 연구자료
        - 그 지역의 행정자료 및 지역개발 관련 자료
        - 그 지역의 초·중·고·대학 및 학교에 관한 자료
        - 그 지역의 인물 자료(역사 인물, 현존 유명 인사)
    - 자료의 보존환경 관리
        - 도서관 건물은 보존환경과 이용환경을 동시에 고려해야 한다. 도서관의 보존중심 공간과 이용 중심 공간은 분리되어야 한다. 또 충분한 소방시설을 갖추고 주기적인 점검(월 1회)으로 소화기기가 항상 작동할 수 있는 상태를 유지해야 한다. 점검 대상은 소화기, 스프링클러, 경보장치, 비상안내 등 물적 시설, 방화관리자, 비상연락체계 등 인적시스템을 구

축하여야 한다.

- 온·습도 유지는 보존서고 등 자료 중심 구역은 항온·항습시설을 갖추어 온도를 낮고 일정하게 유지하고 저온 보존 자료이용 시 사전 예약에 의하여 온습도 변화가 급격하게 일어나지 않도록 다루어야 한다. 자료와 이용자가 함께 있는 공간은 냉난방시설로 이용에 쾌적한 온습도를 유지한다. 온대지역에서는 온도는 섭씨 18~21도, 상대습도는 40~60%가 적정 수준이다.

- 자료 공간과 이용자 공간 모두 통풍과 환기시설을 갖추어 일정 간격으로 작동시켜야 하며, 자료공간과 이용자 공간 모두 자료의 점진적 부식, 다양한 이용자들의 출입에서 방출되는 냄새를 중화할 수 있는 공기청정기 및 향기 방출기를 설치 운용한다.

- 식당과 화장실은 자료이용공간으로부터 격리 차단하여 음식냄새와 화장실냄새의 자료 이용 공간 유입을 방지해야 한다. 또 도서관 전체를 금연구역으로 유지하고 금연을 엄격히 관리해야 하며 바닥에 날아다니는 털먼지(털+먼지)와 서가 및 책 위에 쌓이는 미세먼지는 주 1회 정전기 청소용구 등으로 흩어짐 없이 제거한다.

- 설치동물(쥐) 예방을 위해서는 도서관의 모든 곳에 청결을 유지해야 한다. 설치동물이 발생, 서식한 경우에는 쥐약보다 쥐덫을 사용하는 것이 좋다. 쥐덫을 사용하면 쥐가 돌아간 위치를 알 수 있어 사후 처리가 용이하다. 쥐약의 경우에는 쥐가 복용 후 밖으로 나오는 작용을 하는 약품을 사용한다. 바퀴벌레, 나방, 좀벌레 기타 곤충 예방을 위해 인체에 해가 없는 살충제를 사용하며, 거미줄, 벌레집 등은 발견 즉시 제거하고 소독한다.

- 자료의 취급 주의 : 직원이 자료를 운반할 경우 한 번에 너무 많은 양을 운반하지 말고 조금씩 여러 번 운반한다. 책의 두께에 따라 다르나 보통 5권 이내로 운반하는 것이 운반 중 떨어뜨림을 방지할 수 있다. 북트럭으로 운반 시에는 책을 거꾸로 세우지 말고 수평으로 놓거나 바로 세워 북엔드로 지탱한 상태로 서행 운전해야 한다.

－자료의 대출 : 눈비가 오는 날에는 대출 시 적절한 비닐이나 용기에 담아

대출한다. 도서관에서 대출용 포장 용기를 준비해두고 궂은날 사용하는 것이 바람직하다. 대출 용기에는 그 도서관의 로고와 홍보문구, 이용자 주의사항 안내를 인쇄하여 안내 및 홍보물로 활용한다. 대출 이용자 주의사항 안내문은 다음 사항을 선택적으로 활용할 수 있다.

- 책을 소파나 식탁 등에 장시간 엎어놓지 마십시오.
- 책을 아기 가까이 놓지 마세요. 아기가 빨면 위생적으로 좋지 않고, 책도 오염됩니다. 그림책의 경우는 부모와 함께 보십시오.
- 책을 애완동물 가까이 놓지 마세요. 강아지가 밟고 다니거나 물고 다니게 해서는 안 됩니다. 동물이 밟고 무는 것 자체로도 책을 오염시키고, 음식물 용기나 개밥그릇 등에 빠뜨릴 수 있어 심각하게 오손될 수 있습니다.
- 도서관의 책을 욕실이나 화장실에 놓지 마세요. 오손 가능성이 높습니다.
- 독서할 때 손가락에 침을 묻혀 책장을 넘기지 마세요. 위생에 좋지 않고 책에도 침이 묻어 오염과 부식의 원인이 됩니다.
- 독서를 일시 중지할 때 책장을 접어놓지 마세요. 읽은 곳이나 중요한 곳의 표시는 포스트잇으로 하시면 좋습니다.
- 책을 가지고 외출할 경우에는 반드시 가방이나 용기에 담아 다니시고 책만 맨손에 단독으로 들고 다니지 마세요. 책이 외부 날씨와 환경, 그리고 손 땀에 젖어 오손됩니다.

(2) 자료의 갱신

- 갱신 대상 자료는 직원의 점검을 통해서 발견된다. 도서관 직원은(사서, 행정직, 전산직, 기능직, 임시직) 누구든지 수시로 서가를 살펴보고 넘어진 책, 오손된 책, 아무 데나 방치되어 있는 자료가 있는지를 살펴보고, 이용하기 곤란하다고 생각되는 책은 발견 즉시 회수하여 사무실로 옮겨야 한다.
- 인쇄자료의 수선

- 낙장 보완, 덧대어 붙이기 : 이 때 접착제로 스카치테이프나 스테이플 사용을 금한다. 스카치테이프나 스테이플로 작업한 부분은 1년 이내에 제 2차적 오염 및 손상을 일으키기 때문이다. 간단한 낙장이나 부분적 찢김 등은 일반 풀을 이용하여 얇은 한지(韓紙)를 덧 붙여 수선한다.
- 실로 꿰매기 : 양장본이나 고서 등 실을 사용한 자료는 손상 부분을 실로 꿰매이 보완한다.
- 틀어진 외형의 정형 : 장기간 넘어져 있거나 뒤틀려 있어 찌부러진 책은 장시간 (1 주일 이상) 무거운 물건으로 눌러주어서 원형을 회복한다.
- 표지 등이 헤져서 너덜거리는 책은 새로운 표지를 자체 제작한다. 이 때 원본의 표지 디자인 그대로는 제작할 수 없으나 원본 표지(책 등 포함)에 들어 있는 제목, 저자, 출판사 등은 빠짐없이 표시해야 한다.
- 전체 내용물을 새로운 표지로 감싸 다시 제본한다. 자체 제본기가 없을 경우에는 제본소에 의뢰하여 제작한다.
- 내용물이 부분적으로 훼손된 경우에는 그 부분만을 복사하여 표지를 다시 만들어 제본한다.
- 내용물 훼손이 심하고(50페이지 이상 훼손), 동일한 자료를 시중에서 구할 수 있는 경우에는 구입하여 대체한다. 비매품인 경우 발행기관에 재고 여부를 확인하여 기증을 요청한다.
- 종이의 산성화 및 부식 등으로 훼손이 심한 자료로서 시중에서 구할 수 없는 자료는 전체를 복사하여 제본하고 발간 된지 10년 이상 된 절판 자료는 종이 복사 방법 이외에도 스캔을 떠서 디지털 자료로 보존할 수 있다. 이 경우 원본은 영구 보존실로 이관하고 내용은 디지털 자료실에서 이용할 수 있게 한다.

- 비 인쇄자료 수선
  - 음반, CD -ROM 자료 : 음반의 갱신은 거의 불가능하므로 평소 관리와 이용에 세심한 주의가 필요하다. 음악자료실 등에서 음반의 내용보존이 필요한 것은 자체 도서관의 방침에 의거 다시 녹음하여 보존할 수 있다. 녹음의 방법은 녹음테이프 녹음과 디지털 녹음이 있으며, 원음질의 유지를 위해서는 디지털 녹음 및 보존이 바람직하다.

－녹음테이프, 비디오테이프 : 카세트테이프, 릴 테이프, 비디오테이프도 컴퓨터를 활용한 디지털 녹음, 녹화로 하는 것이 바람직하다.

－사진 : 오래된 사진은 복원 전문 업체에 의뢰, 복원할 수 있다. 사진 영상 자료실을 운영하는 경우에는 디지털카메라로 오래된 사진을 놓고 다시 촬영하여 데이터베이스화 하는 것이 바람직하다. 모든 사진은 촬영 연월일과 사진 내용을 설명하는 자료가 함께 있어야 한다. 재촬영의 경우에도 재촬영 연월일과 내용기록을 반드시 첨부한다.

－컴퓨터 파일 자료 : 컴퓨터 파일 자료의 갱신 보존은 모든 공사(公私) 기관들의 과제이다. 오래된 디스켓은 기종이 단절되기 전에 새로운 디스켓으로 계속 옮겨야 한다. 컴퓨터 자료는 기관 자체의 행정 및 역사적 자료가 많으므로 역사 보존의 차원에서 항상 사용할 수 있는 상태를 유지해야 한다. 전자결재 등으로 자체 컴퓨터 시스템에 탑재되는 경우, 자체 디지털 문서보존규정을 제정하여 종이 문서로 보존되지 않는 역사 자료의 보존 대책을 강구해야 한다.

－지도자료 : 부분적인 손상이나 찢김 등은 일반 풀을 이용하여 얇은 한지(韓紙)를 뒷면에 덧붙여 수선한다. 접착제로 스카치테이프나 스테이플 사용을 금한다. 훼손이 심한 자료는 스캔을 떠서 디지털 자료를 활용하고 원본은 영구보존실로 이관한다.

－설계도면 : 설계원도나 청사진 등의 부분적 손상이나 찢김은 일반 풀을 이용하여 얇은 한지(韓紙)를 뒷면에 덧붙여 수선한다. 접착제로 스카치테이프나 스테이플 사용을 금한다. 훼손이 심한 도면은 스캔을 떠서 디지털 자료로 복원하고 원본은 영구보존실로 이관한다.

－법규 및 기준 준수 : 자료의 복제 시에는 저작권법의 저촉 여부를 확인해야 한다.

(3) 자료의 폐기

- 자료의 폐기기준
  - 도서관장은 운영규정이나 장서개발정책에 자료의 폐기기준을 미리 정하여
    야 한다. 문화관광부 고시 제2007 - 37호 도서관 자료의 교환 · 이관 · 폐기
    및 제적의 기준과 범위에서 정한 노서관 공통의 자료 폐기 및 제적 기준은
    다음과 같다.
  - 이용가치의 상실
  - 훼손 또는 파손 · 오손
  - 불가항력적 재해사고, 기타 이에 준하는 사태로 인한 자료의 유실
  - 기타 도서관장(학교장을 포함한다)이 필요하다고 정하는 사항
  - 자료의 폐기 및 제적의 범위는 연간 당해 도서관 전체 장서의 100분의 7을
    초과할 수 없다. 다만, 위의 불가항력적 재해사고에 해당하는 경우에는 그
    러하지 아니하다.
- 자료의 폐기 절차
  - 불용자료 및 손 · 망실 자료를 처분하기 위한 공식기구로 운영위원회 또는
    자료선정위원회에서 심의할 수 있으며 회의는 탁상공론이 아니라 대상 자
    료의 목록과 실물을 대조, 확인할 수 있도록 실질적인 회의를 개최하여야
    한다. 회의에서 위원들 사이에 이견이 있는 자료는 일단 제외하고 다음 회
    의에서 재심의한다.
  - 위원회의 심의 결과에 따라 폐기대상 자료의 목록과 실물을 확정하고 각
    각의 자료들에 대한 폐기 방법을 정하여 폐기를 집행한다. 폐기의 방법은
    다른 곳에 기증 또는 매각하거나 완전 폐기 처분하는 방법이 있다.
  - 장서의 폐기기록은 그 도서관장서의 역사 자료로서 중요한 의미를 지닌
    다. 또 폐기장서의 경향을 파악할 수 있어 새로운 장서개발 정책에 참고가
    되며, 공공재산의 처분 행정에 투명성과 신뢰성을 확보할 수 있다.
  - 폐기자료의 기록은 연도별 폐기 자료의 목록과 처리 경위에 관한 문서 파
    일을 유지 보존하고, 폐기 자료의 목록을 전산화하여 데이터베이스를 유지
    할 필요가 있다.

참고문헌

- Peggy Johnson. 2009. 『Fundamemtals of Collection Development and Management Second Edition』. ALA.
- Adele M Fasick, 이종권 노동조 역. 2010. 『어린이도서관 서비스경영』. 문현.
- 『국립중앙도서관 장서개발지침』. 2018. 국립중앙도서관 (PDF 자료)
- 한국도서관협회. 2009. 『도서관편람』. 한국도서관협회.
- R.하비, 권기원, 방준필, 이종권 역, 1999, 『자료보존론』. 사민서각. pp.104-167)

<table>
<tr><td colspan="3" align="center">학습평가</td></tr>
<tr><td rowspan="7">1</td><td colspan="2">문제</td><td>장서개발정책이 필요한 이유가 아닌 것은?</td></tr>
<tr><td rowspan="4">문
항</td><td>①</td><td>체계적인 장서 개발</td></tr>
<tr><td>②</td><td>장서에 대한 내 이부외 간섭 방어</td></tr>
<tr><td>③</td><td>도서관 지적 자유의 보장</td></tr>
<tr><td>④</td><td>도서관에 대한 시민의 알 권리의 충족</td></tr>
<tr><td colspan="2">정답</td><td>④</td></tr>
<tr><td colspan="2">해설</td><td>장서개발정책은 장서를 체계적으로 개발하고 장서에 대한 내·외부의 간섭을 방어하기 위한 것이다. 또 도서관의 지적 자유를 수호하고 일관된 장서수집과 지속적인 정보서비스를 제공하기 위한 것이다.</td></tr>
<tr><td rowspan="7">2</td><td colspan="2">문제</td><td>도서관 자료의 구입방법이 아닌 것은?</td></tr>
<tr><td rowspan="4">문
항</td><td>①</td><td>경쟁입찰</td></tr>
<tr><td>②</td><td>수의계약</td></tr>
<tr><td>③</td><td>현장수서</td></tr>
<tr><td>④</td><td>수증</td></tr>
<tr><td colspan="2">정답</td><td>④</td></tr>
<tr><td colspan="2">해설</td><td>수증은 자료의 구입이 아니라 기증을 받는 것이다.</td></tr>
<tr><td rowspan="7">3</td><td colspan="2">문제</td><td>공공도서관 향토자료 수집대상이 아닌 것은?</td></tr>
<tr><td rowspan="4">문
항</td><td>①</td><td>그 지역의 역사 지리자료 및 역사 지리 연구자료</td></tr>
<tr><td>②</td><td>그 지역의 행정자료 및 지역개발 관련 자료</td></tr>
<tr><td>③</td><td>그 지역의 초중고, 대학도서관의 수서목록</td></tr>
<tr><td>④</td><td>그 지역의 인물 자료(역사 인물, 현존 유명 인사)</td></tr>
<tr><td colspan="2">정답</td><td>③</td></tr>
<tr><td colspan="2">해설</td><td>수서목록은 향토자료가 아니라 해당 도서관의 행정자료이다.</td></tr>
</table>

제10장

공공도서관 서비스 패러다임 변화

10.1. 사회변동과 공공도서관 서비스

10.2. 평생교육 시대 공공도서관 프로그램 혁신

제10장
공공도서관 서비스 패러다임 변화

10.1. 사회변동과 공공도서관 서비스

강의 목표

1. 사회변동과 도서관 서비스의 경향 및 혁신 필요성을 설명할 수 있다.
2. 공공도서관 서비스의 변화 추세와 서비스 종류별 특징을 설명할 수 있다.

강의 세부 내용

1. 사회변동과 도서관 서비스의 변화
2. 새로운 공공도서관 서비스 요구와 대응

용어

- 대화의 마음가짐 : 대화란 서로 마주하여 이야기를 주고받는 것으로, 이용자와 진정한 대화가 이루어지려면 직원의 마음 자세가 중요하다. 기본적으로는 긍정적이고 친절한 자세, 상대방에 대한 인정, 도움을 주겠다는 진실하고 정성스러운 마음이 필요하다.
- 정보서비스 : 사전적 정의는 "네트워크 통신망을 활용하여 사용자들에게 필요한 정보를 제공하고 일정한 사용료를 받는 것"으로 되어 있으나 도서관의 정보서비스는 도서관에 소장 또는 링크된 모든 정보를 필요한 사람에게 적절하고 친절하게 제공한다는 의미로 사용한다.

사전학습(퀴즈)

- 이용자와의 커뮤니케이션의 기본은 사서의 주제 전문성이다. (   )

  커뮤니케이션의 첫 단계는 대화이며, 사서의 주제 전문성은 대화의 결과 정보 문제 해결 과정에서 요구된다.

1. 사회변동과 도서관 서비스의 변화

(1) 정보사회 속 서비스 경제사회의 출현

- 21세기 사회는 정보사회에서 지식정보사회, 지능정보사회로 변하고 있다. 이와 동시에 서비스가 기본이 되는 사회로 변화했다.
  - 1990년대 사기업 분야에서 기업의 성장에는 서비스가 필수적이라는 인식이 일어났다. 급성장 기업의 특징은 기술혁신과 서비스 혁신이 함께 이루어진다는 것이다.
  - '서비스 경제'라는 용어도 등장했다. 서비스 경제란 국민 총생산에서 서비스 부문이 차지하는 비율이 50% 이상인 경제로 정의된다. 서비스 경제(Service Economy)란 농업이나 공업 같은 제조 업종보다 서비스업이 경제 활동의 중심이 되는 상태를 의미한다.
- 서비스 경제의 특징
  - 산업 비중의 변화 : 국가 전체의 국내총생산(GDP)과 고용 인구에서 서비스 산업이 차지하는 비중이 지배적으로 높아지고, 국민 소득이 증가함에 따라 물질적 재화(물건)에 대한 수요보다 교육, 의료, 금융, 문화, 관광 등 삶의 질을 높이는 서비스에 대한 지출이 늘어나며 제품 자체의 성능보다 디자인, 브랜드, 사후 서비스, 마케팅 등 무형의 가치가 상품의 경쟁력을 결정하게 된다.
  - 현대 경제는 단순히 물건을 판매하는 것을 넘어 '경험'과 '솔루션'을 제공하는 서비스 중심으로 빠르게 전환되고 있다. 경제가 발전할수록 전체 고용에서 서비스가 차지하는 비중이 증가한다. 서비스 분야에서의 고용증가는 저임금 서비스업뿐 아니라 교육, 금융, 통신, 법률, 컨설팅 등의 전문 일자리에서도 증가한다.

    (이유재. 2022. 『서비스 마케팅 1』 6판. 학현사. pp.11-12)

(2) 도서관 서비스의 변화

- 서비스 사회(Service-oriented society)로의 전환은 도서관을 단순히 책을 보관하고 대출하는 공간에서 이용자 중심의 경험과 가치를 창출하는 공간으로 변화시키고 있다. 이러한 변화를 주도하는 주요 요인은 기술 발전, 이용자 요구의 변화, 사회적 역할의 확대, 인프라의 현대화 등으로 요약할 수 있다.
  - 기술 발전과 디지털 전환(Digital Transformation) : 디지털 자료, 전자책(E-book), 오디오북, 온라인 데이터베이스 등 물리적 제약이 없는 디지털 콘텐츠에 대한 수요 증가로 도서관 서비스가 온라인으로 확장되고 있다.
  - AI 및 데이터 분석 도입 : 인공지능(AI) 챗봇을 통한 24시간 맞춤형 상담, 빅데이터 기반의 도서 추천(큐레이션) 서비스가 강화되고 있다.
  - 클라우드 컴퓨팅 및 모바일 서비스 : 클라우드 기반 시스템 도입으로 관리 효율성이 향상되었으며, 모바일 앱을 통해 언제 어디서나 도서관 자료를 이용할 수 있는 환경이 조성되었다.
  - 이용자 중심의 맞춤형 서비스(User-Centered Customization) : 정보가 넘쳐나는 사회에서 도서관은 전문 지식을 바탕으로 이용자에게 적합한 자료를 선별하고 주제별로 제공하는 큐레이션 서비스가 중요해졌다. 또 개인화된 검색 경험과 맞춤형 이용자 가이드 제공 등 정보의 상시적인 구득이 도서관 이용 만족도의 핵심 요인이 되었다.
  - 복합 문화 및 커뮤니티 공간으로의 변화(Social Role Expansion) : 도서관이 단순 독서 공간을 넘어 휴식, 교류, 문화 활동이 이루어지는 지역사회의 중심(Community Hub) 공간으로 변모하고 있다.
  - 다문화 가정을 위한 서비스, 인문학 강좌, 작가와의 만남, 평생교육 프로그램 등을 통해 새로운 사회적 가치를 창출하고 있다.
  - 이용자 친화적 공간 구성으로 공간 접근성, 미적 매력도, 청결성, 편의성을 고려한 실내 장식과 다양한 형태의 독서 활동 공간(작업 스페이스, 메이커 스페이스 등)을 제공하여 이용자 경험을 확장하고 있다.
  - RFID 및 자동화 시스템 : 무선인식(RFID) 기술을 활용한 자동 대출 반납 시스템, 자동화된 장서 관리 등을 통해 서비스 효율성을 높이고 인적 자원

을 더욱 가치 있는 이용자 서비스에 집중할 수 있게 되었다.
- 이러한 요인들은 도서관이 단순히 정보를 보존하는 장소에서 이용자에게 경험과 가치를 제공하는 장소로 변화해야 한다는 사회적 요구이자 기회로 작용한다.

(3) 도서관 서비스의 주체와 객체는 언제나 인간

- 도서관 서비스의 주체와 객체는 언제나 인간이다. 도서관은 사람과 지식, 사람과 사람을 연결하는 장소이다.
  - 공간의 변화 : 도서관은 책과 시설 중심 공간에서 이용자(사람) 중심 공간으로 변화하고 있다.
  - 사회적 기능 강화 : 도서관은 지역사회의 소셜 네트워크 역할을 하며, 문화 교류, 교육, 체험 공간을 제공하여 이용자의 사회적 혜택을 극대화한다.
  - 개별적 요구 반영 : 도서관은 이용자의 데이터, 취향, 요구를 파악하여 맞춤형 서비스(북 큐레이션, 독서 프로그램 등)를 제공하는 곳이다.
- 서비스 제공자로서의 사서(Human Factor)
  - 비기술적 본질 : 도서관 서비스의 상당수는 기술에 기반하지 않으며 사서와 이용자 간의 상호작용(커뮤니케이션) 같은 비기술적 요소가 필수적이다.
  - 사서는 지식과 이용자를 연결하며 전문적인 정보서비스, 교육, 상담을 제공하는 능동적인 주체이다.
  - 사서와 이용자의 인간적 교감 : 인공지능(AI)이 대체할 수 없는 사서의 공감 능력과 능동적 대화는 도서관 서비스의 핵심 가치이다.
- 시민 참여형 운영(Library Friends)
  - 도서관 운동의 주체 : 시민들이 '도서관 친구들' 등의 활동을 통해 운영에 주체적으로 참여하며 도서관의 성격과 방향성을 만들어간다.
  - 이용자가 원하는 서비스 프로그램, 공간 구성을 위해 기획 단계부터 인간 중심 디자인(Human-centered Design) 접근방식을 사용한다.

- 결론적으로 도서관은 단순히 기술적(디지털)으로 지식을 전달하는 곳이 아니라, 사서(전문가)와 이용자(시민)라는 인간이 상호작용하며 함께 지식을 쌓아가고 소통하는 인간 중심의 공간이다.

(4) 서비스의 출발은 인간적 커뮤니케이션

- 서비스는 직원과 고객(이용자)의 만남에서 시작된다. 만남은 대화와 대화자의 태도로 이루어진다. 대화가 원만하게 이루어지기 위해서는 다음 사항들을 유념하고 익힐 필요가 있다.
  - 경청 : 상대방의 말을 귀 기울여 잘 들어야 한다. 일상 대화에서도 경청은 꼭 필요하다. 잘 들어야 상대의 의도를 파악하고 이해할 수 있어 적절한 반응을 보일 수 있다.
  - 기억 : 경청한다고 상대방의 말이 다 기억되는 것은 아니므로 의도적으로 기억하려는 노력을 기울여야 한다. 기억력은 사람에 따라 다르나 건성으로 들으면 핵심을 놓친다. 따라서 기억의 보조 수단으로 메모를 하는 것이 바람직하다.
  - 반응과 되물음 : 대화에서는 상대방의 말에 대해 제때 반응을 보여야 한다. 장황하게 설명하는 것을 들을 때는 중간에 적정한 반응을 보임으로써 상대의 의도와 맥락을 파악하도록 노력해야 한다. 그리고 이해가 안 되는 부분은 바로 다시 물어서 상대의 의도를 이해하도록 해야 한다. 말할 때는 예, 예, 대답해 놓고 나중에 다른 반응을 보이는 것은 상대방에 대한 예의가 아니다.
  - 면대면 대화 : 면대면 대화는 얼굴을 보며 대화하는 상황으로서 가정에서도 직장에서도 우리는 늘 사람을 만나서 대화를 나눈다. 면대 면의 대화에서는 상대방의 전신을 보며 말하기 때문에 말 이외의 요소가 커뮤니케이션에 작용한다. 표정, 손, 어깨 등의 몸동작이 함께 연출되므로 서로의 이해를 쉽게 한다. 전화상으로는 잘 전달이 안 되고 오해하는 사안도 직접 만나서 대화하면 이해되는 경우가 많다. 찾아가서 이야기하면 긍정이든

부정이든 명쾌한 결론에 이르기 쉽다.

- 전화 대화 : 전화 대화는 전화로 의사를 소통하는 상황이다. 상대방이 보이지 않으므로 동작을 멋대로 하기 쉽다. 전화 대화에서는 목소리의 톤과 음색이 많이 작용한다. 일상 대화에서는 그렇지 않은데 전화에서는 목소리를 저음으로 깔고 말하는 사람이 있는가 하면, 본인은 누구인지 밝히지 않고 상대방에 대해 명령조나 반말로 하는 사람도 있다.

- 이메일 대화 : 이메일로는 많은 분량의 서류까지도 신속하게 전달할 수 있어 편리하나 요즘은 메일을 잘 열어보지 않아 문제다. 메일을 열지 않는 이유는 스팸메일 때문인 것 같다. 그래서 메일을 보내고 다시 핸드폰으로 메일을 보냈다는 전화를 하거나 문자를 보낸다. 이메일에 쓰는 어휘도 핸드폰의 영향을 받아서인지 비속어가 많다.

- 비언어적 대화 : 비언어적 대화는 보디랭귀지 또는 동학 (Kinesics)에서 체계화되었다. 동학은 1952년에 미국의 인류학자 버드휘스텔(Ray Birdwhistell, 1918~1994, 향년 76세)이 개척했다. 그는 신체언어(body language)가 구어(verbal language)처럼 체계적인 규칙과 구조를 가지며 신체 움직임은 단순한 제스처의 모음이 아니라, 문화적으로 학습되고 패턴화된 의사소통 시스템이라고 주장했다. 그는 대화에서 전달되는 사회적 의미의 65~70%가 비언어적 신호(표정, 제스처, 자세, 걷는 방식 등)를 통해 전달된다고 추정했다. 비언어적 커뮤니케이션의 특성은 다음과 같이 정리할 수 있다.

  • 비언어 커뮤니케이션은 의사전달 기능을 가진다.
  • 비언어 커뮤니케이션은 얼굴색이나 표정 등 표현의 강도에 따라 단호함이나 확신의 정도를 나타낸다.
  • 비언어 커뮤니케이션은 상황에 따라 그 의미해석이 달라진다.
  • 비언어 커뮤니케이션은 신뢰도가 매우 높은 의사전달 수단이다.

- 표정 : 표정을 보면 그 사람의 감정과 기분을 짐작할 수 있는 경우가 많다. 대화의 과정에서 수시로 변화하는 표정은 만족, 긍정, 기쁨, 놀람, 불쾌감 등을 나타낸다. 따라서 상대방의 감정과 느낌을 알기 위해서 주목해야 할 부분은 눈썹과 미간, 입의 모양이라 할 수 있다. 눈썹과 미간은 부정적, 긍정적 감정표현이 가장 잘 나타나는 부분이다. 눈썹을 찌푸리면 대부분은

불쾌감이나 부정을 나타낸다. 몸이 아픈 경우에도 눈썹과 미간을 찌푸릴
수 있다. 눈썹을 찌푸리면서 동시에 입가에서 미소를 짓기는 어렵다. 그것
이 가능하다 해도 찡그린 '억지 미소'가 되므로 역시 부정이나 불쾌감을 나
타낸다.

- 시선 : 면대면의 대화에서 시선은 대단히 중요하다. 시선을 가끔 마주치면
서 대화하면 성의 있어 보인다. 그러나 그윽하게 또는 넌지시 바라보면서
말하면 상황에 따라 의심받기 쉽다. 또한 계속 똑바로 바라보면서 말하면
공격적으로 느껴지거나 버릇이 없어 보이기도 한다.

- 입술 : 입술을 굳게 다문다면 각오를 단단히 한다는 뜻이거나 거부의 뜻으
로 보인다. 입가에 미소를 띠고 대화한다면 상대방을 인정하고 성의 있게
들어줄 자세가 되어 있다는 뜻이다. 우리는 생활 습관에서 미소가 적은 편
이다. 아파트나 빌딩의 엘리베이터를 타보면 같이 탄 사람들이 서로 모르
는 경우 과도한 침묵이 무겁게 흐르는 경험을 할 것이다. 서로 아는 사람
들끼리 탄 경우 큰 소리로 떠들거나 휴대전화 통화를 하는 경우도 흔히 볼
수 있다.

- 자세와 몸짓 : 자세와 몸짓은 몸가짐, 태도, 예의라고 할 수 있다. 몸가짐
은 옷차림과 머리모양 그리고 행동을 포함한다. 상황에 따라 옷차림과 자
세가 달라지겠지만 직장생활이든 사회생활이든 품격에 맞는 차림과 행동
은 필수적이다. 자신의 몸가짐은 자기가 보는 게 아니라 남이 보는 것이
다. 남이 볼 때 혐오감을 느끼는 차림과 태도는 일단 실패작이다. 면대면
대화의 상황에서 상사든 친구든 의자에 비스듬히 기대어 말하면 상대에
대한 무시, 멸시를 나타낸다. 상대를 향하여 상체를 앞으로 당겨서 말하면
상대에 대한 인정과 적극성, 자신감을 나타낸다. 대화하면서 얼굴을 만지
거나 다리를 흔들거나 하면 불안정한 상황에 있음을 나타낸다. 몸은 자신
의 총체적인 표현이다. 평소의 생활 습관을 바르게 하여 개성 있고 성실하
고 적극적인 자세가 습관화될 수 있도록 노력하는 것이 바람직하다.

- 상대와의 물리적 거리도 고려의 대상이다. 에드워드 홀(Edward T. Hall,
1914 - 2009, 향년 95세)의 사회적 거리 가설(Proxemics)은 인간이 상호작
용할 때 상대방과의 물리적 거리에 따라 심리적 변화와 관계의 성격이 달

라진다는 이론이다. 이 가설은 문화적 배경에 따라 공간에 대한 인식이 다를 수 있음을 강조한다. 그는 인간의 공간 관계를 크게 네 가지 단계로 구분했다

- 친밀한 거리(Intimate Distance, 0~46cm) : 가족, 연인 등 아주 가까운 관계에서만 허용되는 거리이다. 이 거리에서는 시각보다는 후각과 촉각이 더 중요한 역할을 한다.
- 개인적 거리(Personal Distance, 46cm~1.2m) : 친구나 아는 사람과 대화할 때 유지하는 거리이다. 일상적인 대화가 이루어지며 서로의 손을 뻗으면 닿을 수 있는 범위이다.
- 사회적 거리(Social Distance, 1.2m~3.6m) : 비즈니스 미팅이나 낯선 사람과 상호작용할 때 유지하는 공식적인 거리로 사무적이고 격식 있는 관계에서 주로 나타난다.
- 공공 거리(Public Distance, 3.6m 이상) : 강연이나 공연 등 연사와 청중 사이에 형성되는 거리로 개별적인 상호작용보다는 집단적인 소통이 이루어지는 단계이다.

  (참고문헌 : 앨런 피즈·바바라 피즈 지음, 서현정 옮김. 2007.『보디 랭귀지』. 대교베텔스만, 한상완. 2000.『디지털시대의 정보조사 제공학』. 구미무역(주)출판부. pp.101~102, 이종권. 2009.「대화와 인간관계」,『바른 국어 생활』. 국립국어원. pp.103~197)

(5) 서비스의 실천과 서비스 교육

- 도서관의 서비스 인식 변화 : 도서관은 원래 서비스 기관이기 때문에 서비스라는 용어는 문헌정보학 문헌에서 일반적으로 사용해 왔다. 그러나 이전의 도서관 서비스 인식은 도서관 업무 자체가 제품을 생산하는 것이 아니라 산업 분류상 서비스 업종에 속하기 때문에 서비스라는 용어를 사용한 측면이 강하다. 하지만 이제는 도서관도 다른 사회기관과 마찬가지로 고객 서비스의 다양화 및 개선을 요구받고 있다. 도서관은 고객이 요구하는 정보들을 신속,

정확, 친절하게 서비스할 의무가 있다.

- 정보화와 서비스화는 신속·정확·친절을 생명으로 한다. 신속하지 않은 정보, 정확하지 않은 정보, 불친절한 정보는 이미 정보가 아니다. 마찬가지로 신속하지 않은 서비스, 정확하지 않은 서비스, 불친절한 서비스는 이미 서비스가 아니다.

- 도서관이 서비스를 어떻게 하고 있는지는 해당 도서관의 업무수행에 대한 고객들의 평가가 모여서 결정된다. 따라서 고객들로부터 좋은 평가를 받기 위해서는 서비스의 질을 높여야 한다. 인간관계 훈련과 서비스 교육 훈련은 서비스 사회의 도서관이 우선 중점적으로 실행해야 할 훈련이다. 서비스는 너무 굽신거리는 것과는 차원이 다르다. 고객의 문제를 기분 좋게 해결해 주는 솔루션의 방법이다.

- 서비스 교육(CS 교육, Customer Service Training)은 산업 구조의 변화, 고객의 요구 다양화, 그리고 기업 간 경쟁 심화에 따라 발전해 왔다. 초기에는 단순한 친절 교육에서 시작됐지만, 점차 일관된 서비스 품질 및 고객 경험 관리로 진화했다. 이는 기술 개발로 제품의 품질이 평준화되면서 무형의 서비스가 기업 경쟁력을 좌우하는 요소로 부상했기 때문이다. 이에 따라 기업들은 본격적으로 서비스 교육을 도입했다. 서비스 교육은 단순한 친절 교육을 넘어 고객의 불만을 처리하고 고객 만족을 유도하는 전문적인 고객 응대 교육으로 정착되었다. 비즈니스 매너(manner), 커뮤니케이션, 전화 응대 등이 신입사원 필수 교육과정으로 자리 잡았다. 현재는 일관된 서비스 품질(Service Quality) 유지와 고객 개개인에게 맞춤형 경험(Customer Experience)을 제공하는 고도화된 교육으로 진화하고 있다.

- 도서관 서비스 교육의 필요성 : 공공부문에서도 고객 만족을 위한 서비스 교육을 중요시하고 있다. 그러나 도서관들은 아직 고객 서비스 교육을 적극적으로 실행하지 않고 있다. 서비스는 이론보다 실천이 중요하다. 실천은 연습하지 않으면 행하기 어렵다. "연습은 실제처럼, 실제는 연습처럼"은 교육 훈련의 중요성을 강조한 말이다. 서비스의 제공은 사서와 고객 간의 인간적 관계이므로 친절의 실천이 필수적이다. 도서관도 직원 대상 서비스 교육을 본격화할 필요가 있다.

2. 새로운 공공도서관 서비스 요구와 대응

(1) IFLA 공공도서관 가이드라인의 서비스 지침

- 고객 서비스(Services to customers) : 공공도서관은 지역사회의 도서관 정보 요구 분석에 기초하여 서비스를 제공해야 한다. 서비스 계획에 있어서는 분명한 우선순위와 중장기 서비스전략이 수립되어야 한다. 목표 집단을 확인하고 그 집단에 집중적으로 제공해야 한다.
- 도서관 서비스는 어떤 사상적, 정치적, 종교적, 상업적 압력을 받아서는 안 된다. 서비스는 사회변동을 반영하여 조정하고 개발해야 한다. 예를 들면 가족구조의 다양성, 고용 형태, 인구변동, 문화 다양성, 커뮤니케이션 방법 등이다. 서비스는 전통문화뿐 아니라 새로운 기술도 고려해야 한다. 예를 들면, 구두 커뮤니케이션의 지원은 물론 정보커뮤니케이션 기술의 활용도 고려해야 한다. 어떤 지역에서는 공공도서관이 제공하는 서비스가 법제화되어 있다.
- 서비스 준비항목(Service provision) : 공공도서관은 관내 외 서비스를 전달하고 지역사회의 고객을 만족시키는 광범한 서비스를 제공해야 한다. 공공도서관은 신체적, 정신적 장애로 접근에 어려움이 있는 사람들을 포함하여 모든 사람의 서비스 접근을 쉽게 해야 한다. 다음 사항들에 대해서는 다양한 포맷과 미디어 및 인터넷을 통하여 고객들이 쉽게 접근할 수 있도록 해야 한다.
  - 도서 기타 미디어의 열람, 대출 서비스
  - 인쇄 및 전자미디어를 이용한 정보서비스
  - 예약 서비스를 포함한 독자 자문 상담 서비스
  - 지역사회 지역 정보서비스
  - 문자 해독 프로그램을 포함한 도서관 이용 교육
  - 프로그램 및 이벤트
  - 현대적 의사소통 도구인 블로그, 휴대전화, 네트워크를 이용한 참고 봉사 및 홍보 서비스

(출처 : IFLA Public Library Service Guidelines, 2nd edition. pp.37 - 38.)

(2) 열람 대출 서비스

- 도서관 서비스의 우선순위는 자료의 열람과 대출이다. 열람은 도서관 내에서 도서관의 소장 자료를 찾아 이용하는 것이며, 대출은 도서관 밖으로 도서관 자료를 이동하여 이용하는 것이다. 열람, 대출 서비스는 자료의 신속한 검색을 전제로 한다. 고객이 원하는 자료를 신속하고 정확하게 찾을 수 있도록 시스템을 갖추고 실물 자료를 찾도록 도와주는 일은 도서관 업무의 기본이다.
- 그런데 어떤 도서관들은 이마저도 원활하지 못한 곳이 있다. 목록의 자동화는 대부분 공공도서관이 갖추고 있으나 개가식 자료실의 장서 점검과 배열이 소홀한 경우에는 목록 검색은 되지만 실물을 찾지 못하는 경우가 허다하게 발생한다. 특히 개가식 어린이도서관의 경우는 거의 날마다 책이 흐트러지고 있어 실물 자료를 찾는데 어려움이 따른다. 자료의 흐트러짐을 최소화하기 위해서는 매일 매일 서가를 점검하여 자료의 서가 배열을 정돈해야 한다.

(3) 레퍼럴 봉사(referral services)

- 레퍼럴이란 "○○○한테 물어 보라고 말하기(directing to a source for information)"라는 뜻으로 우리 도서관에 소장하고 있지 않은 자료를 다른 이용 가능한 도서관이나 기관 또는 전문가를 연결해주는 서비스이다.
- 우리 도서관에서 이용할 수 없는 정보 자료에 대하여 소장기관을 미리 알고 있거나 자원공유시스템이나 OPAC(Online Public Access Catalogue), 인터넷 검색을 통하여 알 수 있는 경우에는 정확한 소스(Source)를 제공하여 이용자

가 그곳에서 자료를 이용할 수 있게 하는 것이다. 우리 도서관에 없다는 이유로 "그 자료는 우리 도서관에 없어요."라고 대화를 끝낸다면 이용자는 매우 실망할 수 있다. 그러나 우리 도서관에는 없지만 어디에 가면, 또는 누구에게 물어보면 틀림없이 있다는 정보 소스를 준다면 고객이 만족할 수 있다.

- 이런 서비스를 책임 있게 수행하기 위해서는 다른 도서관, 연구소, 정부 기관 등 정보 자료를 소장하고 관리하는 도서관과 전문가들을 파악하고 유대관계를 유지하고 있어야 한다. 나아가 더 완벽한 서비스는 이용자가 필요로 하는 자료를 다른 정보기관으로부터 복사 전송받아 이용자에 제공하는 것이다.

(4) 공공도서관 서비스에 대한 새로운 요구

- 공공도서관에 대한 새로운 서비스 요구는 문해력 확장, 독서지도 및 상담, 상시적 북 큐레이션, 디지털 문해력 증진 프로그램, 문화프로그램에서 평생교육 프로그램으로 체계화, 문화 예술 전시 공연 활성화 및 시민참여 확대 등을 들 수 있다.
- 문해력은 글자를 아는 것으로부터 읽고, 이해하고, 쓰는 능력으로 범위가 확장되었다. 따라서 문해력은 독해력으로, 나아가 글쓰기 능력까지 포함한다. 고객들은 도서관에 대하여 이러한 문해력 발달을 도와주는 상시적 프로그램 서비스를 기대하고 있다. 읽기 상담, 글쓰기, 독서지도, 북 큐레이션 등 지속적인 문해력 발달 프로그램을 개발해야 한다.
- 정보 문해력에 대한 개념도 디지털 문해력으로 확장되고 있다. 정보사회는 지식정보사회에서 지능정보사회로 발전하고 있다. 본 디지털(born digital) 세대가 성장하고 있는 현대사회에서는 정보기술 활용 능력의 세대 간 격차가 생활에 편리와 불편을 동시에 초래하고 있다. 도서관은 디지털 기술 발전에 따른 세대별 격차와 요구를 해소할 책임이 있다. 도서관도 가상 증강 혼합 현실 프로그램을 도입하고, 세대 간 정보격차를 완화할 수 있는 프로그램을 개발할 필요가 있다. (참고문헌 : Ellyssa Kroski 편저, 권선영 역. 2023. 『도서관을 위한 가상 · 증강 · 혼합현실 프로그램』. 도서출판 청람)

(사진 : 국립어린이청소년도서관, 가상현실 傳來童話 '체험형 동화구연' 신규 콘텐츠)

국립어린이청소년도서관은 1월 12일(금) 체험형 동화구연 신규 콘텐츠 5종을 공개한다. 체험형 동화구연은 어린이들이 대형 스크린 속 동화의 주인공이 되어 이야기를 즐길 수 있는 콘텐츠이다. 국립어린이청소년도서관과 한국전자통신연구원(ETRI)이 협력하여 2009년부터 꾸준히 개발해오고 있으며, 운영을 희망하는 전국의 도서관에 보급하고 있다.

이번에 공개되는 콘텐츠는 어린이들이 좋아하는 전래동화와 명작동화를 기반으로 가상현실 기술을 반영하여 개발한 '토끼의 재판', '개와 고양이', '요술 항아리', '아기 돼지 삼형제', '장화 신은 고양이' 등 총 5종이다. 다양한 보조 기기를 활용하여 보다 입체적인 체험을 할 수 있도록 개선된 점이 주목할 만하다.

프로그램 참여를 위해 어린이와 도서관을 방문한 한 보호자는 "요즘 아이들이 잘 모르는 전래동화에 관심을 가지게 해주는 좋은 체험이었다"며 긍정적인 반응을 보였다. 체험형 동화구연 콘텐츠는 국립어린이청소년도서관뿐만 아니라 전국의 공공도서관 및 작은도서관, 유아교육원 등에서도 체험할 수 있다. (송파 구민신문 2024.1.10.)

● 문화프로그램은 평생교육 프로그램으로의 확대를 요구받고 있다. 평생교육

의 개념이 학교 교육과 사회교육을 망라한 전 생애교육으로 확대됨에 따라 시민 각계각층의 평생교육 수요가 급속히 증가하고 있다. 지방자치단체마다 평생학습관을 운영하고 있지만 평생교육은 평생학습관이 독점할 수 있는 성질이 아니다. 평생교육은 모든 공공기관 단체가 해야 하고, 또 할 수 있다. 특히 일찍이 문맹 퇴치 및 교육 지원을 위해 제도화된 공공도서관은 장서와 전문 인력을 갖추고 있어 시민의 평생교육에 핵심적 역할을 할 수 있다. 공공도서관은 이전의 '양념' 문화프로그램을 넘어서 도서관이 할 수 있는 체계적인 평생교육 프로그램을 개발 시행할 책임이 있다.

참고문헌

- 이유재. 2022. 『서비스 마케팅 1』. 6판. 학현사. pp.11-12
- 한상완. 2000. 『디지털시대의 정보조사 제공학』. 구미무역(주)출판부. pp.101 - 102
- 이종권. 2009. 「대화와 인간관계」, 『바른 국어 생활』. 국립국어원. pp.103 - 197
- 박영실. 2006. 『서비스를 돈으로 만드는 여자』. 하우
- 박영실 서비스 파워 아카데미 https://pspa.co.kr/
- 앨런 피즈·바바라 피즈 지음, 서현정 옮김. 2007. 『보디 랭귀지』. 대교베텔스만
- Ellyssa Kroski 편저, 권선영 역. 2023. 『도서관을 위한 가상·증강·혼합 현실 프로그램』. 도서출판 청람

<table>
<tr><th colspan="4">학습평가</th></tr>
<tr><td rowspan="7">1</td><td colspan="2">문제</td><td>다음 중 신체언어에 속하지 않는 것은?</td></tr>
<tr><td rowspan="4">문항</td><td>①</td><td>대화</td></tr>
<tr><td>②</td><td>표정</td></tr>
<tr><td>③</td><td>옷차림</td></tr>
<tr><td>④</td><td>미소</td></tr>
<tr><td colspan="2">정답</td><td>①</td></tr>
<tr><td colspan="2">해설</td><td>언어를 사용하는 대화는 보디랭귀지가 아니다.</td></tr>
<tr><td rowspan="7">2</td><td colspan="2">문제</td><td>서비스의 기본적 태도가 아닌 것은?</td></tr>
<tr><td rowspan="4">문항</td><td>①</td><td>신속</td></tr>
<tr><td>②</td><td>정학</td></tr>
<tr><td>③</td><td>친절</td></tr>
<tr><td>④</td><td>근엄</td></tr>
<tr><td colspan="2">정답</td><td>④</td></tr>
<tr><td colspan="2">해설</td><td>고객에 대한 직원의 근엄한 자세는 고객을 불편하게 한다.</td></tr>
<tr><td rowspan="7">3</td><td colspan="2">문제</td><td>고객이 찾는 자료가 자기 도서관이 없을 때 사서가 행하는 적극적인 서비스는?</td></tr>
<tr><td rowspan="4">문항</td><td>①</td><td>미안하다고 양해를 구함</td></tr>
<tr><td>②</td><td>다른 도서관에 가보라고 권고</td></tr>
<tr><td>③</td><td>레퍼럴 봉사</td></tr>
<tr><td>④</td><td>SDI 서비스</td></tr>
<tr><td colspan="2">정답</td><td>③</td></tr>
<tr><td colspan="2">해설</td><td>레퍼럴 봉사는 고객이 찾는 자료가 있는 도서관이나 기관을 확인하고 안내하거나 온라인 등으로 자료를 받아 고객에게 제공하는 적극적인 서비스이다.</td></tr>
</table>

10.2. 평생교육 시대 공공도서관 프로그램 혁신

강의 목표
1. 평생교육 개념 변화를 공공도서관 프로그램에 반영할 수 있다.
2. 평생교육 프로그램의 유형을 파악, 프로그램을 개발할 수 있다.

강의 세부 내용
1. 평생교육의 새로운 개념과 특징
2. 공공도서관 평생교육 프로그램 개발

용어
- 문화프로그램 : 도서관이 단순한 자료 열람 공간을 넘어, 지역주민의 문화적 욕구 충족과 역량 강화를 위해 제공하는 교육·예술·독서 관련 제반 활동을 말한다. 독서 교실, 작가 초청 강연, 문화학교, 체험 행사 등 문화 향유를 목적으로 운영되는 다양한 서비스 프로그램이다.
- 평생교육 프로그램 : 지역주민의 역량 강화와 문화생활을 위해 개설하는 어학, 인문학, 독서, 자격증, 디지털 교육 등 다양한 강좌 프로그램을 말한다. 평생교육이라는 관점에서 어린이부터 노년층까지 생애주기별 맞춤형 프로그램을 운영한다. 평생교육 프로그램은 기존의 문화프로그램을 포함하는 개념이다.

사전학습(퀴즈)
- 공공도서관은 자료의 보존, 활용을 위한 공간이므로 성격상 평생 교육기관이라고 볼 수 없다. (   )

— 근대 민주사회의 공공도서관은 교육을 지원하기 위해 탄생했으며, 유네스코의 평생교육 개념 정립과 함께 평생 교육기관으로 자리매김했다. 이는 유네스코 공공도서관 선언에 명확히 제시되어 있다.

1. 평생교육의 새로운 개념과 특징

(1) 평생교육의 개념

- 평생교육의 세계적 문제 제기는 1960년 유네스코(UNESCO)에서 시작되었다. 1960년 이래 유네스코는 교육을 통한 미개의 극복과 삶의 질 향상을 도모하는 국제적인 선도자 역할을 해 왔다. 경제 발전과 인간성의 향상을 동시에 추구해야 하는 시대적 요구에 맞추어 평생 교육론이 등장한 것이다. 평생 교육론은 교육의 본질적 기반을 과거와는 다른 차원에서 통찰, 인간의 교육 기반은 바로 평생교육에 두어야 한다는 인식을 형성했다.
  (참고문헌 : 한숭희. 2006.『평생교육론』. 서울 : 학지사, 한숭희. 2010.『평생학습사회 연구』. 서울 : 교육과학사)
- 평생교육의 기틀 위에서 교육자가 감당해야 할 책임과 역할은 그만큼 무겁고 광범하며 중요하게 되었다. 세계 곳곳에서 출몰하고 있는 지식과 기술, 정보들을 신속 정확하게 습득하여 모든 교육에 활용해야 하기 때문이다. 그러나 이러한 교육 책임은 교육자에게만 국한되지는 않는다. 교육의 효과는 교육대상자의 자발적 노력으로 성취되는 부분이 크기 때문이다. 특히 성인교육에서는 교육자와 교육대상자가 연령상 역관계를 이룰 수 있기에 상호 학습 동료로서 역할이 중요하다.

(2) 평생교육의 특징

- 평생교육은 평생(life long), 모든 공간(life wide)에서 이루어지는 교육으로 학교 교육을 포함한다. 그러나 취학 전의 시간과 공간, 학교 졸업 후의 시간과 공간이 더 길고 광범하다. 따라서 평생교육의 성패는 본인의 의지에 달려 있다는 점이 장점이자 단점이다. 평생교육의 특징은 다음과 같다.
  － 장소 : 평생교육은 다양한 장소에서 실시되는 교육 활동이다.

　－목적 : 평생교육은 의도적이고 조직적인 교육 활동이다.
　－기간 : 평생교육은 평생에 걸쳐 학습 기회를 보장하는 교육 활동이다.
　－대상 : 평생교육은 모든 사람을 대상으로 하는 교육 활동이다.
　－참여 : 평생교육은 자발적인 참여로 이루어지는 교육 활동이다.
　－내용 : 평생교육은 실생활 중심의 교육 활동이다.
　－선택 : 평생교육은 뷔페식 교육과정(buffet curriculum)이다.
　(출처 : 이해주 외 2인. 2006.『평생교육 프로그램 개발』. 한국방송통신대학교 출판
　부. p.6~11)

(3) 평생교육 프로그램 목적의 유형

- 유네스코 평생교육 프로그램 목적의 유형
  - 문해 프로그램 : 문해력, 수리력, 문제해결력 향상
  - 학력 인정 : 형식교육에 상응하는 대안적 성격
  - 소득증대 : 직업교육
  - 삶의 질 향상 : 지식, 태도, 가치관, 기술 능력 향상
  - 개인적 욕구 충족 : 사회적, 문화적, 정신적 욕구(체육, 예술, 문화부문)
  - 미래지향적 목적과 비전 및 사회적 기술적 변동에 적응, 대처
- 로즈마리 카페렐라(Rosemary S. Caffarella, 1946~2022, 향년 76세)의 평생교육 프로그램의 목적의 유형

구분	프로그램 목표	구체적 사례
개인적 차원	개인의 성장과 발달 촉진	―인문학 교양강좌, 어학 교육, 악기연주 및 미술 등 취미 활동, 실용 능력 개발강좌 등 실제적인 생활문제 및 과제 해결 ―은퇴 설계 및 퇴직 전 교육, 자녀 양육을 위한 부모교육, 노후 건강관리 프로그램 등
조직적 차원	현재 및 미래의 직업 준비	―신입사원 직무 교육, 전문 기술 연수, 승진자 역량 강화 교육, 자격증 취득 과정 등 ―조직의 대응능력 강화　　　조직개발(OD) 워크

		숍, 팀워크 구축 프로그램, 디지털 전환 대응 교육, 리더십 훈련 등
사회적 차원	사회문제 및 과제 해결 기회 제공	—소비자 권익 보호 교육, 기후 위기 대응 환경 교육, 양성평등 및 여성학 강좌, 다문화 이해 교육 등

- 평생교육 프로그램의 주체, 범위, 목적에 따른 유형

구 분	프로그램의 유형
개발의 주체	국가 프로그램(정책적 성격)
	기관, 기업, 협회 등 단체 프로그램
구성 범위	단일 프로그램
	연속 프로그램
	통합 프로그램
프로그램의 목적	개발 프로그램(개발문제 해결)
	기관 프로그램(기관 목적 달성)
	정보 프로그램(정보 수요의 공급)

(4) 한국 평생교육 프로그램의 6 분류

- 평생교육법 및 국가평생교육진흥원 6진 분류체계는 학력 보완, 기초문해, 직업능력, 인문교양, 문화 예술, 시민참여 교육 등 6개 핵심 영역으로 되어 있다. 이는 정규 교육 외의 모든 조직적 학습 활동을 체계화한 것으로, 성인교육, 자격증, 교양강좌 등 다양한 프로그램 분류 및 정책 수립에 활용하는 표준 기준이다. 우리나라 평생교육 프로그램 6대 영역 분류는
  - 기초문해 교육 : 성인 문자 해득 교육, 일상생활에 필요한 언어적 기초 능력 향상 (읽기, 쓰기, 셈하기 등)

- 학력 보완 교육 : 정규 학교 교육을 놓친 사람들을 위한 초·중·고 학력 인정 교육.
- 직업능력 교육 : 직업과 관련된 기술, 자격증 취득, 취업 및 창업 능력 향상 교육.
- 인문 교양 교육 : 철학, 역사, 인문학 등 삶의 지혜와 소양을 기르는 교양 중심 교육.
- 문화 예술 교육 : 음악, 미술, 사진, 춤 등 예술적 소양과 문화적 향유를 위한 교육.
- 시민참여 교육 : 민주시민 의식, 환경, 인권, 공동체 활동 등 사회 참여를 위한 교육

(출처 : 주동범 외 3인. 2024. 『평생교육 프로그램 개발론』. 신정. p.31~34)

(5) 인간 발달과 평생교육

- 발달심리학에서는 인간 발달을 인지발달, 도덕성 발달, 사회성 발달로 구분
  - 인지발달은 세상을 인식하고 지식과 정보를 이해하고 판단할 수 있는 능력이다. 인지능력은 유아기부터 서서히 형성되면서 말과 글을 배워 익히고 심화한다. 성인이 되면 인지발달 속도가 완만하며 노년기에 이르면 오히려 퇴보되기도 한다.
  - 도덕성 발달은 선과 악을 구분할 수 있는 윤리적 판단 능력으로서 경험을 통해서 서서히 형성된다. 도덕성은 가정의 성장 환경 요인, 즉 부모의 윤리적 생활을 통한 실천 교육적 역할이 매우 중요하다.
  - 사회성 발달은 다른 사람들과의 공동체적 삶을 인식하고 적응하는 능력이다. 타인에 대한 신뢰, 의심, 자율성과 타율성, 주도성, 근면성 등이다. 도덕성과 사회성은 청소년기까지 급속히 발전하며 평생을 통해서 끊임없이 변화 대체되어 간다.
  - 인간은 인지, 도덕성, 사회성이 고르게 발달해야 인간다운 삶을 살 수 있다. 공공도서관은 지역사회 평생교육의 기반이다. 따라서 공공도서관은 인

간 발달에 따른 모든 연령대에 맞추어 평생교육 프로그램을 개발하여 제
공해야 한다.

(6) 공공도서관과 평생교육 서비스

- 공공도서관은 각계각층의 모든 시민이 자율적으로 자기 성장과 발전을 꾀하
  는 평생교육의 장이다. 공공도서관은 이러한 목적과 기능에 알맞도록 체계
  적인 프로그램을 개발, 제공해야 한다.
- 지금까지 우리나라 공공도서관 교육 프로그램은 평생교육이라는 목적에서
  출발한 것이 아니라 주민을 도서관으로 끌어들이는 문화프로그램으로 운영
  해 왔다. 그 결과 문화강좌에 대한 지역주민의 부정적 평가도 제기되어왔다.
  시민들은 공공도서관의 문화강좌 프로그램이 다양하지 못하고 대부분 일회
  성이며, 실속이 별로 없는 것으로 인식하는 경우가 많았다.
- 이제 공공도서관은 시민의 평생 교육기관의 하나라는 인식을 확고히 할 필요
  가 있다. 평생 교육기관은 도서관 이외에도 많이 있으나 공공도서관은 정보
  와 자료 그리고 전문 사서가 있어 교육의 조건을 잘 갖춘 평생 교육기관이
  다. 따라서 공공도서관은 다른 교육기관과 협력하여 지역의 평생 교육센터로
  서 역할을 담당해야 한다. 문화강좌의 차원을 넘어 보다 조직적이고 체계적
  인 평생교육 과정을 개발, 제공함으로써 시민의 삶의 질 향상에 이바지해야
  한다.

2. 공공도서관 평생교육 프로그램 개발

(1) 평생교육 프로그램

- 평생교육 프로그램에는 어린이를 위한 프로그램, 청소년을 위한 프로그램,

여성을 위한 프로그램, 노인을 위한 프로그램 등이 있다. 이들 프로그램 개발 및 진행은 해당 주제 전문가 또는 주제 전문 사서가 담당해야 한다.

(2) 어린이를 위한 평생교육 프로그램

- 어린 시절의 교육 경험은 평생 각인된다. 어린이 교육은 학교 교육도 중요하나 학교 밖에서의 생활교육이 더욱 중요하다. 어릴수록 학교보다는 학교 밖에 있는 시간이 더 많기 때문이다.
- 따라서 가정과 지역사회의 교육환경은 어린이에게 절대적인 영향을 미친다. 지역사회 속에서 가정, 탁아시설, 유치원, 초등학교, 공공도서관은 어린이의 평생교육에 핵심적 역할을 할 수 있다.
- 우리 사회에서의 어린이의 나이는 0세부터 만 13세까지로 보는 것이 통설이다. 이는 교육제도를 반영한 것으로서 초등학생까지는 어린이, 중학생과 고등학생은 청소년, 그리고 대학생 이상은 성인으로 보는 데서 비롯된 것이다.
- 어린이를 위한 도서관 서비스는 0세부터 13세까지의 어린이를 다시 연령대별 발달 단계에 따라 영유아 취학 전 어린이, 초등 저학년, 초등 고학년 어린이로 구분하여 융통성 있게 제공해야 한다.
- 2003년에 '기적의 도서관'이 등장하여 어린이도서관의 새로운 운영모델을 제시하면서 어린이도서관 프로그램 개발과 실행이 활성화되었다.
- 어린이를 위한 프로그램은 일종의 놀이에 속한다. 학교의 성적을 높이기 위한 시험공부에 직접적으로 도움이 되는 프로그램은 많지 않다. 학교 수업처럼 커리큘럼과 학습과제에 따라 딱딱하게 진행하는 것이 아니라 책에 있는 내용들을 실제로 구현해보거나 야외에 나가 현장학습을 하는 등 우리 생활과 과학에 대한 흥미를 북돋기 위해 노력한다. 도서관에 있는 광범위한 자료 가운데서 선택하여 읽어주고, 그림을 그리고, 표현하고, 만들어 보고, 어떤 것은 여러 사람이 협동하여 실행하여 보는 프로그램이 많다. 예를 들어 돌멩이 국』이라는 책을 읽고, 책에 있는 내용대로 직접 돌멩이 국을 끓여 나누어 먹으며 책에서 의도하는 '나눔의 사회'를 체험하게 하는 것이다.

- 어린이 평생교육 프로그램은 영유아를 위한 프로그램, 취학 전 어린이를 위한 프로그램, 초등학교 저학년 어린이 프로그램, 초등학교 고학년 어린이 프로그램으로 진행된다. 다음은 어린이 프로그램의 예시를 나타내고 있다. 각 공공도서관은 이 표의 프로그램 사례를 참고하여 창의적이고 새로운 프로그램들을 계속 개발하여 실행하는 것이 바람직하다.
- 이린이 프로그램 예시
  - 취학 전 어린이 : 북스타트, 동화구연, 그림책 일기, 장난감으로 모형 쌓기, 그림 그리기, 색칠하기, 글씨쓰기, 숫자세기, 인사, 생활 예절, 자연 학습(식물, 곤충, 동물), 안전 위생(교통안전, 청결, 정돈, 식품, 의약품 안전), 옛날이야기, 학부모교육 등
  - 초등학교 저학년 어린이 : 동화구연, 독서 교실, 글쓰기, 현장학습, 바른 말 고운 말, 토론, 발표 연습, 자연 체험학습, 한자 교실, 생활 예절, 생활안전, 생활과학, 신화 교실, 옛날이야기, 전통 놀이, 악기연주(오카리나, 하모니카, 우쿨렐레 등), 학부모교육 등
  - 초등학교 고학년 어린이 : 독서지도, 글쓰기 지도, 책 언니(book budy) 활동, 고전 읽기, 자료 찾아 글쓰기, 바른 말 고운 말, 토론 발표 연습, 생활 예절, 어린이 문학 교실, 한자 교실, 신문 활용 교육(NIE), 어린이와 철학, 신화 교실, 우리 고장 역사 탐구, 우리 고장 지리 탐구, 우리 고장 자연 탐구, 우리 고장 산업 탐구, 어린이 사서 체험, 어린이 기자 체험, 영화감상, 생활안전, 학부모교육 등

(3) 청소년을 위한 평생교육 프로그램

- 장 자크 루소의 교육 저서 『에밀』에서 "인간은 두 번 태어난다. 한 번은 존재하기 위하여. 다른 한 번은 살아가기 위해서"라고 했다. 청소년기는 인간이 살아가기 위하여 다시 태어나는 시기로 인간 발달에 있어 급격한 변화가 일어나는 시기이다.
- 사람은 발달 단계마다 꼭 이루어야 하는 발달과업이 있다. 청소년기에 형성

된 인지능력, 도덕성, 사회성은 그 이후 인생 여정의 바탕이 된다.

- 로버트 제임스 해비거스트(Robert J. Havighurst, 1900~1991, 향년 91세)는 인간이 전 생애에 걸쳐 각 발달 단계마다 사회적 기대와 신체적 성숙에 따라 성취해야 하는 발달과업(Developmental Tasks)이 존재한다고 보았다. 그는 청소년의 발달과업을 다음과 같이 제시하였다.
  - 급격한 신체적, 정신적 발달에 적응하고 남녀의 기능, 역할을 인식하여야 한다.
  - 청소년기는 이성에 대한 새로운 교우관계를 성립하여야 한다.
  - 청소년기는 부모나 성인들로부터 정신적 독립을 요구하여야 한다.
  - 청소년기는 경제적 자립의 필요성을 인정하여야 한다.
  - 청소년기는 직업 선택과 그 준비에 몰두하여야 한다.
  - 청소년기는 시민으로서 필요한 지식, 기능, 태도를 습득하여야 한다.
  - 청소년기는 사회적으로 책임 있게 행동을 실천하여야 한다.
  - 청소년기는 결혼 및 가정생활에 대해 준비하여야 한다.
  - 청소년기는 추상적, 논리적 사고력을 배양하고 현실을 객관적으로 파악하는 태도와 가치관을 확립하여야 한다.

- 청소년에 대한 모든 교육을 제도권 학교에만 미루어 둘 수는 없으며, 사회의 모든 기관이 협동하여 충분한 평생교육 기회를 제공해야 한다. 청소년 평생교육 프로그램은 지역사회에서 청소년이 이용할 수 있는 모든 생활교육 프로그램으로 정의할 수 있다. 이는 해당 기관들의 협동적 노력이 있어야만 달성할 수 있다. 청소년을 대상으로 한 지역사회 교육 프로그램은 다음과 같은 특징을 지닌다.
  - 청소년 평생교육 프로그램은 지나친 입시경쟁 및 폐쇄적인 교육환경으로부터 오는 피로와 긴장을 완화해 주고 기분 전환을 할 수 있게 해야 한다.
  - 청소년 평생교육 프로그램은 획일적이고 경직된 학교 교육에서 벗어나 주체적 자기표현의 기회를 제공할 수 있어야 한다.
  - 청소년 평생교육 프로그램은 단체 활동을 통해 공동체적 가치를 부여하여 연대감을 증진하고, 무력감과 극단적 이기심을 극복하고 인간관계를 개선하며 사회적 자질을 향상해야 한다.

- 청소년 평생교육 프로그램은 여가를 선용할 수 있는 능력을 길러 삶의 질을 높일 수 있도록 준비시켜야 한다.
- 청소년 평생교육 프로그램은 직업에 대한 소명 의식과 적성에 맞는 직업을 조기에 선택하도록 조력하며 근면성과 성실성 그리고 경제적 토대를 다져갈 수 있는 능력을 길러 주어야 한다.
- 청소년 평생교육 프로그램은 정보사회에 적응할 수 있는 정보 문해 능력과 정보 검색 능력 및 체계적인 정보 표현 능력을 길러 주어야 한다.
- 청소년 평생교육 프로그램은 개인, 조직, 사회생활에서 인간관계를 원활히 하고 세계사회에 진출할 수 있도록 인간관계 예절 및 서비스 능력을 길러 주어야 한다.

- 청소년 평생교육 프로그램 유형
  - 자아 개발 프로그램 : 정서 훈련, 가치훈련, 도덕성 훈련, 인간관계 훈련 프로그램
  - 시민의식 함양 프로그램 : 개인의 권리와 의무, 사회문제를 비판할 수 있는 프로그램
  - 교양 및 여가 증진 프로그램 : 언어, 문학, 예능, 스포츠 프로그램
  - 직업능력 증진 프로그램 : 올바른 직업관, 직업 선택 결정, 직무 지식 및 기술 프로그램
  - 정보 능력 함양 프로그램 : 정보 리터러시, 정보 조직과 표현, 건전한 정보 문화 육성을 위한 프로그램
  - 봉사활동 프로그램 : 이웃에의 관심, 고아, 양로원 등 사회적 약자 봉사 프로그램
  - 자연 체험 활동 프로그램 : 자연 탐사, 캠프 활동
  - 국제교류 프로그램 : 세계화 감각 배양, 테마 여행 프로그램, 국제 예절 프로그램
  - 문화 활동 프로그램 : 우리 문화 알기 프로그램, 영어로 우리나라 문화 소개하기
  - 사회 안전 프로그램 : 비행 청소년, 가출, 이혼, 소외, 노인 및 아동학대 등 각종 사회문제 예방 및 치유프로그램

－이러한 다양한 평생교육 프로그램 유형에서 지역 공공도서관이 할 수 있
  는 프로그램을 선택, 개발하여 시행함으로써 지역사회 교육지원센터로서
  의 공공도서관의 역할을 활발하게 수행해야 한다.
  (참고문헌 : 메간 p. 핑크 저, 이종권 외 1인. 2015.『청소년 서비스 101 : 청소년
  서비스 실무 가이드』. 국립어린이청소년도서관)

(4) 여성을 위한 평생교육

- 전통적으로 남녀의 사회적인 역할은 남성은 주로 밖에서 활동하고, 여성은
  집안에서 주로 활동하는 것으로 형성해 왔다. 우리 말에서도 남편은 '바깥양
  반', 부인은 아내 또는 '집사람'으로 사용하고 있는 것은 남녀의 성 역할 관습
  을 그대로 드러내고 있다.
- 평생교육 프로그램 대상으로서의 여성은 학교 교육을 마치고 직장생활 또는
  결혼에 이르러 아기를 낳아 기르는 30세 무렵부터 60세 정도까지의 중년기
  여성을 대상으로 한다. 여성의 중년기는 자녀의 출산, 양육, 교육에 전념하는
  시기이면서 단산과 폐경 등 신체적 변화를 겪는 시기이다. 30대는 집안에 갇
  혀 있는 상태로 학교 교육에서 배운 지식의 상실감과 불안을 느끼고, 40대는
  자녀의 성장과 남편의 출근으로 혼자 집을 지키는 '빈 둥지(empty nest)' 증후
  군 및 신체적 변화를 겪으면서 자신의 존재감, 노년에 대한 두려움 등으로
  우울증에 빠지기 쉬운 시기이다.
- 공공도서관의 여성을 위한 평생교육은 중년여성들이 겪는 사회적, 심리적 갈
  등을 해소하고 여성 의식의 고양과 사회 참여, 여가 활용 및 취미 교육, 교양
  교육, 직업 능력교육, 학업성취 등을 돕는 프로그램을 개발 시행해야 한다.
- 여성을 위한 평생교육 프로그램의 유형
  － 여성 의식교육 프로그램 : 여성의 자아 존재감, 사회적 책임감과 역할 의
    식교육
  － 직업능력 교육 프로그램 : 직업을 위한 기능 · 기술 교육 프로그램
  － 여가 및 교양 교육 프로그램 : 생활체육, 건강, 건전가요, 악기연주, 문예

창작 등

　－학력 인정 교육 프로그램 : 초ㆍ중ㆍ고등학교 과정, 독학사, 학위과정 등

(5) 노인을 위한 평생교육

- 국제연합(UN)의 고령사회 정의는 고령화사회는 65세 이상 노인 인구 비율이 전체 인구의 7% 이상, 고령사회는 65세 이상 노인 인구 비율이 14% 이상, 초고령사회는 65세 이상 노인 인구 비율이 20% 이상인 사회이다.
- 우리나라는 2000년 7월 65세 이상의 인구가 전체 인구의 7.1%를 넘었고, 2019년 1월 14%를 넘어 고령사회에 진입하였다. 또 2025년 기준 우리나라 65세 이상 고령 인구 비율은 전체 인구의 20.3%로 이미 초고령사회에 진입했다.
- 65세 이상의 노인이 겪는 문제는 건강의 약화, 배우자와의 사별, 가족과 사회에 대한 역할 부재 등으로 인한 정신적, 육체적 무력감이다. 이러한 노인 문제를 사회적으로 해결하기 위해서는 지역사회 노인복지관뿐 아니라 지역사회의 모든 공공기관이 노인 문제를 협동적으로 해결해 나가야 한다. 따라서 노인에 대한 평생교육에서는 노년의 보람과 가치 그리고 사회에 대한 공헌의 계기를 마련할 필요가 있다.
- 노인의 발달과업과 교육 욕구는 지적 영역, 정의적 영역, 사회적 영역, 신체적 영역에서 다양하게 표출된다.
  - 지적 영역 : 노인들은 세대 차와 사회 변화에 대한 이해, 은퇴 이후의 생활 설계, 정치, 경제, 사회 문화에 대한 최신 동향 파악, 건강에 관한 지식 등의 발달과업과 교육 욕구가 있다.
  - 정의적 영역 : 적극적인 생활 태도, 취미와 여가생활, 수입 감소에 대한 적응, 허무감과 소외감을 극복하고 인생의 의미 찾기, 배우자 사망 후의 생활 적응, 죽음에 대한 준비 등의 발달과업과 교육 욕구가 있다.
  - 사회적 영역 : 같은 또래 노인들과의 친교 유지, 일과 책임의 합리적 대물림 또는 사회 환원, 가정 및 사회에서의 어른 역할, 자녀와 손자ㆍ손녀들과

의 관계 유지 등에 대한 발달과업과 교육 욕구가 있다.

－신체적 영역 : 줄어드는 체력과 건강 약화에 적응하고, 건강 유지를 위한 운동과 섭생, 지병 및 쇠약에 대한 올바른 처방 등 발달과업과 교육 욕구가 있다.

- 지금까지 공공도서관은 노인 인구를 위해 돋보기를 비치하거나 큰 활자본 도서 및 큰 활자 신문의 제작 보급 등을 실행해 왔으나 그것만으로는 공공도서관 서비스로서 매우 부족하다. 공공도서관은 지역사회 노인복지기관과 협력하여 노인을 위한 다양한 프로그램을 개발, 실행할 필요가 있다.

참고문헌

- 한숭희. 2006.『평생교육론』. 서울 : 학지사. pp.48 ~ 50
- 한숭희. 2010.『평생학습사회연구』. 서울 : 교육과학사
- 이해주, 최운실, 권두승. 2006.『평생교육 프로그램 개발』. 한국방송통신대학교 출판부. p.6~11
- 주동범, 이현철, 이원식, 김지은. 2024.『평생교육 프로그램 개발론』. 신정. p.31~34
- 메간 p. 핑크 저, 이종권 노동조 역. 2015.『청소년 서비스 101 : 청소년 서비스 실무 가이드』. 국립어린이청소년도서관
- 국가평생교육진흥원 http://www.nile.or.kr/index.jsp

<table>
<tr><td colspan="3" align="center">학습평가</td></tr>
<tr><td rowspan="7">1</td><td colspan="2">문제</td><td>다음 중 평생교육의 특징이 아닌 것은?</td></tr>
<tr><td rowspan="4">문항</td><td>①</td><td>반드시 교사와 학생이 있어야 한다.</td></tr>
<tr><td>②</td><td>평생교육은 다양한 장소에서 이루어진다.</td></tr>
<tr><td>③</td><td>평생교육은 의도적이고 조직적인 교육이다.</td></tr>
<tr><td>④</td><td>평생교육은 모든 사람을 대상으로 한다.</td></tr>
<tr><td colspan="2">정답</td><td>①</td></tr>
<tr><td colspan="2">해설</td><td>평생교육은 자기교육, 자발적인 교육을 포함한다.</td></tr>
<tr><td rowspan="7">2</td><td colspan="2">문제</td><td>우리나라 교육제도를 기준으로 한 어린이의 일반적 정의는?</td></tr>
<tr><td rowspan="4">문항</td><td>①</td><td>0세~5세</td></tr>
<tr><td>②</td><td>0세~10세</td></tr>
<tr><td>③</td><td>0세~13세</td></tr>
<tr><td>④</td><td>0세~19세</td></tr>
<tr><td colspan="2">정답</td><td>③</td></tr>
<tr><td colspan="2">해설</td><td>우리나라 어린이도서관에서는 초등학교 졸업까지를 어린이로 본다. 아동복지법에서는 아동의 정의를 18세까지로 규정했다.</td></tr>
<tr><td rowspan="7">3</td><td colspan="2">문제</td><td>공공도서관의 청소년 프로그램에서 고려할 사항이 아닌 것은?</td></tr>
<tr><td rowspan="4">문항</td><td>①</td><td>사회봉사</td></tr>
<tr><td>②</td><td>인간관계</td></tr>
<tr><td>③</td><td>직업의식 교육</td></tr>
<tr><td>④</td><td>상급학교 진학</td></tr>
<tr><td colspan="2">정답</td><td>④</td></tr>
<tr><td colspan="2">해설</td><td>공공도서관의 청소년 교육 프로그램은 인지능력 발달도 고려하지만, 사회성 발달, 도덕성 발달 등 사회적응 교육에 중점을 둔다.</td></tr>
</table>

제11장

공공도서관 생태계의 변화와 전략

11.1. 공공도서관 생태계의 의미

11.2. 공공도서관 생태계의 담론과 전략

제11장
공공도서관 생태계의 변화와 전략

11.1. 공공도서관 생태계의 의미

강의 목표
1. 자연생태계와 사회생태계 그리고 지식생태계의 개념을 구분, 설명할 수 있다
2. 지역사회와 도서관의 관계를 생태학적 측면에서 통찰, 상생 전략을 모색할 수 있다.

강의 세부 내용
1. 자연생태계, 사회생태계, 지식생태계
2. 지역사회와 공공도서관 생태계

용어
- 자연생태계(Ecosystem) : 식물, 동물, 미생물 같은 생물 군집과 공기, 물, 햇빛, 토양 같은 무생물 환경이 서로 영향을 주고받으며 기능하는 역동적인 생명 환경 시스템. 자연 상태의 모든 생명체와 그 주변 환경의 관계를 포괄하는 총체적 개념
- 사회생태계(Social Ecosystem) : 인간, 사회 조직, 제도, 문화, 자연환경이 복잡하게 얽혀 상호작용하는 유기적인 시스템. 자연생태계의 원리를 사회에 적용한 개념으로, 구성원 간의 선순환과 회복력을 통해 안녕과 지속 가능성을 추구
- 지식생태계(Knowledge Ecosystem) : 지식의 생성, 유통, 공유, 소비 과정이 마치 자연 생태계처럼 유기적이고 역동적으로 상호작용하는 시스템으로 지식 경영을 확장한 개념

사전학습(퀴즈)
- 지식생태계란 지식경영과 같은 개념이다. (   )

1. 자연생태계와 지식생태계

(1) 자연생태계의 의의

- 자연생태계는 지구 탄생 이후 오랜 시간에 걸쳐 생물과 환경이 상호작용하며 형성된 역동적인 시스템이다. 이는 단순한 생물들의 집합이 아닌, 에너지의 흐름과 물질의 순환이 일어나는 기능적 단위로, 인류 생존과 지구 환경 안정의 근간이 된다.
- 자연생태계 이론의 등장 배경 및 형성 과정
  - 자연생태계는 약 46억 년 전 지구가 형성된 이후, 단계적인 과정을 통해 등장하고 발달한 것으로 본다.
  - 원시 지구 환경(무기적 환경 조성) : 초기 지구의 마그마 표면이 식고, 화산 활동과 혜성 충돌로 인해 바다(물)와 대기, 토양이 형성되면서 생명체가 살 수 있는 기초 환경이 조성되었다.
  - 생명체의 출현(약 37억~39억 년 전) : 초기 바다의 유기물질이 농축되어 원시 세포 형태를 거쳐 최초의 생명체가 탄생했다.
  - 상호작용의 시작(에너지 흐름과 물질 순환) : 광합성을 하는 세균(시아노박테리아 등)이 산소를 만들어내면서 대기 조성이 바뀌었고, 생물(생산자)들이 태양 에너지를 이용하여 유기물을 생산하기 시작했다.
  - 생태적 천이(구조의 복잡화) : 시간이 지나면서 단순한 생물 군집이 환경 변화에 따라 더 복잡하고 안정적인 구조로 변하는 '천이' 과정을 거쳐 오늘날의 숲, 습지, 해양 등 다양한 생태계가 형성되었다.

- 자연생태계 연구의 시초 및 배경
  - 초기 연구 기반 : 칼 린네(Carl Linnaeus 1707 - 1778, 향년 71세)가 '자연의 경제학'을 통해 생물 간의 유기적 관계와 환경 조화를 연구, 알렉산더 폰 훔볼트(Alexander von Humboldt, 1769~1859, 향년 90세)는 식물지리학을 통해 환경(기후)과 식물 분포의 관계를 탐구, 찰스 다윈(Charles Robert Darwin, 1809~1882, 향년 73세)은 생물의 생존 경쟁과 적응을 다루며 생태학적 접근 연구가 바탕이 되었다.
  - 최초의 용어의 정의(1869년) : 독일의 생물학자 에른스트 헤켈(Ernst Haeckel, 1834 - 1919, 향년 85세)이 생물과 환경의 상호관계를 연구하는 학문을 'Oekologie(생태학)'로 정의
  - 생태연구의 발전
    - 아서 탠슬리(Arthur Tansley, 1871 - 1955, 향년 84세) : 1935년 '생태계(Ecosystem)라는 용어를 처음 제안하여 생물 군집과 무기적 환경이 상호작용하는 하나의 통합된 시스템으로 이해하는 기반을 마련
    - 유진 오덤(Eugene Odum, 1913 - 2002, 향년 89세) : '현대 생태학의 아버지'로 불리며, 생태계의 에너지 흐름과 물질 순환을 정량적으로 연구하여 생태학의 과학적 표준을 정립
    - 하워드 T. 오덤(Howard T. Odum, 1924 - 2002, 향년 78세) : 유진 오덤의 형제로 생태계의 에너지 역학(Trophic-dynamic concept)과 시뮬레이션 모델링 개척
    - 에드워드 윌슨(Edward O. Wilson, 1929-2021, 향년 92세)은 생물학뿐만 아니라 인문학적 통찰을 결합하여 사회생물학((Sociobiology : 모든 동물의 사회적 행동이 진화의 산물임을 주장, 특히 자연과학과 인문학의 지식을 통합해야 한다는 '통섭(Consilience)' 개념을 주창하고 생태계 보존의 중요성을 강조하며 생물 다양성 연구의 기틀을 마련
      (참고문헌 : 에드워드 윌슨 저, 최재천, 장대익 역. 2005.『통섭』. 서울 : ㈜사이언스북스)
- 자연생태계 개념 요약 : 자연생태계는 단순히 생물이 사는 곳을 넘어 인류와 지구 전체의 지속 생존에 필수적인 생명과 환경의 상호작용 시스템이다.

- 생존 필수 요소 공급(생태계 서비스) : 식량, 물, 공기, 목재 등 인류가 생존하는 데 필요한 핵심 자원을 제공
- 물질 순환 및 환경 정화 : 오염 물질을 정화하고 탄소를 흡수·저장하여 대기의 질을 조절한다. 또 토양을 유지하고 영양분을 재활용하여 자연스러운 순환 구조를 유지한다.
- 기후 조절 및 재해 예방 : 안정적인 생태계는 극한 이상 기후를 완화하고, 홍수나 해일 같은 자연재해 발생을 막는 완충 지대 역할을 한다.
- 생물 다양성 유지 및 균형 : 다양한 생물 종 간의 관계를 통해 생태계 균형을 유지한다. 이는 질병 확산을 막고 생명체가 적응하고 진화할 수 있는 안전망 역할을 한다.
- 상생과 지속 가능성 : 인간은 생태계의 일원으로서, 자연과 조화롭게 공존할 때 더 건강하고 풍요로운 삶을 영위할 수 있다.

- 자연생태계는 생물과 무기 환경이 끊임없이 물질을 순환시키는 역동적 복합체로 인류는 이 생태계가 제공하는 안전망 속에서 살아가고 있으므로 이를 보존하는 것은 인류 자신의 생존과 직결된 문제이다. 자연생태계란 특정 지역의 살아있는 생물(생물 요소)과 살아있지 않은 환경(무생물 요소)이 서로 영향을 주고받으며 균형과 조화를 이루는 자연의 기능적 체계를 말하며 여기에는 식물, 동물, 미생물과 같은 생물체뿐만 아니라, 공기, 물, 토양, 햇빛 같은 무생물적 환경이 모두 포함된다. 이들은 끊임없이 물질과 에너지를 순환시키며 상호작용을 한다. 숲, 바다, 연못처럼 다양한 크기와 형태로 존재하며, 인간의 개입이 최소화된 자연 그대로의 상태를 의미하기도 한다.

- 주요 구성 요소
  - 생물적 요소 : 생산자(식물), 소비자(동물), 분해자(미생물).
  - 무생물적 요소 : 빛, 공기, 물, 토양 등.
  - 상호작용 : 생물과 무생물 환경이 서로 끊임없이 영향을 미치고 변화시킴.
  - 규모 다양성 : 연못처럼 작은 생태계부터 지구 전체를 아우르는 거대한 생태계까지 존재.
  - 기능적 체계 : 물질 순환과 에너지 흐름을 통해 생명 유지와 균형을 이루는 역동적인 시스템.

-예 : 숲 생태계(나무, 풀, 곤충, 새, 포유류와 햇빛, 흙, 물이 상호작용하는
  체계), 바다 생태계(플랑크톤, 물고기, 해양 포유류와 바닷물, 햇빛, 영양염
  류 등이 어우러진 체계)

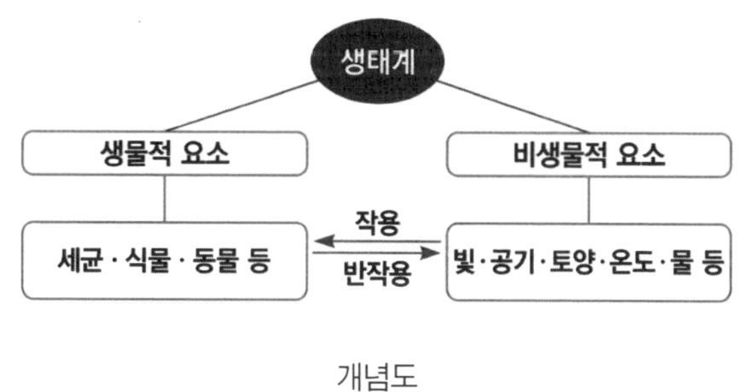

개념도

- 현대 자연생태학은 식물학, 동물학, 동물행동학, 미생물학, 지구과학, 환경과
  학 등을 아우르는 통섭의 과학으로 발전하고 있다.
- 먹이사슬 : 생태계의 피라미드 구조로서 생태계는 스스로 평형을 유지하나
  지각변동, 지진 등 자연 이변, 인위적 파괴(개발로 인한 서식지 파괴, 환경오
  염, 전염병)로 평형이 깨지면 멸종 위기에 이른다.
- 생태학(ecology)은 이러한 생태환경 시스템을 연구하는 학문 분야로 '에코 과
  학'이라고도 하며 생물학에 포함된다. 학부로는 강원대학교 환경융합학부,
  고려대학교 환경생태공학부, 서울과학기술대학교 환경공학과가 있으며 이화
  여자대학교 에코과학부는 대학원 과정으로 운영되고 있다.
- 우리나라 국립생태원은 "국립생태원의 설립 및 운영에 관한 법률"에 따라 생
  태와 생태계 조사, 연구, 전시 및 대국민 교육 등을 체계적으로 수행하여 환
  경을 보전하고 올바른 환경 의식 함양하기 위해 2013년 10월 28일 설립된 환
  경부 산하 국가기관이다.
- 국립생태원의 설립 운영의 역사와 운영 방향, 초창기 생태원의 목적 설정 등
  관리 운영 시스템에 대해서는 초대 원장을 지낸 최재천 교수의 경험적 지서
  에서 살펴볼 수 있다. (참고도서 : 최재천. 2024.『최재천의 생태 경영』. 서울 : 메디
  치 미디어)

국립생태원(충남 서천군, 장항선 장항역 인근)

(2) 사회 생태계 이론

- 18세기 맬서스(Thomas Robert Malthus, 1766~1834, 향년 68세)는 인구론을 저술했다. 인구론은 인구증가와 지구의 식량 생산, 공급능력과의 관계를 연구한 사회생태론적 연구이다.
- 사회생태이론(Social Ecological Model)은 인간 행동이 개인적 요인뿐만 아니라 미시적 생태(가족)에서 거시적 생태(문화) 수준까지의 다양한 환경 체계와 상호작용하며 발달한다고 보는 이론이다. 이는 러시아계 미국 발달심리학자 유리 브론펜브레너(Urie Bronfenbrenner, 1917-2005, 향년 88세)가 정립했으며, 인간과 환경 간의 적응, 공생 관계를 강조했다.
  - 환경 속의 인간(Person in Environment) : 인간은 환경과 분리할 수 없는 상호 교환적 관계에 있다.
  - 다층적 구조 : 개인을 둘러싼 다양한 환경 체계를 5가지 수준으로 구분하여 분석했다.
  - 상호작용 : 환경은 개인에게 영향을 미치고 개인 또한 환경에 영향을 미치

는 역동적인 관계를 인간을 이해하는 핵심 틀로 활용하고 있다. 그는 인간 발달이 유전과 환경 간의 복잡한 상호작용 속에서 이루어진다고 보고 개인의 발달에 영향을 미치는 환경적 요인들을 다음과 같이 다섯 가지 중첩된 체계로 설명했다.

- 미시체계(Micro system) : 아동과 직접적으로 상호작용하는 환경. 가족, 학교, 또래 집단, 이웃 등이 포함되며, 아동의 발달에 즉각적, 직접적인 영향을 미친다.
- 중간체계(Meso system) : 여러 미시체계 간의 상호관계를 의미한다. 예를 들어, 부모와 교사의 관계, 가정과 학교 간의 연계 등이 아동에게 영향을 미친다.
- 외체계(Exo system) : 아동이 직접 참여하지는 않지만, 아동의 발달에 간접적으로 영향을 미치는 사회적 환경이다. 부모의 직장 환경이나 지역사회의 정책, 대중 매체 등이 이에 해당한다.
- 거시체계 (Macro system) : 개인이 속한 문화적 환경과 가치관, 법, 관습 등을 포괄하는 가장 광범위한 체계로 다른 모든 하위 체계에 영향을 미친다.
- 시간체계 (Chrono system) : 개인의 생애 동안 또는 역사적으로 발생하는 환경적 변화나 사건들을 의미한다. 부모의 이혼, 이사, 시대적 변화 등이 발달에 미치는 영향이 포함된다.

- 브론펜브레너는 실험실 중심의 연구에서 벗어나 실제 삶의 맥락 속에서 인간 발달을 이해해야 한다고 주장하며 발달심리학 연구의 방향을 제시했다. 그는 빈곤층 아동을 지원하는 미국 정부 프로그램 정책에 큰 영향을 미쳤다. 저서로『인간 발달 생태학』이 있다.
- 주요 개념
  - 적합성(Goodness of fit) : 개인의 욕구와 환경적 자원이 얼마나 조화를 이루는지
  - 적응(Adaptation) : 환경에 맞추어 자신을 변화시키거나 환경을 바꾸어 나가는 인간의 노력
  - 스트레스와 대처(Stress & Coping) : 환경적 요구와 개인적 능력 간의 불균형을 해결하는 과정

－사회생태이론은 노인 주거 정책, 아동 발달, 건강증진 사업 등 다양한 분야에서 개인의 문제를 개별적인 요인으로만 보지 않고 주변 환경과의 상호작용 속에서 해결 방안을 찾는 이론이다.

(3) 지식생태계

- 지식생태학(Knowledge Ecology)이라는 용어를 사용한 사람은 헝가리 출신의 미국인 학자 조지 포르(George Pór)이다. 그는 2000년대 초반 지식 경영(Knowledge Management)의 한계를 지적하며 지식의 생성과 전파를 생태학적 관점으로 접근한 "The Ecology of Knowledge"라는 논문을 통해 지식 생태학을 주창했다. 그는 단순히 정보를 관리하는 '지식 경영'을 넘어, 지식을 살아있는 생태계처럼 다루어야 한다고 주장했다. 그의 지식생태학의 목표는 집단지성(Collective Intelligence)과 조직의 지혜를 동원하여 복잡한 비즈니스 및 사회적 문제를 해결하는 것이다. 그는 지식은 사회적 상호작용과 대화의 네트워크를 통해 진화하며, 이를 '사회 유기체의 신경계'와 같은 집단지성으로 보았다.
- 지식생태계란 지식의 창출, 활용, 유통, 확산이 상호작용하며 유기적으로 순환하는 환경을 의미한다. 이는 고정된 정보가 아니라 구성원 간의 연결과 맥락에 따라 새로운 지식이 재탄생되는 능동적인 학습생태계이다. 핵심 특징으로 지식의 다양성, 구성원 간 상호적용 및 호혜성, 끊임없는 지식 순환, 단순 정보가 아닌 문제의식과 적용 맥락을 지닌 맥락 기반 지식[根處知]의 재탄생, 그리고 능동적인 공진화(Co-evolution)이다. 이러한 지식생태계는 물질적인 재화보다 지식의 가치가 더 중요시되는 정보사회에 조직의 생산성과 경쟁력을 높이는 핵심적인 모델이다.
- 우리나라에서 지식생태학이라는 개념을 알린 학자는 한양대학교 교육공학과 유영만 교수이다. 그는 지식과 생태학을 융합하여 지식도 생명체처럼 생성, 발전, 소멸하는 생태학적 라이프 사이클을 가진다는 '지식생태학'을 도입했다. 그는 교육공학적 관점에서 지식은 단순히 효율적으로 전달해야 할 대상

이 아니라, 특정 맥락(Context) 안에서 생성되고 성장하며 소멸하는 유기적 과정으로 이해하고 지식은 그것이 만들어진 구체적인 상황이나 환경과 분리될 수 없으며, 인간과 환경의 상호작용을 통해 가치가 결정된다고 보았다. 따라서 머리로만 아는 관념적 지식보다 뜨거운 심장과 온몸으로 겪어낸 체험적 깨달음, 삶의 현장에서 얻은 상처와 경험이 진정한 지혜가 된다고 주장했다. 교육에서도 정답을 찾는 교육이 아닌, 질문을 통해 새로운 관점을 여는 혁신 교수법을 주창했다.

- 유영만 교수는 지식생태학회 홈페이지에서 지식생태계를 다음과 같이 소개하고 있다.

  - 지식생태계는 자연생태계에서 살아가는 생명체가 다른 생명체는 물론 비생명체와 상호 의존적 관계 속에서 자기 존재 이유를 드러내며 생태계를 유지하고 발전시켜 나가는 원리와 방식을 원용, 사람과 사람이 만들어가는 조직을 지식생태계로 전환하는 과정에 적용하고 실천하는 지식 시스템(knowledge ecosystem)이다.
  - 지식생태학은 생태학적 상상에 지식을 적용하여 도출한 학문이다. 모든 지식은 인식주체는 물론 지식창조과정에 영향력을 주고받는 주체와 객체의 상호작용에서 만들어내는 사회적 합작품이다.
  - 지식생태학은 파괴되어가는 생태계의 위기를 극복하고 더불어 살아가는 공존의 지혜만이 인류가 직면하는 파국에서 벗어나는 길임을 인식, 분과학문의 높은 벽을 허물고 경계를 넘나들며 소통하고 융합해서 난국을 돌파하려는 학문적 결단과 실천을 추구한다.
  (참고 사이트 : 지식생태학회 http://kecology.org/)
  (참고문헌 : 유영만. 2006. 『지식생태학』. 삼성경제연구소)

- 집단지성(Collective Intelligence)이란 다수의 개체가 서로 협력하거나 경쟁하여 개인의 능력을 뛰어넘는 집단적 능력과 결과물을 만들어내는 것, 즉 다양한 배경을 가진 사람들이 자유롭게 의견을 공유하며 문제를 해결하는 방식이며, 인터넷 시대에 위키피디아처럼 정보의 집합 및 공유를 통해 정답에 접근하는 현상을 말한다. 집단지성의 주요 특징은

- 핵심 원리 : 다수의 의견을 평균화하거나 모았을 때 더 정확한 해법이 나온다.
- 구성 요소 : 자발적인 참여자, 전문성, 다양성, 의사결정의 분권화
- 대표 사례 : 위키피디아, 나무위키, 네이버 블로그 등의 오픈 소스 플랫폼.
- 주의할 점 : 구성원들이 무조건 동조하거나 비판 없이 수용할 때 '集團事故'라는 부작용 발생

● 지식경영과 지식생태계의 차이
- 지식경영이 조직의 경쟁력 확보를 위한 구체적인 경영 전략 및 프로세스라면, 지식생태계는 지식이 자율적으로 생성·활용·확산하는 환경 또는 시스템을 의미한다.
- 지식경영(Knowledge Management) : 조직 내에서 지식을 생성, 획득, 구조화, 저장, 분석 및 공유하는 일련의 의도적인 프로세스와 시스템이며 이는 기업이 지적 자산을 인식하고 활용하여 경쟁 우위를 확보하는 데 초점을 둔다.
- 지식생태계 (Knowledge Ecosystem) : 자연 생태계의 개념을 빌어 다양한 행위 주체(사람, 집단)들이 상호작용하며 지식의 창출, 활용, 유통 및 확산 과정을 포괄하는 자율적이고 역동적인 지식 창출의 과정

핵심 차이점

구분	지식경영	지식생태계
접근 방식	의도적, 계획적, 통제 중심	자율적, 유기적, 상호작용 중심
메커니즘	시스템, 프로세스, 공식적 제도	협력적 경쟁, 상호작용, 비공식적 학습
주요 묘사	지식 창고, 관리 시스템	생태계, 유동적 지식의 장

2. 지역사회와 도서관 생태계

(1) 고대 그리스의 지식 소통장소

- 고대 그리스의 아고라(Agora) 광장은 단순한 시장을 넘어 고대 도시국가(폴리스)의 지식과 정보, 사상이 교류되는 핵심적인 '지식생태학적' 장소로서 의미가 있었다. 아고라의 지식생태학적 의미는 다음과 같이 정리할 수 있다.
  - 자유로운 토론의 장(Open Discourse) : 아고라는 시민들이 정치, 철학, 법률 등 다양한 주제에 대해 자유롭게 토론하고 의견을 나누던 공간이었다. 이는 지식이 상아탑에 갇혀 있지 않고 대중 속에서 생산되고 공유되는 지식생태계라 할 수 있다.
  - 소크라테스의 광장 철학 : 소크라테스는 아고라를 거닐며 상인, 청년, 정치가들과 대화(문답법)를 통해 지식을 교환했다. 이는 지식이 고정된 것이 아니라, 대화와 토론을 통해 끊임없이 재구성되는 과정임을 보여준다.
  - 새로운 사상의 유입 : 다른 도시국가나 이방인들이 드나들면서 새로운 정보와 사상이 유입되어 시민들의 인지적 기반을 확장하는 허브 역할을 했다.
  - 다 학문 교류의 종합적 공간 : 아고라는 상업(시장), 정치(민회), 사법(재판), 종교, 사교 활동이 동시에 일어나는 공간이었다. 경제적 정보를 얻으러 왔다가 정치적 토론을 듣는 등 서로 다른 분야의 지식이 상호작용하는 '융합 생태계'였다.
  - 집단지성의 구현 : 민주주의가 완성되면서 아고라는 시민들이 정책을 결정하는 집단지성의 장이 되었으며 이는 지식 생태학적으로 볼 때 시민들의 참여가 지식의 품질을 높이는 과정이다.
  - 지식의 저장 및 전파 공간 : 아고라 주변에 있던 기둥이 있는 지붕 구조물인 스토아(Stoa)는 사람들이 비를 피하며 대화를 나누거나 철학자들이 강의하는 공간이었다. 이는 지식이 영구적으로 교류되고 축적되는 장소였음을 의미한다.

－현대적 의미의 지식 공유 플랫폼이자 비공식적 교육의 현장 : 공식적인 교
  육 기관이 아니더라도 아고라에서 보고 듣는 것 자체가 교육이었으며 시
  민들은 일상생활 속에서 민주 시민으로서의 소양을 쌓을 수 있었다.
- 고대 그리스의 아고라는 '만남과 모임'이라는 본질적 의미(agora)를 바탕으로
  사람들이 자발적으로 모여 지식을 유통하고 경쟁하며 진화시키는 가장 초기
  적이고 유기적인 지식생태계였다고 할 수 있다.

(2) 도서관의 지식생태학적 역할

- 도서관은 역사적으로 지식의 수집, 보존, 조직, 그리고 전파를 통해 지식생태
  학적 역할(Knowledge Ecosystem Role)을 충실히 수행해 왔다. 단순히 책을
  쌓아두는 창고를 넘어, 지식이 생성되고, 교류되며, 세대에서 세대로 전승되
  는 유기적인 환경을 조성하는 중추적인 역할을 해왔다.
- 도서관의 역사적 지식생태학적 역할은 다음과 같은 특징으로 정리할 수 있
  다.
  - 고대 지식의 저장소 : 고대 알렉산드리아 도서관처럼, 인류의 지적 유산을
    수집하고 보존하여 지식이 사라지지 않도록 하는 생태계의 기초를 마련
  - 표준화 : 필사본 시대에 오류를 방지하기 위해 지식의 표준을 정립하고 후
    대에 전달하는 역할
  - 수도원 / 대학도서관 : 중세 및 근대 초기에는 지식을 독점적으로 관리하거
    나 학문 연구의 거점으로서 지식의 연속성을 유지
  - 공공도서관 : 19세기 이후 지식의 공유와 민주화 실현. 영국과 미국에서
    시작된 공공도서관은 대중에게 지식 접근을 무료로 제공하며 지식의 보편
    적 공유를 실현했다.
  - 시민 교육의 장 : 도서관은 시민들을 교육하고 계몽하는 공간으로, 산업화
    시대에 필요한 지식과 정보를 대중에게 확산시키는 지식 순환의 중심이
    되었다.
  - 지식생태계의 중개자 : 현대 정보사회에 이르러 도서관은 사회적 네트워크

의 거점이 되었다. 오늘날 도서관은 지역사회 내에서 지식 생산자와 이용자를 연결하는 중개자(사서)로서 정보 커뮤니케이션의 장을 제공한다. 현대 도서관은 단순한 자료 제공을 넘어, 다양한 학습 및 문화 활동, 디지털 아카이브, 지역 사회의 지식 커뮤니티 공간으로 작용하며 유기적으로 진화하는 지식생태계를 구성한다. 즉 도서관은 지식의 보존(저장)부터 활용(순환)까지 전체석인 생태계 흐름을 관리하며 사회적, 문화적, 교육적 거점 역할을 하는 사회적 유기체이다.

- 현재의 인터넷 공간은 지구촌 지식정보를 유통하는 정보생태계의 거점으로 떠올랐다. 인터넷이 정보생태계 거점이라면 도서관은 지식정보 생태계의 요체로 간주할 수 있다. 도서관 생태계(library ecosystem)는 다양한 지식정보의 체계적 수집과 정리, 각종 지식정보의 제공과 이용, 평생교육 프로그램 제공, 무결성 보존관리와 전수 등과 관련된 유기체의 법적, 정책적, 조직 행동적, 사회문화적, 정보 기술적 환경과 그들의 상호작용 체계이다.

(3) 현대 공공도서관의 지식 생태학적 역할

- 도서관 생태계는 자연생태계의 프레임과 지식생태계의 프레임을 도서관과 도서관을 둘러싼 사회환경에 적용하여 지역사회와 도서관의 상생발전을 추구하는 경영 전략 시스템이다.
- 도서관은 사회가 창조하며 사회가 보존한다는 도서관의 발생, 보존, 소멸의 원리는 도서관 생태계의 사회성을 잘 대변한다. 인간은 생물적 존재이자 사회적 존재이다. 도서관은 인간의 필요에 따라 개발한 무생물 시스템으로 상호 역동적인 사회적 복합 시스템 속에서 공존한다.
- 비즈니스 생태계(Business ecosystem)는 공급자, 유통업자, 아웃소싱업체, 운송 서비스업, 기술 제조업체들이 느슨하게 결합한 상호 의존적인 네트워크를 이미한다. 도서관 생태게 여시 저지, 공급지(출판시), 유통업지, 소비자 긴에 느슨하게 형성된 지식 관련 산업 간의 상호 의존적 네트워크 시스템이다.
- 도서관 지식생태계 및 정보생태계가 정상적으로 작동하려면 자료의 수집, 보

존, 서비스 기능을 중시하는 도서관이 중심부에 위치해야 하여 도서관 전문
가가 주도하는 적절한 지식정보가 적시에 생산자와 소비자에게 전달되고 재
생산되는 선순환 구조를 갖추어야 한다.

- 도서관의 지식생태계는 지식 생산자와 출판사, 수집제공기관, 지역사회와 이
용자, 인터넷 정보환경 등이 거미줄처럼 연계되어 있다. 그 가운데 지식생태
계의 구심체는 도서관이다.

- 도서관 생태계의 출발지는 지식정보 생산자이며, 종착지는 사회이다. 지식정
보는 생산을 거쳐 시장으로 유통되지 않으면 존재할 수 없고, 사회에 효용가
치를 논증하지 못하면 존재 기반이 약화한다. 최근 도서관의 실물 공간 및
지식정보 시스템으로서의 생태적 지위(ecological niche)는 급속히 축소되고
있다. 디지털 패러다임, 인터넷 정보유통, 모바일 이용행태 등이 보편화됨에
따라 지식정보 이용자는 도서관보다 인터넷에 의존하는 경향이 심화하고 있
다.

- 도서관 생태계에 지대한 영향을 미치는 외부 요소는 법제, 정책, 이용자의 관
심과 요구 등이다. 이들은 도서관의 인프라 확충, 관리 운영 방식, 서비스 메
뉴를 좌우한다.

- 도서관 생태계를 주도하는 생산자와 분해자는 사서직 중심의 인력이다. 그들
이 수집하는 자료의 다양성, 분석·가공 및 DB 구축, 지식정보서비스 품질은
이용자 만족도에 지대한 영향을 미친다.

- 도서관 생태계는 이용집단의 나이, 교육 수준, 직업, 관심과 기대, 요구수준
이 다양할 뿐 아니라 상대적 편차도 심하다. 따라서 생태계에서 강조되는 종
의 다양성 못지않게 자료 및 서비스의 다양성을 중시할 때 도서관이 지식생
태계를 주도할 수 있다.

(4) 도서관 생태계의 원리

- 자가 발전(self-development)의 원리 : 이는 조직 갱생 원리로도 지칭되며, 외

부에서 개입하거나 통제·조정하지 않아도 생태계 자체의 성장 기제에 따라 발전하는 원리이다. 디지털 정보기술의 적극적 수용, 온라인 정보유통 시대의 도래에 따른 DB 구축, 인터넷 검색시스템 도입, 전자자료(E-book, Web DB, 전자잡지 등) 제공, 소장자료의 디지털화 및 가상서고 구축, 모바일 서비스, EDDS (Electronic Document Delivery Service) 확대 등의 전략을 구사하여 자가 발전과 혁신을 계속하고 있다.

- 다품종화(multi products) 원리 : 자연생태계의 잡종강세 원리를 도서관에 응용한다. 다품종화 원리는 잡종을 당연히 수용하는 자세를 전제로 한다. 실물서가에 가상서고를 추가하는 융합적 정체성을 지향함으로써 온라인 및 디지털 패러다임에 합세하고 있다. 이는 아날로그와 디지털이 공존하는 지식생태계를 선도하는 원리이다.

- 화이부동(和而不同, harmonization)의 원리 : 이는 생태계 구성 요소 간에 상대적 차이를 존중하면서 조화와 평형을 유지하는 원리이다. 가장 비근한 사례는 공공도서관과 평생학습관이다. 전자는 장서 중심의 지식정보서비스에 치중하고 후자는 강연, 강의, 탐방 위주의 프로그램 서비스에 주력함으로써 화이부동의 생태계를 조성할 수 있다. 각각의 정체성과 기능성을 인정하고 공존공영 방안을 모색해야 한다.

- 상리공생(相利共生, mutualism)의 원리 : 생태계 구성 요소가 서로 공존하는 원칙이다. 모든 공공도서관이 지식생태계의 구심체지만 출판계, 인터넷과 정보기술, 국가와 지역사회에서 독립할 수는 없다. 도서관이 출판계와 밀착하지 않으면 자료(종)의 다양성을 확보할 수 없고, 사회와 동행하지 못하면 서식지가 없어질 것이다. 따라서 편리공생(commensalism)이 아닌 상리공생이 적용될 때 사회를 위한 지방 공공재적 가치를 담보할 수 있다.

- 공진화(供進化, coevolution)의 원리 : 도서관 생태계의 요소들이 상호의존하면서 상리공생 원리에 따라 함께 진화하는 원리이다. 공진화의 대표적인 집단은 출판사, 공공도서관, 이용자이다. 출판계는 공공도서관의 구매력이 높을수록 수익이 증가하여 재투자에 따른 고품질 출판이 가능하고, 도서관은 우수한 출판물이 많을수록 장서 구성의 충실화를 기할 수 있으며, 이용자는 양질의 자료서비스를 이용하며 지적 수준이 향상되어 지식생태계의 선순환

을 유지할 수 있다.

(5) 도서관 생태계의 지형과 구조

- 자연생태계는 비 생물적 인자, 생산자, 소비자, 분해자로 구성된다. 비즈니스 생태계의 구성요소는 기술 생산자(공급자), 수요자, 주변 환경(정책, 인프라)이다. 지식생태계도 지식의 창출 주체, 활용 주체, 미디어, 환경요소로 구성된다.
- 이러한 생태계 구성요소를 적용한 공공도서관 생태계의 지형은 지식정보와 관련된 사회환경적 여건, 지식생산(유통)자, 지식분해(제공)자, 지식소비(이용)자로 구성된다. 이들의 상호의존성과 순환성을 기본으로 하는 구조인데 순환성은 분해되지 않으면 생산될 수 없고, 생산되지 않으면 소비될 수 없다는 의미이며, 상호의존성은 '도서관이 스스로 안정된 체계를 유지하기 위한 지식정보 환경과의 상호작용을 말한다. 각 구성요소의 주체, 역할, 상호의존성은 다음과 같다.
  - 지식정보 환경은 자연생태계의 비 생물적 요소에 해당한다. 공공도서관 생태계에 영향을 미치는 주요 환경변수는 출판계, 인터넷과 정보기술, 법제와 정책, 독서 및 평생학습의 문화, 지역 사회적 특성 등이다. 이러한 환경요소 중에서 지역사회는 공공도서관의 서식지일 뿐 아니라 지방공공재로서의 재화 가치와 지역문화 인프라로서의 정체성을 정당화하는 요체이다.
  - 지식생산(유통)자는 자연생태계에서 무기물을 유기물로 합성·저장하여 영양물을 만드는 생물군처럼 사실, 데이터, 정보를 조합하여 지식을 창출하는 저자(학자, 작가 등), 창출된 지식을 가공하는 출판·제작사, 그리고 제품화된 지식을 유통하는 서점, 중개상과 인터넷 사이트 등이다. 지식생산자는 형식지와 암묵지를 조합·가공하여 신지식을 창출한다.
  - 지식소비(이용)자는 자연생태계에서 먹이사슬에 따라 다른 동식물을 먹고 사는 생물군을 지칭하는 소비자처럼 도서관 전문인력의 지원으로 장서와

서비스를 이용하는 지역주민, 행정기관을 비롯한 각종 단체 등이다. 다만, 소비집단이 대체로 동질적인 종류의 도서관과는 달리, 공공도서관은 소비자의 나이, 학력, 직업 등은 매우 다양하다. 취약계층인 장애인, 다문화가정, 노인 등은 대체 자료, 모국어 자료, 편의시설 등이 갖춰지지 않으면 이용에 제약이 따른다.

- 지식분해(제공)자는 자연생태계에서 사체나 배설물 등의 유기물을 무기물로 바꾸어 영양을 공급하는 생물군처럼 도서관의 장서와 서비스를 분석·가공하여 접근, 이용의 편의를 제공하는 전문가들이다. 서지 DB 구축, OPAC 검색구조 및 디스플레이의 최적화, 온라인 검색시스템 제공, 주제 게이트웨이 사이트 운영, 맞춤형 평생학습 프로그램 개설, 자료 이용 및 검색 교육, 독서지도, 제적, 폐기, 찾아가는 서비스 등을 들 수 있다.

- 사회적 생태계는 사회가 주관하는 것이며 사회 구성원들의 뜻이 수렴되어 조정 통제되는 것이라고 할 수 있다. 도서관 생태계는 공공도서관 직원들이 중심이 되어 지역사회에서 능동적인 역할을 할 때 도서관 생태계의 건전성을 유지할 수 있다.

(출처 : 윤희윤. 2017. "국내 공공도서관 생태계의 담론적 분석". 『한국문헌정보학회지』 제51권 제1호)

참고문헌

- 에드워드 윌슨 저, 최재천·장대익 역. 2005. 『통섭』. 서울 : ㈜사이언스북스
- 최재천. 2024. 『최재천의 생태 경영』. 서울 : 메디치 미디어
- 유영만. 2006. 『지식생태학』. 삼성경제연구소
- 유영만외 9인, 2018. 『지식 생태학』. 박영사.
- 지식생태학회 홈페이지 http://kecology.org/
- 윤희윤. 2022. 『공공도서관 정론』. 태일사.
- 윤희윤. 2017. "국내 공공도서관 생태계의 담론적 분석". 『한국문헌정보학회지』 제51권 제1호

<table>
<tr><th colspan="3">학습평가</th></tr>
<tr><td rowspan="7">1</td><td colspan="2">문제</td><td>다음 중 생태계의 생물적 요소가 아닌 것은?</td></tr>
<tr><td rowspan="4">문항</td><td>①</td><td>토양</td></tr>
<tr><td>②</td><td>박테리아</td></tr>
<tr><td>③</td><td>잠자리</td></tr>
<tr><td>④</td><td>소나무</td></tr>
<tr><td colspan="2">정답</td><td>①</td></tr>
<tr><td colspan="2">해설</td><td>토양은 비 생물적 요소로 생물의 생존과 소멸의 터전이 된다.</td></tr>
<tr><td rowspan="7">2</td><td colspan="2">문제</td><td>지식생태계에 관한 설명 중 맞지 않는 것은?</td></tr>
<tr><td rowspan="4">문항</td><td>①</td><td>시식 생태계의 개념은 자연 생태계의 프레임을 원용한 것이다.</td></tr>
<tr><td>②</td><td>지식 생태학은 학자들의 상호관계 교류를 중요시한다.</td></tr>
<tr><td>③</td><td>자연생태학에서 나온 '통섭' 개념은 지식 생태학에서도 적용된다.</td></tr>
<tr><td>④</td><td>국립생태원은 지식 생태학 연구를 위해 설립된 국가기관이다.</td></tr>
<tr><td colspan="2">정답</td><td>④</td></tr>
<tr><td colspan="2">해설</td><td>국립생태원은 자연생태계의 연구, 전시, 교육을 목적으로 설립된 환경부 산하 국가기관이다.</td></tr>
<tr><td rowspan="7">3</td><td colspan="2">문제</td><td>역사상 최초의 지식생태계로 볼 수 있는 것은?</td></tr>
<tr><td rowspan="4">문항</td><td>①</td><td>이탈리아 피렌체</td></tr>
<tr><td>②</td><td>공자가 태어난 노나라</td></tr>
<tr><td>③</td><td>그리스의 아고라 광장</td></tr>
<tr><td>④</td><td>조선 세종의 집현전</td></tr>
<tr><td colspan="2">정답</td><td>③</td></tr>
<tr><td colspan="2">해설</td><td>최초의 지식생태계는 고대 그리스의 아고라 광장으로 보고 있다.</td></tr>
</table>

11.2. 공공도서관 생태계의 담론과 전략

강의 목표

1. 공공도서관 생태계의 실제 사례를 조사, 분석, 설명할 수 있다.
2. 공공도서관 생태계의 개선 및 확장 전략을 설계할 수 있다.

강의 세부 내용

1. 공공도서관 생태계의 사례조사 및 분석
2. 공공도서관 생태계의 개선 및 확장 전략

용어

- 사례연구 : 사회과학 분야에서 이루어지는 조사연구 방법의 하나로 실제의 사례를 중심으로 분석하는 연구. 사례연구를 통해 공공기관, 단체, 프로그램 등이 그 사회의 필요와 목적에 실질적으로 부합하는지를 파악할 수 있다.
- 인과응보(因果應報) : 원인 행위의 선악에 따라 그 결과 복과 화를 받게 된다는 뜻의 불교 용어로 원인 행위는 보통 업이라고 하며 업에 따라 결과를 받는다는 것이다. 일반적으로는 원인과 결과의 논리로 이해할 수 있다. 공부를 열심히 하면 좋은 성적을 얻는 것과 같다.

사전학습(퀴즈)

- 공공도서관의 생태계는 지역마다 유사하게 형성된다. (   )

- 공공도서관이라는 공통 명칭을 사용하나 그 생태계는 지역마다 다르게 형성된다.

1. 공공도서관 생태계의 사례진단 분석

(1) 사례진단의 의의 및 진단 방법

- 도서관이 처해 있는 환경을 생태계라는 관점에서 파악하고 대비하기 위해서는 지역사회의 변화 요구를 제때 제대로 파악하여 도서관 서비스에 반영하지 않으면 안 된다. 자체적으로 수시로 상담, 간담회, 설문조사를 실시하여 도서관 운영에 반영할 필요가 있다. 생태계 현황을 파악하기 위한 자료수집은 연중 계속 일상적으로 진행하여야 하며, 전 직원이 참여하여 지역사회 속에서 생태계 건강성을 확보하겠다는 사명감으로 참여해야 한다. 수집한 자료는 분기 1회 체계적으로 분석, 정리하여 내부 및 감독기관에 보고하고 관계기관의 협조를 구하는 것이 바람직하다. 언론사 기자들의 취재 기사, 독자 투고 의견 등도 수집하는 것이 좋다.
- 사례진단 방법 : 공공도서관 이용자의 만족 및 불만 사례를 진단하는 방법은 크게 정량적 설문조사, 정성적 의견 분석, 그리고 전문 평가 모델 활용으로 요약할 수 있다.
  - 정량적 설문조사 : 가장 보편적인 방법으로, 도서관 장서, 시설, 직원 서비스 등에 대해 5점 척도 등으로 만족도를 측정할 수 있다. 온라인 홈페이지나 도서관 내 현장 배포를 통해 자료를 수집한다.
  - 정성적 불만 사례 분석 : 도서관 웹사이트 내 '이용자 마당', '건의 사항' 게시판에 올라온 민원 및 불만 내용을 분석하여 구체적인 요구사항을 도출할 수 있다.
  - 심층 면담 : 이용자와의 1대 1 면담이나 소규모 그룹 간담회를 통해 설문조사에서 발견하기 어려운 깊이 있는 불만 요인과 개선 아이디어를 수집한다.
  - 전문 평가 모델 및 분석 기법 : 도서관 서비스 품질을 평가하기 위해 전 세계적으로 널리 사용되는 LibQUAL 모델을 활용, 서비스의 영향력, 정보 제어, 도서관 장소라는 세 가지 차원을 중심으로 이용자의 기대치와 실제

경험 사이의 격차(Gap)를 분석한다.
- 중요도-만족도 분석(ISA, Importance-Satisfaction Analysis)은 제품이나 서비스의 각 속성에 대해 고객이 생각하는 중요도(Importance)와 실제 느끼는 만족도(Satisfaction)를 동시에 측정하여, 개선의 우선순위를 결정하는 정성적 분석 기법으로 LibQUAL과 유사하다.
- 비 이용자 조사 : 현재 도서관을 이용하시 않는 사람들을 대상으로 이용 중단 사유나 불만족 요인을 파악하여 잠재적 요구를 진단한다.
- 주요 진단 항목 체크리스트는 다음과 같다.
  • 자료 : 신간 도서의 신속성, 장서의 다양성, 전자 자원 이용 편의성
  • 시설 및 환경 : 이용환경 쾌적성, 냉난방 상태, 부대 복지시설 청결도, IT 인프라(Wi-Fi 등).
  • 인력 및 서비스 : 직원의 친절도, 전문 지식, 민원 응대 태도

(2) 언론 보도

• 언론 보도나 독자투고는 지역사회의 일반적 여론을 반영한다. 비전문가들의 인상적 의견일 수 있지만 지역사회 여론을 방치하면 도서관이 신뢰를 잃기 쉽다.
  - 최근 3년(2023~2025) 사이 보도된 공공도서관 관련 기사들에 따르면
  • 이용자들은 주로 도서 구입 예산 삭감으로 인한 서비스 질 저하와 이용 편의성(운영 시간 및 접근성) 문제를 지적하고 있다.
  • 가장 두드러진 불만은 지자체의 예산 삭감으로 인해 보고 싶은 책을 제 때 보지 못한다는 점이다. 또 상당수 도서관이 고가의 학술 도서나 만화 · 웹툰에 대한 희망 도서 신청을 제한하고 있어, 이용자들의 다양한 독서 욕구를 충족시키지 못한다는 비판이 제기되었다.
  • 또 전체 도서관 수는 늘었으나 1관당 평균 장서 수는 오히려 감소하여 서비스의 질적 하락이 우려된다는 분석도 있다.

- 운영 시간 및 접근성 관련 요구로는 직장인과 학생을 중심으로 이용 시간을 늘려달라는 의견이 많다. 퇴근 후 도서관을 이용하려는 직장인들의 요구에 따라 서울시 등 일부 지역에서는 야간 연장 운영(밤 10시까지)을 확대하고 있으나 여전히 인력 및 예산 문제로 어려움을 겪는 지역이 많다.
  - 지역별 인프라 격차 : 공공도서관의 약 45%가 수도권에 집중되어 있어 지역 간 문화 향유 기회의 불균형이 심각하다는 지적이 잇따르고 있다.
  - 작은도서관 폐관 논란 : 예산 효율화를 이유로 추진된 공립 작은도서관 폐관 계획에 대해 인근 주민들이 집단 반발하며 시설 유지를 강력히 요구하는 사례가 있다.
  - 인력구조 악화 : 사서 등 전문인력의 비정규직 비중이 높아지면서 안정적인 서비스 제공이 어렵다는 점도 간접적인 이용자 불만 요인으로 거론되고 있다.
- 언론에 드러나는 지식문화 생태계의 중심부에 위치하는 공공도서관의 일상적인 풍경은 우호와 적대, 만족과 불만족, 원칙 고수와 현실적 불가피성 등 다양한 스펙트럼을 나타내고 있다. 이러한 풍경과 인식의 장면은 전체 공공도서관의 보편적인 현상으로 단정하기 어렵지만, 공공도서관 생태계의 민낯과 속살을 사실적으로 묘사한 대목으로 볼 수 있다. 따라서 공공도서관은 해당 지역사회에 산재해 있는 기관, 단체, 주민 각계각층의 의견과 요구를 계속 조사 파악하여 자료와 프로그램, 서비스 및 환경 개선에 반영하는 노력을 기울이면서 홍보에도 능동적으로 나서야 한다.

2. 공공도서관 생태계의 개선 및 확장 전략

(1) 공공도서관 생태계의 SWOT 분석

- 강점(Strengths) : 공공도서관 생태계의 강점(Strengths)은 오랜 역사성과 사회

문화적 역할을 통하여 배타적 정체성이 확립되어 있다는 점이다. 이에 따라 지역사회를 위한 지식정보센터, 문화기반시설, 평생학습 산실로서의 인지도가 높으며, 지역문화(지식, 독서, 학습, 생활, 여가) 발전에 대한 기여도 또한 증가하고 있다. 특히 대다수 전문인력의 애타적 서비스 철학과 실천 의지는 상섬으로 간수할 수 있다.

- 약점(Wcaknesses) : 공공도시관에 내부의 악점(Weaknesses)은 사서의 부속과 전문성 취약이다. 그 결과로 장서 부실에 따른 서비스 실적(방문 이용자, 대출 참고 서비스, 프로그램 참가 등)의 저하, 각종 프로그램(문화, 인문학, 평생학습)과 장서의 연계성 부족이 초래되고 있다. 그 외에도 서비스 권역과 대상 인구의 중첩, 자료 및 서비스의 경쟁과 중복 등이 불가피한 행정체계 이원화도 해결해야 할 약점으로 지적할 수 있다.

- 기회(Opportunities) : 공공도서관의 생태계의 건강성 유지에 유리한 기회(Opportunities)도 많다. 정책적 측면에서는 국가도서관위원회 운영과 종합 발전계획 수립·추진이 대표적이다. 사회경제적으로는 공공도서관의 가치와 중요성이 증가하는 추세이며, 지역사회의 독서, 문화 향유, 평생학습에 관한 관심과 기대심리가 상승하고 있다. 그 외에도 인터넷 정보기술은 지식 정보의 접근·검색·이용 편의성을 제고시킨다.

- 위협(Threats) : 공공도서관의 생태계에 부정적 영향을 미치는 위협(Threats)도 적지 않다. 가장 위협 요소는 인터넷 및 모바일의 생활화에 따른 우회 현상 심화와 독점적 지위의 급격한 약화이다. 이를 부채질하는 위협이 문화재단 등의 위탁운영과 무분별한 아웃소싱이 초래할 공공성 및 공익성의 지속적 약화이다. 자치단체장(교육감) 및 지방의회의 왜곡된 인식, 매스컴과 시민사회의 관심 및 지원 부족 등도 공공도서관 생태계의 건강성을 위협하고 있다.　(출처 : 윤희윤. 2022.『공공도서관 정론』. 태일사)

(2) 공공도서관 생태계의 개선·확장 전략

- 공공도서관 경영의 약점과 위협을 극복하고 지역사회에서의 역할을 개선·

확장하기 위해서는 다음과 같은 사회 생태계 일반의 기본 원리에 충실해야
한다.

- 카르마의 법칙(Law of Karma) 적용 : 카르마의 법칙(인과응보)을 도서관 운
  영과 이용에 적용하면 "원인과 결과의 논리"를 통해 성숙하고 자율적인 도서
  관 문화를 조성할 수 있다.
  - 운영 면에서 카르마의 법칙을 도서관에 적용하면 공공도서관 생태계의 '정
    체성 및 공공성'을 바로 세울 수 있다. 맞춤형 정서 개발정책의 수립·적
    용, 프로그램 최적화, 공비 운영 및 무료 이용에 충실할 때 체계적 장서개
    발과 보존, 문화, 평생학습 지원 등의 좋은 결과를 기대할 수 있다.
  - 이용자 측면에서는 성숙한 이용 문화를 조성할 수 있다. 이용자 상호 존중
    과 규칙 준수, 이용 예절 등 정직하고 정중한 도서관 분위기를 조성할 수
    있다. 사서나 다른 이용자에게 친절하고 도서관 시설을 소중히 다루는 태
    도는 긍정적인 도서관 분위기를 형성할 수 있다.
- 사서직의 미네르바 증후군(Minerva's syndrome) 극복 : 사서직의 주체성 및
  전문성 강화
  - 로마 신화에 등장하는 미네르바(Minerva)는 그리스 신화에서 주신인 제우
    스(Zeus)와 메티스(Metis) 사이에서 태어난 아테나(Athena)와 동일시되는
    전쟁과 지혜의 여신이다. 사서직에서 언급되는 미네르바 증후군(Minerva's
    Syndrome)은 급격한 변화나 위기 상황에서 사서가 해결하기 어려운 문제
    를 가상의 영웅이나 외부의 절대적 존재에게 의지하려는 심리적 현상을
    의미한다. 이 현상을 극복하기 위한 주요 방안은
  - 사서직의 주체성 및 전문성 강화 : 사서 스스로가 도서관 생태계의 주체임
    을 인식하고, 변화하는 환경에 대응할 수 있는 전문 역량을 확보하는 것
  - 자기 주도적 학습 : 디지털 전환 및 정보환경 변화에 맞춘 지속적인 전문
    성 개발 통해 업무에 자신감을 회복하는 것
  - 역할 정의의 명확화 : 모호한 업무 범위에서 벗어나 사서만이 제공할 수
    있는 고유 가치(정보 큐레이션, 리터러시 교육 등)를 정립하는 것 등이다.
  - 사서 스스로 외부의 '구원자'를 기다리기보다 동료 사서 및 전문가 집단과
    의 사회적 연결을 강화하여 실질적인 해결책을 모색해야 한다. 학회나 협

회 활동을 통해 유사한 문제를 겪는 동료들과 소통하며 공동의 목소리를 내는 '전략적 연대'가 필요하다.
- 개인의 노력뿐만 아니라 도서관 조직 시스템의 변화가 병행되어야 한다. 관리자는 사서에게 과도한 기대를 부여하기보다 실행할 수 있는 목표를 제시하고, 구체적인 피드백을 세공해야 한다.
- 심리적 안전망 구축 : 직무 스트레스 관리 프로그램이나 정서석 지원 체계를 마련하여 사서가 고립되지 않도록 해야 한다.
- 파레토의 법칙(Pareto Principle)과 롱테일 법칙(Long Tail Theory)의 응용
- 도서관 경영 및 서비스에서 파레토 법칙(80 / 20 법칙)과 롱테일 법칙은 장서 관리뿐 아니라 서비스 관리에도 응용할 수 있다.
- 파레토의 법칙(Pareto Principle)은 선택과 집중의 법칙으로 1897년 이탈리아 경제학자인 빌프레도 파레토(Vilfredo Pareto, 1848~1923, 향년 75세)가 기업 수익의 80%가 20% 고객에서 얻어지는 것처럼, 대다수 상황에서 20%의 요인이 80%의 결과를 초래한다는 점에 주목했는데 현대 품질 경영의 기초를 세운 조셉 주란(Joseph Moses Juran, 1904 - 2008, 향년 104세)이 경영학에 도입하여 공식 용어가 됐다.
- 도서관에서는 장서 관리에서 전체 대출 실적의 80%가 상위 20%의 장서나 이용자에 의해 발생한다는 원리로 응용됐다. 이용자 서비스에서도 도서관을 가장 활발히 이용하는 핵심 이용자들(상위 20%)을 식별하고, 이들의 취향에 맞는 맞춤형 프로그램이나 혜택을 제공하는 것이다.
- 롱테일 법칙(long tail law)은 언론인 크리스 앤더슨(Chris Anderson, 1961-생존)이 주장했다. 2004년 와이어드 잡지 기사에서 처음 소개한 롱테일 법칙(The Long Tail)은 인터넷의 발달로 유통 비용이 낮아지면서, 소수의 인기 상품(Head)보다 주목받지 못하는 다수의 틈새 상품(Tail)들의 매출 합계가 더 커지는 현상을 일컫는다. 이는 파레토 법칙과 정반대되는 개념으로, 역(逆) 파레토 법칙이라고도 불린다. 그 특징은
  • 틈새시장 : 1년에 몇 권 팔리지 않는 비주류 책이나 희귀 음반처럼 수요가 적은 상품이라도 그 종류가 방대해지면 전체 매출에서 차지하는 비중이 히트 상품을 추월할 수 있다.

- 유통 혁명 : 과거 오프라인 매장은 공간의 제약으로 베스트 셀러만 진열했지만 '아마존(Amazon.com)'이나 '예스 24' 같은 온라인 플랫폼은 무한한 가상 진열대를 통해 저렴한 비용으로 수만 가지 상품을 제공하며 롱테일을 실현했다.

- 롱테일이 가능해진 원인은 PC와 소프트웨어의 발달로 누구나 콘텐츠(음악, 영상 등)를 만들 수 있게 되었고, 인터넷과 전자상거래 플랫폼이 낮은 비용으로 전 세계 소비자에게 틈새 상품을 전달할 수 있는 점, 검색엔진과 추천 알고리즘이 소비자가 방대한 상품 속에서 자신의 취향에 맞는 '긴 꼬리'의 상품을 쉽게 찾도록 해준다는 데 있다.

- 도서관에서 파레토 원리가 적용되는 장서 관리 및 대출 서비스의 경우 주기적으로 제적, 폐기하여 장서 신선도 및 대출률을 제고시키는 가운데 이용계층별 등록회원 비율을 확대하는 마케팅 전략이 필요하다. 이를 보완하는 차원에서 각종 프로그램, 세미나 공간, 휴게실, 식당 등의 편의시설, 소음, 냉난방 환경 등에는 롱테일 법칙을 적용해야 한다. 롱테일 법칙(Long Tail Theory)은 다양성과 개별 서비스를 소홀히 해서는 안 된다는 것이다. 과거에 소외되었던 80%의 비인기 장서(긴 꼬리)도 디지털 환경이나 검색 도구를 통해 새로운 가치를 창출할 수 있다. 실물 공간 제약이 없는 디지털 장서, 전자책, 학술지 DB의 경우, 개별 대출 횟수는 적어도 수만 권의 도서가 합쳐져 전체 이용량의 상당 부분을 차지한다.

- 파레토 법칙과 롱테일 법칙의 비교

구분	파레토 법칙(80 : 20)	롱테일 법칙 (긴 꼬리)
핵심 개념	소수의 인기 장서에 집중	소외된 다수 장서의 가치 발견
도서관 전략	베스트셀러 배치, 핵심 이용자 관리	전자도서관 확대, 큐레이션, 검색 고도화
주요 환경	물리적 공간이 제한된 오프라인 서가	무한한 디지털 저장소 및 온라인 서비스, 각종 프로그램, 휴게실, 식당 등의 편의시설, 소음, 냉난방 환경 등에 롱테일 법칙을 적용

- 후광효과(Halo effect)의 해소 : 일반열람실 축소와 비교우위 프로그램 서비스
  - 미국의 심리학자 에드워드 손다이크(Edward Thorndike, 1874~1949, 향년 75세)가 정의한 후광효과(Halo Effect)는 어떤 대상의 두드러진 한 가지 특성이 그 대상의 다른 독립적인 특성들에 대한 평가까지 왜곡시키는 인지 편향을 의미한다.
  - 손다이크의 후광효과는 1920년 논문 "심리적 평정에서의 불변의 오류(A Constant Error in Psychological Ratings)"를 통해 처음 제시되었다. 그는 1차 세계대전 당시 군 지휘관들이 부하들을 평가할 때, 외모나 품행이 우수한 병사에게 지력, 충성심, 리더십 등 전혀 관계없는 항목에서도 높은 점수를 주는 경향을 발견하며 실증되었다. 인간은 인지적 일관성을 유지하려 하므로 대상에 대한 하나의 긍정적인 인상을 전체로 확장하는 오류를 범한다는 것이다.
  - 도서관 현장에서의 사례 : 도서관 서비스 및 경영에서도 이용자의 인식과 운영 효율성에 후광효과가 적용된다.
    - 시설 및 환경의 후광 : 도서관의 건축 디자인이나 쾌적한 인테리어가 훌륭할 경우, 이용자들은 그 도서관이 보유한 장서의 질이나 사서의 전문성까지 실제보다 높게 평가하는 경향이 있다.
    - 보안 시스템의 심리적 효과 : 도서관 입구에 설치된 전자 도난 방지 게이트는 특정 자료에만 감응 칩이 부착되어 있더라도 이용자에게 모든 책에 보안 장치가 되어 있다고 믿게 한다. 이는 실제 도난 방지 성능 이상의 강력한 심리적 억제력을 제공한다.
    - 베스트셀러 및 기관 인지도 : 특정 유명 저자의 책이나 명문 기관에서 발행한 보고서는 내용의 객관적 검증 이전에 브랜드 가치에 따른 후광을 입어 더 신뢰할 만한 정보로 인식된다.
    - 공공도서관은 과거에는 열람실 규모가 도서관의 규모(예 : 3,000석 규모의 열람실을 갖춘 도서관)로 인식되었는데, 열람실을 축소하고 지료실을 확장하려 하면 과거의 인식에 영향을 받아 시민들의 부정적 평가가 나타난다.

- 그레샴의 법칙(Gresham's law)의 도서관 적용 : 작은도서관은 공공도서관을 대신할 수 없다.
    - 16세기 영국 경제학자, 은행가로 활동한 토머스 그레샴(Sir Thomas Gresham, 1519~1579, 향년 60세)이 경제학의 기본 원리 중 하나인 '그레샴의 법칙'을 제창했다.
    - "악화(惡貨)가 양화(良貨)를 구축한다(Bad money drives out good)"는 이 법칙은 소재 가치가 낮은 화폐(악화)와 높은 화폐(양화)가 같은 액면가로 통용될 때, 사람들은 가치 있는 양화는 보관하고 나쁜 화폐인 악화만 시장에 내놓아 결국 양화가 유통 시장에서 사라지는 현상을 말한다. 이는 소재 가치가 다른 복수 화폐가 같은 명목가치로 유통되면 고가치 소재로 제작된 화폐(good money)는 사라지고 저 가치 소재의 화폐(bad money)만 통용되는 현상이다.
    - 이 법칙을 도서관 생태계에 대입하는 이유는 최근 '공공도서관과 작은도서관 사이의 대체 내지 보완 논쟁'이 있기 때문이다. 도서관 생태계가 건강성을 지키려면 양화인 공공도서관과 악화인 작은도서관이 서로 대립하는 구도가 되어서는 안 되며 제대로 된 도서관의 구색을 갖춘 양질의 공공도서관이 작은 도서관을 돕고 이끄는 상생의 구도로 공진화해야 한다.
- 폼페이 역설(Pompeii Paradox) : 소통강화
    - 폼페이 역설은 고대 로마 도시 폼페이가 베수비오 화산 폭발로 순식간에 잿더미에 묻히면서, 역설적으로 당시의 일상이 너무나 생생하게 보존되어 엄청난 양의 정보를 알고 있는 것 같지만, 동시에 그 도시에 대해 핵심적인 정보는 거의 모른다는 고고학적 역설을 의미한다. 폼페이 역설은 우리가 현대적 관점에서 과거의 소통 흔적을 해석하면서 생기는 오해를 말한다. 오늘날 수많은 정보가 넘쳐나지만 진정한 소통의 맥락을 이해하기 어려운 상황에 비유된다. 폼페이 역설은 정보의 파편이 많다고 해서 반드시 전체적인 맥락(소통의 이해)이 보장되는 것은 아니라는 소통의 역설적 특성을 보여준다. 대중의 인식이 잘못되었거나 의외로 많은 무지를 드러내는 경우를 폼페이 역설(Pompeii paradox)이라 한다.
    - 이러한 역설을 공공도서관 생태계와 관련 짓는 이유는 지역사회 인사들의

도서관에 대한 인식 부족으로 도서관의 생태계를 위협하는 경우가 있기 때문이다. 예를 들면 여러 자치단체와 지방의회는 도서관을 평생학습관 또는 독서실 공간으로 생각하고, 행정당국과 공무원은 도서관을 단순한 공공시설로 간주하며, 지역주민들은 작은도서관으로 공공도서관을 대체할 수 있는 것으로 생각하거나 지식정보서비스보다 프로그램 제공을 핵심 기능으로 오해하기도 한다. 시민사회와 매스컴도 '유네스코 공공도서관 선언' 등을 근거로 외설 도서, 이념편향 자료, 조악한 만화책 등을 요구한다. 이러한 폼페이 역설에 상당하는 여러 이해집단의 인식과 행위로부터 공공도서관 생태계의 건강성을 유지하기 위해서는 도서관 전문가들과 지역사회와의 활발한 소통이 필요하다.

참고문헌

- 윤희윤. 2022. 『공공도서관 정론』. 태일사.
- 윤희윤. 2017. "국내 공공도서관 생태계의 담론적 분석". 「한국문헌정보학회지」 제51권 제1호
- 국가도서관통계시스템 https://www.libsta.go.kr/

<table>
<tr><td colspan="3" align="center">학습평가</td></tr>
<tr><td rowspan="7">1</td><td colspan="2">문제</td><td>도서관 생태계 파악 자료로 쓰일 수 없는 자료는?</td></tr>
</table>

			학습평가
1	문제		도서관 생태계 파악 자료로 쓰일 수 없는 자료는?
	문항	①	지역신문 보도 기사
		②	상부 기관의 업무 지침
		③	사서의 이용자 상담 일지
		④	자원봉사자 간담회 자료
	정답		②
	해설		상급 기관의 업무 지침은 정책의 문제로 생태계를 파악할 수 있는 자료는 아니다.
2	문제		도서관의 사회적 생태계 연구에서 사용할 수 없는 것은?
	문항	①	지방 의회 의원의 의회 발언
		②	도서관법 시행규칙
		③	시민단체의 주장
		④	국립생태원의 교육자료
	정답		④
	해설		사회 생태계는 자연 생태계의 개념을 원용하는 것이지만 자연 생태계 교육자료와는 직접 연관이 없다.
3	문제		20%의 핵심 장서로 이용자 요구의 80%를 충족한다는 법칙은?
	문항	①	카르마의 법칙
		②	그레샴의 법칙
		③	파레도 법칙
		④	롱테일 법칙
	정답		③
	해설		80대 20 법칙은 파레토의 법칙으로 경영 일반에서 널리 인용하고 있다.

제12장

공공도서관 거버넌스와 마케팅

12.1. 공공도서관 거버넌스와 도서관 협동체제

12.2. 공공도서관의 홍보 · 마케팅

제12장
공공도서관 거버넌스와 마케팅

12.1. 공공도서관 거버넌스와 도서관 협동체제

강의 목표
1. 공공도서관 거버넌스와 지역협력의 필요성을 구체적으로 설명할 수 있다.
2. 협동체제 내 도서관의 협력 업무를 이해하고 협동체제의 유형과 장애 요인에 대해 설명할 수 있다.

강의 세부 내용
1. 공공도서관 지역협력의 필요성
2. 도서관 협력체제의 유형과 장애 요인

용어
- 거버넌스(Governance)는 정부, 기업, 시민사회 등 다양한 구성원이 공동의 목표 달성을 위해 신뢰를 바탕으로 참여하여 의사결정과 문제해결 과정을 공동으로 관리 및 운영하는 협치(協治) 체계를 뜻한다. 일방적인 통치(Government)가 아닌, 참여와 협력을 통해 민주성·투명성·효율성을 높이는 구조를 의미한다.
- 도서관 협동체제 : 개별 도서관이 가진 예산과 인적 자원의 한계를 극복하고, 이용자의 정보 요구를 신속하게 충족시키기 위해 여러 도서관이 자원과 서비스를 공유하는 시스템

사전학습(퀴즈)
- 공공도서관의 지역협력 중 가장 빈번한 것은 도서관들 사이의 상호대차이다. (   )

— 이용자가 요구하는 자료가 사기 도서관에 없을 내 상호내차 시스템을 통하여 다른 도서관으로부터 자료를 받아 이용자에게 대출해주는 상호대차는 가장 빈번한 도서관 협력 사례이다.

1. 공공도서관 지역협력의 필요성

(1) 거버넌스(Governance)

- 거버넌스는 정부, 기업, 시민사회 등 다양한 구성원이 공동의 목표 달성을 위해 신뢰를 바탕으로 참여하여 의사결정과 문제해결 과정을 공동으로 관리 및 운영하는 협치(協治) 체계를 뜻한다. 일방적인 통치(Government)가 아닌, 참여와 협력을 통해 민주성·투명성·효율성을 높이는 구조이다.

- 거버넌스 핵심 내용
  - 의미 : 공공문제 해결을 위해 정부, 기업, NGO 등 다양한 행위자가 네트워크를 구축하여 협력하는 방식
  - 특징 : 수평적 관계, 신뢰 기반의 참여, 의사결정 과정의 투명성과 민주성
  - 분야별 적용
    - 공공(정부 / 지자체) : 정부 주도에서 민·관 협력으로 정책 결정 및 집행
    - 기업(Corporate) : 이사회, 주주, 경영진 간의 의사결정 시스템 및 책임경영
    - ESG : 기업 지배구조(Governance)를 건전하게 개선하여 지속가능성을 높이는 요소.
    - 동의어 : 협치, 국정 관리, 공동관리체계

ESG란?

- 환경(Environmental), 사회(Social), 지배구조(Governance)의 약자로 기업이 지속가능성을 달성하기 위해 비재무적 요소를 고려하는 핵심 경영 전략이다. 친환경, 사회적 책임, 투명한 경영을 통해 장기적 가치를 창출하고 투자 유치 및 기업 경쟁력을 확보하는 필수적인 글로벌 기준이 되고 있다.
- ESG 핵심 3요소
  - 환경(E) : 탄소 배출 감소, 기후변화 대응, 폐기물 관리, 에너지 효율 등

──사회(S) : 인권 보호, 근로자 안전, 성평등, 지역사회 기여, 공급망 관리
──지배구조(G) : 투명한 이사회 구성, 반부패, 경영 윤리, 주주 권리 보호

- ESG의 중요성 :
  - 투자 결정의 기준 : 재무적 수익뿐만 아니라 장기적인 안정성을 평가하는 지표로 활용
  - 공시 의무화 : 2025년부터 국내 기업 대상 단계적 ESG 공시가 의무화되어 경영에 필수 요소가 됨
  - 리스크관리 : 기후 위기, 사회적 책임을 다하지 않는 기업은 생존하기 어려운 환경으로 변화

- ESG 경영은 단순히 자선 활동이 아니라 기업의 장기적 생존과 성장에 직결되는 가치로 전 세계적으로 많은 기업이 이를 핵심 경영 지표로 도입하고 있음

(2) 공공도서관 거버넌스(Public Library Governance)

- 공공도서관의 운영, 정책 수립, 문제해결 과정에 도서관 운영자, 지역 주민, 지자체 공무원 등 다양한 이해관계자가 참여하여 신뢰에 기반한 협력과 공동의 의사결정을 진행하는 민주적이고 유기적인 운영 체계
- 단순 도서관 관리(Management)를 넘어 도서관의 목표를 달성하기 위해 지역사회와 유기적으로 연결하여 운영하는 공공도서관 협치의 틀(framework)
- 공공도서관 거버넌스의 핵심 요소
  - 다양한 주체 참여 : 사서, 정책 담당 공무원, 지역 주민, 시민단체, 학계 전문가 등
  - 협력 네트워크를 구축 : 광역 대표도서관, 기초자치단체 도서관, 작은도서관들이 개별적으로 작동하는 것이 아니라 하나의 유기체처럼 협력하는 구조
  - 민주적 의사결정 : 시민 참여형 도서관 운영위원회 등을 통해 지역사회의

목소리를 반영
  - 투명성과 책임성 : 공공 자원(예산)의 효율적 사용과 도서관 서비스의 품
    질 보장
- 주요 역할과 목적
  - 지역 기반의 도서관 정책 수립 : 지역사회의 특성과 필요에 맞는 맞춤형
    도서관 서비스 기획
  - 현안 해결 및 의사결정 : 도서관 건립, 프로그램 운영, 예산 배분 등 주요
    현안에 대하여 다양한 의견 수렴
  - 지역사회 공론장 역할 : 단순한 책 대출 공간을 넘어, 주민들이 모여 정보
    를 공유하고 소통하는 공동체 중심 역할
  - 전문성과 민주성 강화 : 시민의 참여를 통해 도서관 운영의 투명성을 높이
    고 전문적인 사서 활동을 지원
- 거버넌스의 필요성 : 현대사회의 복잡한 사회적 요구 변화에 대응하고 도서
  관의 지속가능성을 확보하기 위한 필수적인 운영 방식, 특히 지방자치 분권
  화와 함께 지역 주도형 도서관 정책 체계를 확립하는 데 핵심적인 역할
- 거버넌스의 유형
  - 지배구조(Governing Board) : 도서관의 법적, 재정적 책임을 지는 이사회
    중심 체계
  - 자문기구(Advisory Board) : 도서관 운영에 대한 자문과 지역사회 연계에
    초점을 맞춤
- 공공도서관 거버넌스는 "시민과 함께, 지역사회와 함께 만들어가는 도서관"
  의 구체적인 구현 방식임

(3) 도서관 협동체제

- 도서관 협동체제는 개별 도서관이 가진 예산과 인적 자원의 한계를 극복하
  고, 이용자의 정보 요구를 신속하게 충족시키기 위해 여러 도서관이 자원과
  서비스를 공유하는 시스템이다.

- 도서관은 규모가 크든 작든 단독으로는 지역사회의 정보 요구를 완벽하게 충족할 수 없다. 300만 권 이상의 대규모 장서를 보유하는 도서관이라도 이용자가 필요로 하는 자료가 없는 경우가 허다한 것은 누구나 체험하고 있는 현실이다. 이러한 문제를 해소하기 위해서는 크고 작은 많은 도서관이 서로 협력하여 상서와 서비스를 광범위하게 이용할 수 있는 효율적 시스템을 가동하지 않으면 안 된디. 도서관의 협동체제는 모든 시민의 정보 요구를 빈틈없이 충족하기 위한 지역, 광역 공공도서관들의 협동전략이다.

- 도서관 협력의 필요성은 기본적으로 개별 도서관들이 보유하는 제한된 자원과 서비스를 보다 효율적으로 활용함으로써 이용자 서비스를 충족시키는 데 있다. 도서관 지역협력 체제를 구축함으로써 얻을 수 있는 장점은 다음과 같이 요약할 수 있다.

  - 이용자에게 정보 접근의 가능성을 높여줄 수 있다. 협력체제 내의 도서관들이 보유하고 있는 정보자원을 함께 공유하고 개방함으로써 이용자는 하나의 도서관에서 다른 많은 도서관의 정보자료에 접근할 수 있다.

  - 각 도서관이 보유하고 있는 제한된 자원을 십분 활용할 수 있다. 단위도서관이 위치한 지역에서는 이용되지 않는 정보자료들을 다른 지역에서 필요로 하는 경우, 사장된 정보의 이용이 활성화될 수 있고, 해당 도서관에는 없는 자료를 다른 도서관을 통해 활용할 수 있다.

  - 협력체제 내의 도서관 직원들의 업무 능력이 향상될 수 있다. 각 도서관의 직원들이 업무를 분담하고 노하우를 교류함으로써 직원들의 전문성이 향상될 수 있고, 전반적인 업무의 품질을 높일 수 있다. 한 도서관 내에서 일하는 것보다 협력 시스템 내에서 일을 수행하면 도서관 봉사에 대한 직원들의 시야가 넓어질 수 있다.

  - 개별 도서관의 홍보 및 벤치마킹이 촉진될 수 있다. 도서관의 위치, 도서관의 서비스를 도서관이 소재하는 지역을 넘어서 인근, 광역, 전국에 홍보할 수 있는 장점이 있고, 다른 지역의 도서관이 개발한 서비스도 손쉽게 벤치마킹할 수 있다. 요즘은 인터넷의 발달로 도서관마다 홈페이지를 개설하여 자기 도서관을 홍보하고 있으나 도서관 협력망이 구축된 도서관 간에는 홈페이지에 공개하는 정보 이상의 구체적이고 실제적인 정보를 교

류할 수 있다.

- 도서관 직원들 간의 유대가 강화될 수 있다. 각 도서관 직원들 간의 정보 교류와 유대가 강화될 수 있고 전문성이 있는 직원을 상호 발굴할 수 있으며, 이 전문가들을 도서관 직원, 자원봉사자, 이용자를 위한 교육 프로그램에 초청하여 도서관 평생교육 프로그램의 질을 높일 수 있다.

(참고문헌 : 국립중앙도서관. 2001.『도서관 협력망 협력사업 표준모델 개발연구』. pp.8-9)

(4) 도서관 협력의 형태

- 도서관의 협동체제는 메시지와 문헌이 어떤 방향으로 움직이느냐에 따라 분산형 협동체제, 집중형 협동체제, 계층형 협동체제로 구분할 수 있다.
- 분산형 협동체제 : 협력도서관들이 특정 도서관을 경유하지 않고 직접 상대 도서관을 선정하여 교류와 협력을 할 수 있는 유형이다. 협력체제 내에 있는 도서관은 어느 도서관이든지 자유롭게 상대도서관을 선택, 필요한 협력을 할 수 있다.

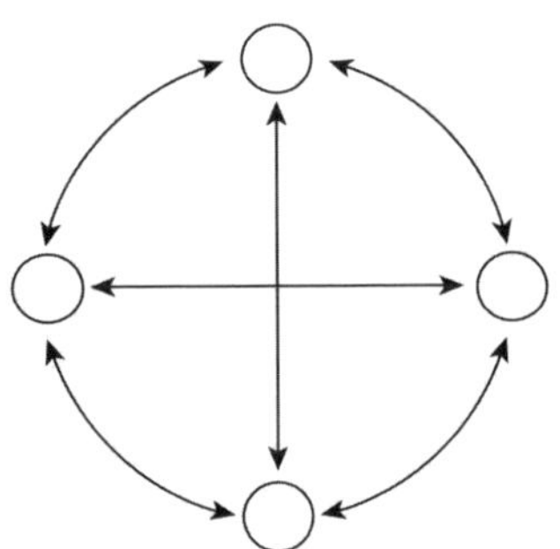

- 집중형 협동체제 : 집중형 협동체제는 정보자원을 더 많이 가진 큰 도서관이 중심이 되고 소규모의 도서관들이 상호 지원 협력하는 형태의 협력체제이

다. 소규모 도서관 간 교류가 필요한 경우라도 큰 도서관의 중계가 필요한
시스템이어서 도서관 간의 커뮤니케이션이 지연될 수 있다.

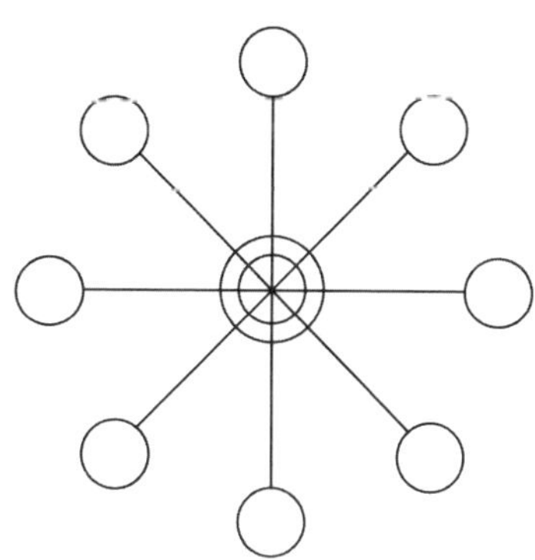

- 계층형 협동체제 : 계층형의 협동체제는 피라미드 조직처럼 계층을 형성하면
  서 상위에 있는 도서관이 하위에 있는 도서관을 지원하고 지도하는 계층적
  협력 시스템이다. 분산형 협동체제와 집중형 협동체제 내의 협력의 흐름은
  수평적인 데 반해 계층형 협동시스템은 수직적이라는 특성이 있다. 예를 들
  면 우리나라 도서관법 제20조의 국립중앙도서관 업무 가운데 하나는 "도서관
  직원의 교육훈련 등 국내 도서관에 대한 지도·지원 및 협력" 및 "독서문화
  진흥법에 따른 독서진흥 활동을 위한 지원 및 협력"업무가 포함되어 있다.
  또한 도서관법 제23조 지역대표도서관의 업무에는 "지역의 각종 도서관 지원
  및 협력사업 수행"과 "국립중앙도서관의 도서관 자료 수집 활동 및 도서관
  협력사업 등 지원" 항목이 포함되어 있다.[1] 따라서 전국의 공공도서관 지원

---

1 도서관법 제20조(업무)
　① 국립중앙도서관은 다음 각호의 업무를 수행한다
　1. 종합계획에 따른 관련 시책의 시행
　2. 국내외 도서관 자료의 수집·제공·보존관리
　3. 국가 서지(書誌) 작성 및 표준화

과 협력 업무는 국립중앙도서관이 정점에 있고 지역대표도서관은 광역 단위
에서 개별 도서관을 지원 협력하는 계층구조를 형성하고 있다.

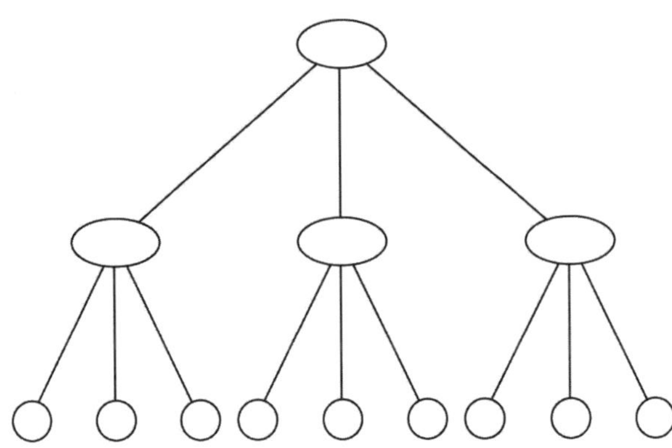

- 이상형 협동체제 : 국가 전체적으로 볼 때 이상적인 도서관 협력은 일방적인
  것보다는 쌍방적인 것이 좋으며, 단일 협력체제가 아니라 다중협력체제의 성
  격을 띠도록 구성하는 것이 바람직하다. 한 도서관이 다른 도서관에 더 많은
  지원과 혜택을 주는 방식은 '퍼주기'라는 의식 때문에 혜택을 주는 쪽이 협력
  을 중단하기 쉽다. 또 피라미드식의 상의하달(top down)적 계층구조는 관료

---

4. 정보화를 통한 국가문헌정보체계 구축
5. 도서관 직원의 교육훈련 등 국내 도서관에 대한 지도·지원 및 협력
6. 외국 도서관과의 교류 및 협력
7. 도서관 발전을 위한 조사 및 연구
8. 「독서문화진흥법」에 따른 독서 진흥 활동을 위한 지원 및 협력
9. 그 밖에 국가를 대표하는 도서관으로서 기능을 수행하는 데 필요한 업무
② 제1항에 따른 업무수행에 필요한 사항은 대통령령으로 정한다.
③ 제1항 제7호의 업무수행을 위하여 국립중앙도서관에 자료보존연구센터를 둔다.
④ 제3항에 따른 자료보존연구센터의 설립·운영 및 업무에 관하여는 대통령령으로 정한다.
⑤ 국립중앙도서관은 그 업무를 효율적으로 수행하기 위하여 국회도서관 등과 협력하여야 한다.

제의 역기능 요소가 작용할 수 있어 도서관 경영의 자율성을 제약하기 쉽다. 따라서 같은 종류의 도서관들뿐 아니라 종류가 다른 도서관들과도 교류 협력해야 시민의 정보 요구를 최대한 충족할 수 있다.

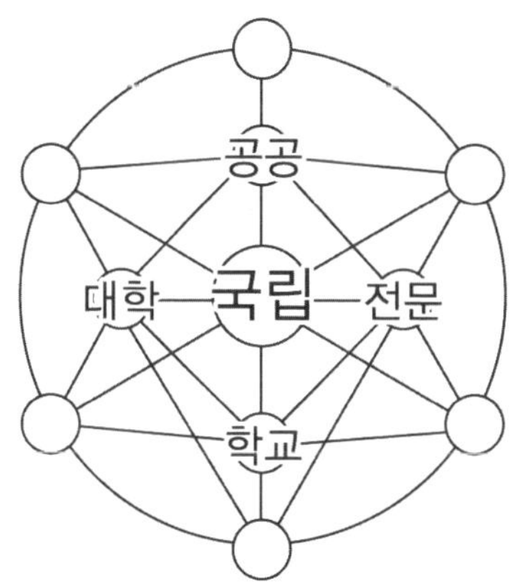

(참고문헌 : 최성진. 1994. 『도서관학 통론』. 아세아문화사. pp.219-222.)

2. 도서관 협력의 유형과 장애 요인

(1) 협동체제 내 도서관 협력의 유형

- 도서관의 협동업무는 이론적으로는 도서관 업무의 전 분야를 대상으로 할 수 있다. 그러나 도서관 서비스의 모든 부문을 포괄적으로 협력한다는 것은 현실적으로 거의 불가능하다. 따라서 여기서는 그동안 실시되어 온 협력 가능한 업무를 몇 가지만 살펴본다.
- 상호대차 : 상호대차는 협동체제 내의 도서관들이 이용자의 요청에 의거 해당 도서관에 소장되어 있지 않은 자료를 다른 도서관에 요청하여 대출해주는 것이다. 상호대차 제도는 이용자들은 교통비를 들여 멀리 가지 않고도 가까운 도서관에서 원하는 자료를 대출받아 이용할 수 있는 점에서 편리하다.

※ 국립중앙도서관 책바다 서비스

개요
상호대차 서비스란 이용자가 원하는 자료가 근처 도서관에 없을 경우 협약을 맺
은 다른 도서관에 신청하여 소장자료를 서로 이용할 수 있도록 해주는 전국 도
서관 자료 공동 활용 서비스이다.
근처 도서관, 지역 내 상호대차로도 대출이 어려운 자료를 볼 수 있게 된다.
저렴한 배송비로 협력망 내 도서관이 소장한 자료를 근처 도서관에서 대출받아
보실 수 있다.
　　- 개별 도서관의 한정된 장서 문제를 해소
　　- 참여도서관 유형
• 국립중앙도서관, 국립어린이청소년도서관
• 공공도서관
• 장애인도서관
• 작은도서관
• 전문도서관
• 대학도서관 및 일부 전문도서관(KERIS WILL 상호대차 시스템 연계 운영)
　(출처 : 국립중앙도서관 공공도서관 지원서비스　https://books.nl.go.kr/PU/
　contents/P10100000000.do)

※ 한국교육학술정보원 KERIS WILL(Web Inter-Library Loan)

KERIS WILL(Web Inter-Library Loan)은 전국 대학도서관과 유관기관의 학술 자원
을 공동으로 활용할 수 있도록 지원하는 웹 기반 상호대차 시스템이다.

1. 주요 특징 및 서비스
통합 서비스 : 학술연구정보서비스(RISS)와 연계되어 국내외 대학도서관 소장자료
를 검색하고 신청할 수 있다.
문헌 복사 : 소속도서관에 없는 학위논문, 학술지 논문, 단행본 일부를 복사하여
받을 수 있다.

단행본 대출 : 타 기관이 소장한 단행본 실물을 우편이나 택배로 대출받아 이용할
수 있다.
2. 이용 방법
회원가입 및 소속 인증 : RISS 회원가입 후, '내 정보 수정'에서 소속 도서관 인증
을 거쳐야 상호대차 권한이 부여된다.
자료 신청 : RISS에서 필요한 자료를 검색한 뒤 '문헌 복사 신청' 또는 '단행본 대
출 신청' 버튼을 클릭
비용 및 수령 : 서비스는 대체로 유료이며(복사비, 택배비 등), 자료가 소속 도서
관에 도착하면 방문하여 수령
3. 시스템 운영(관리자 / 사서용)
전용 시스템 : 도서관 담당자는 WILL 상호대차 시스템에 접속하여 신청 건을 승
인하거나 발송하는 등 행정 업무를 처리
보안 : 시스템 보안을 위해 각 기관의 IP 인증이 필요하며 주기적으로 비밀번호를
변경해야 한다.
현재 소속된 대학이나 기관 소속 도서관에 따라 비용 지원 혜택이 다를 수 있다.

- 또 다른 방법은 도서관들이 협동체제 내의 어느 도서관에서도 이용할 수 있
는 공동 회원 카드를 발행하여 주는 것이다. 이 경우 이용자들은 도서관 홈
페이지에 탑재된 OPAC검색을 통해 원하는 자료를 소장하고 있는 도서관에
가서 자료를 대출받을 수 있다. 이 방법은 상호대차 시 도서관 직원이 직접
실물을 포장, 수발하는 번거로움을 덜 수 있는 장점이 있다.

국립중앙도서관 책이음 서비스

- 이용자가 하나 이상의 공공도서관에서 도서관 서비스를 받고자 할 경우, 공공도서
관 책이음의 회원으로 가입한 후, 책이음에 참여하고 있는 공공도서관을 별도의
회원가입 절차 없이 이용할 수 있다.

- 책이음 회원으로 가입 시 이용자에게 제공되는 책이음 회원은 바코드와 RFID 겸용 이용증으로, 서비스를 받고자 원하는 도서관이 어떤 형태로 운영되든 원하는 서비스를 제공받을 수 있다.
- 책이음 회원이면 누구나 참여 공공도서관에서 도서를 대출하고 반납할 수 있고, 책이음서비스 홈페이지를 통해 이용자 본인이 가입한 도서관 현황과 대출 및 반납한 모든 자료를 일괄로 조회할 수 있다.
- 책이음에 참여하고 있는 도서관에 책이음이용증을 소지하고 있는 이용자가 처음으로 방문한 경우, 책이음 회원 자동 인증 처리를 거쳐 책이음이용증만을 이용하여 해당 이용자에게 도서 서비스를 제공함으로써 공공도서관 사서의 부가적인 업무를 경감시켜 주며, 별도의 도서이용증을 발급할 필요가 없기 때문에 카드 발급 비용의 절감 효과가 있다.
- 책이음에 참여하는 공공도서관 및 지역대표도서관, 그리고 국립중앙도서관의 통합적인 서비스를 통하여 서비스에 참여하는 이용자에게 진일보한 이용자 정보봉사서비스를 수행하는 계기가 마련되었다.

(출처 : 국립중앙도서관 홈페이지 공공도서관지원서비스 https://books.nl.go.kr/PU/contents/P10100000000.do)

- 원문복사서비스(DDS : Document Delivery Service) : 원문복사서비스란 도서관에 소장되어 있지 않은 학술지 논문, 학위논문, 단행본 등 일부를 국내외 협력 기관에 요청하여 복사물 형태로 받을 수 있는 서비스이다. 원문복사서비스는 원본 자료를 대출하지 않고 내용을 복사하여 우편이나 팩스로 보내주는 서비스이다.
  - 현행 주요 이용 경로 및 방법
    - RISS(학술연구정보서비스) : 국내 대학 간의 원문 복사 신청을 위한 대표적인 플랫폼이다. 자료 검색 후 '복사 / 대출신청' 버튼을 통해 신청할 수 있으며, 소속 도서관에서 수령하거나 우편으로 받을 수 있다.
    - 국립중앙도서관 : 소장자료를 대상으로 우편복사 서비스를 제공한다. 저작권법에 따라 자료의 1/3 이내만 신청 가능하며, 홈페이지에서 신청 후

결제가 완료되면 우편이나 팩스로 받아볼 수 있다.
- 국회도서관 : 절판된 도서나 소장자료를 검색하여 우편복사 서비스를 신청할 수 있다.
- FRIC(외국학술지지원센터) : 전국 10개 주제별 센터에서 소장한 외국 학술지에 한해 복사비와 우편요금 모두 전액 무료로 서비스를 제공한다.
- 이용 절차 및 유의 사항
  - 자료검색 : 이용하려는 도서관이나 RISS 홈페이지에서 필요한 자료를 검색
  - 신청 및 옵션 선택 : 필요한 페이지 범위, 수령 방법(우편, 팩스, 직접 수령 등)을 지정하여 신청
  - 비용지불 : 복사비와 배송비를 결제, 대학도서관의 경우 비용 일부를 지원하기도 함.
  - 자료 수령 : 처리 기간은 국내의 경우 보통 2~5일 정도 소요

- 분담수집(협동수집)
  - 분담수서(分擔收書)는 여러 도서관이 서로 협력하여 특정 주제나 분야의 자료를 나누어 수집하는 것을 의미한다. 공동수서 또는 협동 수서와 같은 의미로 사용된다. 분담수집은 협력도서관 간 자료 구입의 중복을 피하면서 각 도서관이 장서개발정책에 따라 중점을 두는 분야의 자료를 집중 구입하고 다른 도서관과 자료를 공유함으로써 예산을 절감하고 지역 내에서 자료를 효과적으로 이용할 수 있게 하는 방법이다. 이 방법이 성공을 거두기 위해서는 소속 도서관들의 충실한 협력 실천 의지 및 자료의 공동 활용에 대한 약속 이행이 필수적으로 요구된다. 따라서 분담 수서와 자원 공유에 대한 도서관 간의 명문화된 협약 체결이 전제되어야 한다.
  - 주요 개념 및 목적
    - 수서(收書) : 도서관에서 책이나 정보를 선정, 수집하는 업무
    - 분담(分擔) : 가 도서관이 모든 분야의 책을 사지 않고, 특정 분야(예 : 예술, 과학 등)를 정해 집중적으로 수집하는 것
    - 목적 : 예산 낭비를 줄이고, 중복 구입을 방지하며, 지역 내 전체 도서관

의 자료 다양성을 확보하는 데 있음
- 실제 운영 사례
  - 공공도서관 : 의정부시나 부산 지역 도서관처럼 인근 도서관들이 주제별로 역할을 나눠 자료를 특성화
  - 대학도서관 : 외국 학술지처럼 비싼 자료를 대학들이 나누어 구독하고 서로 빌려주는 방식으로 운영
  - 활용법 : 특정 주제의 깊이 있는 자료를 찾는다면 해당 분야를 분담수서 주제로 지정한 도서관을 방문하거나 상호대차 서비스를 통해 이용

- 협동 편목
  - 협동 편목은 분담 편목과 같은 의미로 사용되고 있다. 협동 편목은 동일 자료에 대해서는 한 도서관이 작성한 목록을 다른 도서관에서 그대로 복사, 이용함으로써 편목 업무를 각 도서관이 제각기 수행하는 데 따른 업무의 중복을 피하기 위한 것이다.
  - 이는 협력도서관 시스템 내에서 분류와 목록에 대한 규칙이 통일되어 있어야 가능하다. 호환성이 없는 시스템에서는 공동편목이 불가능하고 따라서 상호대차 등 다른 협력 업무에도 혼란을 줄 수 있다. 또 자료의 분담수서가 잘 수행되는 지역이라면 자료의 중복 구입을 지양하기 때문에 협동 편목의 의미는 축소된다.
  - 협동 편목(Cooperative Cataloging)은 둘 이상의 도서관이나 기관이 목록 레코드를 공동으로 작성하고 이를 상호 공유하여 활용하는 방식입니다. 각 도서관이 개별적으로 수행하던 편목 작업을 분담함으로써 효율성을 극대화하는 것이 핵심입니다.
  - 주요 특징 및 목적
    - 중복 노력 방지 : 동일한 도서나 자료를 여러 도서관에서 각각 편목하는 수고를 던다.
    - 표준화 및 품질 향상 : 참여 기관들이 합의된 국제 표준(예 : RDA(Resource Description and Access, 도서관에서 도서, 영상, 디지털 자료 등 모든 매체의 서지 정보를 기록할 때 사용하는 새로운 목록 규

칙으로 기존의 AACR2 규칙을 대체하며, 웹 기반 환경에서 정보를 더 효율적으로 검색하고 공유할 수 있도록 설계)을 사용 서지 데이터의 일관성과 정확성을 높임.
- 경제성 : 인력과 예산을 절감할 수 있으며 확보된 여유 자원을 이용자 서비스 강화에 투입할 수 있음
- 종합목록 형성 : 협동 편목의 결과물은 흔히 여러 도서관의 소장 정보를 한데 모은 종합목록(Union Catalog)으로 이어진다.
- 대표적 사례 :
- 한국교육학술정보원(KERIS) 학술연구정보서비스(RISS) : 대학도서관들이 참여하여 학술지 및 학위논문 서지 데이터를 공동 구축
- 국립중앙도서관 : 국가 서지 데이터를 관리하며 최근 KERIS와 지식정보자원 공동 활용 업무 협약을 체결하여 서지 데이터 표준화 협력을 강화
- OCLC(WorldCat) : 전 세계 수만 개의 도서관이 참여하는 세계 최대의 협동 편목 조직이자 서지 유틸리티임
- PCC(Program for Cooperative Cataloging) : 미국 의회도서관(LC) 주도로 운영되는 국제적인 협동 편목 프로그램

- 협동 보존(Collaborative Preservation)
  - 도서관은 설립 후 역사가 지나다 보면 새로운 자료가 계속 수집되므로 도서관장서는 늘어나게 되어 있다. 그러나 이용자들은 오래된 도서관 장서를 무한정 이용하지는 않는다. 출판된 후 세월이 감에 따라 오래된 자료는 이용이 점점 줄다가 종국에는 이용되지 않고 역사 자료로서의 가치만 남게 된다.
  - 보존을 위주로 하는 국가 도서관이라면 보존서고를 계속 증축하거나 자료를 디지털화하면서 보존을 위한 공간 문제를 해결해 나가야 한다. 그러나 이용을 위주로 하는 공공도서관에서는 시설 공간을 계속 늘리기보다는 자료의 폐기를 적절히 시행하여 공간 부족을 해소하고 자료의 최신성을 유지함으로써 이용의 편의를 도모해야 한다.
  - 이렇게 별로 이용되지 않는 자료는 폐기 절차에 따라 폐기되지만, 폐기기

준에 따르더라도 보존이 필요하다고 판단되는 자료는 공동 보존소로 옮겨 보존하는 것이 중복 보존을 피할 뿐 아니라 지역 및 국가적으로 보존의 효율성을 기할 수 있다. 도서관법 제26조(광역 대표도서관의 업무)에서는 광역 단위 공동보존 서고를 운용하도록 하고 있다.[2]

- 주요 특징 및 필요성
  - 공간 효율화 : 급증하는 인쇄 자료로 인한 서가 포화 상태를 해소하기 위해 이용 빈도가 낮은 자료를 공동 서고로 이관
  - 자원 공유 : 단순한 공간 공유를 넘어 장서의 공동 관리 및 공동 이용 체계로 발전
  - 비용 절감 : 보존시스템과 전문 인력을 공동으로 활용하여 운영 비용을 최적화

- 운영 형태 및 사례
  - 지역 거점형 : 지역 대표도서관(예 : 충남도서관 공동보존자료관)이 중심이 되어 지역 내 공공도서관 자료를 수집·보존
  - 계층적 시스템 : 국립중앙도서관이 국가 보존의 중심 역할을 하고, 16개 지역 대표도서관이 거점이 되는 구조
  - 대학 / 연구 협력 : 대규모 대학 도서관들이 협의체를 구성하여 학술 자료를 공동 보존하는 방식

---

2 제26조(광역대표도서관의 업무) 광역대표도서관은 다음 각 호의 업무를 수행한다.
  1. 지역도서관 발전 및 도서관서비스 강화를 위한 시책 수립·시행
  2. 시·도 단위의 종합적인 도서관자료의 수집·정리·보존 및 제공
  3. 지역도서관 지원 및 협력사업 수행
  4. 지역도서관 업무 및 운영개선에 관한 조사·연구
  5. 지역도서관의 자료수집 활동 지원 및 다른 도서관으로부터 이관받은 도서관 자료의 보존관리
  6. 지역도서관 협력네트워크 구축 및 운영
  7. 국립중앙도서관의 도서관 자료 수집 활동 및 도서관 협력사업 등 지원
  8. 그 밖에 광역 대표 도서관으로서 기능을 수행하는 데 필요한 업무

- 추진 현황 (국내)
  - 충남도서관 : 2018년 개관 시부터 최대 69만 권을 소장할 수 있는 공동 보존서고를 구축하여 운영
  - 서울시, 대전광역시 등 여러 지자체에서 공공도서관 장서 포화 해결을 위한 공동보존서고 건립 방안을 추진 중

(2) 협동체제 운영의 장애 요인

- 도서관 협력체제를 구축, 운용하는 데는 현실적으로 몇 가지 장애 요인이 있다. 이것은 지역사회의 문제, 도서관 지원의 문제, 이용자의 문제가 복합되어 있다.
- 지역사회 도서관 간의 균형
  각 도서관은 해당 지역사회에서 시민의 요구를 만족시킬 수 있는 수준의 자료를 소장해야 한다는 목표를 가지고 있다. 나아가 도서관 직원이나 이용자들은 자기 지역의 가까운 도서관을 두고 다른 도서관들로부터 자료를 빌려오고 반납하는 번거로움을 원하지 않는다. 도서관마다 중복 구입을 하더라도 "지금, 여기서, 빨리" 자료를 얻기를 바란다.
- 소장자료의 규모 : 소장자료의 규모는 세계 공통으로 도서관 평가의 중요한 요소에 포함된다. 인구 1인당 장서 수는 질적인 문제를 떠나서 도서관 평가 요소로 자리 잡은 지 오래다. 평가를 낮게 받는 것을 감수하고 예산 절감을 이유로 장서를 확충하지 않는 도서관 경영자는 없을 것이다.
- 도서관별 특성화의 문제 : 상호대출을 효과적으로 시행하기 위해서는 개별 도서관이 중점을 두는 충분한 량의 장서를 확보할 필요가 있다. 그런데 공공도서관은 지역의 전 계층 주민을 대상으로 하므로 도서관마다 자료의 특화는 그 지역의 향토 자료 이외에는 많지 않으며, 어떤 주제만을 특화하는 것은 다양한 계층에 봉사하는 공공도서관의 목적에 비추어 한계가 있을 수밖에 없다.
- 지역사회의 재무행정 문제 : 도서관의 정치적, 행정적 문제도 협동체제의 장

애 요인이 될 수 있다. 우리나라의 경우 공공도서관은 오래전부터 지방자치단체 소속의 도서관과 교육청 소속의 도서관으로 이원화되어 있는데 소속이 다르면 예산의 출처와 감독기관이 달라 상호 협력을 추진하기가 어렵다. 또 각 지방자치단체는 해당 자치단체 주민의 세금으로 운영되므로 인접 도, 시, 군의 산하에 있는 도서관을 지원하지 않으려는 지역주의가 작용한다.

참고문헌

- 국립중앙도서관. 2001.『도서관 협력망 협력사업 표준모델 개발연구』. pp.8-9.
- 최성진. 1994.『도서관학 통론』. 아세아문화사. pp.219 - 222.
- 국립중앙도서관
  공공도서관지원서비스 https://books.nl.go.kr/PU/contents/P10100000000.do)

1	문제		공공도서관 지역협력의 장점이 아닌 것은?
	문항	①	이용자에게 정보 접근의 가능성을 높여줄 수 있다
		②	각 도서관이 보유하고 있는 제한된 자원을 십분 활용할 수 있다
		③	협력체제 내의 도서관 직원들의 업무 능력이 향상될 수 있다
		④	도서관 간 경쟁력을 제고할 수 있다.
	정답		④
	해설		경쟁심리는 지역협력이 원활하지 않을 때 유발될 수 있다.
2	문제		도서관 간 협동 가능한 업무로 볼 수 없는 것은?
	문항	①	상호 대차
		②	분담 수서
		③	협동 편목
		④	직원 공유
	정답		④
	해설		도서관 간 직원의 공유는 채용과 배치, 권한과 책임, 승진, 급여 등 인사관리 면에서 사실상 불가능하다.
3	문제		도서관 협동체제의 장애 요인으로 볼 수 없는 것은?
	문항	①	자료 배송에 따른 거리 및 소요시간
		②	장서 규모가 도서관의 주요 평가요소인 점
		③	지방자치단체의 재무행정 분리
		④	담당 직원들의 불만
	정답		④
	해설		직원들이 담당업무에 불만을 가질 수는 있지만, 이것이 협동체제 운영의 장애 요인은 아니다.

12.2. 공공도서관의 홍보 · 마케팅

강의 목표

1. 경영 마케팅의 이론과 사례를 학습하고 도서관 마케팅의 필요성을 설명할 수 있다.
2. 공공도서관 마케팅의 방법을 학습하고 실제 공공도서관의 마케팅에 활용할 수 있다.

강의 세부 내용

1. 경영 마케팅의 의의와 필요성
2. 공공도서관 마케팅의 도구와 방법

용어

- 홍보(弘報, PR(Public Relations) : 기업이나 조직의 활동, 성과, 계획 등을 대중에게 알리고 우호적인 이미지와 긍정적 인식을 형성하기 위한 전략적인 커뮤니케이션 활동을 말한다. 단순히 알리는 것을 넘어 언론, 소비자, 투자자 등 다양한 이해관계자와의 신뢰를 구축, 우호적 관계를 유지하는 활동이다.
- 마케팅(Marketing) : 생산자에서 소비자로 제품과 서비스가 이동되는 모든 과정의 활동을 말한다. 기업이든 비영리단체이든 조직의 목적 달성을 위해서는 고객의 호응이 절대적으로 필요하다. 마케팅이란 고객의 필요를 파악하고 문제를 해결하는 '고객가치' 창조를 통하여 고객과 지속적인 관계를 맺고 유지하는 모든 경영활동이다.
- 마케팅 믹스 : 조직이 마케팅 목표를 달성하기 위하여 사용하는 마케팅의 주요 요소, 즉 제품(product / 서비스), 가격(price), 유통(place), 촉진(promotion)을 말한다. 이 4P를 어떻게 연계, 배합하느냐가 마케팅의 성공 여부를 결정한다고 본다.

사전학습(퀴즈)

- 마케팅은 시장 활동이므로 수익사업을 하지 않는 공공도서관에서는 마케팅이 큰 의미가 없다. (   )

- —현대에는 영리 부문뿐 아니라 비영리 부문에서도 마케팅 이론과 실제를 도입하여 경영목적 달성에 노력하고 있다.

1. 도서관 홍보와 마케팅의 의의

(1) 도서관 홍보와 마케팅의 공통점과 차이점

- 도서관 홍보(Promotion / PR)와 마케팅(Marketing)은 도서관의 이용률을 높이고 가치를 전달한다는 점에서 밀접한 관계를 맺고 있지만 그 범위와 목적, 전략적 관점에서 분명한 차이가 있다. 즉, 홍보는 마케팅의 일환이며, 마케팅은 도서관 운영 전반을 고객 중심으로 설계하는 더 큰 개념이다.
- 도서관 홍보와 마케팅의 공통점
  - 목적 : 도서관 이용자 증대, 도서관의 가치 및 서비스 인지도 향상, 정보 활용 장려.
  - 대상 : 현재 이용자뿐만 아니라 잠재적 이용자(지역 주민, 학생, 교직원 등)를 포함.
  - 수단 : 도서관 소식지, 포스터, SNS(인스타그램 등), 홈페이지, 보도자료 등 다양한 미디어 매체 활용.
  - 중요성 : 경쟁력 있는 도서관 운영 및 도서관의 존재 이유(존재가치)를 알리는 필수적인 도구.

- 도서관 홍보와 마케팅의 차이점

구분	도서관 홍보 (Promotion)	도서관 마케팅 (Marketing)
정의	이미 만들어진 서비스나 행사를 대중에게 알리는 기술	이용자 필요를 분석하고 가치 있는 서비스를 기획 / 제공하는 전 과정
포함관계	마케팅의 4P 중 하나 (Promotion)	홍보, 서비스 개발, 가격(비용) 책정, 배포 등을 포함하는 전체적인 경영 과정
핵심활동	보도자료 배포, 포스터 게시, 이벤트 홍보, SNS 게시물	시장 조사(이용자 분석), 서비스 기획, 4P (Product, Price, Place, Promotion) 전략 수립
초점	메시지 전달, 긍정적 이미지 구축	이용자 만족, 이용자 요구 충족
포함범위	단기적 / 특정 행사 중심	장기적 / 지속적 / 전략적 계획 중심

- 홍보(Promotion) : "우리 도서관에서 인문학 강좌를 하니 오세요"라고 알리는 것(정보 전달)에 집중
- 마케팅(Marketing) : "이용자들이 어떤 강좌를 원할까?"를 조사(Market Research)하고, 그에 맞춰 강사(Product)를 섭외하고, 편리한 시간대(Place)를 정하며, 그 후 이 프로그램을 홍보(Promotion)하는 전체 과정
- 홍보와 마케팅의 관계 : 마케팅은 도서관의 전체적인 방향성을 결정하는 상위 개념이고, 홍보는 그 방향성에 따라 수단을 동원하여 사람들에게 알리는 하위 개념임
- 성공적인 도서관 운영을 위해서는 마케팅 관점(이용자 중심 서비스 기획)에서 접근하고, 홍보 수단(매체)을 통해 적극적으로 알리는 통합적인 전략이 필요하다. 단순히 알리는(홍보) 것을 넘어 이용자의 필요를 충족시키는(마케팅) 노력이 도서관의 가치를 높일 수 있다.

(2) 마케팅의 의의와 중요성

- 경영학의 마케팅론에서는 마케팅의 의미를 다음과 같이 정의한다.
  - "마케팅이란 제품, 서비스, 아이디어를 창출하고, 이들의 가격을 결정하고, 이들에 관한 정보를 제공하고, 이를 배포하여 개인 및 조직체의 목표를 만족시키는 교환을 성립하게 하는 일련의 인간 활동이다."
  (출처 : 김성영, 정동희. 2006. 『마케팅론』. 한국방송통신대학 출판부. p.2)
  - 이처럼 마케팅은 소비자의 필요와 욕구를 충족하기 위해 행하는 시장 활동.
  - 마케팅은 제품 및 서비스를 설계, 가격을 결정, 유통 등을 계획하고 실행하는 과정
- 마케팅의 중요성
  - 현대사회의 소비자의 욕구는 급변하고 있으며 이를 충족하기 위해서는 소비자가 원하는 제품 및 서비스 제공해야 한다. 세계적 무한 경쟁 속에서

영리 조직이든 비영리 조직이든 조직의 지속적인 성장을 위하여 마케팅
활동은 꼭 필요하다. 마케팅을 통해 수요와 공급이 조정되며 사회 경제가
균형적으로 발전할 수 있다

－마케팅을 계획하고 실행하는 첫 단계에서 가장 중요한 것은 소비자의 행
동 분석이다. 소비자의 구매 행동이 어떤 동기와 과정을 거치는지, 물품이
나 서비스의 구매를 결정할 때 어떤 요인들이 영향을 미치는지 등 구매 행
동의 동기와 과정요인 분석은 마케팅 활동의 첫 단추가 된다.

- 일반적으로 소비자의 구매 행동에 영향을 미치는 변수는 다음과 같다.
  －문화적 특성 : 일반적 사회 계층과 문화
  －사회적 특성 : 가족, 역할, 지위, 준거 집단
  －개인적 특성 : 생활 방식, 생활 주기, 직업, 경제 사정
  －심리적 특성 : 동기 부여, 학습, 태도, 신념

(3) 공공도서관 마케팅

- IFLA 공공도서관 가이드라인
  －마케팅이란 광고, 판매, 설득, 촉진 그 이상의 것이다. 마케팅은 고객의 필
  요와 욕구를 만족시킬 목적으로 서비스나 제품을 디자인하고 이를 바탕으
  로 진실하고도 체계적인 노력을 기울이는 것이다.
  －마케팅의 도구(Marketing tools) : 마케팅의 기능은 성공적인 비즈니스 혹
  은 성공적인 도서관을 위해 힘을 싣는 것이며 4가지 주요 도구로 구성된
  다.
  - 마케팅 조사
  - 마케팅 분할
  - 마케팅 믹스 전략(4P's : product상품, price가격, place장소, promotion촉진)
  - 마케팅 평가
  －도서관 경영자는 이러한 마케팅 도구를 이용하여 고객의 요구를 파악, 이
  해하고 그들의 요구를 효과적으로 만족시킬 수 있도록 계획해야 한다.

(출처 : IFLA Public Library Service Guidelines, 2nd ed. p.109. IFLA 공공도서관 가이드라인은 제7장 전체를 할애하여 공공도서관의 마케팅을 구체적으로 다루고 있다.)

- 공공도서관 마케팅의 필요성
  - 마케팅은 기본적으로 시장 활동이다. 시장(市場)은 물품과 서비스의 수요 공급이 이루어지는 곳이다. 시민들은 상업적이든 아니든 그들의 필요와 욕구를 충족시키기 위해 시장으로 모인다. 그리고 시민들은 각자의 필요에 따라 장소를 옮겨 다니며 그들이 당면한 욕구를 충족하려 한다. 물품이나 서비스의 수요공급이 활발하게 이루어지면 시장은 활성화되지만 그러하지 못하면 시장은 침체한다.
  - 시장의 개념 정의에는 영리·비영리의 구분이 없다. 영리든 비영리든 시민의 욕구를 충족시켜 주는 곳이 시장이다. 이런 의미에서 공공도서관도 하나의 시장이다. 특히 공공도서관은 각계각층의 시민들에게 개방된 '공설시장'이다. 도서관은 서비스를 생산하고, 제공하고, 환경과 장소를 개선하며, 시민들의 정보 수요를 파악하고 충족시켜 주기 위해 마련된 정보의 시장이다.

2. 공공도서관 마케팅의 도구와 방법

(1) 마케팅 조사

공공도서관은 서비스를 계획할 때 서비스 대상 지역사회를 먼저 파악해야 한다. 해당 지역사회의 인구구성, 인구밀도, 교육수준 등 인구학적 조사는 물론 정치, 경제, 사회, 문화, 교육, 기술여건 등 시민의 인문사회 환경 전반을 조사해야 한다. 또한 도서관 내부적인 측면에서도 도서관의 역사와 역할, 조직구조, 직원의 전문성, 고객에 대한 태도, 열람, 대출, 프로그램 등 이용실적 통계, 이용자들의 호응도와 만족도 등 경영의 기초 자료들을 수집, 검토하여 지역사회와 도서관의 관계를 매년 분석하고 차기 계획을 수립해야 한다.

(2) 마케팅 분할

시장 분할은 연령별, 성별, 직업별 등 봉사대상 인구가 다양하게 분포되므로 고객을 유사성을 기준으로 그룹화하는 것을 의미한다. 이렇게 고객을 그룹화함으로써 도서관은 각 그룹에 대하여 가장 적절한 장서와 프로그램 등 도서관 서비스를 개발, 제공할 수 있어 고객의 필요와 욕구를 더 효과적으로 만족시킬 수 있다. 예를 들면, 취학 전 어린이, 초등학교 저학년 어린이, 초등학교 고학년 어린이, 학부모, 중학생, 고등학생, 대학생, 일반인, 직장인, 가정주부, 노인 등으로 고객을 그룹화 함으로써 그들의 요구에 알맞은 맞춤서비스를 개발, 제공할 수 있게 된다. 이와 같은 고객차별화 전략은 지역사회에서 도서관의 가치와 역할을 제고하는 데 도움이 될 것이다.

(3) 마케팅 믹스

경영학의 마케팅 이론에서는 마케팅의 주요 요소를 제품, 가격, 장소, 촉진 등 4가지로 들고 있으며 이 요소들을 고객에 알맞도록 배합해야 한다는 의미에서 마케팅 믹스라고 부르고 있다. 도서관의 마케팅도 이들 요소를 응용하고 있다.

마케팅 믹스 4P's

- product 상품 : 고객의 필요와 욕구를 충족시키는 제품 및 서비스
- price 가격 : 고객이 제품이나 서비스를 얻기 위해 지불하는 금전적 대가
- place 장소 : 고객이 제품과 서비스를 획득하는 장소와 시설
- promotion 촉진 : 고객과 도서관 간 의사소통의 수단(홈페이지, 블로그, 페이스북, 소식지, 브로슈어, 리플렛, 이벤트, 언론홍보 등이 포함)
  (출처 : 김성영, 정농희. 2006. 마케팅론. 한국방송통신대학 출판부. p.8)
  － promotion 채널로서의 사회 관계망 서비스(SNS) : SNS란 social network

service의 약자로 사회관계망서비스로 번역 사용한다. 여기에는 블로그, 트위터(X), 페이스북, 카톡 등이 있다. 블로그란 web과 log의 합성어인 weblog에서 blog만을 취한 것으로 미국에서 1997년에 처음 등장했으며, 지금은 개인 간 온라인 정보 소통 수단으로 보편화되었다. 또 트위터(twitter : X로 변경), 페이스북, 카톡 등 더욱 간결하고 신속한 의사전달 수단이 등장하여 급격히 확산하고 있다. 사회관계망서비스란 이들을 홍보 수단으로 활용하는 것을 말한다.

(4) 마케팅 믹스 모델의 개념 전환

- 위의 마케팅 믹스의 개념은 도서관의 입장에서는 도서관 중심으로 생각하기 쉽다. 하지만 마케팅을 도서관의 입장이 아닌 고객의 입장에서 역지사지(易地思之) 할 때 고객의 욕구를 더욱 효과적으로 만족시킬 수 있다.

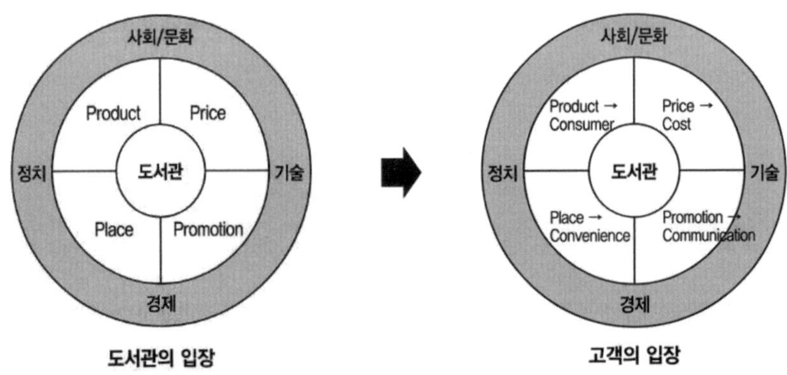

- 4P's에서 4C's로의 개념 전환
  - product에서 consumer로 : 고객의 관점에서 시설, 장서, 프로그램 등 개발
  - price에서 cost로 : 고객의 비용부담을 우선적으로 고려
  - place에서 convenience로 : 관리자의 편의보다는 고객의 편의를 고려
  - promotion에서 communication으로 : 일방적 홍보보다는 고객과의 진정한 소통

(5) 마케팅 평가

- 마케팅의 평가는 도서관 경영평가 가운데 고객 만족 평가에 해당한다. IFLA 공공도서관 가이드라인에서는 마케팅 평가 방법을 2가지로 제시하고 있다. 첫째는 도서관 서비스에 대한 고객의 행태 변화를 조사하는 것이다. 둘째, 이용자 만족도를 조사해 보는 것이다. 예를 들면, 도서관 서비스의 요구 충족도, 도움이 된 정도, 참여했던 서비스나 프로그램에 다시 참여할 의도 등을 조사하는 것이다. 이러한 조사결과를 면밀히 분석하여 차기의 도서관 마케팅 계획에 반영할 수 있다.
- 도서관 마케팅 평가의 전제
  - 우선은 도서관을 대하는 직원들의 마음가짐이 달라져야 한다. 도서관은 정부와 지자체의 하위조직이기에 공무원인 직원들이 고객 개념을 갖기가 어려운 게 사실이다. 하지만 이제는 공공조직도 고객을 만족시키지 못하면 존재가치가 없어진다. 도서관이 고객 만족 경영을 해야 하는 이유가 여기에 있다.
  - 도서관 마케팅이 탁상공론이 되어서는 안 된다. 위의 마케팅 도구를 적기에 적절히 실천하는 것이 중요하다.
  - 마케팅 조사에서는 고객 수요의 주요 포인트를 알아낼 수 있게 시장조사를 철서히 해야 한나.
  - 마케팅 분할은 서비스 대상별 눈높이에 맞도록 도서관 서비스를 차별화해

야 한다.

－마케팅 믹스에서는 서비스 대상별로 4P's를 적절히 구성해야 한다.

－도서관 경영자는 마케팅의 전 과정에 도서관의 전 직원이 참여할 수 있도록 역할을 분담하고 이를 효과적으로 통합 관리해야 한다.

－마케팅 평가의 목적은 마케팅의 전 과정과 결과를 정량적, 정성적 방법으로 평가하여 장단점을 파악하고 차기의 새로운 마케팅 전략에 반영하는 것이다.

참고문헌

- 『IFLA Public Library Service Guidelines』 2nd ed. p.109.
- 김성영, 정동희. 2006. 『마케팅론』. 한국방송통신대학 출판부. p.8)
- 이유재. 2022. 『서비스 마케팅 1, 2』 6판. 서울 : 학현사

<table>
<tr><td colspan="4" align="center">학습평가</td></tr>
<tr><td rowspan="7" align="center">1</td><td colspan="2" align="center">문제</td><td align="center">다음 중 마케팅의 도구가 아닌 것은?</td></tr>
<tr><td rowspan="4" align="center">문항</td><td align="center">①</td><td align="center">마케팅 조사</td></tr>
<tr><td align="center">②</td><td align="center">마케팅 분할</td></tr>
<tr><td align="center">③</td><td align="center">마케팅 믹스</td></tr>
<tr><td align="center">④</td><td align="center">마케팅 홍보</td></tr>
<tr><td colspan="2" align="center">정답</td><td align="center">④</td></tr>
<tr><td colspan="2" align="center">해설</td><td align="center">마케팅 홍보라는 말은 사용하지 않는다.</td></tr>
<tr><td rowspan="7" align="center">2</td><td colspan="2" align="center">문제</td><td align="center">마케팅 믹스에 속하지 않는 요소는?</td></tr>
<tr><td rowspan="4" align="center">문항</td><td align="center">①</td><td align="center">품질</td></tr>
<tr><td align="center">②</td><td align="center">제품 / 서비스</td></tr>
<tr><td align="center">③</td><td align="center">가격</td></tr>
<tr><td align="center">④</td><td align="center">장소</td></tr>
<tr><td colspan="2" align="center">정답</td><td align="center">①</td></tr>
<tr><td colspan="2" align="center">해설</td><td align="center">품질은 제품과 서비스에 포함되는 개념이다.</td></tr>
<tr><td rowspan="7" align="center">3</td><td colspan="2" align="center">문제</td><td align="center">도서관 입장에서 고객 입장으로 역지사지한 마케팅 믹스 모델이 아닌 것은?</td></tr>
<tr><td rowspan="4" align="center">문항</td><td align="center">①</td><td align="center">product에서 consumer로</td></tr>
<tr><td align="center">②</td><td align="center">place에서 convenience로</td></tr>
<tr><td align="center">③</td><td align="center">promotion에서 communication으로</td></tr>
<tr><td align="center">④</td><td align="center">cost에서 price로</td></tr>
<tr><td colspan="2" align="center">정답</td><td align="center">④</td></tr>
<tr><td colspan="2" align="center">해설</td><td align="center">cost는 고객의 입장, price는 도서관의 입장이다.</td></tr>
</table>

제13장

공공도서관의 경영평가

13.1. 공공도서관 경영평가의 의의

13.2. 공공도서관 경영평가의 종류

제13장
공공도서관의 경영평가

13.1. 공공도서관 경영평가의 의의

강의 목표

1. 경영평가의 일반적 개념을 이해하고 도서관 경영평가의 목적을 설명할 수 있다.
2. 공공도서관 경영평가의 의의 및 평가 자료 조사의 방법을 설명할 수 있다.

강의 세부 내용

1. 경영평가의 개념과 목적
2. 평가를 위한 자료 조사 방법

용어

- 평가(評價) : 어떤 대상의 가치, 수준, 능력 등을 판단하고 등급이나 점수 등을 매기는 행위 또는 그 판단된 가치나 수준 자체를 밀힘. 평가는 교육, 비즈니스, 재산 등 다양한 분야에서 활용되는 포괄적인 개념으로 단순히 "좋다, 나쁘다"를 넘어 설정된 기준에 따라 객관적 또는 주관적으로 가치를 규명하는 과정이다. 실제로 평가는 학교 성적 평가로부터 수학능력 평가, 인사평가 등 사회의 모든 부문에서 실행되고 있다.
- 도서관 경영평가 : 도서관 경영평가란 도서관의 근본적 존재 이유와 교육적, 사회적 가치를 정기적으로 따져 도서관의 업무를 개선해 나가는 도서관 경영 사이클의 최종과정이다. 이를 통해 사회의 요구에 맞는 도서관 서비스를 구현해 나갈 수 있다.

사전학습(퀴즈)

- 경영은 계획, 실행, 평가의 선순환 과정이므로 결과의 평가보다는 사전 계획이 더 중요하다. (   )

1. 경영평가의 개념과 목적

(1) 평가의 주요 의미

- 가치 판단 : 사물, 사람, 성과 등의 좋고 나쁨, 가치, 수준 등을 판단하는 행위
- 측정 및 규명 : 기준에 맞춰 측정하고 그 결과를 인정하며, 현재 및 잠재적 유용성을 파악하는 활동
- 주관적 판단 : 측정과 달리 주관적 판단이 개입될 수 있으며, 호평(좋은 평가), 악평(나쁜 평가) 등으로 나타나기도 함.
- 다양한 분야에서 평가가 이루어지고 있다.
  - 교육 : 학생의 성취도나 잠재력 파악, 학습 경험 평가.
  - 경제 : 주식, 부동산 등의 가치를 매기거나 환율을 평가하는 일(평가절하, 평가절상)
  - 인사 / 경영 : 직원의 능력, 성과, 잠재력을 평가하여 보상, 승진, 배치 등에 활용
- 평가와 관련된 용어
  - 저평가 / 고평가 : 가치에 비해 낮게 또는 높게 평가하는 것.
  - 호평 / 악평 / 혹평 : 좋은 평가, 나쁜 평가, 가혹한 평가.
  - 측정(Measurement) : 물리적이고 객관적인 도구로 수치화하는 것

(2) 경영평가의 일반적 개념과 목적

- 경영평가의 정의 : 기관 운영의 효율성과 효과성을 객관적으로 측정하는 과

정
- 평가의 개념은 평가 목적에 따라
  - 목적 달성 정도를 확인하는 일
  - 운영 과정의 기술(description)과 판단
  - 미래의 합리적인 의사결정에 반영(feedback)하기 위함.
- 공공도서관 경영평가의 복적 : 도서관법에 근서한 질적 성장 도모, 도서관 경영의 방향 제공 및 책임경영 체계 확립

(3) 경영평가의 대상별 구분

- 기업경영평가 : 기업경영평가의 주요 기준은 이윤 창출, 경영평가 보고서는 결산과 재무제표
- 비영리단체 경영평가
  - 효율성, 효과성, 사회적 영향을 평가 : 공공조직이 잘 운영되었는지, 잘못된 것은 무엇인지를 기술하고 판단함.
  - 효율성은 경제성과 같은 말로 비용 대 산출의 비율을 나타냄
  - 효과성은 목적 달성의 정도를 나타내는 말로 효율성과는 차원이 다름
- 도서관 경영평가 : 도서관의 운영 효율성을 높이고 서비스의 질적 성장을 도모하기 위해 시행. 문화체육관광부의 '전국도서관운영평가'와 같은 국가 차원의 평가와 개별 도서관의 자기 진단형 자체 평가로 구분

(4) 전국도서관 운영평가 중 공공도서관 운영평가

- '전국도서관운영평가'는 도서관의 설립 목적(관종별) 및 평가 주체에 따라 구분
  - 관종별 운영평가 : 도서관법에 근거하여 공공, 학교, 대학, 전문도서관 등

각 유형에 특화된 지표로 평가

- 공공도서관 : 지자체와 교육청을 대상으로 문화체육관광부가 주관, 지역사회 기여도와 서비스 성과를 평가(매년 "공공도서관 운영평가 지침" 개정 시행)

- 평가 방식 : 정량·정성 평가 병행, 통계 시스템 기반의 객관적 수치(정량)와 구체적 성과사례(정성)를 함께 평가하여 균형 도모
  - 정량 평가 : 대출 권수, 장서 수, 예산, 이용자 수 등 통계적 수치를 활용한 객관적 지표로 평가
  - 정성 평가 : 서비스의 우수사례, 공간 혁신 성과, 이용자 만족도 등 수치화하기 어려운 질적 측면을 평가

- 평가 영역
  - 도서관 경영 : 운영 계획의 수립, 예산 확보 및 집행의 효율성, 조직 관리
  - 인적 자원 : 사서의 전문성, 직원 교육 훈련 실적, 인력 배치 적정성
  - 정보 자원 : 장서 구성의 다양성, 최신 자료 비율, 전자자료 확보 수준
  - 시설 및 환경 : 접근성, 공간의 혁신성(리모델링 등), IT 장비 및 열람석 규모
  - 서비스 및 협력 : 대출 / 참고 서비스 질, 지역사회 및 타 기관과의 협력 네트워크

- '전국도서관 운영평가'의 특징
  - 실적 중심(Outcome-based) : 예산 집행액, 이용자 수, 대출 실적 등 결과 중심 데이터 활용
  - 연도별 비교 : 전년 대비 예산 증가율(자료비, 운영비 등)을 측정하여 성장성 평가
  - 환류 기능 : 평가 결과를 바탕으로 도서관 운영 가이드라인을 제공하고 우수사례 표창
  - 자동화된 시스템 : 국가도서관 통계 시스템을 통해 데이터 수집, 자동 계산

(5) 개별 도서관의 자체 평가

- 도서관 평가의 의의와 필요성
  - 도서관 경영은 계획, 실행, 평가의 선순환 사이클로 구성, 평가는 경영 사이클의 최종 단계
  - 평가 결과의 피드백을 통해 다시 새로운 경영 사이클이 시작됨.
  - 평가는 경영개선을 위해 가장 필요하고도 중요한 준비 과정 : "평가 없이 진전 없다(without measure, no progress)
  - 개인이건 조직이건 평가의 과정이 없으면 발전의 포인트를 발견하지 못함. 평가는 제품과 서비스를 지속 개선하는 하나의 방법이며 보다 나은 경영을 위한 실천 수단
  - 도서관의 존재 이유와 사회적 역할을 유지 발전시키기 위해서는 정기적인 도서관 경영평가가 꼭 필요하다. 도서관 평가는 지역사회에서 도서관의 사명과 목적을 달성하기 위한 중요한 실천 수단이다. 공공도서관 자체 평가는 단순히 실적을 확인하는 단계를 넘어, 도서관의 사회적 가치를 증명하고 지역사회 맞춤형 서비스를 개발하기 위한 핵심 도구이며 신뢰받는 마케팅의 수단이다.
  - 도서관 평가의 중요성은 영미에서는 1980년대부터 거론됨.

    (참고문헌 : John Blagden. 1980. 『Do we really need Library』. New York : Clive Bingley, Margaret Kinnell, Bob Usherhood, Kathryn Jones. 1999. 『Improving library and information services through self‑assessment』. Library Association Publishing)

- 개별 도서관 자체 평가의 의의
  - 사회적 가치 및 정당성 증명 : 투입된 예산과 자원 대비 도서관 활동이 지역사회에 미친 긍정적 영향을 데이터로 입증하여 운영의 정당성을 확보
  - 지역사회 맞춤형 전략 수립 : 획일적인 기준이 아닌, 해당 지역의 특수한 요구와 발전계획에 맞춘 전략 목표를 설정하고 달성 여부를 진단
  - 운영 효율성, 효과성 제고를 위한 자기진단 : 도서관 스스로 장점과 약점을 파악하여 서비스 질을 개선하고 운영 가이드라인을 확보하는 자율 관리 기능을 수행

- 자체 평가 방법 및 지표
  - 국내외 도서관들은 단순한 통계(대출 건수 등) 중심의 산출 지표에서 주민의 삶의 질 변화를 측정하는 성과 및 영향 지표로 전환하는 추세
  - 평가 방법은 세계적으로 표준화된 지표는 없으며 도서관에 따라 다름
- 주요 사례
  - 미국 도서관 자체 성과평가 시스템 : 도서관마다 자기 도서관의 특수성을 반영한 독자적 성과 지표를 직접 개발하여 운영
  - 유럽 / 호주의 전략 비전 연계 : 스코틀랜드와 호주 빅토리아 주는 국가·지역 단위의 도서관 발전 계획과 개별 도서관의 성과 지표를 일치시켜 서비스 품질 관리
  - 국내 : 전국도서관 운영평가 연계, 문화체육관광부의 도서관 운영평가 지침에 따라 지자체와 교육청이 자체 지표를 수립하여 소속 도서관의 실적을 점검하고 포상을 제안함
- 경영평가 개념 정리
  - 경영평가는 조직 경영활동의 효과와 가치를 체계적으로 판단하여 조직이 잘 운영되었는지, 잘못 운영된 점은 무엇인지를 합리적으로 판단하는 일이다. 경영평가에는 기업경영평가와 공공기관 및 비영리단체의 경영평가 등 크게 2부문으로 구분할 수 있다.
  - 기업의 주요 평가 기준은 이윤이며 그 결과보고서는 재무제표 등 결산보고서로 나타난다. 비영리단체 경영평가의 평가 기준은 조직 운영의 효율성, 효과성, 사회적 영향으로 그 기준과 결과를 수량 또는 금전으로 나타내기 어렵다. 하지만 공공기관 등 비영리단체의 평가는 사회발전의 기초가 된다는 점에서 매우 중요하다.

2. 평가를 위한 자료 수집 및 조사 방법

(1) 도서관 분야별 통계 유지 관리

- 지속적 데이터 관리 : 매년 5월경 발표되는 전년도 통계조사 결과를 바탕으로 평가가 이루어지므로, 평소의 체계적인 데이터 누적이 중요
- 정량 데이터 수집 : 기본이 되는 데이터는 매년 통계조사를 통해 수집됨. 국가도서관통계시스템(libsta.go.kr)을 통해 자료, 시설, 인력, 예산, 서비스 현황 등 전년도 실적을 입력

(2) 정성적 성과 및 우수사례 조사

- 도서관의 운영 계획과 실제 서비스 품질을 증명하는 자료 수집, 정리
- 운영 계획 및 정책 : 연간 운영 계획의 수립 여부와 그에 따른 수행 실적을 정리
- 공간 및 시설 혁신 : 단순한 시설 현황 외에도 이용자 편의를 위한 공간 혁신 사례를 정성적으로 기술
- 특성화 서비스 : 장애인, 노인, 다문화 등 취약계층을 위한 예산 집행 및 프로그램 성과 증빙자료 조사 기술

(3) 이용자 만족도 및 요구조사

- 도서관 서비스의 질적 가치를 평가하기 위해 조사
- 만족도 조사 : 개별 프로그램 종료 시의 만족도가 아닌, 도서관 운영 전반에 대한 정기적인 이용자 만족도 조사
- 설문조사 (온라인 / 오프라인) : 이용자 만족도 조사를 위해 도서관 이용자 대

상 설문지(5점 척도 등)를 구성
- QR코드 및 키오스크 설문 : 현장 이용자를 대상으로 QR코드나 키오스크를 활용해 조사
- 심층 면담 : 도서관 프로그램 참여자나 지역주민을 대상으로 심층 인터뷰 또는 간담회를 실시, 의견 수집
- 요구조사 : 지역사회의 의견을 수집하여 도서관 운영 계획 및 정책에 반영한 구체적인 사례를 수집
  - 양적 조사법(Quantitative Methods) : 지역사회 파악의 기본이 되는 지역사회 행정 통계, 인구 통계, 가구 소득, 학력 수준 등 지역사회의 사회경제적 특성을 분석하여 잠재적 수요를 파악
  - 설문조사(Survey) : 도서관 이용자와 비 이용자를 대상으로 시설 인식, 장서 요구, 프로그램 선호도를 조사. 온·오프라인 병행이 가능, 대규모 데이터를 얻기에 적합
  - 이용 기록 및 빅데이터 분석 : 도서 대출 이력, 홈페이지 방문 기록, 희망 도서 신청 현황 등을 분석하여 실제 행동 기반의 요구를 도출
- 특수 기법 및 최신 동향
  - 델파이 기법(Delphi Technique) : 전문가 집단에 반복적으로 설문하여 미래 도서관 서비스에 대한 합의된 의견을 도출
  - 소셜 미디어 분석 : SNS에 나타난 도서관 관련 여론과 감성을 분석
  - 지역사회 협력(Partnership) : 이미 지역사회에서 활동 중인 단체와 협력하여 해당 지역사회의 특수한 이해관계자를 식별하고 정보를 공유
  - 효과적인 조사를 위해 설문조사와 면담을 병행, 이용자와 비 이용자 모두의 의견을 균형 있게 수렴

(4) 경영평가 보고서 준비 및 작성

- 자체진단(Self-Checklist) : 도서관 운영평가 지침을 기반으로 평가항목(예산, 자료, 서비스, 협력 등)별로 자체 평가표 작성

- 지표 및 가이드라인 활용 : 평가 지표의 목표치, 측정 방법, 데이터 제출 방법에 관해 사서 및 담당자 교육을 실시한 후 표준화된 항목으로 평가 보고서 작성
- ESG / 사회적 가치 측정 : 도서관이 지역사회에 미치는 영향력을 입증하기 위해 잠재적 데이터(이용자 편익)를 수집하여 평가 보고서에 반영
  - ESG 경영은 환경(Environmental), 사회(Social), 지배구소(Governance) 세 가지 비재무적 요소를 고려하여 장기적인 성과와 지속가능성을 추구하는 경영
- 데이터 분석(Data Analysis) : 연간 운영 데이터, 이용자 설문, 이용률 등에 대한 데이터 분석
- 도서관 경영평가 보고서 작성 발행 : 보고서는 목차체계를 잡고, 수집한 데이터를 적절히 배치하여 쉽게 이해할 수 있도록 구성
  - 기초 자료를 충분히 수집했다 해도 이를 설득력 있게 기술하지 못하면 경영평가의 효과가 반감됨
  - 보고서는 도서관장, 기획력 있는 사서와 직원이 협동하여 세심하게 작성해야 함
  - 보고서가 완성되면 지역사회에 배포하여 도서관의 성과를 지역사회에 알림.
  (참고문헌 : 신수행. 2023. 『공공기관 경영평가 워크북』. 서울 : 한국표준협회미디어. p.109)

참고문헌

- 문화체육관광부. 2026. 공공도서관 운영평가 지침
- John Blagden. 1980. 『Do we really need Library』. New York : Clive Bingley,
- Margaret Kinnell, Bob Usherhood, Kathryn Jones. 1999. 『Improving library and information services through self - assessment』. Library Association Publishing
- 신수행. 2023. 『공공기관 경영평가 워크북』. 서울 : 한국표준협회미디어. p.109)

<table>
<tr><td colspan="3" align="center">학습평가</td></tr>
<tr><td rowspan="7" align="center">1</td><td colspan="2" align="center">문제</td><td align="center">다음 중 평가의 일반적 목적에 해당하지 않는 것은?</td></tr>
<tr><td rowspan="4" align="center">문항</td><td align="center">①</td><td align="center">목표달성 정도를 확인하여 인센티브 결정</td></tr>
<tr><td align="center">②</td><td align="center">운영 과정과 내용을 기술하고 판단하여 차기 업무 개선</td></tr>
<tr><td align="center">③</td><td align="center">미래의 합리적인 의사결정에 반영(feedback).</td></tr>
<tr><td align="center">④</td><td align="center">일정 기간의 업무실적을 상부에 보고하기 위함.</td></tr>
<tr><td colspan="2" align="center">정답</td><td align="center">④</td></tr>
<tr><td colspan="2" align="center">해설</td><td align="center">평가의 목적이 단순히 상부에 보고하기 위한 것만은 아니다.</td></tr>
<tr><td rowspan="7" align="center">2</td><td colspan="2" align="center">문제</td><td align="center">조직의 목적달성 정도를 나타내는 말은?</td></tr>
<tr><td rowspan="4" align="center">문항</td><td align="center">①</td><td align="center">신속성</td></tr>
<tr><td align="center">②</td><td align="center">능률성</td></tr>
<tr><td align="center">③</td><td align="center">효율성</td></tr>
<tr><td align="center">④</td><td align="center">효과성</td></tr>
<tr><td colspan="2" align="center">정답</td><td align="center">④</td></tr>
<tr><td colspan="2" align="center">해설</td><td align="center">효과성은 조직의 목적달성 정도를 나타내는 말이다.</td></tr>
<tr><td rowspan="7" align="center">3</td><td colspan="2" align="center">문제</td><td align="center">조직 경영 사이클을 나타내는 주 용어가 아닌 것은?</td></tr>
<tr><td rowspan="4" align="center">문항</td><td align="center">①</td><td align="center">계획</td></tr>
<tr><td align="center">②</td><td align="center">실행</td></tr>
<tr><td align="center">③</td><td align="center">피드백</td></tr>
<tr><td align="center">④</td><td align="center">평가</td></tr>
<tr><td colspan="2" align="center">정답</td><td align="center">③</td></tr>
<tr><td colspan="2" align="center">해설</td><td align="center">경영 사이클은 계획, 실행, 평가이며 피드백은 결과의 반영이다.</td></tr>
</table>

13.2. 공공도서관 경영평가의 종류

강의 목표

1. 경영평가의 종류를 파악하여 자체평가와 외부평가의 특성을 설명할
   수 있다.
2. 정성평가와 정량평가의 기법을 익혀 도서관 서비스 품질을 측정할
   수 있다.

강의 세부 내용

1. 자체평가와 외부평가
2. 정량평가와 정성평가

용어

- 정량평가(定量評價) : 수치화할 수 있는 데이터(양)를 기준으로 객관적
  으로 점수를 산정하는 평가 방식. 예를 들면 시험 점수, 내신 등급,
  매출 증가율 등 명확한 수치로 평가하는 방식이다.
- 정성평가(定性評價) : 수치화할 수 없는 성질이나 속성(성품, 바탕)을
  종합적으로 판단하여 평가하는 방식. 정량평가와 달리 주관적·질
  적 요소를 고려해 역량이나 행동을 기술, 평가하는 것

사전학습(퀴즈)

- 정량평가는 장서 수, 이용자 수, 대출 수, 프로그램 참여 인원수 등
  주로 수량적인 데이터를 가지고 도서관을 평가하는 것으로 도서관
  의 질적 수준을 측정하는 방법이 될 수 있다. (   )

  —수량적으로 드러나는 데이터만으로는 도서관의 질적 수준을 측정할
  수 없다.

1. 자체평가와 외부평가

(1) 자체평가

- 자체평가는 도서관의 업무를 자체적, 자발적, 실질적으로 개선하기 위하여 객관적 평가 기준을 자체적으로 마련하고 평가를 수행하는 것
- 도서관의 자발적 자체평가는 업무 개선과 고객 만족에 실질적인 효과를 거둘 수 있다.
- 자체평가에서 주의할 점은 체계적인 도서관 경영, 내부·외부 고객의 만족을 목표로 치밀하고도 합리적인 평가를 해야 한다는 것이다. 이를 위해서는 평가도구를 먼저 개발해야 한다.
- LISIM 모델
  - 영국에서 개발된 LISIM(Library and Information Sector Improvement Model)은 도서관의 총체적 경영개선을 목적으로 설계된 도서관 평가모델이다. LISIM 모델은 경영의 개념적 틀을 10개의 주요 요소로 구분하고 각 요소별로 계획수립 및 실행을 담보하기 위해 6단계의 업무 개선 매커니즘을 설정함으로써 현재의 상태로부터 단계적으로 업무 개선을 도모하는 순차적 구도를 제시하고 있다. 이 모델은 공공도서관 서비스의 질적 향상과 지속적인 성과 관리를 위해 설계된 자가 진단 기반의 품질 관리 모델이다.
  - LISIM 모델의 주요 특징
    - 통합적 접근 : 기존의 다양한 품질 인증 프로그램과 도서관 자체의 서비스 표준을 통합하여 관리할 수 있게 설계
    - 고객 및 인적 자원 중시 : 이용자의 만족도(Customer Satisfaction)와 도서관 인력의 역량 강화 및 요구(Human Resource Needs)를 핵심적인 품질 지표로 삼음
    - 자가 진단(Self-Assessment) : 외부 감사에 의존하기보다 도서관 스스로 상섬과 개선 영역을 파악하여 전략직 우신순위를 걸정하도록 설계
    - 성과 기반 : 단순히 책의 대출 권수와 같은 투입 대비 산출(Output)에

그치지 않고, 지역사회의 문화적 요소, 건강, 경제 발전 등 실질적인 결과(Outcomes)를 지향

- 공공 부문 적용성 : 민간 기업의 품질 관리 모델을 공공도서관 환경에 맞게 조정하여 설계
- 커뮤니티 중심 : 서비스 설계와 제공과정에서 지역사회의 목소리를 반영
- 지속적 개선 : 도서관 서비스의 기획 및 운영 전반에서 순환적인 자기 평가와 발전을 도모하는 '여정(Journey)'
- 벤치마킹 활용 : 타 도서관의 우수사례와 비교 분석(Benchmarking), 서비스 수준을 객관적으로 진단
- 이 모델은 도서관이 지역사회의 거점으로서 제 역할을 하고 있는지 점검하고, 변화하는 디지털 환경에 맞춰 사서의 전문성과 서비스 프로세스를 지속적으로 개선하는 도구로 활용할 수 있다.

• LISIM 모델의 개념도

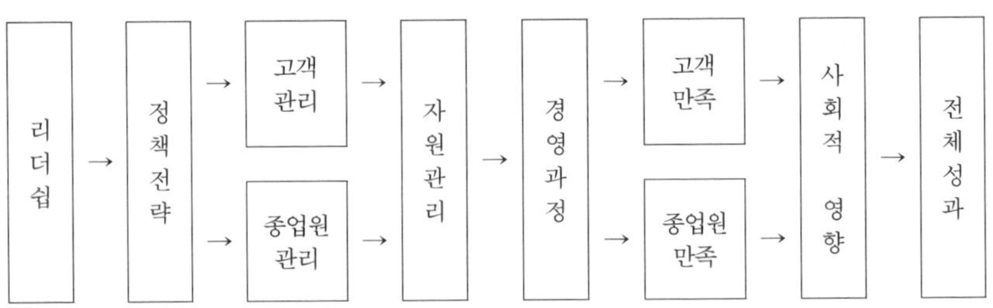

단계	계획 수립 / 계획실행
Stage 0	Baseline approach 기초단계
Stage 1	Organizational commitment 조직단계
Stage 2	Planned implementation 계획실행단계
Stage 3	Systematic review 체계적 검토단계
Stage 4	Ensuring consistency 확인단계
Stage 5	Achieving excellence 최고 수준 달성단계

(출처 : Margaret Kinnell, Bob Usherhood, Kathryn Jones. 1999. 『Improving library and information services through self - assessment』. Library Association Publishing. pp.61-98).

- 『Improving library and information services through self - assessment』. 에시 제시하는 이 모델의 특징
    • 도서관 정보서비스의 고유한 경영활동을 이해하는 기본 틀을 제시, 도서관 서비스의 체계적인 경영을 유도
    • 현실의 경영 상태를 개선하면서 점점 최고 수준의 서비스에 도달할 수 있는 지침을 제공
    • 서비스의 계획과 영향의 평가 사이에 전체 경영 사이클, 즉 계획, 실행, 평가, 반영을 고려
    • 도서관 내의 여러 상황에 따른 서비스의 구조 변화를 고려
    • 도서관 서비스의 사회적 영향을 나타낼 수 있어 도서관을 사회발전을 위한 정치 공론의 장으로 끌어낼 수 있음

─ 자체평가와 외부평가의 비교

구 분	자체평가(Self-Evaluation)	외부평가(External Evaluation)
평가 주체	도서관 내부 운영 인력 및 사서	정부 기관(문화체육관광부 등), 외부 전문가
주요 목적	업무 프로세스 점검 및 상시 서비스 개선	국가 도서관 정책 반영 및 기관 간 성과 비교
평가 지표	개별 도서관의 비전 및 자체 사업 목표 반영	법정 기준 및 전국 공통 평가지표 활용

장점	내부 문제의 심층 진단 및 신속한 조치 가능	객관성 확보 및 우수 도서관 포상 · 예산 연계
단점	객관성 결여 및 결과의 편향 가능성 존재	개별 도서관의 특수한 상황 반영에 한계

(2) 외부평가

- 정부나 지방자치단체, 모기관 등이 여러 대상 도서관에 대하여 평가 기준을 미리 제시해 놓고 일정 기간마다 평가하여 평가 결과를 발표하고 우수한 평가를 받은 도서관을 표창함으로써 도서관 간의 경쟁을 유도하고 국가 전체 도서관들의 수준을 높이는 데 목적을 둠
- 우리나라의 도서관에 대한 외부평가의 역사
  - 1994년 대학종합평가 인정제도 실시에 따라 대학도서관을 대상으로 실시
  - 1998년 문화관광부의 문화기반시설 관리 운영평가에 공공도서관 평가 반영
  - 2007년 도서관법 개정으로 전국도서관에 대한 종합 평가제도 : 도서관법 제12조 도서관정보정책위원회의 임무 중 '도서관 운영평가에 관한 사항' 명시, 2026 현행 도서관법 제11조 '국가도서관위원회'로 변경[1]

---

1 제11조(국가도서관위원회의 설치)
  ① 도서관정책에 관한 주요 사항을 수립 · 심의 · 조정하기 위하여 대통령 소속으로 국가도서관위원회를 둔다.
  ② 국가도서관위원회는 다음 각 호의 사항을 수립 · 심의 · 조정한다.
  1. 제14조에 따른 도서관발전종합계획의 수립 · 시행 등에 관한 사항
  2. 도서관 관련 제도 및 운영체계 개선에 관한 사항
  3. 도서관 운영평가에 관한 사항
  4. 도서관 및 도서관자료의 접근 · 이용 격차 해소에 관한 사항
  5. 도서관 전문인력 양성에 관한 사항
  6. 그 밖에 도서관정책을 위하여 대통령령으로 정하는 사항
  ③ 국가도서관위원회의 사무를 지원하기 위하여 국가도서관위원회에 사무기구를 두고, 제2항에 따른 기능을 수행하기 위하여 문화체육관광부에 기획단을 둔다.
  ④ 위원장은 사무기구의 업무수행을 위하여 필요한 경우에는 관계 중앙행정기관의 공무원 또는 관련 단체의 임직원의 파견을 요청할 수 있다. 이 경우 요청을 받은 기관의 장은 특별한 사유가

- 장점
  - 국가적인 도서관 평가제도는 평가요소가 도서관 경영의 전 부문에 걸쳐있고, 매년 사회문화적 현실을 반영하여 지표를 개선함으로써 도서관 발전의 종합적인 가이드라인이 됨.
  - 개별 도서관은 이러한 외부평가를 통해 다른 도서관들과 비교분석이 가능하고 벤치마킹을 실시하여 경영개선을 할 수 있는 계기를 마련할 수 있음.
  - 해당 지방자치단체, 지방의회, 유관 단체에 설명력 있는 객관적인 근거자료를 제시하여 지원과 협조를 유도할 수 있음.
- 단점
  - 외부평가는 상부 기관에서 제시한 기준에 따라 강제적으로 평가하므로 개별 도서관 자체적으로는 필요하지 않은 요소라도 평가를 받기 위해서는 형식적으로 자료를 만들어야 하는 등 실제적이지 못한 측면도 있음.

2. 정량평가와 정성평가

(1) 정량평가

- 수량적 통계 데이터로 평가하는 방법 : 정량평가는 수량 통계 기반이기 때문에 객관성을 확보할 수 있는 장점이 있으나 통계만으로는 서비스의 질적 수준이 나타나지 않으며, 수량적으로 많은 것이 반드시 효과적이라는 것을 보장하지 못하는 단점이 있다.

없으면 이에 따라야 한다.

⑤ 국가도서관위원회의 사무기구 및 기획단의 설치·운영 등에 필요한 사항은 대통령령으로 정한다.

(2) 정성평가

- 정성평가는 도서관의 이용자 만족이나 사회적 효과와 같이 도서관의 품질 수준을 측정, 공표함으로써 도서관의 사회적 역할과 위상을 높일 수 있다. 한편 질적 평가를 위한 객관적 기준 및 지표의 설정이 어렵다는 단점이 있다.
- 도서관의 평가는 정량평가와 정성평가를 종합적으로 고려해야만 도서관 경영의 효율성과 효과성을 아울러 평가할 수 있다.
- 정성평가로서의 도서관 서비스 품질평가
  - 고객 만족을 포함한 도서관 서비스의 질적인 문제를 평가 : 경영학의 마케팅 분야에서 개발된 서비스품질 평가기법을 도입(설문조사를 통한 정량화 분석)
- 서비스의 특성과 서비스 품질의 정의 및 이에 따른 측정 도구 개요
  - 서비스의 특성 : 첫째, 서비스는 무형(intangible)이다. 서비스는 업무수행이나 경험이기 때문에 미리 보여줄 수 없고 감지할 수도 없으며 산출 결과도 무형적이다. 둘째, 서비스는 이질적(heterogeneous)이다. 서비스는 제공자에 따라, 고객에 따라, 시점에 따라 모두 다르게 나타난다. 셋째, 서비스는 생산과 소비를 분리할 수 없다(inseparable). 서비스는 생산자와 소비자 사이의 상호작용을 통한 전달 과정에서 동시에 이루어진다.
  - 이러한 서비스의 기본적 특성으로 인해 제품의 품질에서처럼 객관적인 기준을 제시할 수 없어 서비스 품질의 개념을 쉽게 정의하기가 어려웠다. 따라서 서비스의 품질은 객관적인 차원이 아니라 고객의 인지적, 주관적 차원에서 개념 정의가 이루어졌다.
  - 마케팅 분야에서 1988년 서비스의 품질을 측정하는 서비스 품질 측정 도구(SERVQUAL : Service Quality)가 개발되었다. 파라수라만(Parasuraman), 자이담(Zeithaml), 베리(Berry)가 개발한 서브퀄(SERVQUAL) 척도는 고객이 기대하는 서비스와 실제 인지한 서비스 간의 차이(Gap)를 5가지 차원으로 측정하여 서비스 품질을 진단하고 개선하는 표준화된 모델이다.
    (참고문헌 : 파라수라만(A. Parasuraman), 자이담(V. A. Zeithaml), 베리(L. L. Berry). 1988. "SERVQUAL : A Multiple-Item Scale for Measuring Consumer Perceptions of

Service Quality"「Journal of Retailing, v.64-1」) 같은 저자들이 1990년에 출판한『
Delivering Quality Service : Balancing Customer Perceptions and Expectations』. New
York : The Free Press)
- 서비스 품질은 주관적이고 추상적인 개념이기 때문에 측정의 방법도 고객
  을 대상으로 그들의 기대와 지각을 조사하는 인지적 접근 방법에 의존하
  고 있다.
- 파라수라만 등은 서비스 품질의 속성을 분류하여 추상적인 서비스의 품질
  을 구체적으로 측정하기 위한 5개의 차원을 설정하였다.

- 서비스 품질의 차원

서비스 질 측정의 차원	내 용
1. 유형성(Tangibles)	물리적 시설, 장비, 사람, 커뮤니케이션 도구의 외형
2. 신뢰성(Reliability)	약속된 서비스를 정확하고 믿음성 있게 수행하는 능력
3. 반응성(Responsiveness)	고객을 도와 즉각적인 서비스를 제공하려는 의지
4. 보증성(Assurance)	종업원의 지식 및 정중함, 진실과 확신을 전달하는 능력
5. 공감성(Empathy)	고객에 대한 개별적인 관심과 배려

- 파라수라만 등은 이러한 5개의 차원에 따라 서비스의 품질을 측정하기 위
  한 22개 항목의 SERVQUAL 척도를 개발하였다.

<h1 style="text-align:center">파라수라만의 SERVQUAL 척도</h1>

차원	번호	척도문항
유형성	1	현대적 장비와 시설
	2	물리적 시설의 시각적 매력
	3	종업원들의 용모 단정
	4	팜프렛 등 설명 자료들의 시각적 매력
신뢰성	5	고객과의 약속을 잘 지킴
	6	고객의 문제 해결에 성의 있는 관심을 보임
	7	처음부터 올바른 서비스를 제공
	8	약속한 시간에 서비스를 제공
	9	정확한 업무처리와 기록 유지
반응성	10	종업원들은 언제 서비스가 제공될 것인가를 정확하게 알려줌
	11	종업원들은 고객에게 즉각적인 서비스를 제공
	12	종업원들은 항상 고객에게 기꺼이 도움을 줌
	13	종업원들은 아무리 바빠도 고객의 요청에 응답
보증성	14	종업원들의 직무관련 행위는 고객에게 신뢰감을 줌
	15	고객들은 행동에 편안함을 느낌
	16	종업원들은 고객에게 항상 예의바르고 공손함
	17	종업원들은 고객의 질의에 답변할 지식을 가지고 있음
공감성	18	회사는 고객에게 개별적인 관심을 기울임
	19	회사는 모든 고객에게 편리한 시간에 운영
	20	종업원은 고객에게 개인적인 관심을 기울임
	21	회사는 고객의 최선의 이익을 도모함
	22	종업원은 고객의 특수한 요구를 이해함

- 도서관 서비스 품질 측정의 갭 이론(Gap theory)
  - 파라수라만 등은 고객에 의한 서비스 품질 평가는 고객의 기대와 고객의 지각 사이의 갭(gap)을 측정하여 이를 줄이는 방법을 제안했다.
  - 갭이론은 고객의 서비스 기대와 현재의 서비스 수준에 대한 고객의 지각 간의 격차를 서비스 품질로 정의하고 기대와 지각 간의 갭이 큰 요인들을 찾아내어 개선할 수 있는 방법론을 제공한다.
  - 마케팅 분야에서 개발된 서브퀄(SERVQUAL : Service Quality) 척도를 공공 도서관에 적용하기 위해서는 도서관의 특성을 반영한 척도 라이브퀄(LIBQUAL : Library Quality) 설계가 필요하다.
- 서비스 품질 측정 설계 시 고객의 구분
  - 외부고객(External Customers) : 기업의 제품이나 서비스를 실제로 구매하고 사용하는 조직 외부의 개인이나 단체를 뜻하며 흔히 우리가 '고객'이라고 부르는 대상. 이들은 기업에 매출을 발생시켜 성장에 직접적으로 기여하며 제품과 서비스에 대한 피드백을 통해 기업 전략을 형성하는 역할을 함. 도서관에서는 시민과 이용자들이다.
  - 내부고객(Internal Customers) : 조직 내에서 다른 동료나 부서로부터 제품, 서비스, 정보를 제공받아 업무를 수행하는 직원이나 부서를 의미, 상호 협력과 지원 관계에 있으며 내부고객의 만족은 업무 효율성 향상과 최종적인 외부 고객 서비스 품질 개선으로 이어진다고 본다. 도서관에서는 도서관의 조직구성원들이다.

외부고객과 내부고객의 구분

구 분	외부고객	내부고객
위 치	조직 외부	조직 내부
관 계	제품 / 서비스 구매 및 소비	업무상의 협업 및 지원
목 적	매출 발생 및 수익 창출	생산성 향상 및 서비스 품질 기반 마련

-이렇게 고객을 구분한 이유는 도서관은 내부 직원의 만족이 이용자 만족에도 큰 영향을 줄 수 있으므로 직원들이 생각하는 질적 수준과 고객들이 생각하는 질적 수준의 격차를 측정하여 평가에 반영하기 위한 것이다.
-최근 경영 트렌드는 내부고객이 만족해야 외부고객도 만족한다는 관점에서 직원들의 만족도를 높이는 내부마케팅을 매우 중요하게 다루고 있다.

공공도서관 척도 라이브퀄(LIBQUAL : Library Quality)의 예시

외부 고객 평가 척도

서비스 분야	서비스 질 요인	서브퀄차원
안내 · 홍보	1. 도서관 홈페이지 내용 충실성 2. 외부 길거리 안내표지의 충분성 3. 도서관 안내데스크의 친절성 4. 도서관 내부 안내 표지의 정확성 5. 도서관 홍보자료의 다양성 6. 대중교통의 편리성	공감성
건물 · 시설	1. 주차공간의 충분성 2. 도서관의 건물 규모의 적절성 3. 도서관 내부 환경의 쾌적성 4. 도서관 내부 냉 · 난방의 적정성 5. 도서관 내부시설 배치의 편리성 6. 도서관의 비품의 충분성 7. 도서관의 식수대 배치의 충분성 8. 도서관의 구내식당의 청결성 9. 도서관의 휴게실의 청결성 10. 도서관의 화장실의 청결성	유형성
장서관리	1. 자료의 구성의 다양성 2. 장서수의 충분성 3. 연속간행물의 다양성 4. 장서의 최신성 5. 희망자료 신청처리의 신속성 6. 소장자료의 상태의 완전성 7. 전자자료,비도서자료의 다양성 8. 자료 보존상태의 완전성	신뢰성
장 비	1. 복사기의 편리성 2. 비디오 플레이어의 편리성 3. 컴퓨터 프린터의 편리성	유형성

온라인 목록	1. 인터넷 컴퓨터 수의 충분성 2. 인터넷 컴퓨터의 최신성 3. 목록검색용 검퓨터의 충분성 4. 목록검색 처리속도의 신속성 5. 목록내용 구성의 충실성 6. 목록기능(대출,예약등)의 다양성	반응성
직 원	1. 직원배치의 적정성 2. 직원의 예의바름 3. 직원의 능력의 전문성 4. 직원의 활동의 적극성 5. 직원의 고객태도 친절성	보증성
대기시간	1. 개관시간의 충분성 2. 대출 대기시간의 신속성 3. 복사 대기시간의 신속성	빈응성
불만처리	1. 건의 및 불만제기의 용이성 2. 건의 및 불만처리 신속성	반응성
문화행사	1. 문화행사의 다양성 2. 문화프로그램의 내용 충실성	공감성
합 계	45 문항	

내부고객 평가척도

서비스 분야	서비스 질 요인	서브퀄차원
안내 · 홍보	1. 도서관 홈페이지 내용 충실성 2. 외부 길거리 안내표지 충분성 3. 도서관 안내데스크의 친절성 4. 도서관 내부 안내표지 정확성 5. 도서관 홍보자료의 다양성 6. 대중교통의 편리성	공감성
건물 · 시설	1. 주차공간의 충분성 2. 도서관의 건물 규모의 적절성 3. 도서관 내부환경의 쾌적성 4. 도서관 내부 냉난방의 적정성 5. 도서관 내부시설 배치의 편리성 6. 도서관의 비품의 편리성 7. 도서관의 식수대 배치의 충분성 8. 도서관의 구내식당의 청결성 9. 도서관의 휴게실의 청결성 10. 도서관의 화장실의 청결성	유형성
장서관리	1. 자료의 구성의 주제 다양성 2. 장서수의 충분성 3. 연속간행물의 다양성 4. 장서의 최신성 5. 희망자료 신청처리의 신속성 6. 소장자료의 상태의 완전성 7. 전자자료,비도서자료의 다양성 8. 자료보존상태의 완전성	신뢰성
장비	1. 복사기 이용의 편리성 2. 비디오 플레이어의 이용 편리성 3. 컴퓨터 / 프린터의 이용 편리성	유형성
온라인목록	1. 인터넷 컴퓨터의 충분성 2. 인터넷 컴퓨터의 최신성 3. 목록검색용 검퓨터의 충분성 4. 목록검색 처리속도의 신속성 5. 목록내용 구성의 충실성 6. 목록기능(대출,예약등)의 다양성	반응성
인사 · 노무	1. 인력배치의 전문성 2. 인원수의 적정성 3. 채용 및 승진의 공정성 4. 교육훈련의 적정성 5. 급여수준의 적정성 6. 복리 후생의 적정성	보증성

재무관리	1. 예산규모의 적정성 2. 예산집행절차의 합리성	보증성
리더쉽	1. 상하 관계의 민주성 2. 부서간 관계의 협조성 3. 지역사회 관세의 협소성	신뢰성
문화행사	1. 문화행사의 다양성 2. 문화 프로그램의 충실성	공감성
합 계	46 문항	

- 이러한 척도를 설문 문항으로 구성하여 문항별로 고객 관점의 서비스 중요도와 서비스 만족도의 격차를 측정하여 격차(gab)가 클수록 서비스 품질이 낮고 격차가 없으면 서비스 품질이 높은 것으로 평가할 수 있음
- 개별 도서관들은 이러한 척도를 해당 도서관에 알맞게 문항을 조정 평가할 수 있음. 이 방법은 고객의 기대와 실제 수준의 갭을 알아낼 수 있어 갭이 큰 요소부터 우선 개선해 나가는 방법으로 업무 개선을 할 수 있음 (출처 : 이종권. 2005.『공공도서관의 서비스 질 평가 모델 연구』. 파주 : 한국학술정보)

- 라이브퀄 플러스(LibQUAL+)는 북미연구도서관협회(Association of Research Libraries, ARL)에서 개발한 웹 기반 도서관 서비스 품질 평가 도구로 마케팅 분야의 서비스 품질 측정 모델인 SERVQUAL을 도서관 환경에 맞게 보완하여 전 세계적으로 널리 사용되고 있는 모델이다.
  - 주요 측정 차원(3가지) : LibQUAL+는 핵심적인 22개 질문을 통해 다음 세 가지 차원에서 서비스 품질을 측정한다.
    - 서비스 영향력(Affect of Service) : 사서 및 직원의 응대 태도, 전문성, 신뢰도 및 친절도.
    - 정보 제어(Information Control) : 이용자가 필요한 정보에 얼마나 쉽고 빠르게 접근할 수 있는지(장서의 다양성, 전자 자원 접근성, 홈페이지

이용 편의성 등).
  - 장소로서의 도서관(Library as Place) : 도서관의 물리적 환경, 정숙한 학습 공간, 공동 연구 공간의 쾌적함과 적절성
- 평가 방식 : 갭(Gap) 분석
  - 이용자에게 각 항목에 대해 세 가지 수준의 점수를 매기도록 하여 서비스의 질을 입체적으로 분석
- 최소 기대 수준(Minimum) : 이용자가 수용할 수 있는 최소한의 서비스 수준
- 희망 기대 수준(Desired) : 이용자가 바라는 이상적인 서비스 수준
- 인식된 서비스 수준(Perceived) : 이용자가 현재 실제로 느끼는 서비스 수준
  - 분석 : 인식 수준이 '최소 기대'와 '희망 기대' 사이의 어느 지점에 있는지 분석하여 개선 우선순위를 결정
- 주요 특징 및 의의
  - 이용자 중심 평가 : 도서관의 장서 수나 예산 같은 투입 지표가 아닌, 실제 이용자가 느끼는 체감 품질에 집중
  - 벤치마킹 가능 : 같은 측정 도구를 사용하는 국내외 타 대학 및 연구 도서관과 성과를 비교(Benchmarking)할 수 있음
  - 정성적 피드백 : 선택형 문항 외에 서술형 의견란(Comments box)을 통해 이용자의 구체적인 요구사항과 불만 사항을 수렴

LibQUAL+

LibQUAL+ 22개 문항(Core Items)

1. 서비스 영향력 (Affect of Service : AS) : 9문항 : 도서관 직원의 서비스 태도와 능력을 평가
   AS-1 이용자 개개인에 대한 직원의 관심
   AS-2 도서관 직원의 서비스 제공 의지

AS-3 도서관 직원의 전문 지식(질문에 답할 수 있는 능력)

AS-4 이용자에게 신뢰감을 주는 직원
AS-5 이용자에게 즉각적인 서비스 제공
AS-6 이용자의 요구를 이해하는 직원
AS-7 이용자를 돕고자 하는 직원
AS-8 이용자의 업무를 처리하는 직원의 신뢰성
AS-9 이용자를 공손하게 대하는 직원

2. 정보 제어 (Information Control : IC) : 8문항 : 정보 자원의 범위, 접근성 및 이용
   편의성을 평가
   IC-1 필요로 하는 문헌 자료의 보유
   IC-2 연구에 필요한 정보 자원
   IC-3 원격지(사무실 / 집)에서 도서관 전자자원 접근
   IC-4 쉽게 이용할 수 있는 도서관 웹사이트
   IC-5 도서관 자료를 스스로 찾을 수 있게 해주는 도구
   IC-6 인쇄매체(단행본, 학술지 등) 자료의 용이한 이용
   IC-7 현대적인 장비(검색기 등)를 통한 정보 접근
   IC-8 원하는 시간에 이용 가능한 자료

3. 장소로서의 도서관 (Library as Place : LP) : 5문항 : 도서관의 물리적 환경을 평가
   LP-1 학습과 연구를 위한 조용한 공간
   LP-2 이용자에게 편안하고 환영받는 장소
   LP-3 개인 학습 / 연구를 위한 도서관 환경
   LP-4 그룹 학습 / 공동 연구를 위한 공간
   LP-5 도서관이 '지식의 중심'으로서 가지는 상징적 의미(또는 편안한 휴식 공간)

(참고사항)
응답 방식 : 각 문항에 대해 1점(낮음) ~ 9점(높음)으로 점수를 매김
Lite 버전 : 22개 문항 전체를 질문하는 방식(Long) 외에, 설문 피로도를 줄이기 위
해 22개 중 일부만 응답하는 'LibQUAL+ Lite' 버전도 많이 사용
추가 문항 : 핵심 22문항 외에 도서관 만족도, 정보 문해력 관련 질문 등 포함 가능

참고문헌

- Margaret Kinnell, Bob Usherhood, Kathryn Jones. 1999. 『Improving library and information services through self - assessment』. Library Association Publishing. pp.61-98
- A. Parasuraman, V. A. Zeithaml), L. L. Berry). 1988. "SERVQUAL : A Multiple-Item Scale for Measuring Consumer Perceptions of Service Quality" 「Journal of Retailing」 v.64-1
- Valarie A. Zeithaml, A. Parasurman, Leonard L. Berry. 1990. 『Delivering Quality Service : Balancing Customer Perceptions and Expectations』. New York : The Free Press pp.176 - 183
- 이종권. 2002. 『공공도서관 서비스 질의 고객 평가에 관한 연구』. 성균관대학교(박사학위논문)
- 이종권. 2005. 『공공도서관의 서비스 질 평가모델 연구』. 한국학술정보(주)

<table>
<tr><td colspan="3" align="center">학습평가</td></tr>
<tr><td rowspan="7">1</td><td colspan="2">문제</td><td>다음 중 도서관 자체평가의 목적이 아닌 것은?</td></tr>
<tr><td rowspan="4">문항</td><td>①</td><td>실질적인 업무개선</td></tr>
<tr><td>②</td><td>경영자의 업적홍보</td></tr>
<tr><td>③</td><td>경영목적의 달성</td></tr>
<tr><td>④</td><td>경영 매커니즘 정상화</td></tr>
<tr><td colspan="2">정답</td><td>②</td></tr>
<tr><td colspan="2">해설</td><td>자체평가가 경영자의 실적 홍보에 도움은 되겠지만 개인의 업적 홍보가 자체평가의 목적은 아니다.</td></tr>
<tr><td rowspan="7">2</td><td colspan="2">문제</td><td>서비스 평가에서 서비스의 특징이 아닌 것은?</td></tr>
<tr><td rowspan="4">문항</td><td>①</td><td>무형성(intangible)</td></tr>
<tr><td>②</td><td>이질적(heterogeneous)</td></tr>
<tr><td>③</td><td>생산과 소비의 비 분리성(inseparable).</td></tr>
<tr><td>④</td><td>정형성(fixed pattern)</td></tr>
<tr><td colspan="2">정답</td><td>④</td></tr>
<tr><td colspan="2">해설</td><td>서비스는 사람, 장소, 시각에 따라 다르다.</td></tr>
<tr><td rowspan="7">3</td><td colspan="2">문제</td><td>서브퀼에서 서비스의 차원 구분이 아닌 것은?</td></tr>
<tr><td rowspan="4">문항</td><td>①</td><td>반응성(Responsiveness)</td></tr>
<tr><td>②</td><td>유형성(Tangibles)</td></tr>
<tr><td>③</td><td>보증성(Assurance)</td></tr>
<tr><td>④</td><td>합리성(rationality)</td></tr>
<tr><td colspan="2">정답</td><td>④</td></tr>
<tr><td colspan="2">해설</td><td>서브퀼에서 말하는 서비스의 차원은 유형성, 신뢰성, 반응성, 보증성, 공감성이다.</td></tr>
</table>

부록

IFLA / UNESCO 공공도서관 선언(2022)

IFLA-UNESCO Public Library Manifesto 2022

Freedom, prosperity and the development of society and of individuals are fundamental human values. They will only be attained through the ability of well-informed citizens to exercise their democratic rights and to play an active role in society. Constructive participation and the development of democracy depend on satisfactory education as well as on free and unlimited access to knowledge, thought, culture and information.

The public library, the local gateway to knowledge, provides a basic condition for lifelong learning, independent decision- making and cultural development of the individual and social groups. It underpins healthy knowledge societies through providing access to and enabling the creation and sharing of knowledge of all sorts, including scientific and local knowledge without commercial, technological or legal barriers.

In every nation, but especially in the developing world, libraries help ensure that the rights to education and participation in knowledge societies and in the cultural life of the community are accessible to as many people as possible.

This Manifesto proclaims UNESCO's belief in the public library as a living force for education, culture, inclusion and information, as an essential agent for sustainable development, and for individual fulfilment of peace and spiritual welfare through the minds of all individuals.

UNESCO therefore encourages national and local governments to support and actively engage in the development of public libraries.

The Public Library

The public library is the local centre of information, making all kinds of knowledge and information readily available to its users. It is an essential component of knowledge societies, continuously adapting to new means of communication to fulfil their mandate of providing universal access to and enabling meaningful use of information for all people. It provides publicly accessible space for the production of knowledge, sharing and exchange of information and culture, and promotion of civic engagement.

Libraries are creators of community, proactively reaching out to new audiences and using effective listening to support the design of services that meet local needs and contribute to improving quality of life. The public has trust in their library, and in return, it is the ambition of the public library to proactively keep their community informed and aware.

The services of the public library are provided on the basis of equality of access for all, regardless of age, ethnicity, gender, religion, nationality, language, social status, and any other characteristic. Specific services and materials must be provided for those users who cannot, for whatever reason, use the regular services and

1

materials, for example lingustic minorities, people with disabilities, poor digital or computer skills, poor literacy abilities or people in hospital or prison.

All age groups must find material relevant to their needs. Collections and services have to include all types of appropriate media and modern technologies as well as traditional materials. High quality, relevance to local needs and conditions, and reflective of the language and cultural diversity of the community are fundamental. Material must reflect current trends and the evolution of society, as well as the memory of human endeavour and imagination.

Collections and services should not be subject to any form of ideological, political or religious censorship, nor commercial pressures.

Missions of the Public Library

The following key missions which relate to information, literacy, education, inclusivity, civic participation and culture should be at the core of public library services. Through these key missions, public libraries contribute to the Sustainable Development Goals and the construction of more equitable, humane, and sustainable societies.

- Providing access to a broad range of information and ideas free from censorship, supporting formal and informal education at all levels as well as lifelong learning enabling the ongoing, voluntary and self-conducted pursuit of knowledge for people at all stages of life;
- providing opportunities for personal creative development, and stimulating imagination, creativity, curiosity, and empathy;
- creating and strengthening reading habits in children from birth to adulthood;
- initiating, supporting and participating in literacy activities and programmes to build reading and writing skills, and facilitating the development of media and information literacy and digital literacy skills for all people at all ages, in the spirit of equipping an informed, democratic society;
- providing services to their communities both in-person and remotely through digital technologies allowing access to information, collections, and programmes whenever possible;
- ensuring access for all people to all sorts of community information and opportunities for community organising, in recognition of the library's role at the core of the social fabric;
- providing their communities with access to scientific knowledge, such as research results and health information that can impact the lives of their users, as well as enabling participation in scientific progress;
- providing adequate information services to local enterprises, associations and interest groups;
- preservation of, and access to, local and Indigenous data, knowledge, and heritage (including oral tradition), providing an environment in which the local community can take an active role in identifying materials to be captured, preserved and shared, in accordance with the community's wishes;
- fostering inter-cultural dialogue and favouring cultural diversity;
- promoting preservation of and meaningful access to cultural expressions and heritage, appreciation of the arts, open access to scientific knowledge, research and innovations, as expressed in traditional media, as well as digitised and born-digital material.

Funding, legislation and networks

Access to the public library building and services shall in principle be free of charge. The public library is the responsibility of local and national authorities. It must be supported by specific and updated legislation aligned to international treaties and agreements. It must be financed by national and local governments. It has to be an essential component of any long-term strategy for culture, information provision, literacies and education.

In the digital era, copyright and intellectual property legislation must ensure public libraries the same capacity to procure and give access to digital content on reasonable terms as is the case with physical resources.

To ensure nationwide library coordination and cooperation, legislation and strategic plans must also define and promote a national library network based on agreed standards of service.

The public library network must be designed in relation to national, regional, research and special libraries as well as libraries in schools, colleges and universities.

Operation and management

A clear policy must be formulated, defining objectives, priorities and services in relation to the local community needs. The importance of local knowledge and community participation is valuable to this process, and local communities should be included in decision-making.

The public library has to be organized effectively and professional standards of operation must be maintained.

Services have to be physically or digitally accessible to all members of the community. This requires well situated and equipped library buildings, good reading and study facilities, as well as relevant technologies and sufficient opening hours convenient to the users. It equally implies outreach services for those unable to visit the library.

The library services must be adapted to the different needs of communities in rural and urban areas, as well as to the needs of marginalized groups, users with special needs, multilingual users, and Indigenous Peoples within the community.

The librarian is an active intermediary between users and resources, both digital and traditional. Sufficient human and material resources, as well as professional and continuing education of the librarian, to meet the challenges for now and in the future, are indispensable to ensure adequate services. Consultation by leadership with library professionals as to the quantitative and qualitative definition of sufficient resources should be undertaken.

Outreach and user education programmes have to be provided to help users benefit from all the resources.

Ongoing research should focus on evaluating library impact and collecting data, in order to demonstrate the societal benefit of libraries to policy makers. Statistical data should be collected long-term, as the benefits of libraries within society are often seen in subsequent generations.

Partnerships

Establishing partnerships is essential for libraries to reach a broader and more diverse public. Cooperation with relevant partners - for example, user groups, schools, non-governmental organisations, library associations, businesses, and other professionals at local, regional, national as well as international level- has to be ensured.

Implementing the Manifesto

Decision makers at national and local levels and the library community at large, around the world, are hereby urged to implement the principles expressed in this Manifesto.

18 July 2022

편저자 **이종권**

성균관대학교 대학원 문헌정보학과 석 · 박사과정 졸업(문학박사)
전 성균관대, 건국대, 상명대 문헌정보학과 강사
현 숭의여대 평생교육원, 가천대 원격평생교육원 강사
E-mail : 450345@daum.net

주요 저서
『21세기 시민사회를 위한 명품도서관 경영』(2011), 『장서개발관리론』(번역, 2012), 『인문과학 정보원』
(2015), 『도서관 경영의 법칙』(2017), 『인문학의 즐거움』(2017), 『IFLA 학교도서관 가이드라인』(번역,
2017), 『문헌정보학이란 무엇인가』(개정 4판, 2019). 『책과 도서관의 문명사』(2023) 외 다수

제5개정판
공공도서관 서비스 경영론
Service Management for Public Libraries

2026년 3월 05일 초판 인쇄
2026년 3월 10일 초판 발행

지은이 이 종 권
펴낸이 한 신 규
편 집 김 영 이
펴낸곳 **문현**출판
주 소 05827 서울시 송파구 거마로2길 3-21(거여동)
전 화 Tel. 02) 443 - 0211, Fax. 02) 443 - 0212
E-nail mun2009@naver.com
등 록 2009년 2월 23일(제2009 - 14호)

ⓒ 이종권, 2026
ⓒ 문현출판, 2026, printed in Korea

ISBN 979-11-94313-17-5 93020 정가 25,000원